法律学の森

刑法総論

町野 朔
著

はしがき

　本書は『刑法総論講義案Ⅰ』（初版・1990年，第2版1995年）の改訂版であるが，その「第2版」（1995年）前半の「第1編　1〜3章」「第2編　1〜4章」（犯罪論の意義と役割・構成要件該当性・故意・過失）を全面的に書き直し，後半の「第2編　5〜8章」（犯罪阻却事由・未完成犯罪・共犯）を新たに書き加えたために，まったく新しい書物になった。だが，「第3編　刑罰」はあきらめなければならなかった。それは紙幅の関係ということだけではなく，私には，刑罰論（罪数論を含む刑の量定論）・制裁論，刑事政策論を書くだけの準備がまだ十分でないためである。

　刑法の問題がどのような形で起き，実務はどう考えたかを知るために，本書はかなり多くの判例を，しつこいぐらい引用した。他方では，学説の引用は本文の理解に必要と思われる最小限にとどめた。自分の見解も，改める必要のあるところだけを引用することにした。近時には，優れた教科書，論文が数多く公表され，本書もこれらから多くを学んだが，以上のようなことから引用しなかったものが多くある。同学の士にはご諒解をお願いしたい。

　法律学を学ぶ者は判例と学説を理解することが最低限必要であるが，さらに，これを武器として変革を求めなければならない。"動中に静を求める"（平野龍一『刑事訴訟法』〔1958年〕の「はしがき」）ことにより市民の権利を守らなければならなかった時代から，権利の実現・拡張のためには"静中に動を求めなければならない"（本書初版〔1990年〕の「はしがき」）時代になっているという認識は，本書においても変わりはない。

　私は，多くの方々からご厚情をいただいてきた。
　中でも平野龍一先生は，私に刑法学ばかりでなく学問の何かを教えて下さった。そもそも本書は，先生の『刑法総論Ⅰ・Ⅱ』（1972年・1975年）を出発点と

はしがき

している。先生には今更お礼を申し上げるのもどうかと思われるので，辛辣なことをいわれることを覚悟のうえ，ただ本書ができたことを御霊前に報告をさせていただきたい。

45年間にわたって私に安定的に快適な研究環境を提供してくれた上智大学，上智大学の同僚諸氏には感謝している。本書は上智大学から与えられた栄養によって育ったものである。また，私の刑法の授業を聞いてくれた上智大学の学生諸君にも感謝している。私は，授業の準備・講義・反省というプロセスを経ることによって，自分の考えを整理してきた。本書の中身のほとんどは私の授業である。

渡辺左近氏には，本書初版のときから辛抱強く叱咤激励をいただいた。同氏と信山社の長年にわたる友情がなければ，私はとうの昔に本書のことは諦めていただろう。

初校を見てもらっていた東雪見君（元成蹊大学教授）は，本書の完成を見ることなく，この世を去った。本書の出版を本気で期待してくれていた同君には，昨年の別れからまだそれほどの時間が経っていない今，どのようにお礼とお詫びを申し上げたら良いかも分からない。

すべての人々への感謝と思いを込めて，本書を世に送る。

2019年12月1日

冬晴れの朝に　　町　野　　朔

目　次

はしがき

第1編　刑法理論と刑法

第1章　刑法理論……3

第1節　刑法と刑法学……3

第1款　刑法の意義……3
1　刑法の概念（3）
2　現行刑法の制定（5）
3　刑法改正と刑法の平易化（6）
4　進行する刑法改正（7）

第2款　刑法学の意義……12

第2節　刑法の役割……14

第1款　刑罰と犯罪の抑止……14
1　絶対的応報刑論と相対的応報刑論，規範防衛論と抑止刑論（14）
2　刑罰論と犯罪概念——行為無価値論・結果無価値論（16）
3　一般予防・特別予防および規範的予防（18）

第2款　刑罰からの人権の保護……20
1　罪刑法定主義と罪刑専断主義（21）
2　刑罰積極主義と刑罰消極主義（22）
3　罪刑均衡の原則と刑罰の個別化（24）
4　客観主義と主観主義，現実説と徴表説（25）

第2章　罪刑法定主義と刑法の解釈……28

第1節　罪刑法定主義の実質化……28
1　罪刑法定主義の内容（28）
2　刑法解釈の特色（29）

第2節　法律主義……29

第1款　成文法主義……29

目　次

　　　第 2 款　命　　令 …………………………………………………… 30
　　　　　1　政令と命令 (30)
　　　　　2　委任の特定性 (31)
　　　第 3 款　条　　例 …………………………………………………… 33
　　　　　1　地方公共団体の刑事立法権 (33)
　　　　　2　条例の法令との抵触 (34)
　第 3 節　処罰の適正 …………………………………………………………… 36
　　　第 1 款　遡及処罰の禁止 …………………………………………… 36
　　　　　1　禁止範囲の拡張 (36)
　　　　　2　「法」の遡及 (40)
　　　　　3　「事後」の法 (41)
　　　第 2 款　刑罰法規の明確性 ………………………………………… 43
　　　　　1　刑罰法規の不明確性，過度の広範性 (43)
　　　　　2　限定解釈による救済 (45)
　　　　　3　法定刑の明確性 (47)
　　　第 3 款　残虐な刑罰，不均衡な刑罰 ……………………………… 49
　　　　　1　残虐な刑罰 (49)
　　　　　2　罪刑の均衡 (49)
　　　　　3　差別的な法定刑 (51)
　　　第 4 款　適正処罰の原則 …………………………………………… 52
　　　　　1　「犯罪」とすることの合憲性 (52)
　　　　　2　行為刑法，責任主義 (53)
　　　　　3　被害者なき犯罪 (54)
　第 4 節　刑法の解釈 …………………………………………………………… 56
　　　第 1 款　刑法の解釈と罪刑法定主義 ……………………………… 56
　　　　　1　目的論的解釈 (56)
　　　　　2　解釈の明確性 (58)
　　　第 2 款　拡 張 解 釈 …………………………………………………… 59
　　　　　1　類推解釈の禁止 (59)
　　　　　2　拡張解釈の限界 (60)
　　　第 3 款　限定解釈（縮小解釈）……………………………………… 62
　　　　　1　限定解釈の必要性 (62)
　　　　　2　合憲的限定解釈 (62)

　　　　　　　目　次

　　　　3　限定解釈の限界 (63)

第3章　刑法の適用 ………………………………………………… 65
　第1節　刑法の適用と訴訟障害 …………………………………… 65
　第2節　刑法の時間的適用範囲 …………………………………… 66
　　第1款　時際刑法の基本原則 …………………………………… 66
　　第2款　刑罰法規の追及効 ……………………………………… 68
　　　　1　限時法理論 (68)
　　　　2　委任命令の改廃 (69)
　　　　3　補充法令の変更 (70)
　第3節　刑法の場所的適用範囲 …………………………………… 72
　　第1款　国際法と刑法 …………………………………………… 72
　　　　1　時際刑法と国際刑法 (72)
　　　　2　国際刑法の諸相 (73)
　　第2款　国　内　犯 ……………………………………………… 75
　　　　1　属地主義・旗国主義 (75)
　　　　2　犯罪地の意義 (77)
　　　　3　結　果 (79)
　　　　4　行　為 (80)
　　第3款　国　外　犯 ……………………………………………… 82
　　　　1　国外犯の処罰 (82)
　　　　2　国家自己保護 (83)
　　　　3　積極的属人主義 (83)
　　　　4　世　界　主　義 (84)
　　第4款　外国刑事判決の効力 …………………………………… 85

　　　　　　　第2編　犯　　罪

第1章　犯罪論の意義と役割 ……………………………………… 89
　第1節　刑法総論と刑法各論 ……………………………………… 89
　第2節　犯罪論体系の意義と機能 ………………………………… 90
第2章　構成要件該当性 …………………………………………… 92

v

目　次

- 第1節　構成要件の機能と概念……………………………………………92
  - 第1款　罪刑法定主義機能………………………………………92
  - 第2款　刑罰法規と構成要件……………………………………93
    1. 刑罰法規の解釈と構成要件（93）
    2. 記述的構成要件要素と規範的構成要件要素（93）
    3. 閉ざされた構成要件・開かれた構成要件，可罰的違法性の判断（94）
  - 第3款　不法責任類型としての構成要件………………………96
- 第2節　行　為…………………………………………………………………98
  - 第1款　行為概念の機能…………………………………………98
    1. 構成要件該当行為と正犯概念（98）
    2. 行為責任の原則（99）
    3. 身体性と有意性（100）
    4. 行為論の体系的機能（101）
  - 第2款　法人の行為と犯罪………………………………………102
    1. 法人の犯罪能力と法人処罰（102）
    2. 法人の行為（103）
- 第3節　不作為犯………………………………………………………………105
  - 第1款　不作為の構成要件該当性………………………………105
    1. 作為・不作為の構成要件該当性（105）
    2. 真正不作為犯と不真正不作為犯（106）
    3. 不作為の構成要件該当性（107）
    4. 作為と不作為との関係（110）
  - 第2款　作為義務…………………………………………………113
    1. 不真正不作為犯における作為義務（113）
    2. 作為の容易性（113）
    3. 作為義務と保障人的地位（115）
    4. 判例における作為義務（117）
- 第4節　法益の侵害と危殆……………………………………………………120
  - 第1款　侵害犯と危険犯…………………………………………120
    1. 形式犯と実質犯（120）
    2. 行為犯と結果犯（120）

目　次

　　　　3　侵害犯と危険犯 (121)

　　第2款　構成要件的状況と処罰条件 …………………………………… 122

　　第3款　犯罪の終了 …………………………………………………… 124

　　　　1　即成犯，状態犯・継続犯 (124)

　　　　2　公訴時効の開始 (124)

　　　　3　犯罪の継続 (127)

　　　　4　犯罪の継続と罪数 (128)

第5節　因 果 関 係 ………………………………………………………… 129

　　第1款　刑法における因果関係 ………………………………………… 129

　　第2款　条 件 関 係 …………………………………………………… 130

　　　　1　条件関係の意義 (130)

　　　　2　条件関係の存否 (131)

　　　　3　条件関係の証明 (135)

　　　　4　同時傷害の特例 (137)

　　第3款　相当因果関係 …………………………………………………… 139

　　　　1　相当因果関係説の意義 (139)

　　　　2　相当因果関係論の基礎 (140)

　　　　3　事後の行為の介入 (144)

　　　　4　結果的加重犯の因果関係 (149)

　　　　5　早すぎた結果の発生 (152)

第6節　主観的構成要件要素 ……………………………………………… 154

　　第1款　構成要件と主観的要素 ………………………………………… 154

　　第2款　主観的違法要素と責任要素 …………………………………… 155

　　　　1　目 的 犯 (155)

　　　　2　表 示 犯 (158)

　　　　3　傾 向 犯 (159)

　　　　4　未 遂 犯 (160)

第3章　故　　意 …………………………………………………………… 161

第1節　故 意 犯 …………………………………………………………… 161

　　第1款　意思責任の原則 ………………………………………………… 161

　　　　1　責 任 主 義 (161)

　　　　2　故意犯と過失犯 (163)

目　　次

　　　第2款　故意の概念……………………………………………………164
　　　　　1　故意の現実性（164）
　　　　　2　故意の体系的地位（166）
　　第2節　故意の態様……………………………………………………………168
　　　第1款　意思説・認識説・動機説……………………………………168
　　　第2款　確定的故意と未必の故意……………………………………169
　　　　　1　確定的故意（169）
　　　　　2　未必の故意（170）
　　　第3款　概括的故意と択一的故意……………………………………173
　　　　　1　概括的故意（173）
　　　　　2　択一的故意（173）
　　　第4款　未確定的故意と条件付き故意………………………………174
　　　　　1　未確定的故意（174）
　　　　　2　条件付き故意（175）
　　第3節　錯　誤…………………………………………………………………176
　　　第1款　事実の認識と故意犯…………………………………………176
　　　　　1　故意と錯誤（176）
　　　　　2　処罰条件，結果的加重犯（177）
　　　　　3　犯罪阻却事由，刑罰減少事由の錯誤（180）
　　　　　4　違法阻却事由の過剰とその認識（183）
　　　　　5　意味の認識（185）
　　　第2款　抽象的事実の錯誤……………………………………………191
　　　　　1　事実の錯誤の種類（191）
　　　　　2　符合の限界（192）
　　　　　3　故意犯の成立（197）
　　　第3款　方法の錯誤……………………………………………………200
　　　　　1　抽象的法定的符合説と具体的法定的符合説（200）
　　　　　2　客体の錯誤と方法の錯誤（202）
　　　第4款　因果関係の錯誤………………………………………………205
　　　　　1　因果関係の認識と故意（205）
　　　　　2　因果経過の錯誤（206）

第4章　過　失……………………………………………………………………208

目　次

第 1 節　過失犯の処罰……………………………………………………208
　第 1 款　刑事責任としての過失…………………………………………208
　第 2 款　過失犯の処罰規定………………………………………………210
第 2 節　過失犯における違法と責任………………………………………211
　第 1 款　過失犯の構造……………………………………………………211
　　1　新・旧過失犯論（211）
　　2　過失行為（213）
　　3　過失責任（217）
　第 2 款　重過失と業務上過失……………………………………………218
　　1　過失の種類（218）
　　2　重過失（218）
　　3　業務上過失（220）
第 3 節　予見可能性…………………………………………………………224
　第 1 款　予見可能性の意義………………………………………………224
　　1　具体的予見可能性（224）
　　2　予見可能性の対象（225）
　　3　予見可能性の標準（228）
　第 2 款　信頼の原則………………………………………………………230
　　1　信頼の原則と予見可能性（230）
　　2　行為者の交通法規違反（233）
　　3　チーム医療（235）
　第 3 款　管理・監督過失…………………………………………………237
　　1　管理過失と監督過失（237）
　　2　管理者の作為義務（239）
　　3　結果の予見可能性（240）

第 5 章　違法阻却事由………………………………………………………243
第 1 節　違法阻却事由の意義………………………………………………243
　第 1 款　犯罪阻却事由と違法阻却事由…………………………………243
　　1　犯罪の成立を阻却する消極的要件（243）
　　2　構成要件該当性阻却と違法阻却（244）
　第 2 款　違法性と違法阻却………………………………………………245

　　　　1　結果無価値論と違法阻却事由〈245〉
　　　　2　可罰的違法性の理論〈248〉
　第2節　一般的違法阻却事由……………………………………250
　　第1款　法令行為……………………………………………250
　　　　1　刑法35条と正当行為〈250〉
　　　　2　法令による違法阻却〈251〉
　　第2款　被害者の意思に基づく違法阻却……………………254
　　　　1　被害者の同意による違法阻却と構成要件該当性阻却〈254〉
　　　　2　推定的同意〈257〉
　　　　3　傷害と同意〈259〉
　　　　4　治療行為〈260〉
　　　　5　危険の引き受け〈262〉
　　　　6　殺人罪と被害者の同意，安楽死，終末期医療〈264〉
　第3節　正当防衛，緊急避難……………………………………268
　　第1款　正当防衛と緊急避難………………………………268
　　第2款　正当防衛……………………………………………270
　　　　1　正当防衛の違法阻却原理〈270〉
　　　　2　私闘と正当防衛状況〈274〉
　　　　3　正当防衛の意思〈279〉
　　　　4　急迫不正の侵害〈280〉
　　第3款　過剰防衛……………………………………………284
　　　　1　正当防衛と過剰防衛〈284〉
　　　　2　防衛行為の相当性〈286〉
　　　　3　量的過剰防衛〈288〉
　　　　4　誤想過剰防衛〈289〉
　　第4款　緊急避難・過剰避難………………………………290
　　　　1　緊急避難の違法阻却原理〈290〉
　　　　2　現在の危難〈292〉
　　　　3　害の均衡〈295〉
　　　　4　避難行為の補充性〈296〉
　　　　5　自招危難〈297〉
　　　　6　過剰避難〈299〉

第6章　責任阻却事由…………………………………………………301

目　次

第1節　責任と責任阻却事由……………………………………301
第1款　責任阻却事由……………………………………………301
第2款　責　任　概　念……………………………………………302

第2節　責　任　能　力…………………………………………304
第1款　刑法の責任能力制度……………………………………304
1　責任能力の概念（304）
2　責　任　年　齢（305）
3　「瘖唖者」規定の削除とその後（306）

第2款　心神喪失・心神耗弱……………………………………308
1　比較法的に見た特色（308）
2　精神の障害と弁識・制御能力（310）
3　原因において自由な行為（314）

第3節　違法性の錯誤……………………………………………318
第1款　違法性の認識と責任……………………………………318
1　法律の錯誤による免責（318）
2　認識対象としての「違法性」（320）

第2款　認識不能の判断…………………………………………323

第4節　適法行為の期待可能性…………………………………325
第1款　期待可能性の理論と規範的責任論の発展……………325
第2款　期待可能性の理論の射程………………………………327
1　違法性の意識の可能性と適法行為の期待可能性（327）
2　期待可能性の構造（327）

第7章　未遂，予備・陰謀……………………………………330

第1節　犯罪の成立を拡張する事由……………………………330

第2節　未遂犯と予備・陰謀罪…………………………………331
第1款　未遂犯の意義……………………………………………331
第2款　実行の着手………………………………………………333
1　実行行為の概念（333）
2　危険の招致と実行の着手（336）

第 3 款　不　能　犯……………………………………………338
　　　　　1　不能犯の概念（338）
　　　　　2　未遂犯と不能犯（339）
　　　　　3　危険性判断のための仮定的事実（341）
　　　第 4 款　中　止　犯……………………………………………346
　　　　　1　中止犯の構造とその法的性格（346）
　　　　　2　中　止　行　為（348）
　　　　　3　中止行為の任意性（353）
　第 3 節　予備罪と陰謀罪，テロ等準備罪……………………………355
　　　第 1 款　予　備　罪……………………………………………355
　　　第 2 款　陰　謀　罪……………………………………………357
　　　第 3 款　テロ等準備罪…………………………………………358

第 8 章　共　　犯………………………………………………………360
　第 1 節　共犯と共犯行為……………………………………………360
　　　第 1 款　共犯の概念……………………………………………360
　　　　　1　共犯と構成要件の修正（360）
　　　　　2　犯罪への関与（362）
　　　　　3　必要的共犯（365）
　　　　　4　共犯行為の限定（370）
　　　第 2 款　共犯の故意……………………………………………373
　　　　　1　共犯と故意（373）
　　　　　2　共犯の錯誤（374）
　　　第 3 款　共同正犯，間接正犯…………………………………375
　　　　　1　正犯の概念（375）
　　　　　2　自　手　犯（377）
　　　　　3　共　同　正　犯（378）
　　　　　4　過失の共同正犯（383）
　　　　　5　間　接　正　犯（387）
　　　第 4 款　教唆犯，幇助犯………………………………………395
　　　　　1　教唆犯と幇助犯（395）
　　　　　2　教　　唆（396）

目　次

　　　　　3　幇　助 (397)

第2節　共犯の個別性と連帯性……………………………………399

　第1款　共犯の従属性…………………………………………399

　　　　　1　行為共同説と犯罪共同説 (399)
　　　　　2　実行従属性 (402)
　　　　　3　罪名従属性 (403)

　第2款　違法の連帯性，責任の個別性………………………405

　　　　　1　要素従属性 (405)
　　　　　2　共犯と身分 (407)

第3節　共犯の成立と消滅…………………………………………412

　第1款　共犯の因果関係………………………………………412

　　　　　1　共犯関係と共犯の因果性 (412)
　　　　　2　共犯の成立と消滅 (414)

　第2款　共犯の成立……………………………………………414

　　　　　1　片面的共犯 (414)
　　　　　2　承継的共犯 (416)

　第3款　共犯の消滅……………………………………………420

　　　　　1　合意の範囲 (420)
　　　　　2　共犯の離脱と中止犯 (423)

　事項索引

　判例索引

───── <文献略語一覧> ─────

〔教科書・注釈書〕

浅田・総論　　浅田和茂『刑法総論』〔第2版〕（成文堂，2019年）
井田・総論　　井田良『講義刑法学・総論』〔第2版〕（有斐閣，2018年）
小野・総論　　小野清一郎『新訂刑法講義総論』〔全訂第3版〕（有斐閣，1948年）
佐伯（千）・著作集Ⅰ～Ⅵ　　『佐伯千仭著作選集』第1巻～第6巻㊤㊦（信山社，2015年～2018年）
佐伯（千）・総論　　佐伯千仭『刑法講義（総論）』〔4訂版〕（有斐閣，1981年）
佐伯（仁）・総論　　佐伯仁志『刑法総論の考え方・楽しみ方』（有斐閣，2013年）
団藤・総論　　団藤重光『刑法綱要総論』〔第3版〕（創文社，1990年）
団藤・各論　　団藤重光『刑法綱要各論』〔第3版〕（創文社，1990年）
内藤・総論・上・中・下Ⅰ・下Ⅱ　　内藤謙『刑法講義総論』上巻・中巻・下巻Ⅰ・下巻Ⅱ（有斐閣，1983年・1986年・1991年・2002年）
林・総論　　林幹人『刑法総論』〔第2版〕（東京大学出版会，2008年）
平野・総論Ⅰ・Ⅱ　　平野龍一『刑法総論』Ⅰ・Ⅱ（有斐閣，1972年・1975年）
平野・概説　　平野龍一『刑法概説』（東京大学出版会，1977年）
平野・研究Ⅰ～Ⅵ，最終巻　　『刑事法研究』第1巻～第6巻，最終巻（有斐閣，1981～1984年，2005年）
福田・総論　　福田平『全訂刑法総論』〔第5版〕（有斐閣，2011年）
西田・総論　　西田典之『刑法総論』〔第3版・橋爪隆補訂〕（弘文堂，2019年）
藤木・総論　　藤木英雄『刑法講義総論』（弘文堂，1975年）
前田・総論　　前田雅英『刑法総論講義』〔第6版〕（東京大学出版会，2015年）
牧野・総論・上・下　　牧野英一『刑法総論』〔全訂版〕上巻（有斐閣，1958年）・下巻（有斐閣，1959年）
松宮・総論　　松宮孝明『刑法総論講義』〔第5版補訂版〕（成文堂，2017年）
宮本・著作集Ⅰ～Ⅵ　　『宮本英脩著作集』第1巻～第6巻（成文堂，1986～1990年）
山口・総論　　山口厚『刑法総論』〔第3版〕（有斐閣，2016年）
山中・総論　　山中敬一『刑法総論』〔第3版〕（成文堂，2015年）
総判研（25）　　総合判例研究叢書刑法（25）（有斐閣，1964年）
大コンメンタールⅠ～XIII〔執筆者〕　　大塚仁ほか（編）『大コンメンタール刑法』〔第3版〕第1巻～第13巻（青林書院，2013年～2018年）
注釈刑法Ⅰ～Ⅱ〔執筆者〕　　西田典之＝山口厚＝佐伯仁志（編）『注釈刑法』第1巻・第2巻（有斐閣，2010年・2016年）

―――――――― ＜判例略語一覧＞ ――――――――

〔判例〕
大判（決）　　　大審院判決（決定）
大連判（決）　　大審院連合部判決（決定）
最判（決）　　　最高裁判所判決（決定）
最大判（決）　　最高裁判所大法廷判決（決定）
高判（決）　　　高等裁判所判決（決定）
地判（決）　　　地方裁判所判決（決定）
支判（決）　　　支部判決（決定）

〔判例集〕
刑録　　　　　　大審院刑事判決録
刑（民）集　　　大審院，最高裁判所刑（民）事判例集
集刑　　　　　　最高裁判所刑事裁判集
高刑集　　　　　高等裁判所刑事判例集
下刑集　　　　　下級裁判所刑事裁判例集
東高刑時報　　　東京高等裁判所刑事判決時報
高刑判特　　　　高等裁判所刑事判決特報
高刑裁特　　　　高等裁判所刑事裁判特報
高刑速　　　　　高等裁判所刑事判決速報集
高検速　　　　　高等裁判所刑事裁判速報集
刑月　　　　　　刑事裁判月報
一審刑集　　　　第一審刑事裁判例集
判時　　　　　　判例時報
判タ　　　　　　判例タイムズ
刑弁　　　　　　刑事弁護

〔判例解説〕
判プⅠ・Ⅱ　　　成瀬幸典＝安田拓人＝島田聡一郎編・判例プラクティス刑法Ⅰ・Ⅱ
百選Ⅰ・Ⅱ　　　西田典之＝山口厚＝佐伯仁志編・刑法判例百選Ⅰ・Ⅱ〔第6版〕
評論　　　　　　法律評論
新聞　　　　　　法律新聞

〔法令名〕
　有斐閣『六法全書』〔平成30年版〕の法令名略語に従った。

第 1 編 刑法理論と刑法

第1章 刑法理論

第1節　刑法と刑法学

第1款　刑法の意義

1　刑法の概念

「刑法」の概念　人を殺すと刑法199条によって「死刑又は無期若しくは5年以上の懲役」に処せられる（殺人罪）。このように，人の行為を犯罪として行為者に刑罰を加えるための要件，加えられる刑罰の内容を規定している法律が刑法である。刑法とは犯罪と刑罰に関する法律である。そのなかでも，殺人などを規定している「刑法」という標題のついた法律（明治40年法律第45号）は重要なものであり，単に「刑法」というときはこの法律のことを指す。しかし，「犯罪と刑罰に関する法律」はこれ以外にも数多く存在している。身近なものとしては，道路交通法，軽犯罪法，児童買春，児童ポルノに係る行為等の処罰及び児童の保護等に関する法律（児童買春禁止法）などがある。これらを「特別刑法」という。また，これらすべてを加えて「実質的意味の刑法」，「刑法」という法律を「形式的意味の刑法」ということもある。

　刑法8条によれば，同法の「第1編 総則」は特別刑法の通則としても妥当すると規定しているが，それを排除する「特別の規定」（8条但書）があり，特別規定の存否はしばしば問題となる。

　刑法総論は犯罪と刑罰に関する一般理論を取り扱うので，「刑法 第1編 総

則」の諸規定を手掛りとすることになる。

刑罰論と犯罪論　法的制裁としての刑罰の意味内容を論じるのが「刑罰論」である。

「刑罰」とは刑法9条の規定する死刑，懲役，禁錮，罰金，拘留，科料（かりょう），および付加刑としての没収である。執行猶予者等に対する保護観察（更生保護48条），少年院送致などの保護処分（少年24条），精神障害の状態で他害行為を行った「対象者」に言い渡される医療（医療観察42条）などは刑罰ではない。しかしこれらも犯罪行為を抑止するための処分なのであるから，刑法の解釈運用を考える場合には，これも視野に入れなければならない。

犯罪と刑罰に関する法律が「刑法」であり，「犯罪」とは「刑罰」が科される行為をいう。したがって，刑罰を捨象して刑法を定義することはできないし，犯罪を定義することもできない。だが，犯罪，すなわち刑罰を加えられるべき行為はどのようなものでなければならないかは，このような形式的定義によって答えられるものではなく，たとえば，殺人罪における「人」とは何か，「殺す」とは何か，正当防衛（36条）のために殺すことが許されるのはどのようなときかなど，実質的な検討を必要とする問題が存在する。これが「犯罪論」の課題である。

特別刑法の規定　「刑法 第2編 罪」は，「……した者は……の刑に処する」というように，犯罪と刑罰とを一つの条文のなかに規定している。だが，特別刑法では，たとえば，「何人も，みだりに廃棄物を捨ててはならない」（廃棄物16条）という禁止規定と，「第16条の規定に違反した者」は「5年以下の懲役若しくは千万円以下の罰金に処し，又はこれを併科する」（同25条1項14号）という罰則とが別々に規定されていることが多い。特に，行政目的を達成するために刑罰を規定している「行政刑法」ではそうである。これは，殺人などとは異なり，そのような行為が禁止されているかは国民には必ずしも明らかではないのでこれを確認することが必要であると考えられていること，禁止規定の違反行為は直ちに刑罰を加えられるべき犯罪ではなく，行政的措置制裁を加えられるにとどまる行為，さらに何らの制裁も加えられない行為でもありうることによる（たとえば，売春3条〔単純売春〕，自転車79条・小型自動車13条・モーターボート12

第1節　刑法と刑法学

条・競馬28条〔未成年者・学生・生徒の投票券購入〕の禁止規定には罰則がない）。

実質的意味の刑法　実質的意味の刑法は，必ずしも形式的意味の法律，すなわち国会の議決により成立した法形式（憲59条以下）に限られるものではない。内閣の制定する政令（憲73条6号但書）などの命令，地方公共団体の制定する条例（憲94条，自治14条3項）も刑罰法規等を含むことがある。

　これらの法形式がどのような事項を，どのような場合に規定することができるかは問題となる。

2　現行刑法の制定

旧刑法の制定　わが国に西欧流の近代的な刑法を初めて導入したのは，1880（明治13）年に公布され，1882（同15）年に施行された「刑法」（旧刑法）である。これは，明治政府が招いたパリ大学教授ボワソナードの起草した草案を修正してできたものであり，基本的には1810年のフランス刑法（ナポレオン刑法）を継受したものであった。フランス革命への反動から，威嚇主義・保安主義的な傾向を生じていたとはいえ，このフランス刑法は当時のヨーロッパでは自由主義的なものであった。旧刑法はこれにならって罪刑法定主義を宣言し，行為の客観面を重視し，裁判官の裁量の余地を狭めていた。

現行刑法の制定　しかしその後，増加し続ける犯罪に対応するためにはこの刑法では不十分であると考えられたこと，天皇制のわが国がその立法作業の範とすべき国は共和国であるフランスではなく，帝制をとるドイツであると考えられるようになったことなどから，旧刑法は全面的に改正されることになった。このようにして，1907（明治40）年に公布され，翌年から施行されたのが現刑法である。これは1870年のドイツ刑法を基礎としたものであったが，ドイツの刑法学説を積極的に採り入れたことによって，「総則」の部分は，旧刑法よりはもちろん，当時のドイツ刑法よりもさらに理論的に洗練されたものであった。

　同時に，現刑法は当時のヨーロッパにおける刑事政策的な刑法改正運動の影響も強く受けていた。ドイツ刑法に先駆けて刑の執行猶予の制度を導入したのはこの顕著な現れであり，西欧諸国の刑法から見るなら特異と思われるほど包

括的・抽象的に犯罪類型を規定し，それに幅広い法定刑を対応させたのも，裁判官に量刑に関する広い裁量権を与えようとしたためである。現刑法の各則の条文数は，旧刑法のそれの半分近くにまで減少した。

3 刑法改正と刑法の平易化

戦時下の刑法改正，日本国憲法下での暫定的改正　最初の比較的大きな刑法の改正は，1941(昭和16)年に戦時体制強化の一環として行われた。その中でも，改正された賄賂罪（197条以下），追加された強制執行免脱罪（96条の2），競売入札妨害・談合罪（96条の3）は，現在まで残っている。

1947(昭和22)年の大きな改正は，刑法を日本国憲法の趣旨に適合させるためのものであった。それは，刑法の全面改正の前の暫定的措置として行われたものであったが，皇室に対する罪，戦時犯罪の廃止，職権濫用罪の法定刑の引き上げなどを含んでいた。表現の自由（憲21条）の保障のために，名誉毀損罪についての免責規定（230条の2）が新設されたのもこのときである。

コンピュータ犯罪対応までの改正　しかし刑法の全面改正は実現せず，刑法はその後部分改正を重ねることになる。以下では，そのうちの主なものをいくつかあげる。

1958(昭和33)年には「汚職・暴力の追放」のために，斡旋贈収賄罪（197条の4・198条2項），証人威迫罪（105条の2），凶器準備集合罪（現208条の2），非親告罪である輪姦罪（180条2項）を新設し，1960(昭和35)年には土地の不法占拠等に対処するために不動産侵奪罪・境界毀損罪（235条の2・262条の2）を新設し，1964(昭和39)年には多発する誘拐事犯に対応するため身代金誘拐・同予備罪（225条の2・228条の3）を新設するなどした。1987(昭和62)年には，コンピュータ犯罪に対応するために，電磁的記録不正作出および供用罪（161条の2），電子計算機損壊等業務妨害罪（234条の2），電子計算機使用詐欺罪（246条の2）を新設した。

改正刑法草案と，尊属殺・瘖唖の廃止，刑法の平易化　法制審議会の「改正刑法草案」（1974［昭和49］年）には，保安処分の新設，犯罪の拡張，重罰化などについて多くの反対があり，国会への提出が見送られたため，刑法の全面改正は実現するには至らなかった。だが，刑法を理解困難な片仮名・古語文で書か

第1節　刑法と刑法学

れたままにしておくのも妥当ではないと考えられたため，現行刑法の内容を変更しないで，条文を平仮名・現代文に書き改め，見出しを付けるという「刑法の平易化」が1995(平成7)年に実現した。

　これは，刑法の平易化とともに，いくつかの条文を削除したのであり，実質的な改正でもあった。すなわち，最高裁（最大判昭48・4・4刑集27巻3号265頁〔尊属殺人罪違憲判決〕）により違憲とされていた尊属殺人罪（200条）ばかりでなく，被害者が尊属である場合を加重処罰する規定（205条2項・218条2項・220条2項）はすべて削除され，瘖唖者を責任無能力あるいは限定責任能力としていた規定（40条）も削除された。これらは改正刑法草案の提案でもあった。

4　進行する刑法改正

組織犯罪・国際犯罪・ハイテク犯罪，法定刑の引き上げ，など　　その後の刑法の部分改正は一段と加速している。

　2001(平成13)年には，国際的規模で行われるクレジットカードの偽造に対応するため，支払用カード電磁的記録に関する罪（18章の2）が新設された。2003(平成15)年には，消極的属人主義の規定（3条の2）を設けることによって，国外にある日本国民の保護をはかることとした。2005(平成17)年には，女性，子どもの越境売買を禁圧するために人身売買罪・国外移送罪（226条の2・226条の3）が作られた。

　酩酊運転などによる交通事犯に対応するために，業務上過失致死傷罪（211条）の刑より重い刑を規定する危険運転致死傷罪（208条の2）が2001(平成13)年に，自動車運転過失致死傷罪（211条2項）が2007(平成19)年に，それぞれ新設された。

　だが，これだけでは頻発する危険・無謀運転による悲惨な事故に対しては不十分だという意見が強まり，2013(平成25)年には「自動車の運転により人を死傷させる行為等の処罰に関する法律」が成立した。同法は，刑法に規定されていた危険運転致死傷罪，自動車運転過失致死傷罪をこちらに移行させるとともに（自動車運転致死傷2条・5条），アルコール，薬物のほか，統合失調症，てんかんなどの「病気」（自動車運転致死傷令3条）の影響によって「正常な運転に支障が生じるおそれがある状態で」自動車を運転した者は，その結果「正常な運転が

困難な状態」になり人を死傷したときには，通常の過失致死傷罪より重く処罰する（自動車運転致死傷3条）ほか，無免許の場合の加重（6条），アルコール・薬物の影響があったことを隠蔽する行為の処罰（4条）を新たに規定したものである。

2004（平成16）年には，集団強姦罪（178条の2）を新設するほか，強制わいせつ罪・強姦罪・強姦致死傷罪（176条〜178条），殺人罪・傷害罪・傷害致死罪（199条・204条・205条），強盗致傷罪（240条前段）の法定刑を引き上げ，さらに一般的に，有期懲役・有期禁錮の上限はこれまでの15年から20年に，加重する場合の上限はこれまでの20年から30年にまで，それぞれ引き上げられた（12条〜14条）。

2011（平成23）年には，強制執行への不当な介入を排除するために，封印破棄罪・強制執行妨害罪・競売妨害罪（改正前の96条・96条の2・96条の3）の構成要件を拡張し，法定刑を引き上げた（改正後の96条・96条の2・96条の6参照）ほか，強制執行行為妨害罪・強制執行関係売却妨害罪・加重封印等破棄罪を新設した（96条の3〜96条の5）。

また，同時に，サイバー犯罪に対応するため，わいせつ物頒布罪の媒体に「電磁的記録」を加え（175条），電子計算機業務妨害罪の未遂を処罰するとした（234条2項）ほか，コンピュータ・ウイルスの作成，取得等を処罰するために，不正指令電磁的記録に関する罪（19章の2）を新設した。これらの刑法改正はサイバー犯罪に関する条約（2004年7月1日効力発生）の義務を履行するためのものでもあり，同時に電磁的記録の差し押さえ等についての刑事訴訟法の大きな改正も行われている。

刑の一部執行猶予　2013（平成25）年には「刑の一部執行猶予」が新設された（27条の2〜27条の7）。これは，前に禁錮以上の刑に処せられたことのない者などに3年以下の刑を言い渡す場合に，そのうちの一部について保護観察付きの執行猶予を言い渡し，猶予の期間中保護観察に付するというものである。たとえば，「被告人を懲役1年6月に処する。その刑の一部である懲役4月の執行を2年間猶予し，その猶予の期間中被告人を保護観察に付する」という判決を言い渡し，実刑部分の1年2月の執行の終了後，4月の保護観察を行う。これは，刑事施設の過剰収容を緩和するとともに，十分な保護観察期間を確保することを目的とした改正である。

第1節　刑法と刑法学

　この刑法改正とともに、「薬物使用等の罪を犯した者に対する刑の一部執行猶予に関する法律」（薬物一部執行猶予法）も成立した。上記の2013年改正法では、前に禁錮以上の刑に処せられたことのある者については刑の一部執行猶予はできず（刑27条の2第1項）、執行猶予期間中の保護観察も義務的ではない（刑27条の3第1項）。これに対して、本法は、「薬物使用等の罪〔薬物一部猶予2条2項〕を犯した者」については、前に禁錮以上の刑に処せられたことがあっても、刑の一部執行猶予を可能とし、それを言い渡すときには必ず保護観察に付さなければならないとする（同法3条・4条1項）。これは、深刻な問題となっている薬物犯罪の再犯防止のために、刑事施設内処遇に引き続いて、薬物使用の嗜癖を除去するための治療プログラム等による処遇を行おうとするものである。

　改正刑法草案は、治療処分と並ぶ保安処分として「禁絶処分」を提案していた（97条1項・101条・102条）。これは、アルコール、薬物の習癖によって犯罪を行った者について、その者の責任能力の有無に関係なく、「保安施設」に収容して、習癖を取り除くための「必要な措置」を行うというものであった。薬物一部執行猶予法は禁絶処分を実現したものとはいえるが、薬物の習癖を除くための治療としては、禁絶処分の提案した保安施設内の処遇だけでは十分でないという認識に基づくものである。

　性犯罪への対応　　性犯罪に厳格に対応するために、2017（平成29）年に刑法の改正が行われた。

　かつての「強姦罪」は女子に対するものに限られていたが、新たな「強制性交罪」（刑177条）は、男女の区別なく、性交・肛門性交・口腔性交の強制を処罰するものである。同時に法定刑も強姦罪の場合より引き上げられ、親告罪規定（旧180条）も削除された。これによって、非親告罪として強姦罪より重い法定刑が規定されていた集団強姦罪（旧178条の2）も意味を失い、削除された。さらに、「18歳未満の者に対し、その者を現に監護する者であることによる影響力があることに乗じて」わいせつな行為、性交等を行った場合にも、強制わいせつ罪、強制性交罪と同じように処罰する「監護者わいせつ・性交罪」が新たに設けられた（刑179条）。

　強制性交罪（刑177条）は、旧強姦罪と同じく、暴行・脅迫による行為に限ら

れている。そのため，性暴力により厳格に対応すべきだという立場からは不徹底という意見もある。他方，監護者わいせつ・性交罪については，改正刑法草案（301条）の「被保護者・精神障害者の姦淫」との関係で，その処罰範囲の妥当性，要件の明確性について議論があるところである。

不正収益の剥奪——没収・追徴の拡張　以上のように，刑法の実質的改正が特別法によって行われることも増えている。

　1991(平成3)年の国際的な協力の下に規制薬物に係る不正行為を助長する行為等の防止を図るための麻薬及び向精神薬取締法等の特例等に関する法律（麻薬特例法）は，薬物犯罪に対する国際的戦略の一環として，「薬物犯罪収益」の収受，仮装（マネーロンダリング）を処罰し，「薬物犯罪に由来する収益」の没収・追徴を規定した。1999(平成11)年の組織的な犯罪の処罰及び犯罪収益の規制等に関する法律（組織犯罪処罰法）は，一定の犯罪により得られた「犯罪収益」「犯罪収益に由来する財産」についてもこのような措置をとった。これらは，犯罪行為によって得られたものが無形的な利益であるときにも，また，それが形を変えたときにも追及を可能とし，没収しようとするものであり，盗品譲り受け罪（256条）と没収の要件（19条）をドラスティックに拡張したものである。組織犯罪対策目的での不法収益の追跡はさらに進められ，2007(平成19)年の，犯罪による収益の移転防止に関する法律（犯罪収益移転防止法）は，金融機関等に本人確認義務を負わせることによって，マネーロンダリングによる不法財産の隠匿・運搬を未然に防止しようとしている。

秘密保護——不正アクセス禁止法，不正競争防止法，特定秘密保護法　1999(平成11)年の不正アクセス行為の禁止等に関する法律（不正アクセス禁止法）は，インターネットに接続しているコンピュータに，セキュリティを破って侵入する行為を処罰するものであり，電磁的記録不正作出（161条の2），電子計算機損壊等業務妨害（234条の2），電子計算機使用詐欺（246条の2）の結果を待たずに，いわば，「ネット社会における住居侵入・信書開封」があれば，ただちに処罰する規定である。2011(平成23)年には，不正アクセス行為は国外犯であっても処罰することとされた（不正アクセス禁止法8条2項，刑法4条の2）。

　また，2005(平成17)年の不正競争防止法の改正は営業秘密の不正領得・窃用

第1節　刑法と刑法学

を処罰することにした（21条）。これは無形の財産的利益の窃用も処罰するとした点で，刑法の財産犯を拡張したものである。他方，改正刑法草案公表時には多くの人たちが反対していた企業秘密漏示罪（318条）を，30年たって，特別法によって実現したものということもできる。

2013（平成25）年には，「特定秘密の保護に関する法律」（特定秘密保護法）が成立した。これは，「我が国の安全保障（国の存立に関わる外部からの侵略等に対して国家及び国民の安全を保障することをいう。以下同じ。）に関する情報のうち特に秘匿することが必要である」とされる「特定秘密」の取扱者を制限し，業務者等の故意・過失によるその漏示と，一定の不正手段による取得を処罰することとしている。

1947（昭和22）年の刑法改正（6頁）によって削除された旧85条は，「敵国」のための「間諜」を死刑を含む重い刑で処罰していた。かつて国会に上程された「国家秘密に係るスパイ行為等の防止に関する法律案」（1985年）も「国家秘密」の探知行為の処罰を目的とするものであった。本法は国家秘密の漏洩を防止することを目的として，保護の対象となる「特定秘密」を行政機関の長が指定するものとし，処罰される探知行為の範囲を限定し，漏示行為，探知行為とも法定刑の上限を10年とするなどの配慮が見られる。だが，本法がジャーナリストの取材行為に対して萎縮的効果を持つことは否定できないだろう。

医療観察法と治療処分　改正刑法草案の保安処分のうち「治療処分」（97条1項1号・98条・99条）は，責任無能力者・限定責任能力者に対して，刑罰の代わりに，あるいは刑罰とともに，「保安施設」に収容して治療・看護を行うというものであったが，多方面から激しい反対があった。2013（平成15）年の「心神喪失等の状態で重大な他害行為を行った者の医療及び観察等に関する法律」は，心神喪失・心神耗弱（刑39条）の事由により自由刑の執行を免れた者について，「入院による医療」「入院によらない医療」を言い渡す制度を導入した。

この法律の目的は，一定の重大な他害行為（殺人・傷害・強制性交・強制わいせつ・強盗・放火の「6罪種」）を行った「対象者」（心神喪失処遇2条1項・2項）について，このような処分を行うことによって「対象者」の社会復帰を促進することであり，その者の再犯の防止，社会防衛を直接の目的とするものではない（同1条）。この点では，改正刑法草案の治療処分とは異なり，精神保健福祉法（29条）の措

置入院と同質のものである。最高裁判所は，同法の目的の正当性，処遇内容，要件の必要性・合理性・相当性，手続保障から見て，同法は憲法（14条・22条1項・31条）に違反するものではないとしている（最決平29・12・18刑集71巻10号570頁）。

テロ等準備罪　日本においても「国際組織犯罪防止条約」（2000/2001年）を締結し，国際的な協力の下にテロ等の組織的犯罪の準備を防止する必要があるとして，組織犯罪処罰法を改正することによって，「テロ等準備罪」が追加された（2017〔平成29〕年）。国会には，「組織的な犯罪の共謀」を処罰する「共謀罪」が提案されていたが，反対が強かったため，共謀に加えて一定の準備行為を要件とする「準備罪」（組織犯罪6条の2第1項柱書）として作りなおされたものである。

しかし，テロ等準備罪は従来の予備罪・陰謀罪に比べると，かなり広範な犯罪類型を準備の対象としている（組織犯罪6条の2第1項各号・別表4，参照）点において，依然として問題がある（359頁）。

第2款　刑法学の意義

刑法解釈学　刑法を研究する学問が刑法学である。そこでは，他の法律学と同じく，法律としての刑法の適用範囲なども問題となるが，刑法学では，何が犯罪とされ，どのように処罰されているかが最も問題とされる。刑法は法律要件としての犯罪，法律効果としての刑罰を構成要素とするから，刑法学も犯罪論と刑罰論とを含むものとなる。それは現行の実質的意味の刑法の具体的意味内容を明らかにする作業であり，刑法学はまず「刑法解釈学」である。

刑法解釈学も一般の法解釈学と同じく，客観的に実定法を正確に認識しようとするものである。しかし，法規の文言，文理は複数の解釈を容れる余地があるのがむしろ通例である。もちろん，多くの具体的問題は，どのような解釈をとるかをとりたてて問題にするまでもなく，容易に解決しうる。たとえばベッドに寝ている病人の首を締めて殺せば，刑法199条の殺人罪が成立することに疑問はない。しかし，彼が遷延性植物状態患者であった，あるいは脳死状態であったというような限界領域になると，刑法199条の「人」の解釈についてどのような立場をとるのか，具体的には人の死亡時期について心臓死説・大脳脳

第1節　刑法と刑法学

死説・全脳死説のいずれを支持するかによって，結論が大きく変わることになる。

さらに，不治の病者を死苦から解放する行為は「安楽死」として許容されるかも問題である。刑法解釈学が必要とされるのはこのような場合についてなのである。そして，どのような結論が法的に妥当なものかに関する解釈者の価値判断が，具体的な解釈論となって現れることを否定することはできない。

刑法の基礎理論，刑事立法論　以上の意味で刑法解釈学を支える価値論は，どのような行為が犯罪として処罰されるべきか，なぜ国家は一定の行為を犯罪としこれに刑罰を加えるのか，国家の刑罰権は何に由来しどこに限界があるのかという，より抽象的で基本的な問題にまでつながる。このような考察を行うのが「刑法の基礎理論」「刑法哲学」である（平野・概説5頁）。

刑法の基礎理論は，刑法解釈学の基礎を提供するものではあるが，実定刑法の内容いかんとは独立して存在しうる。たとえば，「被害者のない犯罪」を認めるべきか，死刑制度は正当なのかなどという問題に対する態度決定は，現行法のこれらに関する態度と離れてなしうるものである。そしてこのような態度決定にもとづいて，現在の刑法を改正すべきか，どのような立法をすべきかを次に論じることになる。たとえば，わいせつ文書頒布販売罪（175条）は青少年保護の目的でのみ存続させるべきであるから，青少年に対する頒布販売のみを処罰すべきである，国家には人の生命を奪う権利はないのだから死刑は刑法から除かれるべきである，というようなものである。改正刑法草案を中心として行われた刑法改正論争，その後の刑法の改正の方向を見るなら，このような「刑事立法論」が重要な意味を有することは容易に理解しうる。

刑法学は，刑法解釈学ばかりでなく，刑法の基礎理論，刑事立法論をも含むものである。

第1章 刑法理論

第2節　刑法の役割

　どこの国にも刑法は存在するが，それは何のためにか。この刑法の基礎理論の根底にある問題をどのように考えるかは，個々の刑法解釈論，特に犯罪論に大きな影響を持つ。啓蒙哲学に始まり，ドイツそして日本における新旧両派の刑法理論を経て現在に至るまでの論争は，刑法の理念・役割をどのように考えるべきかについてのものであった。現行刑法を概観する本書もこの問題の考察を省略することはできない。

第1款　刑罰と犯罪の抑止

　犯罪者の処遇と刑罰　　法律学は社会工学（social engineering）であるといわれる。刑法も，他の法律と協同しながら，社会秩序を維持することを目的とする。だが刑法は，刑罰という手段を用いて犯罪の抑止という局面においてそれを行おうとする点に，その特色がある。このようにして，刑法の役割は，まず，犯罪抑止と刑罰との関係から検討されなければならない。

　しかし，刑罰が犯罪の抑止について常に最適な手段である訳ではない。刑の執行猶予のとき（刑25条の2・27条の3，薬物一部執行猶予4条1項），あるいは仮釈放のとき（刑28条）の保護観察（更生保護48条3号・4号），売春防止法違反の「女子」に対する補導処分（売春17条），少年に対して言い渡される保護処分（少24条），触法精神障害者の医療（心神喪失処遇42条〜44条）など，犯罪者の処遇には様々なものがある。現代社会でも，刑罰は犯罪への対応手段として重要なものではあるが，その果たすべき役割については合理的に考えなくてはいけない（平野・研究Ⅵ，佐伯仁志・制裁論）。

　犯罪の制裁としては刑罰しか考えられなかった時代から始まった「刑罰本質論」の歴史も，以上のような視点で見られなければならない。

1　絶対的応報刑論と相対的応報刑論，規範防衛論と抑止刑論

　応報と教育　　現在の日本の刑法は死刑を存置させているが（9条・11条），身

第2節　刑法の役割

体刑（耳そぎ，鼻そぎ，刺青〔いれずみ〕など身体を侵害する刑罰）は認めていない。懲役・禁錮・拘留という自由刑，罰金・科料・没収という財産刑が日本の刑罰の中心であるのは（9条・12条～19条），諸外国の刑法と同様である。刑罰の人道化は啓蒙期からの人類の歴史であり，日本の刑法もそのうちにある。だが，いかに刑罰が人道化されようとも，それは受刑者にとっては苦痛であることに変わりはなく，快楽ではない。そして，刑法が犯罪者にこのような苦痛を加えるのは，犯罪の「代償」を彼に与え，彼が犯罪を行ったことを非難するためである。

　以上の意味で，刑罰が「応報」であることには基本的な争いはない。かつての「教育刑」の理論（牧野英一）は，刑罰は受刑者の改善・更生を積極的に目ざすものでなければならず，その害悪としての面のみに安住することは不当であるとするものではあるが，刑罰が犯罪行為のゆえに加えられる害悪であることまでも否定するものではない。

　絶対的応報刑論と相対的応報刑論　それでは，国家がこのような刑罰を国民に賦課することはなぜ許されるのか。「絶対的応報刑論」（絶対説）は，犯罪に対しては刑罰をもって応えるのが正義であり，倫理の要請だからだとする。たとえばヘーゲルは，犯罪は法の否定であり，刑罰は犯罪を否定することにより法と正義とを回復するものであるとした。もちろん，刑罰が現実に何らかの効用を社会にもたらすことはあるかもしれないが，刑罰が正当化されるのはそれによってではないのだから，いかに無益と思われる刑罰でも正義のためにはそれを科すべきであり，しかも義務である。「市民社会が，そのすべての構成員の同意によって解散する場合（たとえば，ある島に住んでいた人びとが解散し，世界中に散って行くことを決定した場合）といえども，獄舎につながれている最後の殺人犯は，その前に死刑に処せられなくてはならない」「正義が滅びたときには，人が地上に生きていることに何の価値もない」（カント）。

　「目には目を，歯には歯を」「犯罪には刑罰を」という処罰感情，応報感情が歴史的に刑罰と刑法を生ぜしめたこと，そして現在でも多くの人々の心の中に根強く存在していることは否定できない。しかし，それがなぜ，絶対的正義，カントの「定言命令」の要請であるかは明らかではない。しかも，応報のみを目的とし，それ以外の何らの目的の存在も許さない盲目的反動のために，国家

が刑罰権を独占できるとすることはできない。

　このようにして，絶対的応報刑論は理念型としては存在しうるとしても，現実にはこれを正面から主張する人は存在しなくなっている。現在は，国家的刑罰は，犯人に対する応報作用によって何らかの目的を達成しようとするときに正当化されるという「相対的応報刑論」(相対説)が，一般的な支持を受けているといってよい。

　抑止刑論，規範防衛論，積極的一般予防論　　相対的応報刑論のなかでも，刑罰の目的を犯罪の抑止に求め，国家の刑罰権はその目的で行使されなければならず，その効果のある限りにおいて正当性を有するとするのが「抑止刑論」である。しばしば相対的応報刑論は抑止刑論と同一視されるが，相対的応報刑論のなかには，刑罰の目的を，犯罪の防止にではなく抽象的な国家社会規範の防衛に求める「規範防衛論」もある。これは抑止刑論ではなく，刑罰は倫理秩序維持のための倫理的応報であることを強調した「後期旧派」の立場であった。わが国において，刑罰は，国民の応報感情を満足させ，国家の倫理秩序を維持形成するという文化的目的を追求すべきものであり，犯罪の防止を直接の目的とするものではないという小野清一郎の見解はこのようなものである。

　また，刑罰は犯罪が規範の違反であることを明らかにすることによって，それによって動揺させられた規範の妥当性を回復することにある(法の確証)として，ヘーゲルの理論を社会学的に表現しようとするドイツの「積極的一般予防論」(これは後述の一般予防論とは異なることに注意すべきである)もそうである。このような考え方は，絶対説のように犯罪には自動的に刑罰が科されるのが正義の要請だとするのではない。また，刑罰が犯罪の防止に事実上結びつくことを否定するものでもない。しかし，そのような効果がなくとも国民の応報感情を満足させる以上それは正当な刑罰だとするのであるから，その実質は絶対説と異なるところはないといえよう。この種の相対説が，しばしば絶対的応報刑論と同一視されるのもこのためである。

2　刑罰論と犯罪概念——行為無価値論・結果無価値論

　行為無価値論　　刑罰論は犯罪概念に影響する。

第2節　刑法の役割

　刑法は刑罰を用いて国民の応報感情を満足させ，国家社会の「秩序」を維持する役割を担うという規範防衛論によるなら，応報的反動の対象となるべき犯罪は国家秩序の違反行為ということになる。そして，国家秩序は倫理にほかならないという前提のもとでは，犯罪は「国民的道義に於て許すべからざる行為」（小野・総論80頁）ということになる。

　他方，刑罰の正当化根拠を犯罪の防止に求める抑止刑論においても，犯罪を倫理秩序の違反とするなら，やはり同じことになる。ドイツでヴェルツェルが刑法の「社会倫理的機能」を主張し，犯罪の本質は，生命・健康・財産などの法益の侵害・危殆という「結果無価値」を超えた，行為者の「人的不法」である「行為無価値」，すなわち社会倫理的な不当性にあるとしたのはこの趣旨であった。これによるなら，「被害者なき犯罪」が認められるのはもちろん，たとえば，砂糖で人を殺そうとした場合でも殺人未遂として処罰する，被害者の承諾を得てこれに傷害を加えたときでも，行為者の目的が被害者とともに保険金を詐取することにあったときには傷害罪が成立する，というようなことになる。

　わが国で刑法の「規制的機能」「規律的機能」「規範的機能」を認め，犯罪概念における行為無価値の重要性を肯定する多くの見解も，ヴェルツェルと同様，このように考えるものだといってよい。これらは，刑法が刑罰によって行為無価値を防止し社会倫理秩序を規制することが，ひいては結果無価値の予防に結びつく有効な手段であるとはするが，刑法の役割は結果無価値の防止に尽きるものではなく，行為無価値を有するにすぎない行為も刑法によって防止しなければならないとするものである。

　結果無価値論　だが，現代の自由主義国家は，法と倫理とを峻別し，国家は倫理そのものを国民に強制する権利を持たないということを公理として成り立っている。以上のような考え方は基本的に受け容れ難いものである。また，主観的な「個人倫理」と区別された客観的な「国家的道義」ないしは「社会倫理」の存在を認め，後者は前者とは異なり客観的な法の問題である（団藤・総論37頁・188頁以下）とすることもできない。複数の倫理の平和的共存が前提とされる自由主義社会においては，個人には国家社会の立場から好ましい倫理，あるいは社会の多数者の支持する倫理を遵守する法的な義務が存在するとするこ

とはできない。まして，国家が刑罰を用いてその義務の履行を強制することはできない。

国家は超個人的な倫理ではなく，社会内の個人の生活利益を保護するために存在し，国家刑罰権もそのために用いることが許されるのである。このように考えるなら，刑法と刑罰は「社会倫理的機能」ではなく，「法益保護機能」を追求すべきものである。刑罰によって防止されるべき行為，すなわち犯罪は，社会倫理規範からの逸脱たる「行為無価値」ではなく，法益の侵害・危殆である「結果無価値」でなければならない。「被害なければ刑罰なし」は，啓蒙哲学以来の自由主義刑法の基本原則である。

3　一般予防・特別予防および規範的予防

一般予防と特別予防　　刑法は犯罪に対する無価値判断を刑罰によって国民に伝達することにより，彼の行為を規制し犯罪を防止しようとする。その局面にはいくつかのものがある。

第1は，刑法による刑罰威嚇の心理的効果である。ベッカリーア，ベンサムなどの啓蒙哲学者は，人間は利益を求め，不利益を回避する本性を有するから，犯罪を行うと刑罰という苦痛を蒙るであろうことを予告しておけば犯罪を抑止しうるとして，「一般予防」論を主張した。これは，犯罪者に対する現実の刑罰の賦課ではなく，それ以前の国民に対する抽象的な刑罰威嚇に犯罪抑止の効果を求めようとするものである。19世紀のドイツにおいて前期旧派（古典派）の刑法理論を大成し，後に「近代刑法学の父」といわれるフォイエルバッハの「心理強制説」もこれを受け継いだものである。彼は，刑罰には国民を威嚇して心理的に犯罪を抑止するよう強制する効果のみを認めるべきであり，現実の刑罰の執行は，国民に対して刑罰威嚇が真剣なものであることを示すことによって，一般予防効果を裏打ちする意味を有するにすぎないとした。

第2は，刑罰の執行による犯罪者に対する効果である。事前的に行われる刑罰威嚇が犯罪防止に効果のあることは否定できないであろう。しかし，以上のような古典的な一般予防論は，刑法によって何が犯罪とされ，どのように処罰されているかを知り，犯罪によって得られる利益と処罰される不利益とを慎重

第2節　刑法の役割

に考量して行動する打算的な合理人を前提としているため，その犯罪抑止のモデルは多くの場合にはあてはまらない。さらにそこでは，犯罪者に現実に執行される刑罰は，国民一般に対する抽象的な刑罰威嚇を追認し，その実効性を補完するためにオートマチックに加えられるものにすぎず，犯罪防止のための積極的な意味は認められていないことになる。

　フォイエルバッハは，犯罪者を改善し再び犯罪を行わないようにするという「特別予防」効果を刑罰が追求すべきだとするときには，国家に市民を改良する権利を与えるという不当な結果を招くと考えていた。確かに，刑罰の執行は「倫理的主体としての真の意味に於ける人格を完成する」ことを目的とする（小野・総論 21 頁）という考え方は，まさに道義体としての国家が市民に対して道徳の教師となるという考え方を前提にするもので不当であろう。しかし，刑罰は犯罪防止を目的とする。そして犯罪は単なる倫理違反ではない。刑罰の執行は犯罪防止を目的として行われなければならないという目的刑論を主張した新派（近代派）刑法学のリストが，「必ずしも倫理的でない市民的改善」を主張したのはこのような意味においてである。わが国では，改善刑・教育刑の主張は牧野英一らによって積極的に行われた。

　規範的予防　　第 3 は，「規範的予防」効果である。すなわち刑罰の犯罪抑止効果は，潜在的犯罪者に対する刑罰威嚇（一般予防），現実的犯罪者に対する刑罰の執行（特別予防）によってばかりでなく，犯罪者は処罰されるのであり，現に処罰されているということが人々に認識され，法を尊重し犯罪を行わないという規範意識が彼らの間に強化されることを通して実現されることも多い。前述のように，国民の規範意識の覚醒，法の確証を刑罰の直接の目的とする規範防衛論は妥当ではないが，その過程を経た刑罰の犯罪防止効果が存在することを否定することはできない。

　「刑法学派の争い」について　　フォイエルバッハらの前期旧派の一般予防論は犯罪の防止に無力であるばかりか，無益な刑罰を加える点で不正義であるとして，リストらの新派は，犯罪者の人格に応じた改善のための刑罰を加えることによって犯罪を防止すべきであるという特別予防論を主張した。これに対して，ビルクマイヤーら後期旧派の人たちは，倫理秩序の維持という規範防衛論，

法の確証による規範的予防論を主張し，刑法学派の争いが生じた。従来「旧派」の理論はすべて同一のものと解される傾向にあったが，このような後期旧派の考え方は，犯罪の予防ではなく規範の防衛を，法的非難ではなく倫理的非難を強調する点において，前期旧派とはまったく異質なものであったことに注意する必要がある（佐伯・総論 63 頁以下）。

　ともかくわが国でも，戦前までは新派刑法学を支持する牧野博士，前期旧派の瀧川幸辰，後期旧派の大場茂馬，小野清一郎らの間で激しい応酬がかわされた。

　だが，複数存在する刑罰の犯罪防止メカニズムのどれか一つだけが正しい刑罰論だとすることはできないであろう。問題は，そのどれを重視して刑罰制度を運用することが犯罪の防止にとって効果があり，合理的であるかである。欧米においては改善刑思想の浸透のもとに，刑罰の改良が行われ，「社会復帰行刑」の試みが積極的に行われたが，犯罪事情が悪化し，「法と秩序」を求める動きが強まったため，一般予防，規範的予防におもむくことになった。だが，一般予防，規範的予防による犯罪の抑止を一面的に重視することは，実際上は無目的な反動を是認する絶対的応報刑論へと移行する危険を持っていることにも気を付けなくてはならない。

第 2 款　刑罰からの人権の保護

　刑法の役割　　刑法は刑罰を賦課することによって犯罪を抑止することだけを目的とするものではない。犯罪抑止のために刑罰を用いることは国家の正当な権利であるが，国家はそのためならどのように刑罰を用いてもよいということではない。刑罰はそれが向けられる人にさまざまな不利益・苦痛を生じさせ，その権利を侵害するのであり，犯罪抑止目的と均衡を失した刑罰権の行使は許されない。刑法は刑罰を規定するばかりでなく，刑罰権発生の要件・態様を限定することにより，犯罪の抑止と人権の保護との調整をはかる。この調整原理がどのようなものでなければならないかが問題である。刑法の役割は犯罪の抑止に尽きるものではなく，刑法は刑罰が向けられる国民の権利の保護をも行うものである。

第2節　刑法の役割

1　罪刑法定主義と罪刑専断主義

罪刑法定主義の意義　刑法は処罰される行為を規定し，それ以外の行為を行っても処罰されないという国民の権利を保障する。こうすることによって，刑法は彼に処罰されるか否かの予測可能性を与え，刑罰から自由に行動する国民の権利を保障する。刑法は，このような国民の法的安定性を保障しなければならないという原則を罪刑法定主義という。この原則のもとでは，刑罰権は刑法の枠を超えることは許されない。行為が刑罰法規の規定する類型にあてはまらないときは処罰しえない，構成要件該当性が犯罪成立の第一の要件であるというのも，罪刑法定主義から導かれることである。

ヨーロッパ中世の刑法においては，何を犯罪として処罰するかは国家・裁判官の自由であるという罪刑専断主義が支配していた。成文法主義が比較的早く確立した支那法，それを継受発展させた日本法においても，刑法は司法官を名宛人とする犯罪と刑罰に関する事務処理規則に過ぎず，類推解釈・遡及処罰の許容，裁判官による刑罰法規の創造も認められていた。罪刑法定主義はイギリスのマグナ・カルタ(1215年)に淵源があるとされるが，これを国民の予測可能性・法的安定性の保障と結び付け，さらに，何が犯罪として処罰されるべきかは，裁判官ではなく国民の意思を代表する議会が法律によって決定しなければならないという，国民主権の原理によって基礎づけたのはベッカリーアらの啓蒙哲学者であった。フォイエルバッハは，刑罰の犯罪抑止効果は刑罰の予告による心理強制に求められなければならない以上，罪刑法定主義は刑罰論から必然的に要請されるとした。「法律がなければ犯罪も刑罰もない」という標語は彼に由来する。アメリカ・フィラデルフィアの人権宣言(1776年)，フランスの人権宣言(1789年)以来，罪刑法定主義は近代刑法の基本原則となった。

歴史的には，1926年のソヴィエト刑法，1935年にナチス政権によって改正されたドイツ刑法，1979年の中華人民共和国刑法など，罪刑法定主義を否認した刑法があったとはいえ，1948年の世界人権宣言が罪刑法定主義を宣言したことからも分かるように，これが刑法の原則でなければならないことは，既に否定しえないものである。すでに見たように，1880年の「旧刑法」はこれを宣言し，1889年の大日本帝国憲法23条，そして日本国憲法31条と，罪刑法定主義は日

本の刑法の基本原則とされている。その具体的内容については，次章においてさらに検討することになる。

2　刑罰積極主義と刑罰消極主義

刑罰積極主義　犯罪に対しては刑罰を積極的に用いるべきだという考え方を，刑罰積極主義という。絶対的応報刑論によれば，犯罪が行われたならこれに対して必ず刑罰が加えられなければならず，カントが言ったように，犯罪者が刑罰を免れることは不正義である。このような「必罰主義」まではいかないにしても，相対的応報刑論のなかでも規範防衛論によるなら，刑罰は犯罪によって侵害された規範の妥当性を回復するために必要とされるものであるから，犯罪を処罰しないでおくことが規範の権威をゆるがせにすると感じられる以上，やはり犯罪は積極的に処罰されなければならないことになる。

小野清一郎が，刑罰は「国民一般をして客観的道義観念を意識せしめると同時に，亦特に犯人をして道徳の厳粛を知らしめるものである」「応報としての刑罰は道義の実現における必然的な過程であり，已むことを得ずして行ふ国家的強制である」（小野・総論18頁以下）としたのは以上の趣旨である。

他方，抑止刑論をとっても，刑罰の犯罪防止効果に絶大な信頼を寄せる立場では，やはり刑罰積極主義が支持される。牧野英一は，医師が癌を治療するための努力を怠らないように，刑法も矯正不能な犯罪者は存在しないという信念を持たなければならない，すべての犯罪者を「国家の懐に収容して自己に同化せしめねばならぬ」（牧野・総論上57頁）と説いた。

刑罰積極主義においては，刑罰はその目的を追求するための手段として必要やむをえないものであるということ以上に，その内容自体も善であることがしばしば前提とされている。たとえば，刑罰は「大乗的な慈悲行」（小野・総論19頁）であるとされ，あるいは国家刑罰権の行使は，最後の一人をも救おうとする神の行為にも比される（牧野・総論上57頁）。

刑罰消極主義　しかし，刑罰が多くの害悪をもたらすことは経験的に明らかである。自由，財産の剥奪など，刑罰が本来予定している犯罪者の利益の侵害もそれ自体大きな害悪ではあるが，犯罪者を処罰することは，それを超えて

第2節　刑法の役割

彼の社会的地位を喪失させ，受刑者，前科者というスティグマを与えるなど，多くの深刻な副作用を彼に与える。自由刑受刑者は社会から隔絶した刑事施設に収容されることにより，社会への順応が以前より困難な状態にされることもあるばかりでなく，他の犯罪者と交わることによりその犯罪性が強められることにもなりうる。

さらに刑罰は，受刑者本人に対してばかりでなく，その家族などにも有形・無形の不利益を与える。他方では，刑罰に犯罪抑止効果があることを否定することはできないとはいえ，一般予防，特別予防が具体的にどれほどの効果を持ちうるかは依然として明確ではない。

また，犯罪は，犯罪者の態度にのみその原因があるものではなく，社会構造，社会環境もその発生に大きく影響を与えている。犯罪を防止するためには，国民を刑罰で威嚇し，犯罪者を刑罰で懲らしめ教育するよりは，このような環境的要因を調整することの方が効果があることが多い。リストが「社会政策は最良の刑事政策である」といい，瀧川幸辰が「犯罪との闘争の根本条件は社会の経済的構造の変革のうちに含まれて居る」，刑罰万能の思想は「最も保守的な，否，むしろ反動的なものといわなければならない」と非難した（瀧川幸辰・刑法講義〔改訂版〕1頁）のもこの趣旨である。

以上のような刑罰の害悪性，犯罪防止効果の不確実性を考慮するならば，刑罰は犯罪抑止のための最後の，そして必要悪としてやむをえない範囲で用いられなければならない。また，刑罰を加える場合でも，刑罰の賦課という害悪が犯罪の抑止という利益と均衡する範囲内にとどめられなければならない。このような意味では刑罰消極主義が妥当なものである。近時には，被害者保護，犯罪への国際的対応の必要性からの刑事立法の積極化は一つの傾向であるが，刑罰の機能・反機能を慎重に考慮しながら対応しなければならないであろう。

刑罰消極主義の諸相　　刑罰消極主義はさまざまな局面で現れる。

第1に，犯罪は真に刑罰によって対処しなければならない行為に限定されなければならない。これを，「刑法における謙抑主義」という（宮本・著作集Ⅲ 16頁）。犯罪成立要件としての違法性は，刑罰という重大な制裁を用いてまで防止されなければならないという行為の性質，すなわち可罰的違法性であり，責任は，

刑罰非難を加えることによって犯罪を抑止することが可能であり，それを必要とする行為者の心理状態，すなわち可罰的責任であるというのも，刑罰消極主義，そして謙抑主義の現れである。

　第2に，犯罪を実際に処罰しなくても，刑罰の規範的予防効果に反することはない，あるいは，特別予防効果の観点から見ても，現実に犯罪者に刑罰を加える必要はないと思われるときには，あえて刑を科さないことも許される。起訴猶予，執行猶予など，現行法の規定する猶予制度はこのようなものである。

　第3に，刑罰によって犯罪者に働きかけることよりも，他の処分の方が彼の再犯の防止に効果的であり害も少ないと思われるときには，刑罰に代えてそれを用いることにもなる。少年法の規定する保護処分，医療観察法の規定する触法精神障害者の医療もこのようなものである。

　第4に，刑罰を現実に執行する段階においても，それが過酷なものとならないようにして，刑罰が副作用として有するさまざまな害悪を回避するための方策がとられることになる。自由刑の純化，刑罰の人道化がそうである。さらに受刑者には，彼が刑を終え社会に復帰したときに再度犯罪を行わないよう，積極的な方策が行われなければならない。教育刑論はこのような方向を目ざしたものであるが，行刑の終局目的を受刑者の再社会化に置く「社会復帰行刑論」は，現在でも世界的な潮流である。

3　罪刑均衡の原則と刑罰の個別化

刑罰論と罪刑均衡　　刑罰は犯罪の重さを超えてはならないということを，罪刑均衡の原則という。前項で見たように，刑罰の効用と損失とを考量し，重大な犯罪に対しても軽い刑罰を与え，場合によってはまったく処罰を差し控えることさえできるのが刑罰消極主義のひとつの帰結であるが，犯罪の抑止のために必要と思われる刑罰であっても，その程度は犯罪の重大さを超えることは許されないのである。ある犯罪の侵害性を超える害悪を犯罪者に加えることによってまでそのような犯罪を抑止しようとすることは，犯罪者の人権の保護と均衡を失するものとみなされるからである。

　アンシャンレジーム期の過酷な，ときには残虐な刑罰に反対して罪刑の均衡

を主張したのは，ベンサム，ベッカリーアらの啓蒙哲学者であった。彼らはその一般予防論から，刑罰は犯罪によって得られる利益を上回る不利益であれば十分な威嚇効果を有するのであり，それを超える不必要な刑罰は不正義であるとした。フォイエルバッハらの前期旧派は当然この思想を受け継いだが，必罰主義を説く絶対的応報刑論においても，取引において商品を買えばそれに相当する代金を支払わなければならないのと同じく，刑法においても犯罪に相応する刑罰を犯罪者は甘受しなければならない，「目には目を，歯には歯を」という同害報復の原理（タリオの法）が妥当するとされた。犯罪に対する倫理的応報，それによる規範防衛を主張した後期旧派も，倫理的応報は犯罪の重大性に比例しなければならないとした。

刑罰個別化論　だが，刑罰を倫理的応報としたからといって，罪刑の均衡が概念必然的な制約となるわけではない。とくに，倫理規範・法規範の妥当性を回復・維持するのに必要な刑罰なら，具体的な犯罪との均衡を欠いてもそれは正当なものだということにもなりうる。実は後期旧派においても，刑罰の目的と犯罪者の権利との調整の原理として罪刑の均衡が認められていたのであり，犯罪者の人権を考慮しないなら，倫理的応報にこのような歯止めは存在しないことになる。

　刑罰は特別予防効果を追求すべきだとした新派刑法学は，犯罪ではなく，犯罪者の危険性・改善可能性に応じた「刑罰の個別化」を主張し，常習累犯者に対しては罪刑の均衡を無視した刑罰，ときには，受刑者が改善され危険性が除去されるまで拘禁することができるという絶対的不定期刑を提案することもあった。ここには，刑罰の効用を楽観的に信ずる刑罰積極主義もあった。特別予防に重点を置いた刑罰権の運用，刑罰の個別化が望ましいとしても，それは罪刑の均衡を失してはならないのである。

4　客観主義と主観主義，現実説と徴表説

旧派刑法学・新派刑法学と客観主義　犯罪は，行為の客観的要素と主観的要素とからなる。現在は，行為者が当該行為に出たことについて非難可能な心理状態が存在しなかったときは処罰しえないという「責任主義」が妥当し，行為

が客観的に犯罪事実を生じさせた以上処罰するという「結果責任」の考え方は「悪しき客観主義」として排斥されている。したがって，犯罪概念における客観主義と主観主義との対立は，犯罪の成立要件として客観的要素を重視すべきか否かの点にある。

客観主義は，啓蒙哲学，前期旧派の主張したところであった。彼らは，犯罪とは現実に社会に害を与える行為なのであるから，客観的な行為がなければ犯罪は存在しない，行為者の悪しき意思だけをとらえて処罰することは法と倫理とを混同するものである，犯罪概念を主観的に構成することは，認定の困難な行為者の主観に裁判官が大幅に介入することを許しその恣意的判断を招くことになる，「犯人の唇から証拠を取る」という自白偏重に至る，などとした。

これに対して，わが国では牧野英一など新派刑法学の主張者の一部は主観主義を主張した。特別予防論によれば，刑罰は行為者の犯罪性を除去するために科されるものなのだから，重大なのは行為の主観面であり，行為者の犯罪意思を徴表すると思われる行為さえ存在すれば犯罪は成立するとすべきである，というのである。後期旧派の人たちは，このような「(犯罪)徴表説」に反対して，行為の客観面は犯罪概念の本質的要素をなすとして「現実説」を主張した。

しかし，旧派の刑罰理論が客観主義・現実説に，新派のそれが主観主義・徴表説にそれぞれ論理必然的に至るものではないことは，罪刑均衡の原則について述べたことと同じことである。特に後期旧派の主張したような倫理的応報による規範防衛論においては，行為者の反倫理的な意思を重視することは十分にありうる。現にナチス時代のドイツでは，倫理的応報刑論による「意思刑法」が主張され，極端な主観主義，「行為者主義」がとられた。刑法の社会倫理的機能を肯定し行為無価値論をとる見解は，このような倫理的主観主義の延長線上にあるといえよう。

主観主義 他方，新派の特別予防論は，刑罰による行為者の性格の改善を主張するから，主観主義に傾くことは確かである。

しかし，これは，刑法に法益保護機能を与え，法益の侵害・危殆という結果無価値を犯罪の実質としたときについても同じである。行為者が法益侵害の意思傾向を有しているときには，法益の保護のために彼を処罰すべきだとするこ

第2節　刑法の役割

とも可能だからである。犯罪の早期発見，犯罪者の早期治療である。牧野英一らの主張はこのようなものであった。したがって，ここでもやはり，刑罰目的の実現が行為者の権利の保護の観点のもとで制約を受けるか，そしてそれはどの程度かということが，客観主義と主観主義との対立であるといえる。法益の侵害危殆行為としての犯罪を刑罰の一般予防効果によって抑止すべきだとした前期旧派が客観主義であったのは，極端な犯罪予防主義・保安主義は国民の人権を侵害すると考えたからであり，同様に結果無価値論的な犯罪概念をとり特別予防論を主張したリストが，この「啓蒙期の遺産に固執すべきである」として客観主義を維持したのも，「国家というリヴァイアサン」の前で個人を保護する必要があると考えたからである。

　現在では，犯罪概念が可能な限り客観的に構成されなければならないことについては，合意があるといってよい。

第2章

罪刑法定主義と刑法の解釈

第1節　罪刑法定主義の実質化

1　罪刑法定主義の内容

実体的デュー・プロセス　国民の予測可能性の保障と国民主権の原理から，行為が犯罪として処罰されるためには法律の存在が前提であるというのが，近代刑法学の確立した罪刑法定主義である。だが，行為を処罰する法律さえ存在すれば，それによってただちに罪刑法定主義の要請が満たされるというものでもない。行為後に施行された法律（事後法）によってそれ以前の行為を処罰することは，国民の予測を裏切るものであり許されない。さらに，刑罰法規に当てはまらない行為を，それと類似する行為を処罰している刑罰法規を適用して（類推適用）処罰することは，形式的には刑罰法規の存在を根拠としているとはいえ，実質的に罪刑法定主義の要請に反するものである。以上の，法律主義，遡及処罰の禁止，類推解釈の禁止は古典的な罪刑法定主義の内容であり，これらをその「形式的側面」と呼ぶこともできる（内藤・総論上27頁以下）。

しかし，現在では，罪刑法定主義の内容はさらに拡大されている。わが国で罪刑法定主義を宣言している憲法31条の「法律の定める手続」は，その母法であるアメリカ合衆国連邦憲法修正14条の due process of law と同趣旨であり，法律の内容も適正なものでなければならず，その要請を満たさない刑法は憲法に違反して無効であるとされている。これは，「適正処罰の原則」あるいは「実体的デュー・プロセスの理論」と呼ばれる。この罪刑法定主義の「実質的側面」

(内藤・総論上36頁以下)のなかには，不明確な刑罰法規の禁止のように，国民の予測可能性の保障，国会立法の原則の観点から要請されるものもあるが，残虐刑の禁止，非当罰的行為の処罰の禁止のように，犯罪と刑罰とに関する法律の内容そのものの正当性に関係するものもある。本章では，形式的な法律の存在に関する問題を第2節で，それ以外の問題は，広い意味でその存在内容の適正さに関するものであるので，これを第3節で検討することにする。

2　刑法解釈の特色

刑法の役割と刑法の解釈　　刑法の解釈も，現行法の具体的意味内容を確定する作業である点では，他の法解釈の場合と異なるところはない。しかし，刑法の解釈は，刑法は刑罰を用いて犯罪を抑止するとともに，不当な刑罰権の行使から国民を保護するという，前章で述べた「刑法の役割」，特に上記の罪刑法定主義，適正処罰の原則という人権保護の原理を考慮しつつ行われなければならない点で，他の法解釈とは異なった様相を呈することになる。この問題は第4節で取り上げることになる。

第2節　法律主義

第1款　成文法主義

刑法における民衆法　　国民に処罰についての予測可能性を保障するためには，刑罰法規は文字によって書かれたもの，成文の制定法でなければならない。不文の慣習法は民衆によってはぐくまれてきた法であり，形式的な制定法より国民の意思に合致したものであるとして，それによる処罰を肯定する考え方もある。たとえば，英米では制定法上犯罪とされていない行為であっても，裁判所がそれをコモンロー上の犯罪（common-law crime）にあたると認めるときには処罰しうるという考え方が伝統的にとられてきた。しかし，これは裁判官による犯罪の創設を認めるのと変わりはない。国民の間の価値意識の多様性を前提にしなければならない現在では，「刑法における民衆法」を認めることはできな

い。現在の英米でも，制定法上の犯罪（statutory crime）が殆どであり，新たなコモンロー上の犯罪を認めることは行われていない。

刑法解釈における法源　刑法においては成文法主義がとられなければならないということは，以上のように，行為を処罰する刑罰法規が存在しない以上それを処罰することはできないとすることに尽きるから，行為が成文刑罰法規の規定する行為類型に包摂されることの根拠として，判例，慣習，条理などの不文の規範を援用することができる。他方では，このような包摂が存在するにもかかわらず，その行為の可罰性を否定することは，成文法に根拠がなくても可能である。超法規的な違法阻却事由，責任阻却事由はこのようなものである。以上の意味では，「刑法解釈における法源」は成文法に限られるものではない。

第2款　命　令

1　政令と命令

法律による委任　刑罰法規は成文法でありさえすれば十分だというのではない。それは「法律」，すなわち国会の議決によって成立する法形式（憲59条）でなければならない（憲31条）。他方，憲法73条6号は内閣の職務として，「この憲法及び法律の規定を実施するために，政令を制定すること。但し，政令には，特にその法律の委任がある場合を除いては，罰則を設けることができない。」としている。一般に行政機関による立法形式を「命令」といい，内閣の制定する「政令」はその中で最上位に位置するものである。必ずしもわかりやすい文言ではないが，同号本文は，内閣は執行命令として政令を制定しうることを直接規定し，但書は委任命令としての政令の制定権も内閣にあることを前提としているものだと解される。そして，但書は委任命令としての政令が刑罰を規定し，実質的意味の刑法となりうるのは，単に法律の委任があるだけでは足りず，「特に」委任があること，すなわち「特定委任」の要件を満たすことが必要であるとしていることになる。

憲法は政令以外の命令については何も規定していない。しかし政令以外の命令を禁止するのが憲法の趣旨であるというのではない。もちろん，大日本帝国憲法（8条・9条）の認めていた法律に代わる「代行命令」，法律と無関係に制定

第 2 節　法律主義

される「独立命令」は現憲法では認められない。しかし，執行命令，委任命令であれば一般的に許容されるのであり，特定委任があれば政令以外の命令にも罰則を設けることができると解される。国家行政組織法（12条3項・13条2項）は，各大臣の制定する省令，外局の長の命令に特定委任があれば罰則を付けることができるとしている。

2　委任の特定性

暗黙の委任，白紙委任　　命令による罰則の制定は，法律の明示の委任にもとづかなければならない。罰則を定める命令の合憲性を肯定するために，法律の「暗黙の委任」を認めることはできない（最大判昭27・12・24刑集6巻11号1346頁〔爆薬所持事件・判ブⅠ1〕）。また，委任の範囲を逸脱した命令は，法律に違反して無効である（最判昭33・5・1刑集12巻7号1272頁，最大判昭33・7・9刑集12巻11号2407頁はこのことを前提とする）。法律が命令に罰則の制定を委任する場合，犯罪として処罰する行為の範囲は命令に委ねるが，刑罰（法定刑）は法律自体が規定しておくという，いわゆる「白地刑罰法規」による場合がほとんどである（現行法における例外的存在は，漁業法65条であり，これは犯罪・法定刑ともに命令に委任している）。委任する法律は犯罪と刑罰の範囲を特定していることが憲法73条6号但書の要請であり，それに反する法律は憲法に違反して無効であり，その法律にもとづく命令も無効となる。

たとえば，「命令ノ条項ニ違犯スル者ハ各其ノ命令ニ規定スル所ニ従ヒ200円以内ノ罰金若ハ1年以下ノ禁錮ニ処ス」という法律（命令ノ条項違犯ニ関スル罰則ノ件〔明23法84〕。本法は戦後廃止されている）は，現憲法の下では違憲である（最大判昭27・12・24刑集6巻11号1346頁参照）。旧憲法下の緊急勅令として制定され，平和条約発効に伴い廃止された「ポツダム勅令」（帝国憲法第8条第1項ニ依リ「ポツダム」宣言ノ受諾ニ伴ヒ発スル命令ニ関スル件〔昭20勅令542〕）は，「政府ハ『ポツダム宣言』ノ受諾ニ伴ヒ連合国最高司令官ノ為ス要求ニ係ル事項ヲ実施スル為特ニ必要アル場合ニ於テハ命令ヲ以テ所要ノ定ヲ為シ及必要ナル罰則ヲ設クルコトヲ得」という「白紙委任」であったが，これは，超憲法的な，連合国最高司令官の権力にもとづくものとしてのみその効力が認められるにとどまる（最大

判昭 28・4・8 刑集 7 巻 4 号 775 頁参照）。

規制対象の特定　以上のような白紙委任が許容されないことはいうまでもないが，それ以上にどの程度まで委任が特定していなければならないかについては，必ずしも明らかとはいえない。最高裁は，公務員の「政治的行為」という文言の具体化を人事院規則に委任している法律（国公 110 条 1 項 19 号・102 条 1 項）の合憲性を肯定しているが，憲法 21 条・31 条との関係だけを問題にしている（最大判昭 49・11・6 刑集 28 巻 9 号 393 頁〔猿払事件・判プⅠ 2〕）。

　行政機関を実質的な立法者とするのに等しい抽象的・包括的な委任立法は，憲法 73 条 6 号但書の刑罰に関する特定委任の要請を待つまでもなく，同 41 条の国会立法の原則に反する。委任がまずこの観点で合憲的たりうるためには，国会は，国民のどのような権利をどの程度制限しうるとしたのかという，委任の趣旨が明らかにされていなければならない。猿払事件判決（前掲最大判昭 49・11・6）が，「政治的行為の定めを人事院規則に委任する国公法 102 条 1 項が，公務員の政治的中立性を損うおそれのある行為類型に属する政治的行為を具体的に定めることを委任するものであることは，同条項の合理的な解釈により理解しうる」としたのは，この意味での委任の合憲性を肯定するものである。

　しかし，国家的な措置のなかでも刑罰は国民の権利を侵害する程度において最大のものであり，委任の範囲は一層明確なものが要求されるものといわなければならない。憲法 31 条が法律主義を原則とし，73 条 6 号但書が法律による特定委任がなければ命令による処罰は認められないとしているのもこのためであり，憲法は処罰の委任についてはより厳格な基準を要求しているのである。

　すなわち，刑罰による規制の「趣旨」だけではなく，規制の「対象」をも特定しない以上，行政権による刑罰権行使に濫用の可能性があるのであり，後者の特定を欠いた委任立法は許容されないというのが憲法の趣旨である。上記猿払事件判決の少数意見（大隅・関根・小川・坂本の 4 裁判官）が，国公法 102 条 1 項が，公務員関係の規律の対象となるべき行為と刑事罰の対象となるべき行為とを区別せず，同一の基準によって人事院規則に委任したのは，「別個の，より厳格な基準ないしは考慮要素」を欠くものとして，同法を違憲無効としているのは，73 条 6 号但書の観点からは正当なものと思われる。

第 2 節　法 律 主 義

第 3 款　条　　例

1　地方公共団体の刑事立法権

刑事立法権の根拠　地方公共団体の制定する法形式一般を「広義の条例」といい，憲法 94 条は，地方公共団体がこのような自主立法権を持つことを規定したものである。そのうち，地方公共団体の議会が制定するものを「狭義の条例」あるいは単に「条例」という。そのほか，その長の制定する「規則」，その委員会の制定する「規則」もある。地方自治法 14 条 3 項は，狭義の条例が罰則を設けることを認めている。長の制定する規則には過料を規定することは認められているが（自治 15 条 2 項），これは刑法 9 条にいう「刑」ではない。狭義の条例も刑法たりうることは，憲法 31 条の規定する法律主義のいま一つの例外である。

　政令の場合（憲 73 条 6 号但書）とは異なり，憲法は条例中に罰則を設けうることを明示的に認めてはいないが，民主主義的政治組織の構成要素としての地方自治を保障し，地方公共団体に自主立法の権限を与えた憲法が，その実効性を確保するために刑罰を用いることを禁止しているとは考え難い。

　さらに，狭義の条例は地方公共団体の住民の選挙した議員によって構成された議会（憲 93 条）の制定したものであり，これによる処罰を認めることは，法律主義，罪刑法定主義を支える民主主義の要請にも合致するものである。地方公共団体の刑事立法権を認める地方自治法（14 条 3 項）は，憲法 31 条に違反するものではない（憲法授権説。最大判昭 37・5・30 刑集 16 巻 5 号 577 頁〔大阪府売春取締条例事件・判ブ I 3〕における垂水・藤田裁判官の補足意見）。地方公共団体の刑事立法権は，憲法 94 条によってではなく，地方自治法の委任によって初めて認められたものであるとする見解（法律授権説。前掲大阪府売春取締条例事件判決における入江・奥野裁判官の補足意見）もあるが，憲法の与えていない権利を法律が与えることができるとすることはできない。地方自治法（14 条 3 項）は，憲法 94 条にいう「法律の範囲内」にそれを制限したものと解すべきである。

条例の刑事立法権の範囲　法律の委任により命令が刑罰を付する場合とは異なり，条例が罰則を規定する場合には憲法 73 条 6 号但書の特定委任の要請は存在しない。地方自治法は，「法令」（法律および命令）に反しなければ，地方自

治体はその事務（自治2条2項）に関して（狭義の）条例を制定し，それに「2年以下の懲役若しくは禁錮，100万円以下の罰金，拘留，科料若しくは没収刑」を科しうるとしている（自治14条3項）。条例は地方公共団体の議会によって制定され，住民の意思にもとづく立法なのであるから，その刑事立法権の範囲も行政庁の作る命令より広いのである。

2　条例の法令との抵触

徳島市公安条例事件最高裁判決　憲法94条によると地方公共団体の条例制定権は「法律の範囲内」で存在し，地方自治法14条1項は「法令に違反しない限りにおいて」条例を制定しうるとしている。上述のように，地方公共団体の条例制定権は法律ではなく憲法に由来するものであるが，その形式的効力は，法律・命令に劣り，それに違反する条例は無効ということになる。最高裁は「徳島市公安条例事件判決」（最大判昭50・9・10刑集29巻8号489頁・判ブⅠ4/13）において，その違反の有無は「両者の対象事項と規定文言を対比するのみでなく，それぞれの趣旨，目的，内容及び効果を比較し，両者の間に矛盾牴触があるかどうかによつてこれを決しなければならない」とするが，その判断はかなり困難である。

　法令によって犯罪とされている行為を不可罰としたり，その法定刑を変更するような条例が無効であることはいうまでもない。また，徳島市公安条例判決もいうように，法令によって犯罪とされていない行為であっても，そのような行為を処罰すべきでないというのが法令の趣旨であるときには，それを処罰する条例は法令に違反するものとなる。たとえば，姦通罪（刑183条）を削除した経緯からするなら，配偶者に対する「貞操要求権」の保護，家庭内の平和の保護，あるいは他の何らかの趣旨においてであれ，姦通行為を処罰する条例を作ることは刑法に違反することになろう。一定の事項に関してすでに法令が規制を加えている場合には，同一事項に関して条例が規制を加えることは許されず（法令先占の原則），処罰される行為の範囲を法令における場合より拡張することも許されないとされるのも，このためである。売春行為を禁止するが処罰しないこととし，そのような行為を処罰している条例の失効を規定している売春防

第2節　法律主義

止法（3条・附則4項）の下では，売春を処罰する条例を制定することはできないのも，この例である。

徳島市公安条例判決はさらに，① 条例が，法令の規制目的とは別の目的にもとづいて処罰されるべき行為を規定している場合には両者の間に矛盾はない，② 条例と法令とが同一の規制目的によるものであったとしても，法令が，地方公共団体がその地方の実情に応じて別段の規制をすることを容認している場合にも，このような条例も法令に違反するものではないとし，当時の徳島市公安条例と道路交通法とは，デモ行進等に対する道路交通秩序維持のための規制という点においては重複しているが，両者の関係は上記の②の場合であるとして，その矛盾抵触を否定している。

淫行処罰条例と児童買春禁止法　以前から，18歳未満の青少年との「淫行」等を処罰する各地の淫行処罰条例が，13歳以上の者に対する暴行・脅迫のない姦淫・わいせつ行為を処罰しない刑法（176条・177条）と矛盾するものではないかが問題とされていたが，刑法は性的自己決定権の保護，条例は青少年の健全な育成という異なった目的によるものであるから，両者の間に矛盾抵触はないというのが判例の態度である（大阪高判昭48・12・20高刑集26巻5号619頁，最大判昭60・10・23刑集39巻6号413頁〔福岡県青少年条例事件における長島裁判官の補足意見参照。百選Ⅰ2・判プⅠ5/14/17〕）。これは上記①の場合ということになろう。また淫行処罰条例は，「児童〔18歳未満の者〕に淫行をさせる行為」を処罰するが，「児童と淫行する行為」を処罰していない児童福祉法（60条1項・34条1項6号）を，青少年保護という同じ目的から補充する②の例だということになろう。しかし，いずれにせよ，法律（刑法，児童福祉法）が条例による処罰の拡張を是認する趣旨とみるべきかには議論の余地がある。

その後，児童買春禁止法が成立し，「対償」を提供して児童と性行為する行為（売買春）を処罰する（4条）とともに，「地方公共団体の条例の規定で，この法律で規制する行為を処罰する旨を定めているものの当該行為に係る部分については，この法律の施行と同時に，その効力を失う」（附則2条1項）としたが，売買春以外の青少年との淫行等については依然として問題が残っている。

第3節　処罰の適正

第1款　遡及処罰の禁止

1　禁止範囲の拡張

憲法 39 条の趣旨　憲法 39 条前段は,「何人も,実行の時に適法であつた行為……については,刑事上の責任を問はれない」としている。中世までは刑法の名宛人は官吏たる裁判官であり,それは彼らに与えられた事務処理規則でしかなかった。このような考え方の下では,裁判時に当該行為を処罰する法律が存在すれば十分なのであるから,遡及処罰を認める「事後法」は原理的に許容されることになる。明治維新直後に作られた新律綱領,改定律例においても,「断ニ罪依ニ新領律一」「新領律条例に依り罪を断ず」として遡及処罰が原則であるとされていた。

しかし,近代法においては刑法の名宛人は国民であり,彼らには処罰に関する予測可能性が保障されなければならない。行為を処罰する法律は行為時に存在しなければならないという原則は,罪刑法定主義の内容である。わが国でも旧刑法 (3 条 1 項) はこのことを規定し,日本国憲法は,上述のように遡及処罰の禁止を宣言している。

遡及処罰を認める刑罰法規は違憲無効である。刑罰法規を遡及適用することも違憲であり,許されない。最高裁は,虚偽申告により国庫補助金の交付を受けることを 3 名の者が共謀し,そのうちの 2 名が実行したという事案に関し,実行しなかった行為者に,共謀後,実行前に施行された刑罰法規 (補助金 29 条 1 項。「偽りその他不正の手段により補助金等の交付を受け……た者は,5 年以下の懲役若しくは 100 万円以下の罰金に処し,又はこれを併科する」) を適用しても,その共謀は詐欺罪 (刑 246 条) のそれでもあるのだから,遡及処罰の禁止に触れないとした (最決昭 41・2・3 判時 438 号 6 頁〔農薬管理費不正受給事件〕)。しかし,この刑罰法規は騙取により成立する詐欺罪より広い範囲の行為を処罰しているのであり,具体的に行為者に詐欺罪が成立しうると否とにかかわらず,これを適用することは許さ

第3節　処罰の適正

れない。

「適法」行為の事後的処罰　違法だが処罰されていない行為を処罰する法律を新たに作り，これを遡及適用すること，あるいは，すでに処罰されている行為についてさらに重い刑罰を規定する法律を作り，これを遡及適用することは，「適法」な行為の事後的処罰を禁止している憲法39条の関知するところでないようにも見える。だがこれらの措置も，処罰に関する行為者の予測を裏切るものであり，世界人権宣言(1948年)11条，市民的及び政治的権利に関する国際規約（日本は1976年に批准。人権B規約）15条1項の禁止するところである。特にわが国が批准した後者は，1970(昭和45)年以降，国内法としての効力がある。憲法39条の解釈としても，これらの措置は同条の禁止するところだとすべきであろう。刑の変更に関する刑法6条は刑の事後的加重を認めない趣旨をも規定しているが，これは憲法上の要請であり，法律によって例外を認めることは許されないことになる。

刑罰以外の不利益の遡及　以上のように，憲法39条は行為後の法によって国民の法的安定性を不当に侵害することを禁止するものであるから，遡及して加えられる不利益が刑罰でない場合にも，その禁止が及ぶことがある。たとえば，新たに保護観察を課する法律を遡及させることは許されない。1954年の刑法改正は，1回目の執行猶予についても保護観察を付しうるとしたが（25条の2第1項前段），改正前の行為には適用しないとした（同年の改正附則2項本文）。保護観察は刑罰ではなく自由の剥奪を内容としないとはいえ，自由の制限を伴うものであり，しかも，保護観察に付された者が再犯したときには再度の執行猶予が不可能となり（25条2項但書），保護観察の遵守事項違反は執行猶予の取消事由ともなる（26条の2第2号）。これらのことを考慮して，その不遡及を明文で確認したものである。

これに対して1953年の刑法改正は，以前には執行猶予を付しえなかった場合についても保護観察付きの執行猶予を可能としたものであるから，これを遡及させることは許される（高松高判昭29・4・20高刑集7巻6号823頁，名古屋高判昭29・5・25高刑集7巻7号1005頁）。財産刑の換刑処分としての労役場置の期間（18条）が延長されたときも，刑法6条を適用して旧法によるべきである（大判昭16・

7・17刑集20巻425頁）。同様に，刑の執行猶予の要件を行為者に不利に変更する改正がなされたとしたら，その遡及を認めることも許されないだろう。

　だが，最高裁は，執行猶予の要件に関する規定は「刑の執行のしかたであつて刑そのものの内容ではない」から，その変更は「犯罪後の刑の変更」（刑訴411条5号〔旧刑訴415条〕）に当たらないとしている（最判昭23・6・22刑集2巻7号694頁〔選挙違反罰金事件・判プⅠ430〕，最判昭23・7・6刑集2巻8号785頁，最大判昭23・11・10刑集2巻12号1660頁ノ1〔真野毅裁判官の反対意見がある〕）。さらに，新設された刑の一部執行猶予の制度（8～9頁）についても，これは「被告人の再犯防止と改善更生を図るため，宣告刑の一部についてその執行を猶予するという新たな選択肢を裁判所に与える趣旨と解され，特定の犯罪に対して科される刑の種類又は量を変更するものではない」から，「刑の変更」（刑訴411条5号）にあたらないとしている（最決平28・7・27刑集70巻6号571頁）。しかし，刑事政策的考慮によってではあっても，刑罰の適用について有利な制度が事後的に設けられた以上，被告人はその利益を受けるべきである（国際人権B規約15条1項3文）。執行猶予の要件の変更は刑の変更に当たらないという最高裁の論理からするなら，それが事後的に不利益に変更されたときにも，刑法6条の適用を否定するという不当な結論になろう。

　医療観察法は，法施行後に心神喪失・心神耗弱を理由とする不起訴処分が行われ，あるいは自由刑を言い渡さない裁判が確定したときには，法施行前に対象行為を行った者についても同法を適用するとしている（附則2条）。同法の規定する「医療」（42条）は自由の制限を伴うものではあるが，従来から精神保健福祉法が規定している措置入院と同じ医療的措置であり，またこれより不利益なものとはいえないので，これを是認すべきであろう。

　これに対して，改正刑法草案の提案していた「保安処分」は単なる医療とは異なる保安的措置であるので，草案も「その要件及び収容期間」については不利益な遡及はできないとしていた（2条4項）。

　刑事訴訟法の改正　　行為者の不利益が訴訟法の改正によってもたらされたときでも，同じように考えるべきである。

　1947（昭和22）年に暴行罪は非親告罪とされ（208条2項の削除），2000（平成12）年

第3節　処罰の適正

に強姦罪の告訴期間の制限は撤廃されたが（刑訴235条1項），いずれの場合も改正は遡及しないものとされた（昭和22年法律124号附則4項，平成12年法律74号附則2項）。これらは憲法39条の要請でもあると考えるべきである。

再度の起訴相当決議により強制起訴が行われることとした2007（平成19）年の検察審査会法改正は，施行前の事件についても適用されるが，これは検察官の公訴提起基準が変更された場合と同じであり，行為者に対して新たな不利益を課すものとはいえないであろう。また，裁判員法（全面施行は2009年）は施行前の事件についても原則として適用されるが（附則4条），これも同じである。

公訴時効の延長　公訴時効の事後的延長については問題がある。

最高裁は，行為後の法律が法定刑を引き上げたため公訴時効期間も延長された（刑訴250条参照）場合にも，なお行為時の法定刑にもとづいた公訴時効期間によるとしていた（最決昭42・5・19刑集21巻4号494頁・判ブⅠ12）。また，2004（平成16）年の刑事訴訟法（250条）改正による公訴時効の延長は遡及しないものとされていた（平成16年法律156号附則3条2項）。しかし，「人を死亡させた罪であって禁錮以上の刑にあたるもの」（強制わいせつ等致死罪〔181条〕など）については公訴時効を延長し，そのうち「死刑にあたるもの」（殺人罪〔199条〕，強盗致死罪〔240条後段〕など）については公訴時効を撤廃するという改正（刑訴250条1項）は，改正法施行の際既に時効が完成していたものではない以上，既往に遡るものとされた（平成22年法律第26号3条2項）。最高裁は，公訴時効制度の趣旨は「処罰の必要性と法的安定性の調和を図ること」であり，このような改正法は「被疑者・被告人となり得る者につき既に生じていた法律上の地位を著しく不安定にするようなものでもない」から，憲法39条・31条に違反しないとしている（最判平27・12・3刑集69巻8号815頁）。

この論理には，公訴時効の事後的延長は遡及処罰の問題ではないが，ナチスの戦犯の処罰という実質的正義の観点からは行為者の法的安定性の保護は制限されるとしたドイツ憲法裁判所判例（BVerfGE 25, 269 (1969)）と共通のものがある。最高裁が憲法31条を引用したのは，公訴時効の事後的延長・廃止は憲法39条に反するものではないが，その内容によっては憲法31条に違反するという趣旨であろう。たとえば，傷害致死罪（刑205条）についても時効を廃止し，

39

あるいは，すでに時効の完成している犯罪についても訴追しうるとする法律は，憲法31条に違反して憲法違反となりうる。

だが，法的に保護されていた行為者の地位を事後的に不利益に変更することは，やはり憲法39条に違反する。公訴時効の制度は，時間の経過により処罰感情が減弱していることを考慮したものであり，単なる裁判権の問題ではない。「連合国最高司令官の覚書」により，「連合国人」に対する日本国の公訴権・裁判権の行使が一時的に制限されていたのが，事後的に解消されたに過ぎない場合（最大判昭30・6・1刑集9巻7号1103頁〔連合国人強盗殺人事件〕）とは異なるのである。

2 「法」の遡及

法律・命令・条例　これまで処罰されていなかった行為が新たに処罰され，あるいは既に処罰されていた行為の刑が加重されるという結果をもたらす法の変更は，すべて，憲法39条の遡及禁止の範囲内にある。例えば，「人工妊娠中絶」（母体保護2条2項）の許容事由（同14条）を制限する母体保護法の改正が行われたとするなら，それは新たに堕胎罪を創設処罰するものではないが，堕胎行為の処罰範囲を拡張する結果をもたらすものである。1947(昭和22)年の刑法改正は，刑を免除する親族相盗例（244条・257条）から「家族」を削除したが，その改正は施行前の行為には遡らないとされた（昭和22年法律124号附則4項）。これも右のことを考慮したものである。

以上のような結果をもたらすものであれば，狭義の法律の変更ばかりでなく，条例，命令のそれであっても同じである。たとえば，国家公務員法の委任を受けて処罰されるべき「政治的行為」を定義する人事院規則が改正され，その範囲が拡大されたような場合である。

判例の変更　学説にはさらに，判例，特に最高裁判例の変更にも，憲法39条を適用すべきだとするものもある。これによるなら，裁判所は処罰の範囲あるいは程度の拡張加重をもたらす判例変更を行うときには，従来の判例の下で行為した被告人にはそれを適用せず，ただ将来に向けて新判例を宣言するにとどめることになる。だが，判例はあくまでも法の枠内でその解釈として示され

第 3 節　処罰の適正

るものである以上，これを法そのものと同視して，憲法 39 条に含ませ，旧判例下で行為した者を一律に保護すべきではない。最高裁も，被告人の行為が，行為当時の最高裁判所の判例の示す法解釈に従えば無罪となるべきものであっても，これを処罰することは憲法 39 条に違反しないとする（最判平 8・11・18 刑集 50 巻 10 号 745 頁〔岩教組事件第 2 次上告審判決，判プ I 11/259〕）。やはり，旧判例に依存して行為した者だけを違法性の錯誤に陥ったものとして救済するにとどめるべきである（岩教組事件第 2 次上告審判決における河合伸一裁判官の補足意見。325 頁参照）。

3　「事後」の法

基準時　行為時に施行されていなかった刑法を，行為者に不利益に適用することは許されない。通常，法律は，その施行の時期を「○○年○月○日」あるいは「公布の日から起算して○日」というように規定している（特段の規定のないときには法律は公布の日から 20 日とされている。法適用 2 条）。公布，すなわち広く一般国民に周知させる手続は，官報によってなされるのが原則であり，たとえ法令の内容が事実上一般国民の知りうる状態に置かれたとしても，官報による手続がとられていない段階では公布があったとすることはできない（最大判昭 32・12・28 刑集 11 巻 14 号 3461 頁）。しかし，どの段階に至ったら公布があったとしてよいかは，公布即日施行の刑罰法規においては，それが施行時期の決定でもあるために特に問題となる。最高裁は，それは官報の日付の日ではなく，「一般の希望者が官報を閲覧し又は購入しようとすればそれをなし得た最初の場所」（具体的には東京の印刷局官報課または東京官報販売所）における「最初の時点」であるとした（最初の閲読可能時説。最大判昭 33・10・15 刑集 12 巻 14 号 3313 頁〔ヒロポン所持事件，判プ I 425〕。本判決には，当該地方〔具体的には広島市〕の官報販売所または取次店において閲読可能な時点とすべきであるという池田・河村裁判官の少数意見が付されている）。

事後法か否かは，具体的な意思活動としての行為の時点がその基準であり，結果の時点ではない。たとえば，埋設ガス管工事に手落ちがあり，新法の施行後，滞留していたガスが爆発したような場合，その新法が行為者に不利益であるときは，それを適用することは許容されえない。窃盗のように既遂によって

犯罪自体が終了する状態犯においては、その後に存在する違法状態は犯罪ではないから、占有奪取によって既遂となった後の不利益な法を適用することはできない。

不動産侵奪罪（235条の2）も状態犯である（126頁参照）。本罪は、戦後から始まっていた土地・建物の不法占拠に対応するために、1960（昭和35）年に不動産侵奪を処罰する刑法改正が施行されたのであるが、それによってこのような不法占拠を継続する者を処罰することはできない。しかし、施行後の占拠者の行為が以前の利用状態の継続・強化にとどまらず、新たな占有の取得、侵奪であるときには、その時点から本罪を認めることはできる（最決昭42・11・2刑集21巻9号1179頁〔コンクリートブロック塀事件・判プⅡ230〕。町野朔・百選Ⅱ〔第2版〕32における見解を改める）。

一罪の間の法の変更　　不利益な新法が行為の間に施行されたときには、それを、施行後の行為部分に適用することができる。

最高裁は、継続犯においても、犯罪継続中に刑法が変わったとしても刑法6条の適用の問題は生ぜず、不利益な新法をその前後にまたがる行為全体に適用すべきだとする（外国人登録不申請罪につき最判昭31・5・4刑集10巻5号633頁）。さらに複数の犯罪行為が、包括一罪、科刑上一罪を構成する場合にもこの考え方を適用するのが大審院以来の判例である（包括一罪について、大判明43・5・7刑録16輯877頁、大判昭6・11・26刑集10巻634頁、大判昭11・11・6新聞4084号14頁、牽連犯について、大判明42・11・1刑録15輯1498頁・判プⅠ428〕、大判明42・12・3刑録15輯1725頁、大判明44・6・23刑録17輯1311頁、大判大7・7・5刑録24輯909頁）。

確かにこれらの場合、旧法下の行為には軽い刑、新法下の行為には重い刑をそれぞれ適用したうえで、両者を一括して包括一罪、科刑上一罪としたとしても、結局は重い新法の刑が適用されることになるから、判例の処理の仕方が行為者に不利益をもたらすわけではないようにもみえる。しかし、形式的な一罪性を根拠として不利益な新法を遡及させることは基本的に許されないばかりでなく、一罪の一部をなす犯罪行為の刑の重さも、その一罪についての刑の量定にあたって考慮されうるのであるから、判例の立場は、やはり行為者に不利益を遡及させるものである。

第3節　処罰の適正

共犯行為　共犯者についても，彼の具体的な共犯行為の時点が問題なのであり，正犯者の行為のそれではない。大審院は，幇助が旧法時に行われていても正犯者の行為が新法時に存在すれば，幇助者にも新法を適用するとしたが（大判明44・6・23刑録17輯1252頁），これは過度な共犯従属性の考えである。最高裁は，罷業を教唆した後に，これを禁止・処罰する政令201号が公布・施行され罷業が行われた場合に，教唆に同政令は適用されないとした（最大判昭32・12・28刑集11巻14号3761頁〔狩勝トンネル事件第2次上告審判決〕）。これによって，大審院の判例は変更されたと考えられる。

このような場合，共犯者は正犯者の新法下での違法行為を止める義務があるのだから，新法下での彼の不作為について刑事責任を問うことも許されるという見解もあるが（最決昭41・2・3〔農薬管理費不正受給事件〕における岩田裁判官の補足意見），そのような不作為は，新法下における独立の意思活動とすることはできない。やはり，共犯行為の時点を基準とすべきである（幇助について大阪高判昭43・3・12高刑集21巻2号126頁・判プⅠ429〕）。

第2款　刑罰法規の明確性

1　刑罰法規の不明確性，過度の広範性

不明確の故に無効の理論　どのような行為が処罰の対象とされているか明らかでない不明確な刑罰法規には，刑罰権の行使に関して国民に適正な告知（fair notice）を与える機能が欠け，広い範囲で裁判官による解釈を容認せざるをえなくなる。前者は成文法を要求する罪刑法定主義の思想に，後者は国会立法の原則に反するものであり，憲法31条に違反して無効であるとされる。この「不明確の故に無効の理論」（void-for-vagueness doctrine）はもともとアメリカの憲法判例に由来するものであるが，わが国の最高裁判例もこれを認める。徳島市公安条例事件判決（最大判昭50・9・10）によれば，「ある刑罰法規があいまい不明確のゆえに憲法31条に違反するものと認めるべきかどうかは，通常の判断能力を有する一般人の理解において，具体的場合に当該行為がその適用を受けるものかどうかの判断を可能ならしめるような基準が読みとれるかどうかによつてこれを決定すべきである」（徳島市公安条例は道交法と矛盾・抵触するものではなく，

条例から道交法の規制範囲を除いた部分が前者の規制範囲だということにはならないので「交通秩序を維持すること」という前者の文言は漠然不明確とはいえないとする)。

明確性の基準　だが，法も言語である以上，言語の持つ周辺部分の不明確さを免れることは不可能である。特に，刑法が処罰すべき多くの事態を規定するためには，抽象的・価値的な言葉を使わざるをえないこともある。もし，法文の言語としての明確性だけを問題とするなら，「わいせつ」(刑174条～176条・178条・179条)，「恐喝」(刑249条)，「横領」(刑252条・254条) など，「具体的場合に当該行為がその適用を受けるものかどうかの判断」が不可能であるとして，それらすべてを違憲・無効とせざるをえなくなる。最高裁判所は徳島市公安条例の「交通秩序を維持すること」の明確性を肯定したが，さらに「公共の場所において，当該場所の所有者又は管理者の承諾又は許可を得ないで，公衆に不安又は恐怖を覚えさせるような集又は集会を行」い，その行為が広島市の管理する「公共の場所において，特異な服装をし，顔面の全部若しくは一部を覆い隠し，円陣を組み，又は旗を立てる等威勢を示すことにより行われたとき」に，市長の行った中止・退去命令に違反する行為を処罰している条例について，何らの理由を示すことなく「不明確であるとはいえない」としている(最判平19・9・18刑集61巻6号601頁〔広島市暴走族条例事件，判ⅠI 21〕。なお，迷惑防止条例における「卑わいな言動」の明確性を肯定した最決平20・11・10刑集62巻10号2853頁参照)。

漠然不明確な刑罰法規の害悪としては，国民の予測可能性の侵害，国会立法の原則に対する違反だけではなく，国民に対する「萎縮的効果」(chilling effect)，差別的法執行の可能性も重視されなければならない。このような刑罰法規の下では，国民は処罰されるか否かに不安を覚えるため，自己の行動を自己抑制せざるをえなくなる。さらに，警察等の法執行機関に広い裁量の余地が与えられるため恣意的法執行も許されてしまうことになる。したがって，漠然不明確の故に刑罰法規を違憲・無効とすべきかは，文言の明確性の程度ばかりでなく，その刑罰法規の持つ萎縮的効果，濫用的法執行の可能性とその程度，さらにこれらによって侵害される国民の権利の内容も考慮しなければならないことになる(徳島市公安条例事件判決における団藤裁判官の補足意見参照)。

思想表現の自由という精神的権利に関係する刑罰法規には，そうでないもの

に比して，明確性の程度に関してより高度のものが要求されることになる。徳島市公安条例事件判決が，集団示威運動という憲法21条の権利が問題であったにもかかわらず，「交通秩序を維持すること」という条例の文言が不明確でないとしたことには，結論的に疑問がある。

過度に広範な刑罰法規　処罰する理由のない行為を処罰する刑罰法規は処罰の適正を欠くものとして，憲法31条に違反して無効である。したがって，非当罰的行為の処罰も包含する「過度に広範な」(overbroad) 刑罰法規も憲法31条に違反する。このような刑罰法規が文字どおり執行され，処罰に値しない行為まで現実に処罰されることは稀かもしれない。しかし，国民は可能な法執行を恐れて自己の行動を抑止せざるをえなくなり，法執行機関は差別的な法の運用を行うことが可能となってしまう。この点において，不明確な刑罰法規の害悪と広範な刑罰法規のそれとは共通するところがあるので，刑罰法規の漠然性と不明確性とは区別されないことが多いが（最大判昭60・10・23〔福岡県青少年条例事件〕参照），両者は別の問題である。近時最高裁も，「暴走族」以外の者も対象となりうる「広島市暴走族追放条例」の文言は広範性についての問題は生じさせるが，明確性の問題はないとして，両者を区別している（最判平19・9・18〔広島市暴走族追放条例事件〕）。

　最高裁が文言の広範性による違憲の主張を退けたものとしては，上記の広島市暴走族追放条例のほか，ストーカー規制法に関するものがある（最判平15・12・11刑集57巻11号1147頁，限定された範囲の「つきまとい等」の処罰は憲法13条・21条1項に違反しないとする）。

2　限定解釈による救済

「適用においては明確」という論理　不明確・広範な刑罰法規の害悪は，行為者を不意打ち的に処罰することだけではないのだから，彼の具体的な行為が刑罰法規に包含されることが明確であったとしても，他の人々の権利侵害の可能性が存在する以上，当該刑罰法規を合憲とすることはできない。かつて最高裁は，問題となった刑罰法規は「本件に適用する限り明確」であるという論理で違憲の主張を退けていたが（最決昭36・12・6集刑140号375頁，最大判昭47・11・22

刑集 26 巻 9 号 554 頁〔川崎民商検査拒否事件〕），徳島市公安条例事件判決（最大判昭50・9・10）は，高辻正己裁判官が補足意見においてこの趣旨を述べたにもかかわらず，この論理を用いなかった。

最高裁の限定解釈　最高裁は，解釈によって法文の意味内容が限定されれば，不明確・広範な刑罰法規の合憲性は肯定しうるとする。

徳島市公安条例事件判決は，条例が集団行動等の遵守事項として「交通秩序を維持すること」をあげているのは，「道路における集団行進等が一般的に秩序正しく平穏に行われる場合にこれに随伴する交通秩序阻害の程度を超えた，殊更な交通秩序の阻害をもたらすような行為を避止すべきことを命じているものと解される」「殊更な交通秩序の阻害をもたらすような行為であるかどうかは，通常さほどの困難なしに判断しうる」とし，福岡県青少年条例事件判決（最大判昭60・10・23）は，「『淫行』とは，広く青少年に対する性行為一般をいうものと解すべきではなく，青少年を誘惑し，威迫し又は困惑させる等その心身の未成熟に乗じた不当な手段により行う性交又は性交類似行為のほか，青少年を単に自己の性的欲望を満足させるための対象として扱っているとしか認められないような性交又は性交類似行為をいうものと解するのが妥当である」「このような解釈は通常の判断能力を有する一般人の理解にも適うものであり，『淫行』の意義を右のように解釈するときは，同規定につき処罰の範囲が不当に広過ぎるとも不明確であるともいえない」としている。

確かに，判例として示される裁判所の解釈は，国民一般に処罰の範囲を明確にし，法執行機関の裁量を縛る。だが，法の文言自体が国民，法執行機関にとって不明確・広範なら，国民の権利は裁判所の解釈が示される以前には侵害されているのであり，その解釈によって治癒されることはない。

福岡県青少年条例事件判決は，同判決の行った解釈は「通常の判断能力を有する一般人の理解に適うもの」としているが，「通常の判断能力を有する」国民が一致してひとつの解釈，裁判所の解釈を採用しているというのはありえない。同判決の少数意見の裁判官のように，多数意見の解釈を支持しない者には「通常の判断能力」が欠けているというわけでもない。不明確性・広範性は，やはり法文自体について判断されなければならないのであり，「限定解釈による救

第3節　処罰の適正

済」は，不当ではあるが違憲無効とするまでもない刑罰法規に関して行いうる余地があるにすぎない。性行為の自由に関する「淫行」処罰条例は，そのような場合である。

　他方，広島市暴走族追放条例は，集会の自由という憲法上の権利（憲21条1項）に関するものであるから，国民に対する萎縮的効果が重視されなければならない。ここでは，法の文言だけからその広範性が判断されなければならないであろう。最高裁（最判平19・9・18）は，同条例は「公共の場所において，当該場所の所有者又は管理者の承諾又は許可を得ないで，公衆に不安又は恐怖を覚えさせるようない集又は集会を行うこと」を禁止し，それが「本市〔広島市〕の管理する公共の場所において，特異な服装をし，顔面の全部若しくは一部を覆い隠し，円陣を組み，又は旗を立てる等威勢を示すことにより行われたときは，市長は，当該行為者に対し，当該行為の中止又は当該場所からの退去を命ずることができる」とし，その命令に違反を処罰するとしている。最高裁は，市長の中止・退去命令に違反したときに処罰の対象となる「い集又は集会」とは，「暴走行為を目的として結成された集団である本来的な意味における暴走族」，および，「服装，旗，言動などにおいてこのような暴走族に類似し社会通念上これと同視することができる集団」によるものに限られるとして，憲法21条1項・31条に違反する程度にまで広範とはいえないとした。条例からは，最高裁のような解釈が読みとれるのであるから，それを合憲とした結論は妥当であると思われる。

3　法定刑の明確性

絶対的不定刑，絶対的不定期刑・相対的不定期刑　　罪刑法定主義は，犯罪の法定とともに刑罰の法定をもその内容とする。明確性の原理は，犯罪についてばかりでなく，刑罰についても妥当しなければならない。

　行為が処罰されることだけを規定し，刑罰は規定しないでこれを裁判官の裁量にゆだねる刑罰法規は，罪刑法定主義に違反する。刑種は規定するが刑量を規定しないでおいて，具体的な刑量を裁判官の裁量に委ねるものもそうである。これら「絶対的不定刑」を規定する刑罰法規は許されない。また，「絶対的不定

期刑」，すなわち裁判官が刑量を決定せず，行刑機関の決定に委ねることを規定する刑罰法規も罪刑法定主義違反である。これに対して，長期と短期とを定めて言い渡す刑罰，「相対的不定期刑」は，その範囲が不当に広いものでない限りは合憲であるとされている。

相対的法定刑　わが国の刑法は，一定刑種の短期と長期（罰金科料の場合は寡額と多額）とを定め，裁判官がその範囲で一定量の刑罰を言い渡すという「相対的法定刑」（相対的不定刑）の制度を原則とし，「絶対的法定刑」は例外である（たとえば外患誘致罪〔刑 81 条〕。もっとも酌量減軽等の可能性はあるから，裁判所の言い渡すべき刑罰はこれに必ずしも限られるものではない）。これは諸外国の刑法でも同じであるが，刑事政策的考慮を優先させたわが国の刑法は，法定刑の幅の広さにおいて異彩を放っている。たとえば，殺人についても，法定刑は死刑から 5 年の懲役までであり（刑 199 条），減軽されればそれより下げることもでき，執行猶予をつければ現実に懲役刑を受けなくてもすむ。幅広い法定刑のもとでは，裁判官の刑の量定権が恣意的不合理に濫用されないという保障はない。アメリカの連邦最高裁が，死刑選択についての適切な基準が設定され，恣意的な死刑判決が上訴によって正しうる措置がとられていない刑罰法規は憲法違反であるとした（Furman v. Georgia, 408 U.S. 238 (1972)）のもこのためである。

絶対的法定刑　他方では，裁判所の刑の量定権を著しく狭め，さらには絶対的法定刑までをも規定することは刑事政策的に妥当でないし，場合によっては行為者に過酷な刑罰を科さざるをえなくなる事態を招く。同じアメリカ連邦最高裁は，第 1 級殺人について死刑を絶対的法定刑とする刑罰法規は「残虐かつ異常な刑罰」を規定するもので憲法違反だとしている（Woodson v. North Carolina, 428 U.S. 262 (1976)）。わが国の刑法が幅広い相対的法定刑を採用しつつも，刑事訴訟法が刑の量定不当を控訴理由とし（刑訴 381 条），上告審はそれが甚だしいときは原判決を破棄しうるとする（刑訴 411 条 2 号）ことによって，刑の量定を合理的な範囲で統一しようとしているのは，是認すべき態度であるといえよう。

第3節　処罰の適正

第3款　残虐な刑罰，不均衡な刑罰

1　残虐な刑罰

残虐性の基準　憲法36条は「残虐な刑罰は，絶対にこれを禁止する」という。最高裁によると，同条の禁止する「残虐な刑罰」とは，被告人の側から見て過重であることではなく，「不必要な精神的，肉体的苦痛を内容とする人道上残酷と認められる刑罰をいう」（最大判昭23・6・23刑集2巻7号777頁〔選挙違反罰金事件〕）。耳削ぎ，鼻削ぎ，入れ墨などの身体刑は憲法違反である。旧刑法にあった笞刑についても，その具体的内容によっては残虐刑とみるべきである。

死刑，無期懲役　死刑は人の生命を国家が剥奪する極限的な刑罰であり，その正当性，合理性は古くから法哲学上の重要な問題であった。現在でも，その存続の適否，運用のあり方については多くの議論がある。だが，「火あぶり，はりつけ，さらし首，釜ゆで」のような場合なら残虐刑であるが，死刑そのものは憲法31条によってその存在が前提とされているのであり，死刑そのものは憲法36条に違反するものではないというのが最高裁の態度である（最大判昭23・3・12刑集2巻3号191頁〔死刑合憲判決〕）。

現行法下ではその執行方法は絞首であるが（刑11条，刑訴475-478条，刑事収容178・179条），諸外国で採用されている「絞殺，斬殺，銃殺，電気殺，瓦斯殺等」と比較しても特に人道上残虐であるとはいえないとされている（最大判昭30・4・6刑集9巻4号663頁）。

また，最高裁は，死刑が憲法上許容される以上，無期懲役刑も残虐な刑罰ではないとしている（最大判昭24・12・21刑集3巻12号2048頁・判プⅠ417など）。

2　罪刑の均衡

憲法36条と罪刑均衡の原則　窃盗犯人を死刑に処するなど，犯罪の重大さと均衡を失した刑罰は許されないという罪刑均衡の原則は啓蒙哲学以来の刑法の基本原則であるが，憲法36条の残虐刑の禁止はこの趣旨を含むものと解しうる。そうでないとしても，憲法31条の実体的デュープロセスに関する一般的規定に含まれるであろう。憲法36条の母法はアメリカ合衆国連邦憲法修正

8条であり，その禁止する「残虐かつ異常な刑罰」(cruel and unusual punishment)には，犯罪との均衡を失した刑罰も含まれるとされている。最高裁も，傍論ながら，また憲法の具体的条文を明示することはないが，罪刑の均衡を欠く刑罰法規が憲法違反となりうることを認めている（最大判昭49・11・6〔猿払事件〕。なお，最判昭56・4・30刑集35巻3号135頁における団藤重光裁判官の補足意見）。

アメリカの連邦最高裁は，軽微な累犯者に終身刑（仮釈放の余地のない無期刑）を規定する刑罰法規を同条違反としたが（Solem v. Helms, 463 U.S. 277 (1983)），650グラム以上の違法薬物所持に絶対的法定刑として終身刑を規定している刑罰法規の合憲性を肯定した（Hamelin v. Michigan, 501 U.S. 957 (1991)）。また，強姦の被害者に致死の結果が発生していなくても，行為者に一定の加重事由のあるときに死刑を許容する刑罰法規は違憲だとし（Coker v. Georgia, 483 U.S. 584 (1977)），12歳未満の者が被害者である場合についても同じだとした（Kennedy v. Louisiana, 554 U.S. (2008)）。

しかし，わが国の最高裁は，刑罰の内容の残酷さだけを問題とするようであり（最大判昭23・3・12〔死刑合憲判決〕），猿払事件判決（最大判昭49・11・6）以前には罪刑の不均衡は立法政策の問題で憲法違反の問題とはならないとしてきた（尊属殺人に「死刑又ハ無期懲役」だけを規定していた旧200条に関して，最大判昭25・10・25刑集4巻10号2126頁〔尊属殺人罪合憲判決〕，一定の目的をもって爆発物を使用した者を死刑・無期・7年以上の懲役・禁錮に処している爆発物取締罰則1条について，最判昭37・9・18判時320号30頁〔関根橋事件第3次上告審判決〕。そのほか，最大判昭23・12・15刑集2巻13号1783頁，最判昭47・3・9刑集26巻2号151頁）。

罪刑均衡の原則と量刑　不均衡な刑罰の禁止は，立法権に対してばかりでなく司法権にも及ぶべきであり，裁判所の宣告刑が具体的な犯罪行為と均衡を失しているときには，憲法違反となるとする見解もある。アメリカの連邦最高裁判例はこのような立場であり，特に，強盗殺人を行った知的障害者，行為時に18歳未満であった者を死刑にすることは，いずれも憲法違反だとする（Atkins v. Virginia, 536 U.S. 304 (2002); Roper v. Simmons, 543 U.S. 551 (2005)）。

だが，これは刑の量定不当の問題であって憲法違反の問題ではないと思われる（最大判昭23・6・23〔選挙違反罰金事件〕。なお，無許可漁業に使用した船舶等〔特攻船

第 3 節　処罰の適正

を北海道海面漁業調整規則によって没収することは相当であるとする最決平 2・6・28 刑集 44 巻 4 号 396 頁参照）。もし，具体的な量刑が犯罪行為と著しく均衡を失する事態が生ずるのなら，そのような量刑を可能とする法定刑を規定した刑法そのものを憲法違反とすべきである。

3　差別的な法定刑

外国通貨の偽造　　ある刑罰法規の法定刑が他の刑罰法規のそれと対比したとき不均衡に重いときにも，憲法違反でないというのが最高裁の態度である。「外貨偽造法」（明治 38 年法律第 66 号）1 条 1 項は，「外国ニ於テノミ流通スル金銀貨，紙幣，銀行券，帝国官府発行ノ証券ヲ偽造シ又ハ変造シタル者」を「重懲役又ハ軽懲役」で処罰しているが，これは「6 年以上 11 年以下の懲役」に読み替えられている（刑施 19 条 1 項・2 項・20 条 1 項，旧刑 22 条 2 項）。これは，通貨偽造罪を 3 年以上の懲役，内国流通の外国貨幣の偽造を 2 年以上の懲役としている刑法（148 条・149 条）と均衡を失していることは明らかである。外貨偽造法の立法当時は，旧刑法の通貨偽造罪の法定刑とは均衡がとれていたのであるが，現刑法が法定刑を引き下げたのに対して，こちらには何らの立法的措置がとられなかったためにこのような事態になっているのである。しかし，最高裁はこれも憲法 36 条に違反しないとした（最判昭 30・7・7 刑集 9 巻 9 号 1816 頁〔ドル紙幣偽造事件〕）。

確かに，罪刑の均衡という観点からのみ憲法 36 条に違反するとすることはできないかもしれないが，不合理な刑罰法規として憲法 31 条に違反すると解する余地は十分にあろう。

被害者が尊属であるときの加重処罰　　他方では，同種の法益侵害であるにもかかわらず法益主体が相違することによって法定刑に軽重がある場合には，最高裁はこの差別が合理的理由によるのかを問題としている。たとえば，尊属傷害致死を一般の傷害致死より重く処罰する旧 205 条 2 項は，憲法 14 条の法の下の平等に反する不合理な差別でないとし（最大判昭 25・10・11 刑集 4 巻 10 号 2037 頁〔尊属傷害致死罪合憲判決〕），入ることを禁じた場所に立ち入る行為を拘留または科料で処罰している軽犯罪法（1 条 32 号）に対して，合衆国軍隊の使用する区

域への立入りを1年以下の懲役に処している刑事特別法（2条）については，合衆国軍隊の駐留を認めこれを手厚く保護する日米安保条約が憲法（9条2項・98条前文）に違反するものではないという理由で，憲法31条に違反するものでないとしている（最大判昭34・12・16刑集13巻13号3225頁〔砂川事件〕。田中耕太郎裁判官の補足意見は，この点を問題にする必要はないとする）。

ところが，その後最高裁は，尊属を差別的に保護することは合理的な理由があるとしつつも，旧200条の尊属殺人罪の刑罰は加重の程度が極端であって憲法14条1項に違反するとした（最大判昭48・4・4〔尊属殺人罪違憲判決〕。その後，旧・尊属傷害致死罪は刑の加重がさほどでないとしてその合憲性を確認した。最判昭49・9・26刑集28巻6号329頁）。

しかし差別が合理的であるなら，それにもとづいて刑をどの程度加重するかは基本的に立法政策の問題なのであり，特に最高裁は刑の過酷さは憲法違反の問題を生じさせないとしてきたのである。被害者が尊属であるときに刑を加重する刑法旧200条は違憲とすべきではあったが，それは憲法14条に反する不合理な差別だからである（尊属殺人罪違憲判決における田中（二）・小川・坂本・下村・色川・大隅各裁判官の意見）。したがって，それ以外の被害者が尊属であるときに加重処罰する規定も（旧205条2項・218条2項・220条2項），その加重の程度にかかわりなく憲法違反とすべきであったのである。

前述のように（7頁），1995年の刑法改正によりこれらの規定はすべて削除され，これらの規定の追及効も否定された（平7年法律91号附則2条1項但書）。

第4款　適正処罰の原則

1　「犯罪」とすることの合憲性

適正処罰の原則　たとえば「異性を淫らな情欲をもってながめる行為は処罰する」という刑法は，明らかに刑法によって対応するのにふさわしくない行為を処罰するものであって，憲法31条に違反するものであろう。犯罪化（criminalization），すなわち行為を犯罪として処罰することには憲法上の制約がある。これを「適正処罰の原則」ということができる（最大判昭60・10・23〔福岡県青少年条例事件〕における谷口正孝裁判官の少数意見は，「実体的適正処罰の原則」という）。

第3節　処罰の適正

　実際上問題となるのは，当罰的行為とともに非当罰的行為をも処罰の対象としている過度に広範な刑罰法規である。前述のように，このような刑罰法規は，不明確なそれと同様に，国民の行為に対する萎縮的効果，法執行機関の恣意的介入による権利侵害を招くために違憲となりうるが，適正処罰の要請に反する点でも問題となる。たとえば，アメリカの連邦最高裁は，英米刑法に伝統的な浮浪罪処罰規定（vagrancy statute）は，眠れない夜に散歩すること（night walking）のように通常は無害である行為までも犯罪としていることを理由として憲法に違反するとした（Papachristou v. City of Jacksonville, 405 U.S. 156 (1972)）。「生計の途がないのに，働く能力がありながら職業に就く意思を有せず，且つ，一定の住居を持たない者で諸方をうろついたもの」を処罰するわが国の軽犯罪法（1条4号）も，この観点で問題となりうる。

「淫行」の処罰　最高裁も，福岡県青少年条例事件判決において，「淫行」を広く青少年に対する性行為一般と解するとしたら，「例えば婚約中の青少年又はこれに準ずる真摯な交際関係にある青少年との間で行なわれる性行為等，社会通念上およそ処罰の対象として考え難いものを含むことになつて，その解釈は広きに失することが明らかであ〔る〕」としている。

　もっとも，どのような行為の犯罪化が，最高裁の「社会通念上」適切であるかは必ずしも明らかではない。それは，前章第2節で見たように，刑法の役割をいかなるものと考えるかによって異なりうるが，問題となる点をいくつか検討することにする。

2　行為刑法，責任主義

行為性　犯罪は行為でなければならない，人の悪しき意思，悪しき状態を処罰することは許されないという「行為刑法の原則」は，現在では，少なくとも言葉の上では，異論なく認められている。たとえば，アメリカの連邦最高裁は，「麻薬中毒」（addicted）を処罰している州法は，行為ではなく，病気などの「状態」（status）を処罰しているもので，異常で残虐な刑罰を規定していることに当たるとしている（Robinson v. California, 370 U.S. 660 (1962)）。

　しかし，作為ばかりでなく不作為も「行為」である以上（100頁・105～106頁），

第2章　罪刑法定主義と刑法の解釈

犯罪概念に行為性を要求しても大きな意味があるわけではない。同じく連邦最高裁は，すべての州法に見られる「公衆の集まる場所での酩酊」（public drunkenness）の処罰は，アルコール中毒の状態を処罰しているのではなく，酩酊してそのような場所にいること（being）を処罰しているので合憲であるとしている（Powell v. Texas, 392 U.S. 514 (1968)）。なお，日本の「酩酊防止法」（酒に酔つて公衆に迷惑をかける行為の防止等に関する法律）は，「酩酊者が，公共の場所又は乗物において，公衆に迷惑をかけるような著しく粗野又は乱暴な言動」を処罰している（4条1項）。

犯罪概念の限定は，より実質的な行為の内容において検討されなければならない。

責任主義　犯罪行為が行われたとしても，それが行為者に帰責しうる心理状態で行われたのでないときは処罰することはできないという「責任主義」は，近代刑法の基本原則とされてきた。麻薬中毒，公然酩酊の処罰が異常で残虐な刑罰になるかについての連邦最高裁の議論は，麻薬中毒，アルコール中毒になったことが本人の責任といえるかに関するものであった。

だが，このような責任主義は，普遍的に認められているものではない。

最高裁は，従業者等の違法行為があったとき業務者も処罰する業務主体処罰規定について，これは業務者の過失があることを前提とするとして責任主義との調整を図ったが（最大判昭32・11・27刑集11巻12号3113頁〔国際クラブ事件，判プⅠ25〕），結果的加重犯（149～152頁）の加重結果について行為者の過失は不要であるとしている（最判昭32・2・26刑集11巻2号906頁〔ショック死事件，百選Ⅰ48・判プⅠ106など）。英米では，行政目的を達成するために，行為者の主観的態度を考慮することなく一律に処罰するという「厳格責任」（strict liability）が批判の対象とされているが，これらが憲法違反とされているわけではない。

3　被害者なき犯罪

被害なければ刑罰なし　単に倫理違反にとどまり法益の侵害危殆のない行為は処罰すべきでないという「被害なければ刑罰なし」の原則も異論なく肯定されているわけではない。

第3節　処罰の適正

　アメリカの連邦最高裁は，被害者なき犯罪（victimless crime）を認めることは合衆国憲法修正14条に違反するものではない，同意にもとづいたソドミーの処罰も「国家の歴史と伝統」に反しないとしたが（Bowers v. Hardwick, 478 U.S. 186 (1986)），後にこれを変更して，このような刑罰法規は個人の自由を侵害するから憲法違反であるとした（Lawrence v. Texas, 539 U.S. 558 (2003)）。

　最高裁は，賭博行為は「勤労の美風」を害するばかりでなく，暴行等の副次的犯罪を誘発する危険があるとして，刑法186条2項は憲法13条に違反しないとした（最大判昭25・11・22刑集4巻11号2380頁〔賭博開帳図利罪合憲判決〕）。しかし，わいせつ文書頒布販売罪の規定（刑175条）は「最少限度の性道徳」を保護すること（最大判昭32・3・13刑集11巻3号997頁〔チャタレイ事件，百選Ⅰ47・判プⅡ471〕），あるいは，「性生活に関する秩序および健全な風俗を維持する」ことを目的とするとしている（最大判昭44・10・15刑集23巻10号1239頁〔悪徳の栄え事件〕）。福岡県青少年条例事件判決（最大判昭60・10・23）が，「青少年を単に自己の性的欲望を満足させるための対象として扱つているとしか認められないような性交又は性交類似行為」も処罰の対象となるとしたのは，真摯でない性行為は禁圧されるべきであるという考えがその基礎にあるためであろう。日本では倫理違反も処罰を根拠づけると考えられていると思われる。

　被害者の同意　　被害者が同意しているときには犯罪は成立しないのが原則であり，「被害者の承諾による違法阻却」が認められるのもこのためである（254頁）。だが，本人の希望に従って自殺を幇助した者を処罰する必要があるように（刑202条），被害者の「自己決定権」行使の結果を認めることが彼の利益に明らかに反することもある。被害者の承諾による傷害についても，常に違法性が阻却されるとすることはできない。彼のそのときの意思に反してでも彼を守る必要があるというリーガル・パターナリズム（法律的後見主義）は，一定の範囲で認められなければならない。

　最高裁はその妥当範囲をかなり広く理解しているようである。たとえば，大麻の有害性が認められる以上大麻取締法の合憲性は当然だとし（最決昭60・9・10判時1165号183頁），福岡県青少年条例事件判決においては，青少年との合意のもとに行われた「淫行」を処罰する条例は，「一般に青少年が，その心身の未成

55

熟や発育程度の不均衡から，精神的に未だ十分に安定していないため，性行為等によつて精神的な痛手を受け易く，また，その痛手からの回復が困難となりがちである等の事情にかんがみ，青少年の健全な育成を図る」趣旨であるとして，限定解釈をほどこしたうえでその合憲性を肯定している。

第4節　刑法の解釈

第1款　刑法の解釈と罪刑法定主義

1　目的論的解釈

文理解釈・体系的解釈　刑法の解釈も，一般の法解釈と基本的には異ならない。

　それはまず，法規の用いている文言の意味を認識する「文理解釈」を出発点とする。だが言語の持つ意味は，それが明確な核心部分から，不明確，あいまいな周辺部分へと広がっている。そのため，文理解釈だけでは具体的事案を解決することが困難な場合も出てくる。たとえば，頼まれて保管していた自動車のバッテリーの電気を勝手に使ってしまったとする。「事実上若クハ感情上其物ヲシテ再ヒ本来ノ目的ノ用ニ供スルコト能ハサル状態ニ至ラシメタル場合」も器物損壊罪（刑261条）における「損壊」である（大判明42・4・16刑録15輯452頁・判プⅡ401）とするなら，この行為はバッテリーを損壊するものとして同罪に該当するといえよう。しかし，電気を横領したものとして委託物横領罪（刑252条・253条）をも成立させるかは，法文にいう「物」が電気までも含んでいるかにかかっている。これを肯定することも「物」の文理からは必ずしも不可能とはいえないかもしれない。

　そこで次に，他の法規の文理をも考慮に入れ，当該法規がこれと矛盾なく整合的に存在しうるよう「体系的解釈」を行うことになる。刑法245条・251条によると，強盗・窃盗・詐欺・恐喝の罪に関しては，電気は「財物」とみなされるが，横領罪における「物」に関してはこのような規定はない。刑法245条が民法753条（婚姻による成年の擬制）と同じ「みなし規定」である以上，電気は「物」

第4節　刑法の解釈

とはいえないことになる。さらに，民法85条は「物」を「有体物」と定義しているから，刑法の解釈もこれに従うべきだとも考えられる。だが同条は「この法律において」としているので，この定義は刑法には妥当しないとも考えられる。

そこで，もともと刑法の「財物」「物」には電気が含まれているのであり，刑法245条・251条はその「確認規定」であり独自の意味を持たない，電気も横領罪の客体である「物」であると考えることもできる。

電気窃盗事件と立法者意思　当該法規の立法者が法文に与えようとした意味を探求し，それに従う「歴史的解釈」「主観的解釈」も行われる。立法者は将来生じうる事態を適切に解決するために法律を作り，裁判所等の法執行機関はその意図に従って法律を適用する義務が原則的にある（憲76条3項）からである。大審院は，電気は「可動性及ヒ管理可能性」を有するから，旧刑法366条の窃盗罪規定における「物」であるとした（大判明36・5・21刑録9輯874頁〔電気窃盗事件，判プⅡ175〕）。しかし現行刑法の立案者は，電気は「物」といえないと考えていたために，現在の刑法245条・251条を設けたのである（刑法沿革総覧〔増補版〕2211頁）。この立法者の意思に従う以上，現行刑法においては，電気を「物」とすべきでないことになる。

しかし，さらに，立法者の意思が客観的に不合理であるときまで，それに従うべきだとすることもできない。立法者が立法当時，あとに生ずるかも知れないすべての事情を考慮していたということはないのである。しかも，そもそも立法者は誰か，その意思とは何かを明確に知ることのできないときもある。このようにして，法の意味を客観的に理解しようとする「同時代的解釈」「客観的解釈」がなされなければならないこともある。

刑法における目的論的解釈　以上のようにしてすべての法解釈におけると同様，刑法の解釈にあたっても，終局的にはその法がいかなる目的を実現しようとしているかを考え，その目的に適合する合理的な解釈がなされなければならない。文理解釈，体系的解釈，あるいは歴史的解釈が一義的な解釈を与えない場合はもとより，ある解釈を示唆する場合においても，右のような「目的論的解釈」が最終的な決着をつけなければならない。刑法解釈のあり方が，他の法

律解釈のそれと異なってくるのは，刑法の目的が他の法領域のそれと相違するからにほかならない。

　刑法における目的論的解釈を強調する人は，しばしば犯罪者の処罰，犯罪の防止のみを重視し，当該刑法法規の「保護法益」，すなわちそれが保護しようとする利益の侵害危殆行為をすべて処罰しようと解する傾向にあった。ときには，「解釈は無限である」（牧野英一）として，法の文理を超えた解釈が主張されることもあった。刑法における「物」「財物」には物理的に管理可能なエネルギーも含まれるとして，電気の横領も252条2項で処罰されるのはもちろん，熱・冷気の窃取も窃盗罪になるという見解は，これらの刑罰法規の保護法益が財産である以上，財産的利益を持つエネルギーの侵害を処罰できないとすれば，刑罰法規の目的を達成できないと考えるのである。

　しかし刑法の目的は，犯罪の処罰による犯罪の抑止に尽きるものではなく，国民の権利を保護することをも含む（20頁）。刑法の解釈は目的論的に行われなければならないが，後者の目的を無視することは許されない。特に，罪刑法定主義を堅持することによって，恣意的な刑罰権の行使から国民を保護するという目的は最優先されなければならないから，法の文理を超えて行為の処罰を導く解釈は認められないのである。そして，罪刑法定主義が，現代においては単なる法律主義を超えて，適正処罰の要請をも含むものとされている以上，その要請に沿った解釈もなされなければならない。

2　解釈の明確性

判例の名宛人　たとえば電気は「物」ではないという解釈は，「刑法における『物』『財物』とは有体物である」というような，より抽象的な命題から演繹される。このような解釈命題は直接には国民に向けられた命題ではない。またそれは，合理的で妥当な結論を導くため，ときには評価的・規範的な概念を用いざるをえないこともある。たとえば，「刑法における『物』『財物』には，財産的価値において軽微なものは含まれない」というようなものである。刑罰法規の明確性と同一のものが，「解釈の明確性」として要請されるものではない。

　しかし，判例，特に最高裁のそれの示す法解釈は，国民，裁判所，法執行機

第 4 節　刑法の解釈

関にとっては，実質的には法規範としての意義を有することも否定できない。この意味では，犯罪の成否に関する刑法の解釈もやはり可能な限り明確であることが望ましい。

解釈の明確性と最高裁判所　最高裁の全農林事件判決（最大判昭 48・4・25 刑集 27 巻 4 号 547 頁・判プ I 15）は，不明確な限定解釈は「犯罪構成要件の保障的機能を失わせることとなり，その明確性を要請する憲法 31 条に違反する疑いすら存する」としている。

もっとも，最高裁のいうように不明確な解釈を避けるために限定解釈をすべきでないとするなら，当該刑罰法規の広範性をそのまま維持することになり，最高裁の論理によれば，その違憲無効の判断をせざるをえなくなる（45～47 頁）。これを回避しようとするなら，裁判所はある程度不明確な解釈でも満足せざるをえなくなろう。全農林事件において最高裁は，公務員の争議行為の「あおり」等を処罰する規定（国公 98 条 5 項〔現 2 項〕・110 条 1 項 17 号）に限定解釈を行わなくても違憲ではないとしたが，福岡県青少年条例事件判決（最大判昭 60・10・23）は，「淫行」に関して必ずしも明確とはいえない限定解釈を示したうえで，淫行処罰条例の合憲性を肯定している。

第 2 款　拡 張 解 釈

1　類推解釈の禁止

拡張解釈・限定（縮小）解釈，類推解釈・反対解釈　合理的と思われる解釈命題が得られたのち，それが当該法の正当な解釈の枠内であることを示す理由として，いくつかのものがある。法の文言を，日常一般に用いられているもの以外の意味に拡張して理解する「拡張解釈」，その逆の「限定解釈」（縮小解釈），法規の定めた事項を拡大して類似の事柄に推し及ぼす「類推解釈」，これと逆に当該法規が定めていない事項であることを理由として，それに当該法規の法律効果を否定する「反対解釈」（刑法 242 条は森林窃盗罪〔森林 197 条〕には適用されないとした，最決昭 52・3・25 刑集 31 巻 2 号 96 頁参照）である。

薬剤師は医師等の処方せんによらずに調剤することは許されないが（薬剤師 23 条 1 項・30 条 2 号），大審院は，急速を要する場合に，処方内容を熟知している

薬剤師が医師からの電話によって調剤したような場合には、「電話処方」を処方せんによる処方と同一視できるとした（大判昭6・12・21刑集10巻803頁。旧薬剤師法に関する）。最高裁は、森林窃盗罪（森林197条）にも刑法（244条）の親族相盗例の適用があるとした（最判昭33・2・4刑集12巻2号109頁）。これらは類推解釈の例である。

刑法における類推解釈・反対解釈　「解釈の方法」は、具体的な解釈が、法文の解釈として得られたものであることを示す手段に過ぎない。上記のように類推解釈は刑法においても用いることのできる解釈方法であるが、行為が処罰されるという結論を導くために類推解釈を用いることは許容されない。

類推解釈の禁止は、古くから罪刑法定主義の派生原理の一つとされてきた。当該行為が刑罰法規の規定する行為でないことを認めつつ、それと似ていることを理由として、その刑罰法規を適用して処罰しうるとすることは、刑罰法規が処罰すべきものと規定している行為でなければ処罰しえないという罪刑法定主義と原理的に矛盾するものである。この意味では、刑罰法規の解釈は反対解釈が原則である。

2　拡張解釈の限界

類推解釈と拡張解釈　拡張解釈は、刑罰法規の用いている言葉を、その通常の意味を拡張したうえで当該行為が当該刑罰法規の規定する行為に含まれるから、類推解釈と異なり罪刑法定主義に反するものではないとされている。たしかに、両者の間には論理の上では明確な相違が存在する。しかし、具体的な結論が拡張解釈として刑法上も許容される範囲内か、それとも類推解釈によってはじめて正当化されるものかは、多くの場合明確に区別できるわけではない。

これは、拡張解釈が許される実質的理由が類推に求められているところによる。

たとえば、人の所有物の窃取を処罰していた旧刑法（366条）において、電気も「物」であるとして盗電を窃盗罪で処罰した大審院は、電流は有体物ではないが五感によってその存在を認識しうる、容器に収容して独立の存在としうる、容器に蓄積して所持し、場所的に移動しうる、要するに支配可能性と管理可能

第 4 節　刑法の解釈

性を有するとしていた（大判明 36・5・21〔電気窃盗事件〕）。

　さらに最高裁は,「公務所若しくは公務員の作成すべき文書」（刑 155 条 1 項）には原本ばかりでなくそのフォトコピーも含まれるとしたが，その際に，公文書のフォトコピーも，公文書の原本と同様に社会生活上，信頼すべき証明手段として用いられているということを理由としている（最判昭 51・4・30 刑集 30 巻 3 号 453 頁・百選 II 87・判プ II 445。供託書用紙に虚偽の供託事実を記入し，これに真正の供託金受領証から切り取った供託官の記名印及び公印押捺部分を貼り付けたものをコピーし，これを提出行使した行為に，有印公文書偽造罪・同行使罪〔刑 155 条 1 項・158 条 1 項〕を認めた）。

　このように，類推解釈と拡張解釈の限界は，実質的には，類似性を根拠として刑罰法規の文言を拡張しうる限界である。

　拡張解釈の限界　　学説は一般に，拡張解釈は言葉の日本語としての「可能な意味」の範囲内で行われなければならないとする。そして，言葉が日常的，自然的に意味するものと，具体的に問題となったものとの共通性の程度，ずれの程度を考慮して「可能な意味」の限界を決定しようとする。たとえば，「ガソリンカー」も刑法 129 条 1 項にいう「汽車」に含まれるとする判例（大判昭 15・8・22 刑集 19 巻 540 頁・判プ I 6）は，両者の相違は動力の点だけであるから是認しうるが，「バス」と「汽車」あるいは「電車」との間にはそれ以上に軌道上を走るか否かの点でも相違があるから，前者を後二者に含めることはできないと説かれる。

　しかし，どの程度のずれが許容しうる拡張解釈なのかも，必ずしも明らかではない。おそらく，国民の予測可能性を侵害するか否かを拡張解釈の実質的な限界とせざるをえないであろう。すなわち，刑罰法規の文言を，その日常的自然的な意味から若干なりとも逸脱して解釈すれば罪刑法定主義違反であるとまではいえないとしても，その言葉について国民の予測の及ばない逸脱した解釈は許容しえないのである。旧刑法が改正されたとき，電気を「財物とみなす」規定が付け加えられ（刑 245 条・251 条）たのは，無体である電気を有体であるとすることに無理があるという認識があったためである。コピーも原本であるという最高裁の解釈も，ことばの意味を明らかに超えたものと思われる（平野・研

究Ⅱ(2) 319 頁・409 頁参照)。

第3款　限定解釈（縮小解釈）

1　限定解釈の必要性

合理的な解釈　刑罰法規の合理的な解釈を正当化するためには，逆に，刑罰法規の文言を限定して解釈することが必要になる（限定解釈，縮小解釈）。

最近の例として，GPS 機器を自動車に装着する行為は「見張り」（ストーカー 2 条 1 項 1 号）に当たらないとしたもの（福岡高判平 30・9・20 判タ 1459 号 118 頁），タトゥー施術は「医業」（医師 17 条）の内容としての「医行為」に当たらないとしたもの（大阪高判平 30・11・24 高刑集 71 巻 3 号 1 頁）がある。そのほか，これまでの大審院，最高裁判例では，次のようなものがある。

浄水毒物混入罪（刑 144 条）は公共危険犯であるから，特定人の飲用する飲料水は「人の飲料に供する浄水」に該当しない（大判昭 8・6・5 刑集 12 巻 736 頁参照）。爆発物取締罰則における「爆発物」とは，「その爆発作用そのものによって公共の安全をみだし又は人の身体財産を害するに足る破壊力を有するもの」と解すべきであって，爆発作用そのものによる直接の破壊力が認められない「火焔瓶」は含まれない（最大判昭 31・6・27 刑集 10 巻 6 号 921 頁。なお，1972 年に「火炎びんの使用等の処罰に関する法律」が制定されている）。

さらに，企業活動による公害の防止を目的とするのが法律の趣旨なのだから，原料物質の受入れ過程での過誤により有毒ガスを工場外の大気中に放出してしまった行為のように，事業活動に伴う事故的結果として生じたにすぎない排出は過失排出罪（公害犯罪 2 条 1 項・3 条 1 項）を成立させない（最判昭 62・9・22 刑集 41 巻 6 号 255 頁，最判昭 63・10・27 刑集 42 巻 8 号 1109 頁〔日本アエロジル事件・判プⅠ125〕）。この判例は立法者意思を考慮して，事業活動に伴うすべての排出行為を同法の対象とすることはできないとしたものである。

2　合憲的限定解釈

職業選択の自由　問題となる刑罰法規に憲法に適合する意味を与えることも解釈の合理的理由の一つである。このようにして，刑罰法規の違憲性を除去

第 4 節　刑法の解釈

するために合憲的限定解釈が必要とされる。最高裁は，無免許者の「医業類似行為」を処罰している法律（あん摩 12 条・13 条の 7 第 1 項 4 号）が職業選択の自由を保障する憲法（22 条）に違反しないものとなるためには，「医業類似行為」の意味を「人の健康に害を及ぼす虞のある業務行為」に限定して理解しなければならないとした（当時の「あん摩師，はり師，きゆう師及び柔道整復師法」について，最大判昭 35・1・27 刑集 14 巻 1 号 33 頁〔HS 式無線高周波療法事件第 1 次上告審判決〕。なお，最決昭 39・5・7 刑集 18 巻 4 号 144 頁〔同第 2 次上告審決定〕は「医業類似行為」の概念は不明確とはいえないとする）。

争議権の保障　最高裁は公務員の争議行為のあおり等を処罰する法律（国公 98 条 5 項〔現 2 項〕・110 条 1 項 17 号，地公 37 条 1 項・61 条 4 号）は，争議行為そのものが違法性の強いものであるほか，あおり行為等が争議行為に通常随伴するものと認められるものでない場合にのみ適用されるという「二重の絞り論」を展開し，この法律が公務員の争議行為のあおり等をすべて処罰する趣旨であると解するなら，当該刑罰法規は労働基本権を保障した憲法 28 条に違反する疑いがあるとしたこともあった（地方公務員法に関する最大判昭 44・4・2 刑集 23 巻 5 号 305 頁〔都教組事件，判プ I 37〕，国家公務員法に関する最大判昭 44・4・2 刑集 23 巻 5 号 685 頁〔仙台全司法事件〕。後にこれらは，最大判昭 48・4・25〔全農林事件〕，最大判昭 51・5・21 刑集 30 巻 5 号 1178 頁〔岩教組事件，判プ I 138〕によって，それぞれ変更されている）。

また，前述のように，福岡県青少年条例事件（最大判昭 60・10・23）において，処罰範囲が広きに失し憲法 31 条に違反するものとなることを避けるため，条例の処罰する「淫行」の概念に限定解釈を行った。そのほか，不明確な刑罰法規も解釈により明確になれば憲法 31 条違反とはならないというのが最高裁判例である。以上の解釈の妥当性については，前述のような問題がある（46～47 頁，58～59 頁）。

3　限定解釈の限界

国会立法の原則　拡張解釈においては，国民の予測可能性の保障の観点から言葉の可能な意味がその限界をなす。これに対して処罰範囲の縮小をもたらす限定解釈においては，このような罪刑法定主義の観点からの限界は存在しな

い。したがって,「通常の判断能力を有する一般人の理解」に適う限定解釈しか許されないというわけではない。だが,国会立法の原則（憲41条），裁判官の法律遵守義務（憲76条3項）からするなら，法の内容を言語的に不可能な意味にまで限定して理解することは実定法を書き直すことであり，許されないことになる。この意味で，やはり限定解釈にも言語的な制約がある。たとえば,「人」を「男子」あるいは「女子」だけに限定し，「13歳未満の女子」を，「10歳未満の女子」に限定することは許されない。不合理に過酷な法定刑の短期を修正することも違法な法解釈である（最判昭30・7・7〔ドル紙幣偽造事件〕参照）。合憲的限定解釈が不可能な場合には当該刑罰法規は違憲としなければならない。

第3章

刑法の適用

第1節　刑法の適用と訴訟障害

公訴棄却と無罪　刑法の適用の可否は，行為の行われた時間と場所によって決まる。刑法が適用されない行為であることが明らかなときは，裁判所は，「起訴状に記載された事実が真実であつても，何らの罪となるべき事実を包含していない」ものとして公訴を棄却し（刑訴339条1項2号），審理の結果そのことが判明したときは，「被告事件が罪とならない」ものとして無罪の判決をしなければならない（刑訴336条）。

刑法が適用される行為であっても，裁判権不存在などの訴訟障害が存在するため，刑法を現実に適用して処罰する国家刑罰権の実現が阻まれることがある。たとえば公海においてA国の船舶が，B国国民である船長の過失により日本船舶に衝突し，日本船舶内の人に死傷結果が生じた場合には，日本刑法の適用があり（刑1条2項），Xには業務上過失致死傷罪（刑211条1項）が成立しうるが，裁判権は，A国またはB国のみが行使しうるとされている（公海条約11条1項，海洋法約96条1項）から，日本はXを処罰することはできない。訴訟障害が存在するにもかかわらず公訴が提起されたときには，裁判所は無罪判決ではなく，公訴棄却の判決（刑訴338条1号）を言い渡す。

訴訟障害の消滅　訴訟障害が除去されたときには，行為者を刑事訴追することが可能となり，処罰することもできる。たとえば，接受国の刑事裁判権から免除されていた外交官（外交約31条1項1文）がその地位を失った場合は，外

交官であったときの犯罪について処罰することができる（大判大 10・3・25 刑録 27 輯 187 頁〔外国使臣従者事件〕参照）。

第 2 節　刑法の時間的適用範囲

第 1 款　時際刑法の基本原則

刑の変更と刑の適用　　刑法適用の時間的可能性の問題は，行為時，裁判時，さらにはそれらの中間時の刑法が異なる場合，そのいずれを裁判所が適用すべきかの問題となって現れることから，時際刑法ともいわれる。

　遡及処罰禁止の原則は時際刑法の一原則でもある。さらに日本法においては，行為時に処罰されていた行為が，事後の法により「刑が廃止された」，すなわち不可罰となったときには，裁判所は免訴の判決を言い渡す（刑訴 337 条 2 号）。行為後にいったん不可罰とされたが，裁判時には再度可罰的とされていた場合も同様である。「無罪」ではなく「免訴」とするのは，行為の犯罪たる性格は失われるものではなく行為時の刑法を適用することも可能であるが，国家による処罰権の事後的放棄が訴訟障害となり，そのような行為を訴追することは許されない，という考え方によるものと思われる。

　また刑法（6 条）は，事後の法により刑の変更があったときには，そのうちの軽い刑（行為時法と裁判時法の間にそれらより軽い刑が規定されていたときは，その刑）を適用するものとしている（尊属傷害致死罪〔旧 205 条 2 項〕の廃止によって通常の傷害致死罪〔205 条〕によって処断されることになったときは，刑の変更にあたる。最判平 8・11・23 刑集 50 巻 10 号 827 頁）。「その軽いものによる」とは，裁判時の法を適用するが法定刑だけは最も軽いものを適用する，というのではなく，最も軽い刑を規定した刑法を適用する趣旨だというのが大審院判例である（大判明 41・12・21 刑録 14 輯 1150 頁，大判明 43・1・24 新聞 622 号 18 頁）。

　以上のように，日本の時際刑法は，行為時法主義，裁判時法主義のいずれかによっているのではなく，その規定する刑の存否，軽重に応じて適用される刑法を決定するという立場をとっているのであり，裁判時に効力を有していない

第2節　刑法の時間的適用範囲

刑法が適用されることもあるということになる。したがって，刑法に変更があっても刑の軽重に差異がないときは，行為時の刑法を適用するという判例（大判明41・12・17刑録14輯1111頁，大判昭9・1・31刑集13巻28頁など）の立場は，必ずしも不当とはいえないであろう。

有利な事後法の遡及　　刑法6条は，事後の有利な法の遡及と事後の不利な法の不遡及とを合わせて規定している。後者に関しては既に述べた（36～37頁）。前者についても，「犯罪後」「刑の変更」等の要件について述べたことがそのまま妥当する。

さらに最高裁は，包括一罪についてはその終了時に効力を有していた新法を全体に適用するという立場を，すぐ次に述べる旧法に追及効が認められている場合にも貫いたため，旧法時から新法時にわたって犯罪を繰り返した者が有利な新法の適用を受け，旧法時に犯罪を終えていたため旧法によって処断される者より有利に取り扱われる，という不均衡な結論を甘受することになった（最判昭55・11・14刑集34巻6号409頁）。

有罪判決後の刑の変更・廃止　　有罪判決の言渡し後に刑の変更・廃止があったときには，旧法を適用した原判決は破棄される（刑訴397条1項・383条2号）。最高裁は，刑の執行猶予の要件を有利に変更した改正法が行為後，裁判時までに施行されていたときには遡及適用するのが改正法の趣旨であるが，裁判後にその有利な法が施行されたときには，刑の執行猶予の要件の変更は刑法6条にいう「刑の変更」ではないから，上訴審は原判決を破棄して刑法6条を適用すべきではないとしているが，刑の執行猶予の要件の変更も刑の変更と見るべきであるから，これは不当である（38頁）。

最高裁はさらに，窃盗罪（刑235条）の法定刑が，2006（平成18）年の改正により「10年以下の懲役」から「10年以下の懲役又は50万円以下の罰金」に変更されたときには，刑訴法383条2号にいう「刑の変更」ではあるが，法改正の趣旨，当該窃盗の犯情，併せて認定されている法定刑の変更のない犯罪から見たときに第1審判決の量刑を再検討する余地のないことが明らかである場合には，それは，刑訴法397条1項により破棄すべき「刑の変更」には当たらないとしている（最決平18・10・10刑集60巻8号523頁）。しかし，これは「第383条に規定す

る事由〔判決があった後に刑の廃止があったこと〕があるときは，判決で原判決を破棄しなければならない」としている刑訴法（397条1項）の文言に反すると思われる。

第2款　刑罰法規の追及効

1　限時法理論

憲法と国際人権B規約　刑法6条は不利な事後法の遡及を否定し，有利な事後法の遡及を要請する。すでに述べたように前者は憲法39条の要請であるが，後者はそうではない。刑の廃止の場合に行為の処罰を放棄する刑訴法337条2号も，やはり憲法上の要請ではない。法律によって廃止される刑罰法規に追及効を与えることも許される。国際人権B規約（15条1項3文）は，「犯罪が行われた後により軽い刑罰を科する規定が法律に設けられる場合には，罪を犯した者は，その利益を受ける」として，行為者に有利な刑法の遡及を原則としているが，追及効を肯定する法律があるときには，同規約にいう行為者を事後的に有利に取り扱う規定が「法律に設けられる場合」には当らはないということであり，追及効を肯定する法律は同規約に違反するものではない。

狭義の限時法，広義の限時法　追及効の付与は，刑罰法規を改廃する法律に，「この法律の施行前にした行為に対する罰則の適用については，なお従前の例による」という改正附則を設けることによって行われるのが一般的であるが，かつては，あらかじめ有効期間を規定した法律，すなわち「狭義の限時法」に，「その期間内に行われた行為に関する本法の罰則の適用については，其の期間経過後も，なおその効力を有する」という規定を設けることもあった。

　明文によって刑罰法規の改廃は処罰権の放棄・制限を伴わないことを明確にしていない以上，刑罰法規の追及効を認めることはできない。上記の国際人権B規約はこの趣旨である。かつてのわが国では，狭義の限時法，さらには，一時的な事情に対応する目的で立法され，その事情が存在しなくなったときは失効すべきものであることが推知される刑法，すなわち「広義の限時法」については，追及効を認める規定が存在しないときにもそれを肯定すべきであるとする考え方が有力であった。このような法律に追及効を認めないと，その有効期

第2節　刑法の時間的適用範囲

間の終了に近づいた時点で違反行為を行い，裁判時に刑が廃止されていることを期待する者が続出してしまうというのが，その実質的な理由である。ドイツ刑法（2条4項）は，「一定期間においてのみ効力を有する法律は，その有効期間中に行われた行為にその失効後といえども適用する。法律が別に定めている場合はこの限りではない」として，この趣旨を認めている。

動機説　かつての学説ではさらに，刑罰法規の廃止が当罰性に関する立法者の見解の変化によるものであるときは追及効を認めるべきではないが，それが法の規制を必要とする事実の消失によるものであるときには追及効を認めるべきだとする「動機説」も有力であった。この見解は，右のような限時法のすべてに追及効を認めるのではないが，他方では，限時法であると否とにかかわりなく，広く刑罰法規の追及効を肯定すべきだとするものである。

だが，刑罰法規の失効が近づいた時点での違反行為の集中という事態を避けようとするなら，立法者は前述のような明文の経過規定を設ければよいのであり，明文の規定なしに，特にその概念のあいまいな広義の限時法にも追及効を肯定することは，やはり法的安定性を害するものである。

2　委任命令の改廃

白地刑罰法規と動機説　白地刑罰法規を補充する委任命令の改廃の場合も同じでなければならない。しかし判例は，委任命令の改廃が立法者の可罰性評価の変動によるときは刑罰法規の変更であるが，事実状態の変化に由来するときは事実の変化にすぎないとして，ここでは動機説の基準を採用するようである（大連判昭22・4・5〔木村亀二＝大野平吉・総判研刑㉕15頁〕，最大判昭25・10・11刑集4巻10号1972頁）。最高裁はさらに，敗戦により外国の統治権の下に置かれていた地域を関税法の適用については外国とみなしていた政令が，これらの地域の本土復帰にともなって改正された場合においても，密輸入を免訴とすべきでないとしていた（最大判昭30・2・23刑集9巻2号344頁など）。ところが，その後この判例は変更され，最高裁は刑の廃止を認めるべきだとした（最大判昭32・10・9刑集11巻10号2497頁・判プⅠ431，最大判昭32・10・9刑集11巻10号2509頁）。

終戦後の特殊事情に関係する諸判例のあと，最高裁は，再度限時法理論によっ

て刑の廃止を否定したと解される態度に転じた。道路交通取締法（現在の道路交通法）の委任を受けて罰則により車輛等の規制を行っていた同施行令は，さらに，公安委員会に車輛の乗車人員についての制限を委任していた。新潟県公安委員会の規則は，第二種原動機付自転車の二人乗りを禁止していたが，改正によってその禁止は解除された。最高裁は，施行令は「公安委員会の定める制限が，その時々の必要により，適宜変更あるべきことを当然予想し，……行為当時の制限に違反する行為を（その違反行為の後において，右公安委員会の定めた制限の具体的内容が，その時々の必要により変更されると否とにかかわりなく）可罰性のあるものとして処罰することとし〔た〕」ものであるとして，免訴とすべきでないとした（最大判昭37・4・4刑集16巻4号345頁・判ブⅠ432。これには，6裁判官の反対意見がある）。

3　補充法令の変更

事実の変化と法律の変化　　刑罰法規自体が変更されない場合でも，他の法の変更が，刑の減軽，廃止になりうることは，それが刑の加重，新たな処罰になりうることと同じである。たとえば，堕胎行為が，後に施行された優生保護法（現在の母体保護法）の許容する「人工妊娠中絶」であるときは，裁判所は業務上堕胎罪（刑215条）の起訴に対して，刑が廃止されたものとして，免訴の判決（刑訴331条2号）を下さなければならない。

刑罰法規の規定する犯罪成立要件の一部が他の法令（補充法令）に依存させられている場合に，その法令が変更廃止されたときも基本的には同じである。たとえば「13歳未満の」という要件（刑176条後段・177条後段）の存否は，「年齢計算ニ関スル法律」（明治35年法律第50号）によって決定されている。また，「他人の」という言葉（刑235条・235条の2など）は「他人の所有に属する」という意味であり，それは民事法によって決定される。これらの法律の改正の結果，行為時に13歳未満であった被害者が13歳ということになり，あるいは，他人の所有物であった物が自己の物となったときも，刑が廃止されたときにあたる。

しかし，補充法令の変化が刑罰法規を変更し刑の廃止・変更をもたらしたと見るべきでない場合もある。最高裁（最判昭26・3・22刑集5巻4号613頁）は，行

第2節　刑法の時間的適用範囲

為後の省令の改正により，輸送した食糧が食糧管理法の輸送禁止食料から除かれた場合に免訴とすべきでないのは，法令の改正により行為者の偽造した通貨が強制通用力を失い，あるいは，法令が変わって賄賂を収受した公務員の官職が廃止されたときに，それぞれ通貨偽造罪（刑148条1項），収賄罪・贈賄罪（刑197条・198条）について免訴とすべきではないのと同様であるとする。この場合の法の変更のもたらす法律的事実（当該物質の貨幣としての通用力）の変動は，刑罰法規の内容そのものを変化させるものではなく，単なる物理的事実の変化と同じように取り扱うべきだと考えられるからである。

処罰意思の放棄・変更　もっとも，補充法令に依存する法律的事実が当該刑罰法規そのものに属するものか，その適用の対象にすぎない事実なのかは，判断が困難な場合もある。刑が廃止されたときは免訴，刑が減軽されたときはその刑を適用するという現行法の制度が，国家処罰権の事後的な放棄・制限に根拠を置いている以上，おそらくは，その変更に国家処罰権の放棄・制限の意思が認められるか否かを，当該補充法令が刑罰法規に属するか否かの基準とすべきであろう。これは，立法者による行為の「可罰性評価の変化」という動機説の基準と必ずしも同じではない。立法者は過去の行為の当罰性について考えを変えないまま，事後にその処罰を放棄・制限することもある。刑罰法規の廃止・変更は，可罰性評価の変化によらない補充法令の改廃の場合にも認められるのである。

判例は，刑罰法規が他の法令の規定する事業の役職員に対する贈賄を処罰している場合においてその法令が失効したとき（最判昭40・7・14刑集19巻5号525頁），収賄罪規定（刑197条）において，他の法規の改正によりこれまで公務員の職務とされていたものが廃止されたとき（大阪高判昭60・2・19高刑集38巻1号54頁），それぞれ刑は廃止されていないとしたが，妥当と思われる。以上に対して，無許可の集団示威運動を処罰する条例が，許可を与えるべきものとされていた市町村公安委員会が警察法の改正により廃止されたため死文に帰した場合にも，刑の廃止を認めた最高裁判例（最大判昭35・7・20刑集14巻9号1215頁）は不当である。これは前述の通貨の廃止の事例とまさにパラレルな事例である。

他方，行為後の民事法の改正により被害者が「配偶者の直系尊属」たる身分

を失ったとしても，尊属殺人罪（刑旧200条）から普通殺人罪（刑199条）へと刑が変更されたことにはならないとした判例（最判昭27・12・25刑集6巻12号1442頁）は，逆の意味で不当である。ここでは，尊属として保護されるべき対象について立法者の評価が明白に変動したのであり，当然，処罰権の制限をもたらしたのである。前述の保護されるべき者の年齢，所有権の存否に関する法の変更があった場合と同様に解すべきであった事案である。

第3節　刑法の場所的適用範囲

第1款　国際法と刑法

1　時際刑法と国際刑法

刑法の場所的適用と国際法　　一国の刑法は，その国の領域内で行われた行為ばかりでなく，一定の条件のもとで，領域外で行われた行為にも適用される。刑法の場所的適用範囲を決定する法原則は国際法によって規定される。

刑法の国外（域外）適用には国際法の制約がある。かつては，それぞれの国家は，行為がどこで行われようとそれを刑罰によって捕捉する権利を有するという見解もあった。しかし，国家主権も国際法に服さなければならない現在では，このようなことは許されない。特に他国の主権を侵害するような刑罰権の行使は許容しえない。場所的適用範囲に関する刑法適用法が古くから国際刑法と呼ばれてきたのもこのためであり，国際法の遵守を宣言している日本国憲法（98条2項）の下においては，日本刑法の場所的適用範囲も国際法の原則に従うものでなければならない。

国際法の原則は，国家自己保護と国際協同である。

行為が，自国との場所的，人的，物的な関係からその正当な利益を侵害すると認められる場合，国家はその刑法を適用してこれを処罰する権利を持つ。現在では，伝統的に認められてきた属地主義も，この国家自己保護の原則の一場合であると理解されている。他方では，犯罪の防止と犯罪者の権利保護は，現在の国際社会の共通の関心事であり，国際社会を構成する諸国家が互いに協力

第3節　刑法の場所的適用範囲

して追求すべき目標である。この国際協同の原則のもとでは，国家は，国家自己保護の原則において要求されたような，行為と当該国家との間の関係の存在にかかわりなく，自国の刑法を領土外で行われた行為に及ぼして，その刑罰権を行使することが認められるが，それは，上記の目的の範囲内に限られることになる。

2　国際刑法の諸相

国際刑事裁判所　犯罪をめぐる国際協力は，刑法適用法以外にも刑事法全体の国際法化をもたらし，さまざまな「国際刑法」を存在させるに至っている。

第二次世界大戦後，連合国はニュールンベルク国際軍事裁判所(1945年)，極東国際軍事裁判所(1946年)を設置し，ドイツと日本の戦争指導者を「人道に対する罪」「平和に対する罪」という国際法上の犯罪者として処罰した。それ以来，国際社会全体に対する犯罪行為が国家の指導者などによって行われたときは，刑罰を規定した国際法を超国家的な司法機関が適用して処罰すべきだという考え方が有力になってきた。このような実体法的な国際法を国際刑法ということもある。

集団殺害罪の防止及び処罰に関する条約（ジェノサイド条約）(1948年)，アパルトヘイト犯罪防止条約(1973年)は，ジェノサイド，アパルトヘイトの政策責任者個人を処罰すべきであるとして，「国際刑事裁判所」の設置を求めていた。その後，国連安全保障理事会が，旧ユーゴスラビア領域内で行われた民族浄化，集団強姦等を処罰するための「旧ユーゴスラビア国際戦犯法廷」(1993年)，ルワンダにおける集団殺人を処罰するための「ルワンダ国際戦犯法廷」(1994年)を設置し，それぞれに適用される刑法も制定したが，これらはいずれも恒常的なものではなかった。

国連が採択した「国際刑事裁判所ローマ規程」(1998年)によって，「国際刑事裁判所」(International Criminal Court. ICC)が設置された。国際刑事裁判所は国家裁判権を補完する役割に止められているとはいえ，それによって，恒常的な国際刑事裁判所と超国家的な国際刑法が初めて成立したのである。

国際刑事裁判所は，その創設後，国家の政策責任者，テロ集団の幹部の訴追・

第3章　刑法の適用

処罰を行っている。

刑法適用法の国際法化　超国家的な国際刑法は以上のように限られた範囲でしか存在しない。そのために，防止のために国際的な協力が必要な「国際犯罪」に関しては，それぞれの国の刑法を国外に及ぼすことによって犯人のアサイラム（隠れ場所）への途を閉ざすことが行われている。たとえば海賊について，条約（公海に関する条約19条，海洋法約105条）は，すべての国にいかなる国の管轄権も及ばない場所で海賊船舶，海賊航空機を拿捕し，処罰する権限を与えている。日本ではまだこれに応じた立法はされていないが，条約加入国は，海賊行為を処罰する刑法を作るとともに，その国外犯を処罰する権利と義務が与えられているわけである。さらに最近の多数国間条約は，ハイジャック，テロなどに対して，犯罪地と関係なく処罰することができるような立法措置を締約国がとることを義務づけ，後述のように日本もこれに応じた国外犯処罰規定を設けている。これは，国内法から見るなら刑法適用法の国際法化である。このように，国際法の要請に応じて，ある行為を犯罪としその国外犯を処罰しうるとする刑法を，国際刑法ということもある。

法の衝突　これまで，裁判所が適用するのはその国の刑法に限られていた。だが，犯罪の訴追と被告人の権利保護のために，国外で行われた犯罪には行為地の外国刑法を適用することも提唱されている。これが現実化したときには，国内の裁判所は「法の衝突」（conflict of laws）を整理し準拠法を決定しなければならなくなる。そこでは，国際私法に対応する国際刑法が存在することになる。

さらに，犯罪者・被害者の国籍，犯罪地のいかんによっては，複数の国の刑法がひとつの犯罪に適用可能なこともある。このとき，どの国が刑事管轄権を行使するかは国際法によって決定されるが，この法原則を国際刑法ということもある。

国際刑事司法共助　刑事手続に関して国家間で行われる協力作業を国際刑事司法共助というが，それに関する国際法，国内法も国際刑法と呼ばれる。刑事司法共助のうち，逃亡犯罪者の引渡しは古くから行われてきたが，わが国も，外国からの引渡請求に対応するために「逃亡犯罪人引渡法」（1953年）を制定している。また，ロッキード事件，ダグラス・グラマン事件を契機として「国際

第3節　刑法の場所的適用範囲

捜査共助等に関する法律」(1980年)が制定され，外国の要請を受けてわが国の捜査機関が刑事事件の証拠の収集を行う手続を規定した。これは，相互主義にもとづいてわが国の要請する捜査共助を外国に受け入れさせる途を開いたものである。

　ＥＵ諸国では，刑事訴追そのものを外国に移管し，さらには外国の刑事判決を自国で執行する制度も認められている。これは，犯罪者を二重処罰することを回避するとともに，彼の円滑な社会復帰を図ることなどを目的とするものである。後述のように，わが国の刑法（5条）は，外国刑事判決の消極的効力を部分的に認めるのみである。

第2款　国　内　犯

1　属地主義・旗国主義

属地主義と刑法の人的適用範囲　国家はその領域内にとどまる人間を，その国籍のいかんを問わず支配し，自国の利益を維持する権利を持つ。国家刑法は国内犯であれば，行為者の国籍を問うことなくこれに適用される。刑法の適用に関する属地主義は国際刑法の出発点であり，日本の刑法（1条1項）もこれを規定している。

　現在のところ，国内犯について，行為者の属性を理由として刑法の適用を排除することは行われていない。この限りでは，日本法では「刑法の人的適用範囲」を論ずる意味はない。ただ，行為者の一定の事由を訴訟障害とし（前述のように，それが除去されれば刑法を適用して処罰することができる。外国使臣とその従者の治外法権につき大判大10・3・25〔外国使臣従者事件〕，連合国最高司令官の覚書による連合国人についての公訴権・裁判権停止につき最大判昭30・6・1〔連合国人強盗殺人事件〕)，あるいは犯罪阻却事由としているものはある。

　摂政は在任中訴追されないが，訴追自体は可能であるから（典21条），摂政が退任した後は，その犯罪行為があれば起訴することができる。天皇もこれと同様に考えるべきである。日本国憲法（1条）の象徴天皇は，大日本帝国憲法（3条）の「神聖ニシテ侵スヘカラズ」とされていた存在とは異なっている。

　なお，皇族についてはこのような訴訟障害も存在しない。

第 3 章 刑法の適用

　国会議員にも刑法の適用はある。しかし，国会議員は「議院で行つた演説，討論又は表決について，院外で責任を問はれない」（憲 51 条）。これは訴訟障害ではなく，国会議員の行為の合法性を以上の範囲で認めた違法阻却事由である。

　外国元首は国際法上治外法権を持つと解されている。外国の外交官およびその家族にも，外交特権としての治外法権が与えられている（外交約 31 条 1 項・37 条）。日本に駐留する合衆国軍隊の構成員・軍属の行った犯罪については，米軍当局と日本当局との間の裁判権の調整が図られている（安保協定 17 条）。合衆国の軍当局が第一次的裁判権を有する場合には，その放棄がない以上，日本は裁判権を行使しえない。

　日本国の領域　　領土，領水（領海および内水），領空が日本国の領域を形成する。北方領土，竹島，尖閣諸島に関しては，現在でもそれが日本の領土であるかが問題とされている。復帰前の奄美群島には日本の公訴権・裁判権の行使は停止されていたが，依然として日本の領土だったのであるから，復帰前の同所における犯罪に復帰後日本の刑法を適用して処罰しうる（最判昭 32・3・28 刑集 11 巻 3 号 1825 頁）。沖縄についても同様に考えることが可能であったかもしれないが，法は，復帰前の行為については沖縄で適用されていた刑法を適用することとし，これに対する琉球政府および米国民政府の裁判権を日本政府が継承することとした（沖縄返還協定 5 条 3 項・4 項，沖縄復帰特別措置 25 条〜28 条）。

　日本の領海は，国際的な傾向（海洋法約 3 条）にあわせて，沿岸の基線から 12 海里までの海域とされている（領海 1 条。1977 年以前には 3 海里であった）。領空は領土および領水の上空であるが，宇宙空間（大気圏外）と天体は国家の領有権に服さない（宇宙約 2 条）から，日本の領空もそこを含まないことになる。

　旗国主義　　ある国家に属する船舶・航空機はその国の国旗あるいは国籍を示す標識を掲げることができ，当該国家は，国外にある自国の船舶・航空機に自国の法律を適用する権利を持つ。このような旗国主義は国際法上認められたものであり，日本の刑法（1 条 2 項）もこれを規定する。旗国主義は，刑法の適用に関して属地主義を補充するにとどまるものであり，自己の船舶・航空機を「浮かぶ領土」として，これに包括的な国家主権を及ぼすことを前提とするものではない。

第3節　刑法の場所的適用範囲

「日本船舶」とは船舶法（1条）にいう「日本船舶」である（最決昭58・10・26刑集37巻8号1228頁〔第三伸栄丸事件〕。公海上での日本法人所有の船舶の覆没〔刑126条2項〕は刑法1条2項により国内犯であるとする）。登録（船舶5条・20条・21条）がなくても「日本船舶」である。これに対して，「日本航空機」とは登録を受け日本国籍を取得した航空機（航空3条・3条の2）である。

判例によると，日本船舶によって領海外で禁止されていた底曳網漁を行った場合（大判昭4・6・17刑集8巻357頁，大判昭7・7・21刑集11巻1123頁），領海外で日本船舶を覆没させる行為（最判昭58・10・26〔第三伸栄丸事件〕）は，いずれも「日本船舶内」の行為として日本刑法の適用があるとされている。公海上の衝突事故により日本船舶内の乗船員に死傷結果が生じたときには，衝突船舶内の行為者にも日本刑法の適用がある（大阪高判昭51・11・19刑月8巻11・12号465頁〔テキサダ事件〕は，仮に衝突場所が公海上であったとしても，業務上過失傷害（刑211条），業務上過失往来危険罪（刑129条2項）が成立するとする）。

刑事管轄権の制限　日本船舶・日本航空機内の行為に日本刑法の適用がある場合にも，国際法によって刑事管轄権が制限されることがある。公海上の船舶の衝突による事故につき船長等の船舶勤務者の責任が問われるときには，前述のように，当該船舶の旗国または船長の属する国のみが刑事管轄権を有する（65頁。大阪高判昭51・11・19刑月8巻11・12号465頁においては，衝突船舶の船籍はリベリアであったが，船長は日本人であったため，裁判権も日本にあった）。これに対して，航空機の不法奪取（ハイジャック），その損壊等については航空機国の裁判権も依然として維持されているほか，航空機が容疑者を乗せて着陸した国，容疑者の所在する国にも裁判権が与えられている（航奪防止約4条・6条・7条）。なお，日本法はハイジャック等を刑法2条（すべての者の国外犯）の例に従うとしている（航空強取4条）。

2　犯罪地の意義

結果説・行為説・遍在説　犯罪の行われた場所を「犯罪地」という。諸外国の刑法と同じように，国内犯への刑法適用が原則，国外犯処罰が例外である日本の刑法では，犯罪地が国内，日本船舶・日本航空機内であるかが重要な問題

となる。

　現行法には犯罪地に関する明文の規定はないが，結果の発生した場所（これのみを犯罪地とするのが結果説である）と行為の行われた場所（同じく，行為説）のいずれもが犯罪地と解されている（遍在説。ドイツ刑法9条1項は明文でこれを規定している）。すなわち，国家領域内で保護されている法益侵害の結果ばかりでなく，そこで妥当している国家の命令・禁止規範の侵害も国家刑法の適用を正当化するというものである。

　しかし，刑法は法益保護を目的とするものであり，法益侵害（危殆）の結果が犯罪の実質である。結果説が基本的に正しいものといわなければならない（辰井聡子「犯罪地の決定について(2)・完」上智法学論集41巻3号258頁）。命令・禁止規範は法益保護のために存在する二次的なものにすぎない。行為地も犯罪地とする遍在説は，行為説と同様，国家はその領域内に滞在する人にその国の行為規範の遵守を要求する権利があるとするものであり，妥当でないと思われる。

　これに対して，「法益に国籍はない」から，法益保護は法益の国籍を超えてそれぞれの国がその刑法を適用して国際的に行われるべきものであり，それぞれの国家刑法は原理的に犯罪地がどこであろうとも適用可能である，遍在説における犯罪地は，国際私法における「連結点」と同様に，犯罪と国家刑法との関係性を要求することにより，国家刑法を適用する原理であるとして，遍在説を維持しようとする見解もある（髙山佳奈子「国際刑事裁判権(2)・完」法学論叢154巻2号37〜44頁）。

　だが，国家刑法を世界刑法の一部とするまでには至っていない現在においては，やはり，国家刑法は領域内で生じた犯罪結果について適用されるのが原則であり，国際法の認める国家自己保護の原則あるいは国際協力主義が，例外的な国家刑法の域外適用を正当化すると考えるべきである。日本の刑法（1条〜4条の2）もこのようなものである。

　修正された結果説　　以上のように，犯罪地は基本的には結果が基準である。しかし，行為が国内で行われ，結果が国外で発生した場合であっても国家自己保護の原則，国際協力主義によって国外で発生した結果を処罰することに正当な理由があると認められる場合には，国外犯処罰規定（2条〜4条の2）に明示的

に列挙されていない犯罪であっても，国内で行われた行為に日本の刑法を適用して処罰することが認められる。いいかえると，「日本国内において罪を犯した者」（刑1条1項）とは，日本国内において結果を発生させた者のほか，日本国内において以上のような範囲の犯罪行為を行った者も含む。この意味で，犯罪地に関しては結果説を修正したものが妥当であり，「修正された結果説」が正当であるとしなければならない。

3　結　果

結果地　犯罪地の基準となる「結果」は，既遂犯においては，法益の侵害・危殆化を内容とする構成要件該当の結果である。国外から毒物が国内に郵送され，それを食べた人が国内で死亡したときは，殺人既遂罪は国内犯である。「迷惑電話」を処罰する条例のあるA県の居住者Vに，Xがそのような条例のないB県からストーカー的な電話をした場合，Vが電話を受けたA県が結果地であり，A県の条例が適用される（高松高判昭61・12・2高刑集29巻4号507頁・判プI437）。

かつては「中間影響地」も犯罪地であるとして，彼が国外に出て死亡したときも，毒物の摂取が国内で行われている以上国内も犯罪地であるという見解も有力であったが，不当である。このように，犯罪地の基準である「結果」は，行為の客体に生じた物理的変化である「結果」（121頁）と同じではない。

インターネット犯罪の犯罪地　国外のサーバーを利用したインターネット犯罪については問題がある。

最高裁は，国外のサーバー・コンピューター内にわいせつ動画のデータファイルを記録・保存し，これを日本国内の顧客にダウンロードさせる有料動画配信サイトを運用した場合，データファイルを国外サーバーに保存させる行為が国内で行われている以上，わいせつ電磁的記録頒布罪（175条1項後段）は国内犯であるとする（最決平26・11・25刑集68巻9号1053頁。大阪地判平11・3・19判タ1034号283頁は「わいせつ図画公然陳列罪」〔改正前の刑175条〕について同趣旨）。これは，行為地も犯罪地であるという遍在説を前提にしたものと解される。

最高裁も「MIRACLE事件」において認めるように，わいせつ電磁的記録頒

布罪は，データファイルを配信用コンピューターに保存し，顧客の操作により送信可能とした時点でではなく，日本国内の顧客の PC 等の記録媒体上に記録・保存させたという結果が生じることによって成立する。従って，結果説によっても遍在説によっても，これは国内犯である。そうだとするなら，わいせつ画像・動画の配信ばかりでなく，名誉棄損などのインターネットを利用した犯罪の犯罪地は世界中のどこの国においても国内犯だということになる。

未遂・予備の結果　未遂犯の結果は法益侵害の危険である。したがって，国内の人を殺害しようとする行為が国外で行われ，彼に生命の危険が生じたときは，殺人未遂罪は国内犯である。「中間影響地」は未遂犯の結果発生地のこともあるから，国内でわたされた毒を国内で摂取し，国外で死亡したという例では，殺人未遂は国内犯であるが，既遂は国外犯である。

予備罪においても以上と同じである。すなわち，国内の人を殺す目的で国外で予備行為をした場合，殺人予備罪（刑 201 条・199 条）は国内犯である。予備罪における結果発生の危険の程度は未遂罪におけるそれに比して小さいもので足りるとはいえ，予備罪も未遂罪と同じ危険犯なのであるから，両者を別異に考える理由は存在しない。

共犯の結果　共犯の場合にも正犯の発生させた結果が基準になる。台湾で正犯者に覚せい剤を渡して日本に持ち込ませ，覚せい剤営利輸入罪（覚せい剤 41 条 2 項・1 項・13 条），禁制品輸入罪（関税旧 109 条 1 項）を実行させた場合には，彼の行ったこれらの犯罪の幇助犯は国内犯である（最決平 6・12・9 刑集 48 巻 8 号 576 頁・判ブ I 436。そのほか，那覇地判昭 57・10・12 刑月 14 巻 10 号 753 頁，名古屋高判昭 63・2・19 高刑集 41 巻 1 号 75 頁）。

4　行　為

行為地が犯罪地となる場合　本書の「修正された結果説」においても，限定された範囲で，行為地が犯罪地となることがある。この場合においては，未遂行為，正犯行為だけでなく，予備行為，共犯行為の行われた場所も犯罪地である。

判例には，自然発火の危険のある物を船倉に不注意に積み入れる行為が日本

第3節　刑法の場所的適用範囲

の港で行われ，国外に出た外国船が焼損したときの失火罪（刑116条・117条の2。大判明44・6・16刑録17輯1202頁〔ゴーベン号事件〕），国内で贈賄の共謀を遂げ，国外で賄賂を供与したときの賄賂供与罪（刑198条。東京地判昭56・3・30判タ441号156頁・判プⅠ434），国外の日本船舶内で証拠を偽造し，共謀のうえこれを日本国内に写真電送した行為につき証拠偽造罪・偽造証拠使用罪（刑104条。仙台地気仙沼支判平3・7・25判タ789号275頁・判プⅠ435）を，それぞれ国内犯としたものがある。

修正された結果説によれば，行為が国内で行われ，結果が国外で発生した場合でも，当該犯罪結果が日本の法益の侵害・危殆化を含むときには，国家自己保護の原則から，国内犯として日本の刑法が適用され処罰される。上記の賄賂供与の共謀，証拠偽造・偽造証拠使用の例がそうである。しかし，たとえば外国で賭博することを日本国内で共謀し，そのうちの一人が外国で賭博をしたときのように，日本の法益（日本社会の「勤労の美風」〔最大判昭25・11・22賭博図利罪合憲判決〕）への影響が問題でないときには，賭博罪は国内犯ではない。賭博が当該外国で処罰されていない場合，賭博は合法なのだからその共謀も合法であるとする見解もありうるが，国内の行為の合法性を外国の法で判断することはできない。

国際協同の一場合である代理処罰の要請が働く場合にも，国内犯となる。上例の国外での殺人，国内の過失行為によって国外で外国船舶を焼失させたという事例（大判明44・6・16〔ゴーベン号事件〕）が，そのような場合である。賭博が処罰されている外国での賭博を国内で共謀した場合もそうである。

独立予備罪　以上のような考慮は，行為犯として規定されているが，実質的には独立予備罪と考えられる犯罪にも妥当する。

目的とされている国外における行為の遂行が日本の利益を侵害するものでないときには，行為が国内で行われたとしても刑法の適用はないと解すべきである。最高裁は，わいせつ物頒布等を処罰する刑法175条は「わが国における健全な性風俗を維持すること」を目的としているとして，国外で販売する目的でわいせつ図画を所持する行為には「販売の目的」が欠けるとしたが（最判昭52・12・22刑集31巻7号1176頁・判プⅡ478），その実質的理由はここに求められるべきである。

第3章　刑法の適用

第3款　国外犯

1　国外犯の処罰

国外犯処罰規定　　刑法（2条〜4条の2）は国外犯が処罰される犯罪を規定している。特別法には国外犯処罰規定を置くものもあり，これは「特別の規定」（刑8条但書）に当たる。

海賊行為を処罰する「海賊対処法」（海賊行為の処罰及び海賊行為への対処に関する法律3条・4条）は，国外犯処罰に関する明文の規定を置いていないが，すべての国に海賊を鎮圧する権利と海賊船を拿捕し処罰する権利を認める海洋法条約（海洋約100条・105条）からするなら，海賊対処法は国外で行われた海賊行為を処罰する「特別の規定」にあたると解することができる（東京高判平25・12・18高刑集66巻4号6頁，東京高判平成26・1・15判タ1422号142頁。いずれも「ソマリア海賊事件」に関する）。

他方，最高裁は，わが国の領土であるかが問題である国後島，色丹島付近での密漁について，漁業法およびそれにもとづく北海道の条例（北海道海面漁業調整規則）は，国民の国外犯を処罰する旨を定めたものであるとして，明文の規定のないところで，国外犯処罰を肯定している（最判昭46・4・22刑集25巻3号451頁〔第2の北島丸事件Ⅰ〕，最判昭46・4・22刑集25巻3号492頁〔第2の北島丸事件Ⅱ〕，最決平8・3・26刑集50巻4号460頁）。なお，それ以前，同じくその適用を肯定していた最決昭45・9・30刑集24巻10号1453頁〔北島丸事件〕は，国外犯処罰の問題に触れることはない）。最高裁は，水産資源の保護と漁業秩序の確立のためには，わが国領海と「連接して一体をなす」公海，外国領海における違反行為を処罰する必要があるというが（すでに大判昭12・12・2刑集16巻1530頁は水産資源保護の観点から日本領海外の漁業についても当時の漁業取締規則の適用があるとしていた），海洋法条約のような法的根拠のないところで，国外犯の処罰を認めることはできない。これらの場合は，日本船舶内での行為（刑1条2項）として，国内法の適用を認めるべきであったと思われる（大判昭4・6・17刑集8巻357頁，大判昭7・7・21刑集11巻1123頁参照）。

第3節　刑法の場所的適用範囲

2　国家自己保護

国家保護主義　　内乱罪，外患罪，各種の偽造罪の国外犯は，犯人の国籍のいかんを問わず処罰される（刑2条）。これらの犯罪は，日本国の存立，あるいはその秩序に重大な脅威を与えるものだからである（国家保護主義）。日本国の公務員（必ずしも日本国民に限られない）が，逃亡させる罪，虚偽公文書作成罪，収賄罪を犯したときは，その国外犯も処罰される（刑4条）。これも，日本国の公務を国外において保護しようとする国家自己保護の考え方にもとづくものではあるが，公務員犯罪でない公務執行妨害罪，贈賄罪等は含まれていない。

消極的属人主義　　かつての刑法3条2項は，国外において一定の犯罪を日本国民に対して犯した外国人を処罰するとしていた。これは，国家はその国民を保護する義務を有するという国民保護主義（消極的〔受動的〕属人主義）にもとづくものであったが，犯罪地である外国では不可罰である行為にまで日本刑法を適用して処罰することは日本の刑法を知りえない外国人を処罰することになるうえ，外国の主権の侵害ともなりうると考えられたため，1947年にこの条項は削除された。

しかし，海賊行為など，日本人が無保護のまま国外において犯罪被害に遭う事例が増加したため，2003年に，殺人・傷害・強姦・逮捕監禁・誘拐に限定して，消極的属人主義を復活させた（刑3条の2）。

3　積極的属人主義

国家忠誠主義，国際協同主義　　刑法（3条）は多くの犯罪を列挙し，日本国民が国外で犯したこれらの犯罪にも刑法を適用するものとしている。このように，国家刑法を自国民の国外犯に適用することは（積極的）属人主義と呼ばれるが，これについては異質な二つの考え方がある。

一つは国家忠誠主義であり，国民は国外にあっても母国へ忠誠を尽くし，その刑法を遵守する義務を負う，これは「国家と国民との本来の道義的関係に基くものである」（小野清一郎）とするものである。他の一つは国際協同主義である。自国民が外国で犯罪を犯したときは，その国の刑法で処罰されるのが原則である。ただ，処罰されずに自国に戻ってきたときは，国際法上認められている自

国民不引渡しの原則（日本でも犯人引渡1条9号）によってこれを外国に引き渡さず，自国において外国のために「代理処罰」する（平野・研究Ⅱ(2)249頁）。前者が「無制限の積極的属人主義」に至るのに対して，後者においては，犯罪地の法においても行為が可罰的であるという双方可罰性を要件とするほか，犯罪地の刑法より重い刑を適用しない，外国で有罪判決を受け刑を執行されたときには自国では処罰しない，とするなどの「制限された積極的属人主義」をとることになる。西欧諸国の積極的属人主義は後者の方向をとりつつあるが，日本の刑法は前者である。

4 世界主義

条約による国外犯処罰 　国際犯罪に関しては，国際協同主義に基づき，犯罪地でない国もそれを処罰しうることとしてその防止を図ることが行われる。わが国は，特別法のなかに刑法2条を準用する規定を置くことによって，行為者の国籍を問わず国外犯を処罰し，このような世界主義（普遍主義）を実行してきた（航空強取5条，航空危険7条，人質5条，麻薬69条の6，麻薬特10条，など）。しかし，刑法2条は，上述のように，国家保護主義の規定であり，これは便法にすぎない。

　1998年に追加された刑法4条の2は，条約によって日本が国外犯を処罰すべきものとされている行為が刑法典上の犯罪にあたるときは，その国外犯を処罰するものとしている。これは本改正施行後に効力を有する条約にのみ適用される（附則2項）から，現在では「人質をとる行為に関する国際条約」（人質約），「国際的に保護される者（外交官を含む。）に対する犯罪の防止及び処罰に関する条約」（国家代表保護条約），「核物質の防護に関する条約」（核防護約），「テロリストによる爆弾使用の防止に関する国際条約」（テロ防止約），「サイバー犯罪に関する条約」（サイバー犯罪約）などが，この「条約」にあたる。たとえば，殺人罪は日本国民の国外犯のみが処罰されているが（刑3条6号），被害者が外交官であるときには，行為者が外国人であっても，4条の2により国外犯に刑法を適用しうることになる。特別刑法には，本条の例による旨の規定を設けるものもある（人質5条，暴力1条ノ2第3項）。これらの「条約による国外犯処罰規定」は，将来，

同種の条約に日本が加入した場合の法改正の手間を省くことになる。

　もっとも以上のような国外犯の処罰は，国際協力主義によるものであるから，他国が犯人を現実に処罰しなかったときで，わが国が犯人を他国に引き渡さないときのみ，日本の刑法を適用して処罰するという，補充的なものにとどまるべきであろう。

第4款　外国刑事判決の効力

　刑の算入主義　　自国民が他国で犯罪を行いそこで有罪判決を受けこれが確定したときには，自国が彼の移送を受けて有罪判決を執行するというのが外国刑事判決の積極的効力の承認であるが，これは日本の刑法では行われていない。

　さらに，外国の確定した刑事判決が自国の刑罰権実現を制約するという消極的効力も，日本の刑法では部分的に認められているにすぎない（5条）。すなわち，外国の有罪・無罪の確定裁判があっても，それと同一の犯罪について日本でさらに裁判することができる。ただ，外国で既に刑の執行を受けたときには，刑の執行が必要的に減免されるにとどまる（1947年の改正以前には裁量の減免であった）。要するに，日本の刑法は外国判決に一事不再理の効力を認めず，ただ，刑の算入主義をとるにとどまるのである。

　刑法5条但書による刑執行の減免は裁判所が判決によって言い渡すのであり，行刑当局に委ねられるものではない（最判昭29・12・23刑集8巻13号2288頁，最判昭30・2・24刑集9巻2号374頁）。無期懲役刑を宣告する場合にも，仮出獄の要件である「経過した」期間（28条）に算入するため，外国判決にもとづく受刑期間を勘案したものを懲役刑に算入しなければならない（最大判昭30・6・1〔連合国人強盗殺人事件〕）。

　一事不再理，二重処罰との関係　　憲法39条の一事不再理，二重処罰の禁止は，前の裁判と後の裁判とがともにわが国の裁判権行使に関するものであるから，以上のような刑法の態度もただちに違憲とはいえないのであろうが（最大判昭28・7・22刑集7巻7号1621頁，最判昭29・12・23〔覚せい剤所持事件〕。いずれも，占領軍軍事裁判所の確定裁判後の処罰に関する），立法論としては議論の余地はある。たとえば，積極的属人主義が代理処罰にもとづくものだとするなら，日本人が犯罪

地である外国で無罪の判決を受け，あるいは有罪とされて現に処罰されれば，日本が処罰する必要はすでになくなっている。世界主義による国外犯処罰は国際協力によるものである以上，外国によって現に処罰されれば，日本の補充的な刑罰権を発動する必要はない。さらに，二重の刑事訴追にさらされないという被告人の権利の考慮，外国の刑事司法の尊重も行われなければならない。国家保護主義にもとづく国外犯の処罰のときには，外国判決を一切考慮しなくてよいというものでもない。

占領軍軍事裁判所の裁判　　連合国の占領期間中の占領軍軍事裁判所の裁判（大判昭 22・4・17 判例体系 30 巻 45 頁，最大判昭 30・6・1〔連合国人強盗殺人事件〕），占領中の奄美大島における琉球政府裁判所の裁判（最判昭 30・10・18 刑集 9 巻 11 号 2263 頁）にも刑法 5 条を準用するというのが判例である。これに対して，沖縄での最終裁判はその復帰後日本に引き継がれるから（沖縄返還協定 5 条），再び訴追することはできない。

第2編

犯　　罪

第1章

犯罪論の意義と役割

第1節　刑法総論と刑法各論

　刑法によって処罰される行為，すなわち犯罪の成立要件を検討する刑法解釈学が犯罪論である。たとえば，人を殺す行為である殺人罪（刑199条）と人の財物を窃取する窃盗罪（刑235条）があるように，犯罪の成立要件はそれぞれによって異なっている。しかし，各種の犯罪の成立要件を抽象化するなら，そこに共通のものを見出すことができる。上の例でいえば，「殺す」「窃取する」は「行為」であり，「人」「財物」はその「客体」である。このようにして，犯罪に共通する一般的要件を論ずるのが「犯罪総論」であり，これを単に「犯罪論」ということもある。本編はこれを取り扱う。

　これに対して，出産過程にある人の生命はいつから「人」か，管理可能なエネルギーは「財物」かなど，個々の犯罪に特有の成立要件を検討するのが「犯罪各論」である。そのなかでも，形式的意味の刑法における犯罪に関するものは「刑法各論」と呼ばれることが多い。

第2節　犯罪論体系の意義と機能

構成要件該当性・違法性・責任性という体系　　犯罪成立の一般的要件にも多くのものがあるが，これをさらに一定の観点のもとでまとめ，配列したものが「犯罪論の体系」である。たとえば，「犯罪の客観的要素－主観的要素」「犯罪成立の原則的要件－犯罪の成立を阻却する例外的事由」などである。ドイツ刑法学に学んだ日本の刑法学においては，「構成要件該当性－違法性－責任(有責性)」という犯罪論の体系が一般的に採用されている。本編の以下での叙述もこれを前提とするものであるが，説明の順序としては，「犯罪成立の原則的要件」である構成要件該当性，故意・過失，次いで「犯罪の成立を阻却する事由」として，違法阻却事由，責任阻却事由を取り扱うことにする（早くからこのような叙述の順序をとっていたのは，平野・総論Ⅰ・Ⅱである）。

　構成要件とは刑罰法規が規定する行為の類型であり，行為がこれに該当しない以上犯罪は成立しない。たとえば，奪われた生命が「人」のそれでなければ殺人罪の構成要件該当性はない。

　違法性とは行為が法的に許容されないことである。たとえば，死刑の執行は人を殺す行為であるが，合法な行為である。正当防衛（刑36条1項）で人を殺したときにも違法性はなく殺人罪は成立しない。

　責任とは行為の非難可能性である。たとえ行為が構成要件に該当し違法であっても，責任無能力者の行為（刑39条1項・41条）などは責任がなく殺人罪は成立しない。故意・過失がないときにも責任がないと解すべきであるが，すでに構成要件該当性がないという見解も有力である。

犯罪論体系の機能　　このように，犯罪論の体系は，行為に構成要件該当性，違法性，有責性のいずれかが欠けるなら犯罪として処罰されることはないという意味で，刑罰権発動を制約する役割を担っているのであり，「保障犯罪論体系」である。構成要件，違法，責任が具体的にいかなる意味内容を持つべきかについては後になお検討しなければならないが，これらは刑法の果たすべき複数の役割にそれぞれ対応し，相互に異質の価値内容を担ったものである。それだか

第2節 犯罪論体系の意義と機能

らこそ，これらの犯罪要素から構成される犯罪論体系が犯罪概念を限定することが可能になるのである。

　これに対して，処罰に値する実体である「実質的犯罪」が既に存在していて犯罪論の体系はそれを認識するための「形式的なもの」にすぎないという見解もある。このような考え方によれば，犯罪論体系を構成する各犯罪要素は実質的犯罪を認識するための部分要素であり，すべて同質なものであるということになろう。これは，「象」を認識するために，同質の細胞で構成されている「耳」「鼻」「尾」などの器官を手掛りとするようなものである。しかし，理論的には，象のひとつの体細胞からクローン象を作ることが可能なように，あるいは耳の細胞だけによっても「象」を認識することが可能なように，理論的には犯罪要素のうちの一つが存在すれば「実質的犯罪」を認識することもできるはずである。このような犯罪論体系は犯罪論の保障機能を否定するものといわなければならない。構成要件該当性，違法性，有責性の各要素が肯定される行為が実質的な犯罪なのであり，それ以外に，あるいはそれ以前に法律上の「実質的犯罪」が存在するわけではない。

第 2 章

構成要件該当性

第 1 節　構成要件の機能と概念

第 1 款　罪刑法定主義機能

構成要件概念の機能　　刑罰法規の規定する行為の類型を構成要件という。行為の構成要件該当性を犯罪成立の第一の要件とすることは，20世紀初頭にドイツの刑法学者ベーリング（Ernst v. Beling）が著した『犯罪論』（1906年）という書物に始まる。彼によれば，罪刑法定主義とは「構成要件該当性なければ刑罰なし」という原則である。もっとも前述のように，現在は，罪刑法定主義は行為に適用可能な刑罰法規が存在することばかりでなく，刑法の適用，犯罪の成立要件全般について，合理的な内容を持つ制定法の存在を要求するものと理解されている。しかし，行為が刑罰法規の規定する構成要件に該当することを必須の犯罪成立要件とすることは，罪刑法定主義の中心部分を犯罪論に組み入れることを可能としたものである。

　構成要件という概念は，罪刑法定主義機能以外にも，違法，責任の判断を結び付ける「体系的機能」，故意の及ぶべき範囲を画する「故意規制機能」，各種の犯罪を相互に区別する「犯罪個別化機能」，その充足の回数により犯罪の単複を決定する「罪数決定機能」，有罪判決に示すべき「罪となるべき事実」（刑訴335条1項）の範囲を決定し，検察官が挙証責任を負う事実の範囲，訴因変更の限界を画する「訴訟法的機能」などの多くの機能を果たすべきであるとされた

ことがあるが，構成要件はこのような万能の道具ではない。これらの機能すべてを強いて構成要件に担わそうとすることは，実際にも不当な結論をもたらすばかりでなく，構成要件概念を弛緩させ，ひいてはその罪刑法定主義機能を不明確なものとしてしまうおそれがある。

第2款　刑罰法規と構成要件

1　刑罰法規の解釈と構成要件

書かれざる構成要件要素　構成要件は刑罰法規によって処罰の対象とされている行為の類型であり，それは当該刑罰法規の文理を解釈することによって得られるものである。構成要件の内容が刑罰法規の文言と同じもので表現されることもあるが，これと必ずしも同一ではないこともある。たとえば，刑法130条前段の「侵入」という言葉を「管理権者の意思に反して立ち入ること」と解釈したとき（最判昭58・4・28刑集37巻3号215頁・百選Ⅱ16・判プⅡ115），建造物侵入罪の構成要件は「建造物にその管理権者の意思に反して立ち入る行為」ということになる。

ときには，刑罰法規の文言に明示的に掲げられていない要素，「書かれざる構成要件要素」を認めるべき場合もある。たとえば，公務執行妨害罪（刑95条1項）における「職務」は「適法な」ものであることを要する，窃盗罪（刑235条）は「不法領得の意思」による財物の取得であるとする場合，職務の「適法性」「不法領得の意思」は書かれざる構成要件要素である。

2　記述的構成要件要素と規範的構成要件要素

規範的構成要件要素の問題性　構成要件要素は，「人」「財物」のように事実的・記述的なものばかりでなく，礼拝所不敬罪（刑188条1項）における「不敬な」行為，わいせつ文書頒布罪（刑175条）における「わいせつな」文書，公務執行妨害罪（刑95条1項）における「適法な」職務行為のように評価的・規範的なものもある。前者を「記述的構成要件要素」，後者を「規範的構成要件要素」という。規範的構成要件要素においては，その意味内容を確定するために解釈者の評価的理解が必要とされる。そのために，故意の内容としての「意味の認識」が問

題になる（185〜186頁）。もっとも，脳死になった存在も「人」か，どの程度の価値のある物が「財物」として保護されるかというように，記述的構成要件要素においても，その内容の確定のために評価的・規範的理解が必要とされることもある。両者の差異は質的なものではなく，量的なものである。

　刑法の適用において規範的構成要件要素を一切用いないということはできない。しかし，構成要件は明確なものであることが望ましいのであり，その要素も可能な限り記述的であることが要請される。不明確な構成要件要素が刑罰法規の言葉自体であるときは，刑罰法規自体が違憲・無効となりうるし，解釈によって得られた構成要件要素が不明確な場合には，その解釈が違憲となることもある（43〜47頁）。

3　閉ざされた構成要件・開かれた構成要件，可罰的違法性の判断

　開かれた刑罰法規と構成要件　　ドイツの刑法学者ヴェルツェル（Hans Welzel）は，刑罰法規は禁止の素材を「余すことなく記述している構成要件」，すなわち「閉ざされた構成要件」であることが望ましいが，例外的にそうでない「補充を要する構成要件」，すなわち「開かれた構成要件」が存在するとした。彼によれば，裁判官は「社会生活上必要な注意」の懈怠という観点で過失犯の構成要件該当行為を，「保障者的地位」の観点の下で不真正不作為犯の構成要件を，それぞれ満たしうる行為者を確定しなければならない。そのほか，いくつかの刑罰法規にも「開かれた構成要件」が存在するという。

　しかし，既に述べたように，刑罰法規と構成要件とは必ずしも同じではない。確かに，刑罰法規の文理から構成要件を定立するときに，その文言を限定する必要性が大きい場合もある。しかしその作業を経て定立された構成要件は常に「閉ざされた」ものである。この意味で，「開かれた刑罰法規」は存在するが「開かれた構成要件」は存在しない。

　構成要件の違法推定機能　　また，ヴェルツェルは「開かれた構成要件」の中には違法推定機能を有しないものがある，この場合には，行為の構成要件該当性が肯定されたときにも，違法阻却事由が存在しないという消極的判断だけで行為の違法性を肯定することができないという。学説には，「積極的可罰的違

第1節　構成要件の機能と概念

法性の判断」はもっぱら違法性の段階で行われなければならないとするものもあったが，これによるなら，すべての構成要件はこの意味での「開かれた構成要件」であるということになる。

　しかし，構成要件はこの意味でも「閉ざされた」ものでなければならない。すなわち，構成要件該当行為を正当化する事情である違法阻却事由が存在しないときにはそれは違法であるといえる程度にまで，構成要件は違法性判断に対しても「閉ざされた」ものでなければならない（構成要件該当性と違法性との関係については，244〜245頁参照）。

　可罰的違法性と構成要件　　刑罰法規の中には「正当な理由がないのに」（刑130条〔住居侵入〕，刑133条〔信書開封〕），「不法に」（刑220条〔逮捕・監禁〕）という文言が掲げられているものがある。これは「違法阻却事由が存在しない場合」に処罰されるということを確認している無意味な文言ではなく，行為が社会生活上是認される程度を超える場合に処罰の対象となることを明示する構成要件要素であり，異なった文言であっても，意味としては同じであると理解すべきであろう。したがって，正当防衛，緊急避難などの違法阻却事由が存在しなくても，行為の構成要件該当性が否定され，不可罰とされることはある。たとえば，軽犯罪法は「正当な理由がなくて刃物，鉄棒その他人の生命を害し，又は人の身体に重大な害を加えるのに使用されるような器具を隠して携帯」する行為を処罰しているが（1条2号），深夜サイクリングのときに護身用に催涙スプレーをズボン・ポケット内に入れて携行する行為は，「職務上又は日常生活上の必要性から，社会通念上，相当と認められる」という「正当な理由」にあたるから，不可罰である（最判平21・3・26刑集63巻3号265頁）。

　このような文言が存在しない刑罰法規についても同様に理解すべきことになる。旅館業を営む者が，宿泊客等からたばこの購入方を依頼されるのを予想し，あらかじめ購入しておき，客の依頼のあるたびにこれを取り出して客に小売価格で交付しても，小売人以外によるたばこの販売，その準備を処罰していた「たばこ専売法制定の趣旨，目的に反するものではなく，社会共同生活の上において許容さるべき行為である」とした最高裁判例（最判昭32・3・28刑集11巻3号1275頁〔長沼温泉たばこ買い置き事件，判ブⅠ140〕）はこの趣旨に理解すべきである。

「社会相当性の範囲内の行為は構成要件該当性を阻却する」として，可罰的違法性存否の判断を構成要件の段階で行う見解（藤木英雄・可罰的違法性の理論 26〜28 頁）は，この範囲で妥当である。

第3款　不法責任類型としての構成要件

違法要素・責任要素，客観的要素・主観的要素　刑罰法規の文言を解釈して構成要件の内容を定めることは，当該刑罰法規が前提とする当罰的な行為の類型を画定することであるのだから，構成要件は「不法責任類型」である。すなわち，構成要件は当該犯罪に固有の違法要素と責任要素とからなる。たとえば，証拠隠滅罪（刑 104 条）における「証拠の隠滅等」は行為の法益侵害性を意味する客観的な違法要素であり，証拠の「他人」性は行為の非難可能性を肯定させる客観的な責任要素である。

また，客観的な構成要件要素ばかりでなく主観的な構成要件要素も存在する。たとえば，各種の偽造罪（刑 154 条以下）における「行使の目的」は主観的違法要素であるが，窃盗罪（刑 235 条）における「不法領得の意思」は，行為の法益侵害性に関係のない，利欲的行為の非難可能性を意味する主観的責任要素（心情要素）である。ある主観的構成要件要素を違法要素と理解するか責任要素と理解するかは，違法・責任の概念とも関係して，当該主観的要素の具体的な意味内容について相違をもたらすことがある。

当該犯罪に固有の類型的な違法・責任要素からなるのが構成要件である。それ以外の，すべての犯罪に共通の一般的な違法・責任要素は，構成要件該当性に続く，違法性，有責性の判断において考慮されることになる。

消極的構成要件要素の理論　正当防衛等の違法阻却事由は，それが存在することにより構成要件該当性が否定されるという意味で「消極的構成要件要素」だとする学説もある。だが，違法阻却事由は当該犯罪に固有の消極的違法要素なのではなく，すべての犯罪に共通の消極的違法要素である。消極的構成要件要素の理論のように，違法性を基礎づける要素をすべて構成要件に帰属させてしまうことは，類型的違法と一般的違法との相違を看過するものである。

消極的構成要件の理論は，構成要件該当事実の認識・認容が故意であるとい

第 1 節　構成要件の機能と概念

う前提に立ちつつ，違法阻却事由を誤認したときは故意が阻却される，という結論を導き出そうとする。この結論自体は妥当であるが，それは，故意の及ぶべき対象は構成要件該当の事実ばかりでなく，違法性，責任を基礎づける事実すべてであるのが原則だからである（176～177 頁参照）。消極的構成要件要素の理論は，構成要件は故意規制機能を持つべきだという前提からこのような主張をするものであるが，前述のようにこの前提は妥当ではない。

故意・過失と犯罪個別化機能　故意・過失を構成要件要素とする見解は多い。これによれば，殺意のなかったときには殺人罪の構成要件該当性がなく，過失がなかったときには過失致死罪のそれがないということになる。だが，故意・過失はすべての犯罪に要求されている意思的要素であり，当該犯罪に固有の主観的要素ではない。

「構成要件の犯罪個別化機能」を重視する論者は，「人の死」という共通の客観的構成要件要素を持つ殺人罪（刑 199 条），傷害致死罪（刑 205 条），過失致死罪（刑 210 条）の構成要件を相互に区別することは，行為の主観面たる故意・過失によってのみ可能なのだから，これらは構成要件要素であるという。しかし，犯罪の個別化を構成要件の果たすべき機能とするのは，刑罰法規と構成要件とを混同するものである。右の三つの犯罪の構成要件は同一であり，責任の段階で犯罪が相互に区別されるとしても，何らの不都合もない。刑罰法規が異なれば構成要件も異ならなければならないということではない。

不法責任類型　どのような犯罪要素を構成要件に属せしめるかについての見解の相違は，構成要件をどのような性質のものと考えるかに関係する。

ベーリングは，構成要件は違法性，責任とは無関係な価値中立的・記述的概念であり，主観的構成要件要素も存在しないとしていた。ドイツではその後，構成要件は不法類型であるとする見解が一般化し，これはわが国でも通説である。構成要件を不法類型とする立場からは，故意・過失を違法要素としてこれを不法類型としての構成要件に帰属せしめる見解，違法阻却事由は構成要件該当性を阻却するという上記の消極的構成要件の理論が生じた。他方，構成要件を不法責任類型とするのは小野清一郎以来の見解である。小野は，個別的な犯罪類型を特徴づけ，他の犯罪と区別する要素は，違法要素であれ責任要素であ

れすべて構成要件に属するとし，故意・過失は構成要件要素であるとするが，違法阻却事由，責任阻却事由はこのようなものでないから，それらは消極的な構成要件要素ではないとした。不法類型としての構成要件に対応する「可罰的違法類型」と，故意・過失を含む「可罰的責任類型」をあわせた全体を「犯罪類型」とする佐伯千仭の見解（佐伯（千）・著作集Ⅰ 123〜127 頁）は，違法と責任との質的な区別を認めない小野の見解に対して，両者を峻別すべきだとするものであるが，結果的には，その「犯罪類型」は，小野の「構成要件」と一致している。

本書の構成要件の概念は，違法と責任とを峻別する点で佐伯（千）の見解と同じであるが，さらに当該犯罪に固有の違法要素，責任要素のみが構成要件要素であるとするものであり，故意・過失は一般的責任要素であり構成要件に属さないとするものである。

第2節　行　　為

第1款　行為概念の機能

行為と構成要件　　犯罪は行為でなければならない。行為が構成要件該当性，違法性，有責性という属性をすべて備えるとき犯罪となる。行為は理論的には構成要件に先行して確定されていなければならない概念であるが（観念的競合における「一個の行為」について，最大判昭 51・9・22 刑集 30 巻 5 号 1178 頁・百選Ⅰ 104・判プⅠ 416），本書では，叙述の便宜上，構成要件の説明の冒頭で行為概念を取り扱うことにする。

1　構成要件該当行為と正犯概念

正犯行為と共犯行為　　構成要件に該当する行為を正犯行為という。構成要件に該当しない行為は処罰されないのが原則である。たとえば，Aに勧めてBを傷害させた行為，あるいは，Cに勧めて自傷させた行為は，傷害罪（刑 204 条）の構成要件に該当しないから，特別の規定が存在しない以上，同罪として処罰

されない。正犯行為でない行為によって構成要件該当結果を生じさせた者を処罰するためには，特別の規定が必要である。他人への教唆・幇助を処罰する共犯規定（刑61条・62条）は，「修正された構成要件」を定立するものであり，犯罪拡張規定である。Aに勧めてBを傷害させた行為者は，傷害罪の教唆犯として処罰されることになる。また，自殺の教唆・幇助を処罰する規定（刑202条）は，殺人につき，一定の範囲で正犯行為を一般の場合より拡張した特別の構成要件を規定するものである。傷害罪にはこのような特別の規定がないから，自傷教唆は現行法上不可罰である。しかし，暴行・脅迫によって被害者を抗拒不能の状態に追い込み，「指を詰めんかつたら，殺すぞ」「歯でかんで詰めろ」などといって，指を食い切らせる行為は，単なる自傷行為の教唆ではなく，被害者自身を利用した間接正犯であって傷害罪が成立する（鹿児島地判昭59・5・31刑月16巻5・6号437頁〔指詰め事件〕。391頁参照）。

　間接正犯など，正犯行為の概念については，後に共犯との関係で検討することにする。

2　行為責任の原則

行為概念の機能　　刑事責任は行為についてのみ認められる。これを行為責任の原則という。行為に至らない内心の意思，身体の状態，人の地位・身分をとらえて犯罪とすることはできない。これを犯罪とする刑罰法規は違憲・無効ということになる（53～54頁）。

　また，人はその行為を理由として責任を問われるのであり，他人の行為に連帯して処罰されることはない。共犯の処罰もそのようなものではない。連座・縁座は近代法が排斥するものである。

　犯罪の成立を肯定し処罰するときも，行為に含まれている事情だけを基礎とした刑の量定が許される。以上の意味で，行為は犯罪の実体であり，刑罰はそれに対応したものでなければならないという現実説あるいは行為主義が妥当であり，犯罪徴表説あるいは行為者主義が説くように，行為は犯罪者の悪性格を徴表するに意味を持つにすぎず，刑罰は行為者人格に対応すべきであるというのではない。

3　身体性と有意性

身体の動静，社会的行為論　行為とは，身体の動静である。それは意思にもとづいたものであることを要しない。

身体の「動」である作為ばかりでなく，その「静」である不作為も行為である。不作為とは何もしないことではなく，幼児に授乳しないことなど，一定の「何か」をしないことである。行為を「目的活動の遂行」と理解する目的的行為論は，不作為には目的実現への因果性，現実的な目的性のいずれもが欠けるから「行為」ではないとする一方，これは「行態」として犯罪たりうるとするのであるから，言葉の問題にとどまる。

「社会的に意味のある人の態度」を行為とする社会的行為論は，刑法上問題となる不作為は社会的に意味のある「何か」をしないことであるとするものであるが，その「社会的意味」の存否も，構成要件該当性，あるいは違法性の段階で検討されることになるのであり，行為概念におけるこのような限定は必要はない。

行為は，他の犯罪要素と同じく犯罪限定機能を有する。犯罪の成否を検討するためには，まず行為者の具体的な行為を特定しなければならないが，以上のように，行為は身体の動静とするときには，それはきわめて容易なことである。犯罪の限定は，他の犯罪要素の検討に期待されるところが大きいのである。

有意性，因果的行為論・目的的行為論・人格的行為論　以上のような「身体性」以外に，「有意性」を行為の要素とすべきではない。

犯罪結果を意思した故意犯ばかりでなく，そうでない過失犯にも行為は存在する。行為を目的実現のための行動とする目的的行為論も，過失行為も構成要件的に重要でない結果に向けられた目的的行為であるとして，その行為性を肯定する。伝統的な因果的行為論は「意思にもとづいた」身体の動静を行為とするため，有意的行為論ともいわれる。これによれば，過失行為も，その身体活動自体は意思活動に起因しているから行為である。他方，突き飛ばされて他人にぶつかったとき，電気ショックで体が痙攣したとき，夢遊病者の行動など，無意識下の行動のときなどは，行為は存在しないとされる。だが，自動車運転者などの「自動化した行動経過」，激情にかられた状態での殺害行為なども，確

固たる意識のない状態で行われるものである。有意性を行為の要素とするときには，このような行動の行為性にも疑問が生ずる。さらに，踏切番が眠り込んで遮断機を降ろさなかったため事故が起こったというような「忘却犯」においては，行為性を肯定することは不可能である。

このようなことから，社会的行為論者のうちの多くは，現実的な有意性にかえて「意思支配の可能性」を行為の要素とすべきだとする。「人格の主体的現実化とみられる身体の動静が行為である」という団藤重光の人格的行為論も，意思的要素を稀薄化することにより，これらすべてを行為としようとするものである。しかし，身体の動静以外の主観的要素は，行為概念においてではなく，故意・過失あるいは責任能力という責任の段階で検討すれば足りる。

医療観察法における「他害行為」　行為性を否定した唯一の裁判例は，浅眠状態で首を絞められる夢を見た被告人が，夢からさめたものの不完全な意識下で，隣に寝ていた妻を夢の中で見た攻撃者と思って絞殺してしまったという事実に関するものであり，これは「任意の意思に基く支配可能な行動」ではないから行為は存在しないとしたものである（大阪地判昭37・7・24下刑集4巻7・8号696頁・判プⅠ30）。しかし，以上のように，このような場合にも行為は存在するが心神喪失（刑39条1項）とすべきだと思われる。

医療観察法は，「心神喪失等の状態で重大な他害行為を行った者」に対して，裁判所が「医療」を言い渡すことを規定しているが，行為が存在しない場合には「他害行為」も存在しないから，もし上記の事例に行為性を否定するなら，このような者には同法を適用できないことになる。「対象行為を行った際の精神障害を改善し，これに伴って同様の行為を行うことなく，社会に復帰することを促進するため，この法律による医療を受けさせる必要がある」という要件（医療観察42条）が充たされているかはさらに問題となると思われるが，行為性を否定することによって最初から同法の適用がないとしてしまうことは妥当でないと思われる。この点からも行為を身体の動静とすべきだと思われる。

4　行為論の体系的機能

犯罪概念のプロトタイプ　以上で見た各種の行為概念は，その主張者が想

定する犯罪概念を部分的に先取りしたものでもある。因果的行為論は法益侵害結果の惹起を重視する結果無価値的犯罪概念に，目的的行為論は目的とその実現過程を重視する行為無価値的犯罪概念に，社会的行為論はその両者を折衷した犯罪概念に，人格的行為論は人格形成責任を中核とした犯罪概念に，それぞれ対応している。ここでは，行為概念は，それぞれの論者のいだく犯罪像のプロトタイプとなっている。行為概念は意図的にこのような「体系的機能」あるいは「犯罪要素の結合機能」を果たすべきだとする見解もある。

だが，犯罪の概念は，その諸要素がすべて存在するときに初めて成立するものであり，異質の諸要素をすべて先取りした単一の行為概念を設定することは不可能なことであり，その必要もない。

第2款　法人の行為と犯罪

1　法人の犯罪能力と法人処罰

法人の犯罪能力　行為の主体たりうるのは人である。しかし，自然人ばかりでなく法人も行為をし，犯罪を実行する。すなわち法人にも犯罪能力はある。身体も意思も有しない法人には行為を考えることはできない，法人には犯罪能力はないという見解は現在でも有力である。

だが，法人の社会的活動が重要な意味を有し，それが統一性を持ったものと観念されている現代において，法は自然人の集合体に法人格を与え，これを規制している。民法が法人の法律行為能力，不法行為能力を認めるように，刑法においても，法人の行為を設定し，それに犯罪能力を認めることができる。法人の活動が社会的に大きな影響を与えるようになっている状況で，その行動を刑罰によって規制する必要は現在は一段と高まっているともいえよう。

刑法と法人処罰，両罰規定　原理的に法人に犯罪能力があるとしても，法人が処罰されるのは明文の規定が存在する場合に限られる。刑罰法規に「……した者」とされているときには，それは自然人のみをいう（大判昭10・11・25刑集14巻1217頁・判ブⅠ22は，法人処罰規定がない場合において，法人の代表者が違法行為をしたときは法人を処罰することはできず，代表者本人だけが処罰されるとする）。

わが国においては，法人の処罰は両罰規定の事業主の中に法人も含めること

第 2 節 行　為

によって行われている。たとえば公害犯罪処罰法（4 条）は次のように規定している。「法人の代表者又は法人若しくは人の代理人，使用人その他の従業者が，その法人又は人の業務に関して前 2 条の罪〔危険物質の排出〕を犯したときは，行為者を罰するほか，その法人又は人に対して各本条の罰金刑を科する」。また，法人処罰の規定があっても，法人格を有しない団体は処罰の対象とはならない（大判昭 18・3・29 刑集 22 巻 61 頁は，組合の従業者・使用人が違反行為をしたときには，行為者を処罰するほか，組合員各自を両罰規定の業務主として処罰するとしている）。

上記の公害犯罪処罰法のように，法人を処罰する両罰規定においては，行為者についての罰金と同じ法定刑が規定されるのが通常であった。しかし，1984 年からは業務主に対する法定刑を違反行為者に対する法定刑と同じものとはせずに（連動の切り離し），かつ，法人業務主の法定刑を自然人業務者の法定刑より格段に重くすることが，行われている。たとえば，従業員が廃棄物を不法に投棄したとき，事業主が自然人であるときには 1000 万円の罰金であるが，法人であるときには 3 億円である（廃棄物 25 条 1 項 14 号・32 条 1 号）。

法人処罰の将来　証券勧誘による詐欺が「会社ぐるみ」で行われたとき，多数の人々が死傷するに至った列車転覆事故が，鉄道会社の過密ダイヤ，過酷な勤務状況によるものであったとしても，現行法では，会社を詐欺罪（刑 246 条），業務上過失致死罪（刑 211 条）で処罰することはできない。刑法は，法人の不法行為責任を原則的に肯定する民事法（一般法人 78 条。民旧 44 条参照）とは異なった態度をとっている。外国の立法にはこのような場合の法人処罰を認めるものがあり，日本でも議論がある。

2　法人の行為

両罰規定における過失推定説　最高裁は，両罰規定は「事業主として右行為者らの選任監督その他違反行為を防止するために必要な注意を尽さなかった過失の存在を推定した規定」であるとし（最大判昭 32・11・27〔国際クラブ事件〕。過失推定説），事業主が法人である場合にもこの理が及ぶとしている（最判昭 40・3・26 刑集 19 巻 2 号 83 頁〔江商株式会社事件，百選Ⅰ 8・判ブⅠ 26〕）。したがって，法人を業務主としてこれに両罰規定を適用するには，法人の過失行為が存在することが必

要である。最高裁は「事業主が法人で，行為者が，その代表者でない，従業者である場合にも，〔過失推定説は〕当然推及されるべきである」とするから，最高裁は，法人の代表者の行為を法人の行為と見ていることになる。法律のなかには，「事業主が違反の防止に必要な措置をした場合」には事業者は両罰規定によって処罰されないとし，「事業主（事業主が法人である場合においてはその代表者）」として，以上の趣旨を明示しているものもある（労基121条2項）。

法人の行為　最高裁が，法人の代表者の行為を法人の行為とするのは，「一般社団法人は，代表理事その他の代表者がその職務を行うについて第三者に加えた損害を賠償する責任を負う」（一般法人78条）という民事法と同じ考え方によるものであろう。しかし，刑法における法人の行為は，対外的取引関係の法人への帰属という民事法の問題とは別であり，法人の行為をなしうる者を代表者に限定する理由はないと思われる。法人の業務について重要な決定権を有している上級職員は，代表権がなくても法人の行為をなす者とすべきであろう。最高裁は登記簿上の役員ではなく，代表権も有しないが，出資者として会社の業務全般を統括し，その実質的な経営者であった者が法人税逋脱の行為をしたときには，彼は「その他の従業者」であるとして，両罰規定（法税〔旧〕159条1項・164条1項）を適用した（最決昭58・3・11刑集37巻2号54頁）。だが，このような違反行為は端的に会社の行為と見るべきであると思われる。

　法人の代表者，上級職員が違反行為者であるときには，法人自身が違反行為者であるのだから，違反行為を防止する義務の違反がなかったことを立証して法人が刑事責任を免れることはありえない。それは自然人の業務主自身が違反行為を行ったときと同じである。上記の特殊浴場脱税事件においても，実質的な経営者であった被告人を監督する者は存在しない以上，法人が処罰を免れることはないことになる。

コンプライアンスの欠如と法人の刑事責任　一定範囲の自然人の行為を法人の行為とする以上のような考え方は，「同一視理論」といわれる。これに対して，法人の行為は法人を構成する自然人の行為とは別個独立のものと観念しうる以上，自然人の行為を媒介することなく法人の行為を観念すべきである，法人に組織体としての欠陥があったときには法人の故意・過失行為を肯定すべきであ

るという「組織モデル」も有力である。二つの原理を併用するという議論もある。

　組織モデルによれば，違反行為を行った従業者が特定できなくても，それが法人のコンプライアンス体制の不備に起因するときには，両罰規定によって処罰できるということになろう。また，最高裁のように，事業主の過失は「行為者らの選任監督その他違反行為を防止するために必要な注意をつくさなかった」ことだとするときには，「組織体としての法人」の過失は，法人の欠陥状態そのものだとすることも可能となるかも知れない。コンプライアンス・システムが十分でないことをもって法人の過失とする見解はこのようなものであろう。

　だが，過失犯としての刑事責任を問うためには，法人にコンプライアンスの欠如という客観的注意義務違反だけでなく，結果の予見可能性という主観的注意義務違反が存在しなくてはならない。この心理が存在しうるのは法人ではなく，法人を構成する自然人においてである。コンプライアンス・システムの欠陥だけで過失責任を肯定できるとするのは，過失責任は客観的注意義務違反だけで成立するとするか，企業組織の構成員にコンプライアンス・システムに問題があることの認識可能であれば十分だという危惧感説（224〜225頁）を前提にしているかである。法人を「工作物」，コンプライアンスの欠如をその「瑕疵」と見て，法人の刑事責任を民法（717条1項）の工作物責任と同じように考えることはできない。

第3節　不作為犯

第1款　不作為の構成要件該当性

1　作為・不作為の構成要件該当性

不作為の基本的不可罰性　　不作為も行為であり，犯罪は不作為によっても行われうる。しかし，不作為は作為と同じ範囲で処罰されるものではない。溺れかけている幼児を殺意をもって池から引き上げなかった者，そのような幼児に気づかずそのままにしていた者は，池に幼児を投げ込んだ者とまったく同じ

ように，殺人罪，過失致死罪の構成要件該当行為を行ったというわけではない。刑法は，法益侵害の結果を招致する積極的行為である作為を禁止・処罰するが，その結果を回避せよと命令し，それに従わない消極的な不作為を処罰するようなことは基本的に行わない。不作為犯が作為犯と同じように処罰されるのは，不作為者に当該構成要件結果の発生を防止すべき作為義務があるときである。

不作為義務と作為義務　以上のことを，構成要件の前提とする・行・為・義・務の問題として言い換えると，次のようになる。

われわれは，幼児を水の中に投げ込むようなことは誰もしないだろうと思っている。すなわち，法益侵害をもたらす作為を行わないという・不・作・為・義・務は，当然履行されるものと考えている。その期待は法的なものであり，それを裏切った行為者はそれが誰であろうと処罰されるのが原則であり，作為が殺人罪の構成要件に該当するのも当然であると考える。他方われわれは，その場にいる人なら誰でも，溺れている幼児を救助するという「人として当然のことを行う」という倫理が，社会的に当然履行されるものとは考えていない。われわれは，その場にいる親，監視員などの一定範囲の人，「保障人」といえるような人なら救助してくれるだろうことを期待しているのであり，その期待が裏切られたときに初めて処罰すべきだと考えている。不作為においては，その不作為者に・作・為・義・務が存在する場合に不作為の構成要件該当性が肯定されるのである。

このように，構成要件的結果の発生を防止する作為義務の存在が，不作為を作為と構成要件的に同価値とするのであり，作為義務の基礎にあるのは作為に対する社会的期待である。不作為犯の中心的な問題は，どのような場合にこのような社会的期待が刑法的義務となり，不作為の構成要件該当性を肯定させることになるかである。

2　真正不作為犯と不真正不作為犯

不真正不作為犯と作為義務　刑罰法規のなかには，不退去（刑130条後段），不保護（刑218条後段）のように，不作為を最初から構成要件行為としているものもある。このような構成要件に該当する犯罪を真正不作為犯という。真正不作為犯においては，構成要件に規定された状況下にある者（退去の要求を受けた者，

第3節　不作為犯

病者等を保護する責任のある者）には，一定の作為（退去，保護）をなすべき義務が存在し，その義務を履行しない不作為（不退去，不保護）が構成要件に該当することが明示されている。

　作為義務が明示されていない通常の刑罰法規においても，作為義務を負う者の不作為はその構成要件に該当する。これを不真正不作為犯という。たとえば，母親が溺れかけている自分の子を助けなかった場合，故意があるときは殺人罪（刑199条），ないときには過失致死罪（刑210条・211条）で処罰される。真正不作為犯を規定する刑罰法規でない場合には，その構成要件の作為義務の範囲を明らかにし，具体的な不作為が当該構成要件に該当するかを確定しなければならないことになる。

不真正不作為犯と罪刑法定主義　学説には，通常の刑罰法規は「……するな」という作為に対する禁止規範にもとづくものであるから，「……せよ」という命令規範に反するにすぎない不真正不作為犯をこれによって処罰するのは罪刑法定主義に反する，あるいは，不真正不作為犯の処罰は刑罰法規の類推適用にほかならないとするものもある。また，作為の形式で規定されている刑罰法規が，例外的に不作為で実現されるのが不真正不作為犯であり，それは「不作為による作為犯」であるという学説も，通常の刑罰法規は作為犯しか規定していないという前提に立つのであるから，不真正不作為犯の処罰は類推適用であるというものだと思われる。罪刑法定主義に忠実であろうとするなら，このような見解においては，不真正不作為犯の処罰は一切許されないとすべきであろう。

　しかし，たとえば殺人罪の処罰規定（刑199条）の背後にあると考えられる規範は行為によって人の死を惹起することの禁止であり，作為のみがその対象であるということではない。また，「人を殺した」という文言に，不作為によって人を死に致した行為が含まれるとすることが文理を超えるとはいえない。不真正不作為犯の処罰について存在する罪刑法定主義上の問題は，作為義務の範囲が不明確なことなのであり，その範囲を明確にするようにしなければならない。

3　不作為の構成要件該当性

構成要件要素としての作為義務　以上のように，不真正不作為犯は不作為に

よって具体的な作為義務が明示されていない刑罰法規（刑199条〔殺人罪〕，刑108条〔現住建造物等放火罪〕など）を実現するものであり，ここにおいては作為義務を負う者の不作為だけが構成要件に該当する。不真正不作為犯の要件である作為義務は刑罰法規に明示され（刑130条後段「退去の要求を受けた」，刑218条後段「病者等を保護する責任がある」），これが構成要件要素であることは明らかであるが，不真正不作為犯における作為義務も同じである。作為義務は不真正不作為犯における違法要素と考えられていた時代もあったが，現在では構成要件要素であると考えられている。

構成要件的同価値性の要件としては作為義務の存在で足りるとすべきである。学説には，さらに当該不作為が構成要件の予定する「定型的な」犯罪性を備えている必要があり，たとえば「人を殺した」「放火した」という「積極的人格態度」が存在しなければならない，未必の故意では足りないという見解もあった。改正刑法草案（12条）が「ことさらに」結果を防止しなかったことを不作為犯の成立要件としていたのも，このような趣旨だと思われる。しかしその理由は明かでないし，人格態度の不当性を理由として犯罪の成立を認めるのも正当とは思われない。放火に関する大審院判例にはこの趣旨に解しうるものもあったが（「既発ノ火力ヲ利用スル意思」に関する，大判大7・12・18刑録24輯1558頁〔燃え木尻事件〕，火災保険金騙取のための「危険ヲ利用スル意思」に関する，大判昭13・3・11刑集17巻237頁〔神棚ろうそく事件〕），最高裁判例（最判昭33・9・9刑集12巻13号2882頁〔宿直職員事件，百選Ⅰ5・判プⅠ33〕）はこのような態度を示していない。

不作為による殺人罪と保護責任者遺棄致死罪　　一般的・抽象的な作為義務は存在しないのであり，作為義務は，当該構成要件の類型的不法を考慮したうえで構成要件ごとに行われなければならない。交通事故で人を負傷させたとき，彼を救護しなければ道路交通法（117条・72条1項前段）により処罰されるが，それがただちに殺人罪の構成要件に該当するわけではない。また，火事の際，公務員から消火の援助を求められそれに応じなかったときには軽犯罪法（18条8号）に違反するが，不作為による放火罪になるわけではない。

問題なのは，殺人罪（刑199条）の作為義務と，真正不作為犯である不保護罪（刑218条）における保護義務との関係である。両者とも人の生命を保護すべき

第3節 不作為犯

作為義務である点では同じであるが，後者は要保護者の生命の危険の防止の義務であり，前者の作為義務としては十分でない。保護責任者が殺意を持って要保護者を保護せずこれを死亡させたときにも，不作為による殺人罪は成立せず，保護責任者遺棄致死罪（刑219条・218条）が成立するに止まる場合もある。

　大審院の判例には，保護責任者に殺意があれば殺人罪，ないときには保護責任者遺棄罪致死罪が成立すると判示し，保護責任と殺人罪における作為義務とを同一と考えているように見えるものがある（大判大4・2・10刑録21輯90頁〔もらい子事件〕）。しかし，この判例の事案は，生後1月余の嬰児をその実母から金員を添えて貰い受けたが，殺意をもって必要な食物を与えずこれを餓死させたという事案であり，殺人罪における作為義務を認めた結論には問題がなかった事案である。その後の判例は，殺人罪の作為義務を肯定することができないと思われる事案では，殺意が肯定できたと思われる行為者に保護責任者遺棄致死だけを認めているものがある（最決昭63・1・19刑集42巻1号1頁・百選Ⅱ9・判プⅡ58〔産科婦人科医が堕胎により出生した未熟児を放置し死亡させた〕，最決平1・12・15刑集43巻13号879頁〔ホテル覚せい剤事件，判プⅠ43・百選Ⅰ4。自分が覚せい剤を注射した少女が倒れて身動きができなくなったので，そのまま放置・逃走し，死亡させた〕）。特に「嬰児放置事件」においては，最高裁は（そして，起訴した検察官も），胎児を殺すつもりで中絶手術を行った医師にもその生命の保護義務を認めたが，不作為による殺人を認めるだけの作為義務を肯定することまではできないと考えた事案である。

過失不作為犯と注意義務　　過失犯も不作為によって実行されうる。その場合にも，故意犯と同じく作為義務違反がなければならない。

　これまでは作為・不作為を区別することなく過失犯の成立要件として「注意義務」「結果回避義務」が論じられてきたため，過失不作為犯における作為義務の必要性が論じられることが多くはなかった。しかし近時では過失不作為犯についても作為義務を確定しなければならないことが認識されつつある。最高裁は，厚生省（当時）薬務局生物製剤課長であった被告人には行政指導を行うべき「作為義務」は存在しないという上告趣旨に対して，非加熱製剤の投与によるHIV感染によるエイズの発症・死亡を防止するために，販売会社に対しては販売中止・回収を，医師たちには投与を差し控える措置を講ずることにより，本

件非加熱製剤の投与によるHIV感染及びこれに起因するエイズ発症・死亡を極力防止すべき「業務上の注意義務」があったとしている（最決平20・3・3刑集62巻4号567頁〔薬害エイズ厚生省ルート事件，百選Ⅰ56・判プⅠ121〕）。ここでは，過失致死罪における注意義務が作為義務と同一であることの断定が避けられているが，実質的には作為義務の存否についての検討がなされているのである。

4　作為と不作為との関係

作為による不作為犯　　作為義務が存在しない不作為には構成要件該当性はなく処罰されることはないが，作為については不作為義務を問題にすることなく，構成要件該当性が肯定される。

ところが，作為が存在するにもかかわらず，行為者に作為義務がなければ処罰しえない場合があるのではないかといわれる場合がある。

たとえば，終末期の患者に生命維持装置を装着すべき作為義務がない場合には，その不作為は処罰されない。しかし作為義務がなく生命維持装置を装着した場合，そのスイッチを切って患者を尊厳死させる行為は作為犯として処罰されてしまう。これは不都合であり，このような場合には「作為による不作為犯」だとして，延命医療を行うべき義務がなければ構成要件該当性は存在しないとすべきではないか，あるいは外形上作為に見える行為でも，その実質から不作為としてその構成要件該当性を議論すべきではないかといわれるのである。それ以外にも，たとえば溺れている人を見つけて棒を差し出した通行人が気を変えてそれを引っ込めてしまった場合（救助行為の撤回），棒を差し出し救助しようとしている人を，通行人が，説得，詐言あるいは実力を用いて阻止した場合（救助行為の妨害），救助行為が必要になることを予期した者が飲酒して寝てしまった場合（原因において作為である不作為），などが，行為者に作為義務が存在する必要がある場合として議論される。

しかし，問題はやはりこのような作為に犯罪成立の要件が存在するかであり，実際に存在する作為を不作為として取り扱うことは妥当でないと思われる。

尊厳死させる行為が違法でないとするなら，それが生命維持装置のスイッチを切るという作為によるものであっても違法でないとすべきであろう。棒が被

第 3 節　不 作 為 犯

害者から相当程度離れている段階でそれを引っ込めたような救助行為の撤回行為は，被害者が救助される可能性に実質的な影響をもたらすものではないから，条件関係の意味での因果性を欠く。だが，被害者がつかもうとした棒を引き戻したときはそうではない。他人の救助行為の妨害についても基本的に同じことが当てはまる。救助者を実力で制圧し，あるいは欺して救助させなかった行為が，被救助者の生命の危険に実質的な影響を与えない段階で行われたものであったとしたら，やはり処罰されない。だが，救助者が作為義務者であるときには，それがどの段階で行われたとしても，やはり（間接）正犯としての処罰を免れない。結果の回避可能性存否の判断には作為が法的に期待されていたか，すなわち作為義務者の作為が想定されていたかも考慮されなければならないからである。

　妨害行為が不作為の教唆・幇助にとどまるときは，当該救助者が作為義務者でない以上，それがいつ行われようとも適法行為に関与したにすぎず，処罰されることはない。だが，彼が作為義務者であるときには，どの段階での教唆・幇助であっても共犯として処罰されることになる。「原因において作為である不作為」の事例でも同じである。作為義務を課されていない行為者が，事前に自分の作為能力を奪う作為を行ったとしても，それは結果回避の可能性に影響を持つものではない。だが行為者がプールの監視人であり作為義務者であれば処罰される。しかし，これは当該の作為を直接問責するのではなく，「原因において自由な行為」の法理が適用され，作為能力がない時点での作為義務の不履行が，その原因行為を考慮して処罰されるにすぎないのである（原因において自由な不作為）。

　作為と不作為との区別　　作為とは「何かをする」ことであり，不作為とは「何かをしない」ことである。不作為の場合，その「何か」は現実になされなかった作為であるから，行為者の一つの行動には，必然的に作為と不作為とが併存することになる。たとえば，自動車で歩行者を轢き殺した場合，アクセルを踏むという作為のほかに，ブレーキをかけなかったという不作為がある。そして，その不作為に刑事責任を問おうとするなら，作為義務の存在も含めて，犯罪の要件が備わっているかが検討されることになる。

第2章 構成要件該当性

　学説には行為者の行動が作為であるか不作為であるかを区別しようとして，さまざまな基準を立てようとするものがあるが，作為と不作為は概念上相互に独立して存在するものであるから，これをいずれかの範疇に押し込むことは原理的に不可能なことである。

　行為者の行動のなかに時間的に前後して作為と不作為とが存在する場合もある。たとえば，①注射器を消毒しないで（不作為）そのまま注射して（作為）患者に病気を感染させた場合，②プールに水を入れた（作為）ところ幼児がそこに落ちたがこれを救助しなかった（不作為）場合，③炭焼き窯に火を入れた（作為）ところ少年が墜落して焼死したが，そのことに気がついたにもかかわらず，窯を壊して木炭製造を無駄にしてしまうことはできないと考えて，死体を搬出せずそのまま燃焼を継続して（不作為），死体を損壊した場合，などである。

　以上の場合でも，一つの作為あるいは不作為のどちらかが存在するというわけではなく，それぞれの作為，不作為について個別的に犯罪の成否が問題とされることはすでに述べたことである。

　①において，注射器の消毒をしていたとしても問題の細菌を除去する効果がなかったとするなら，不作為には結果発生に対する因果関係はない。不消毒の注射器を用いたという作為にも，それがなかったなら，消毒された，しかし細菌のついていた注射器を使用したであろう，ということになるのだから，やはり結果は発生したであろうことになり，因果関係はない。このような事例について，作為とするなら因果関係は肯定されるが，不作為とするなら否定されるという見解もあるが，そのようなことはない。②において，プールに落ちた幼児を救助することが不可能であった，あるいは行為者に作為義務がなかったなら，幼児の死亡結果を構成要件要素とする不作為犯は成立しない。しかし，幼児がそばで遊んでいたという事情があり，プールに水を入れる作為に過失があれば，それに過失致死罪が成立しうることになる。大審院は③の死体損壊罪（刑199条）について，行為者には葬祭を為すべき責務もしくは死体を監護すべき責務がない以上，不作為による死体損壊（刑190条）は成立しないとした（大判大13・3・14刑集3巻258頁）。

第 3 節　不作為犯

第 2 款　作為義務

1　不真正不作為犯における作為義務

社会的期待と法的期待　不作為犯における作為義務の基盤は「社会的期待」である。このような社会的期待が「法的期待」であるときに，初めて不作為犯における作為義務が存在する。

　真正不作為犯においては作為すべき状況が刑罰法規に記述されているために，作為義務を画定することは通常さほど困難ではない（もっとも，交通事故の場合の救護・報告義務〔道交 72 条 1 項前段・117 条 1 項〕について，最判昭 44・7・7 刑集 23 巻 8 号 1033 頁，最判昭 48・3・15 刑集 27 巻 2 号 100 頁，最判昭 48・12・21 刑集 27 巻 11 号 1461 頁，最決昭 50・2・10 刑集 29 巻 2 号 35 頁，最判昭 50・4・3 刑集 29 巻 4 号 111 頁参照）。だが，そのようなことのない不真正不作為犯の場合には，すでに危険にさらされている法益を救助しないで結果を発生させることが，まだ危険にさらされていない法益を作為によって侵害することと同等に，行為者に対する社会の期待を裏切るものであり，それは処罰されなければならない程度かという観点から，作為義務を画定しなければならない。このような，当該刑罰法規の保護法益の侵害を防止すべき作為義務を負う者を「保障人」ということができる。

　作為義務論は，①問題となる構成要件の前提とする作為義務はどのようなものであるか，②行為者はこのような作為義務を負うものであり，その構成要件の保護する法益に対して，保障人的地位を持つものであったか，③行為者はその作為義務の履行が可能であったか，の 3 点から検討しなければならない。以下，叙述の便宜のため③から説明を始めることとする。

2　作為の容易性

物理的容易性・心理的容易性　不作為とは何もしないことではなく，子どもを病院に連れて行く，消化器を噴射するなどの一定の作為をしないことである。作為義務は，このような想定された具体的な作為についての義務である。

　人が作為に出ないことは一般的に容易であるから作為はすべて構成要件に該当しうると考えるが，結果を回避すべき行為を行うことについては必ずしもそ

うではない。当該刑罰法規の規定する刑罰を用いてまでこのような作為を強制することが妥当なのかが問題となるのである。

　泳ぎが上手でない父親に濁流に飛び込み溺れている自分の子どもを助けろとはいえない。また，重い火傷を負うことを受忍してまで火中の子供を救う刑法的義務があるとすることもできない。このように，作為が「物理的」に困難なときばかりでなく「心理的」に困難なときにも作為義務を肯定することはできず，不作為犯は成立しない。過失犯における「注意義務」についてではあるが，瞬時に適確な行動に出ることが困難であることを理由としてこれを否定した最高裁判例も存在する（最判昭63・10・27刑集42巻8号1109頁〔日本アエロジル事件，判プⅠ125〕，最判平3・11・14刑集45巻8号221頁〔大洋デパート事件，判プⅠ132〕）。また，作為が「容易」であったことを付け加えて作為義務を肯定した判例もいくつかある（大判大7・12・18〔燃え木尻事件〕，最判昭33・9・9〔宿直職員事件〕）。

　心理的容易性の考慮は期待可能性の不存在で考慮すれば足りるという見解もあるが，期待可能性の不存在による責任阻却をこのような場合にまで認めることはできないであろう（327～329頁参照）。

　作為の容易性と因果関係　　法は，個人の能力を精一杯使って，また勇気を持って，結果防止に出ることを要求する場合もある（刑37条2項参照）。その判断に当たっては，危険にさらされている法益の重要性のほかに，その法益の救助が不作為者に依存している程度も考慮すべきであると思われる。いわゆる「排他的支配」は作為義務の発生根拠ではないが，容易性判断の要素としては考慮すべきだと思われる。たとえば，同居中の男性による自分の子の虐待を止めうる者がその母親だけであった場合には，それを止めようとすると自分に対して激しい暴行が行われることが予想されたとしても，母親に作為義務を否定することはできない（札幌高判平12・3・16判時1711号170頁〔釧路せっかん死事件，百選Ⅰ83・判プⅠ392〕）。

　作為の容易性と因果関係とは別の問題である。事故で重傷を負った被害者を病院に搬送することは容易であったが，それによって結果が回避できなかった可能性があるときには，行為者には作為義務が肯定できるとしても，未遂が成立するに止まる。行為者が結果の回避可能性を認識していなかったときには，

第 3 節　不作為犯

未遂犯の故意もないことになる（205 頁）。

3　作為義務と保障人的地位

法源説について　不作為が構成要件に該当するためには，作為義務が存在しなければならない。それは，社会が，行為者は当該刑罰法規の保護法益の侵害を防止すべき保障人としての地位にあると期待するときに存在する。問題は，いつこのような「保障人」的地位が認められるかであり，多くの議論がある。

古くは作為義務の発生根拠として法令，契約，先行行為が列挙されてきた。このような考え方は法源説あるいは形式的三分説と呼ばれる。

法令，および，これと同等の拘束力のある契約を作為義務の発生根拠とするのは，作為義務を単に倫理的でない法的な義務でなければならないというものであり，基本的には正当な考え方によるものである。しかし，法令・契約があればただちに作為義務が肯定されるものでもない。たとえば，医師・歯科医師は法律によって応診義務を負うが（医師 19 条 1 項，歯科医師 19 条 1 項。その違反には罰則はない），医師が正当な理由なく応診を拒んだため病人が死亡したとしても，ただちに殺人罪，保護責任者遺棄致死罪，業務上過失致死罪になるわけではない。直系血族，兄弟姉妹は扶養義務を負うが（民 877 条 1 項），これらの者がその義務を懈怠したとしてもそうなるわけではない。「義務なく他人のために事務の管理を始めた者」は事務管理を行わなければならないが（民 697 条 1 項），迷子の犬を拾った者がその面倒を見ずに病死させたとしても，不作為による動物傷害（刑 261 条）がただちに成立するわけではない。また，契約不履行は債務不履行などの民事上の責任を生じさせるが（民 415 条），常に背任（刑 247 条）などになるわけではない。不真正不作為犯に必要な作為義務は，当該刑罰法規の構成要件が前提とする作為義務でなければならないのであり，法的な義務であるだけでは足りないのである。

先行行為は不作為に因果性を認める要素として，後に法令・契約に付け加わったものである。しかし不作為にも作為と同様に因果性は存在するのであり，先行行為を持ち出すことは意味をなさない。そればかりでなく，構成要件に該当しない先行行為を処罰の根拠とすることは一種の遡及処罰である。また，構成

要件実現の危険を生じさせた先行行為者は，それを解消させなければ常に処罰されるわけでもない。交通事故で被害者に重傷を与えた運転手が事故現場から逃走し被害者が死亡したときは，彼に殺人罪，死体遺棄罪が成立するというわけではない。

　学説には，法令・契約・先行行為がなくても作為義務を肯定すべき場合もあるとして，3つの法源に加えて，あるいはそれを包摂するものとして「慣習」「条理」をあげるものもある。だが，単なる慣習違反，条理違反が処罰されるわけではない。ここでは，作為義務は法的義務でなければならないという考え方までもが放棄されている。

排他的支配領域性説について　　不作為を作為と同置することは因果性の観点から行われるべきであり，作為義務も，因果性を基本において確定されなければならないという考えもある。先行行為を作為義務の発生根拠とする見解はこのようなものであったが，近時には，因果の流れを掌中に収めているという意味での「排他的支配」が作為義務の発生根拠だとするものがある（西田・総論 132 頁）。また，作為義務の発生根拠を明確にしうるという観点から，先行行為などによって「危険創出」を行った者が因果経過の「排他的支配」を有していたときに作為義務があるという見解もある（佐伯(仁)・総論 89〜93 頁）。

　しかし，人の首を絞めるという積極的な作為も，密閉されたカプセル内の人を解放しないという不作為も，その窒息死を招くものであり，当該行為から結果が生じたという因果関係については作為も不作為も変わりはない。作為に出ることによって容易に結果を防止しうる不作為者は誰でも「因果の流れを掌中に収めている」といえるのであり，作為と同様，因果性は排他的支配を設定した場合に限られる理由はない。また，海水浴場で自分の子どもが溺れているときにほかに助けられる人がいる場合には父親には排他的支配がないとして，彼に作為義務を否定するという結論も妥当とはいえないだろう。

機能説・保障人説　　やはり，構成要件結果の実現へと至る事態の推移に介入して，それを回避する保障人的役割を行為者に認めるべきかは，行為者と保護法益との関係，行為者と法益侵害の危険源との関係を考慮して実質的に決められるべき問題である。このように作為義務を理解する考え方を機能説という。

第3節　不作為犯

機能説は法益保護の役割（機能）を担う作為義務者を「保障人」とし，保障人の不作為が構成要件に該当するとした。このため保障人説とも呼ばれる。

機能説によれば，作為義務は，不作為者と法益との関係で認められる法益保護義務と，不作為者と法益に対する危険との関係で認められる危険源監督義務とに二分される。たとえば，襲われそうになった自分の子を守る義務は前者であるが，自分の子が他人を襲おうとするのを止める義務があるとすれば，それは後者であるとされる。

危険源監督義務を認めることは，危険源を支配する者は，その危険の及ぶ領域にある法益についても，それに対して密接な関係がなくても，保障人となる場合があるとすることである。このため，過失犯についてはこれを認めてもよいが，故意犯については否定すべきだとする見解もある（堀内捷三・不作為犯論249頁）。確かに危険源が人である場合，刑法上の監督義務を認めることは抑制的でなければならない。たとえば，未成年者に対する監督義務違反は民事責任（民714条）を負うにとどまるとすべきであろう。特に，犯罪実行の計画を知りながら警察に通報するなどしなかったときに，刑事責任を認めることには慎重でなければならない（他の従業員から売上げ金強奪の計画を知らされたが，上司や警察に通報しなかった事案について強盗致傷〔刑240条〕の幇助を否定した東京高判平11・1・29東高刑時報50巻1～12号6頁・判ブⅠ395参照）。だが，危険源を支配する者に，それを監督する義務を一律に否定すべきではないと思われる。

4　判例における作為義務

法益の依存性と作為義務の法的基礎　機能説は，不作為者と法益との関係から作為義務を理解し，作為義務を法益保護義務と危険源監督義務とに分類するが，いつ作為義務が存在するか，誰が保障人になるのかは，まだ開かれたままの問題である。行為者が法益保護のための作為に出ることを社会が期待できる状況にあり，それが正当なことであるかは，法益の行為者への依存性が強いこと，行為者の作為義務が現行法に基礎をおいていることの二つが必要である。

以下では，この観点から判例を検討する。

法源説と薬害エイズ厚生省ルート事件　不真正不作為犯に関する判例には法

源説を基礎としていると見られるものが多い。特に戦後の判例には先行行為を重視するものが目立つ。しかし実際には，被害法益が不作為者に依存している程度が高い場合であり，作為義務を認めることが単なる倫理的要請ではなく現行法の態度から肯定できる場合に，不真正不作為犯の成立を認めているのであり，これは基本的には妥当なものであると思われる。

たとえば非加熱血液製剤の投与によるHIV感染によるエイズの発症・死亡を防止するために，製薬会社等にその販売を中止させ，すでに販売された製剤を回収させ，医師等に投与を差し控えさせる義務を肯定した最高裁判例（最決平20・3・3〔薬害エイズ厚生省ルート事件〕）は，非加熱血液製剤の危険性が一般に認識されていず，これを認識していた製薬会社等が適切な措置をとることも期待できない状況にあること，緊急命令（医薬69条の3）などの国による監督権限の行使が許容できる状況にあることを挙げ，厚生省（当時）薬務局生物製剤課長であった被告人には任意の措置によってでも非加熱血液製剤の使用を控えさせ，これを回収すべき薬務行政上の義務があったとしている。ここでは，実際に国民の生命・健康を保護することのできる立場にあったのが被告人であること，回収等の措置をとる義務が監督権限を認める薬事法から導かれているのである。

以下では，最も問題とされてきた放火罪と殺人罪に限定して，また，大審院・最高裁の判例に限定して，判例の状況を見ることにする。

放火罪　大審院は，自宅で養父と喧嘩してこれを殺してしまった行為者が，養父の投げた燃え木尻の火を消さず家屋を焼損させた事案につき放火罪（刑109条2項）を認め（大判大7・12・18〔燃え木尻事件〕），火災保険に付されている自己所有の家屋内において神棚のろうそくが傾いているのを見ながら外出し，これを焼損させた事案につき放火罪（刑109条1項・115条）を認めた（大判昭13・3・11〔神棚ろうそく事件〕）。両者とも，行為者が家屋の所有者ないし占有者の地位にあったことをその理由として挙げている（前者においては殺人の罪跡を隠滅しようとする「既発ノ火力ヲ利用スル意思」，後者においては火災保険金を得るという「危険ヲ利用スル意思」が存在していたことも付け加えているが，前述のように，このような行為者の主観的態度が不作為犯の成立に影響を持つとすべきではない）。

最高裁は，自分が使っていた火鉢から書類，木机に引火し，営業所全体に燃

第3節　不作為犯

え移る危険が生じたことを認識しながら，自ら消火せず，他の宿直員を呼び起こすこともせずに逃げ出した職員について，「自己の過失行為により右物件を燃焼させた者（また，残業職員）として」消火すべき義務があるとして放火罪（刑108条）を認めた（最判昭33・9・9〔宿直職員事件〕）。最高裁は，「燃え木尻事件」における大審院と同じように，ここでも，先行行為によって作為義務を認めたのだと理解する見解もある。しかし，残業職員であった被告人は現住建造物への延焼を容易に食い止めることができた立場にあり，建造物の職員には消火，延焼防止の法令上の義務があること（消防25条1項）が，被告人に放火罪における作為義務を肯定することのできる理由である。被告人に過失先行行為がなかったとしても，作為義務を肯定すべき事案である。

殺人罪　大審院は，金員を添えて貰い受けた生後1月余の嬰児を餓死させた事案に関して嬰児の実母と行為者との間の契約から養育の義務が生じているとして，殺人罪の成立を認めた（大判大4・2・10〔もらい子事件〕）。その後，離別した内縁の妻が分娩した嬰児を以前からの約束に従って行為者に託したのにこれを餓死させた事案につき，作為義務の根拠を示さず殺人罪の成立を認めている（大判大15・10・25判例拾遺(1)刑87頁）。ここでは，以前からの約束が存在していたということとともに，いまだ認知前で法律的には親子関係が存在しなかったとはいえ，行為者は嬰児の実父であったのだから作為義務が認められるのは当然であると思われる。

最高裁は，「シャクティ治療」によって治してやるといって，被害者の息子に脳内出血により重篤な状態である被害者を病院から連れ出させた被告人が，自分の手に負えない重篤な状態であることを認識したにもかかわらず，未必の殺意を持ってシャクティ治療以外の何の医療的措置も施さずこれを死亡させたという事案について，「自己の責めに帰すべき事由により患者の生命に具体的な危険を生じさせた上，患者が運び込まれたホテルにおいて，被告人を信奉する患者の親族から，重篤な患者に対する手当てを全面的にゆだねられた立場にあった」被告人は，「直ちに患者の生命を維持するために必要な医療措置を受けさせる義務を負っていた」として，不作為による殺人罪の成立を認めている（最決平17・7・4刑集59巻6号403頁〔シャクティパット事件，百選Ⅰ6・判ブⅠ35/338〕）。

シャクティパット事件においても，最高裁は被告人の先行行為を重視しているように見える。しかし，被害者の生命の維持が被告人に完全に依存していたこと，それが被害者の息子からの委託という契約的なものであったことから，被告人に作為義務を認めることは肯定できるのであり，これは大審院の「もらい子事件」と同じである。

第4節　法益の侵害と危殆

第1款　侵害犯と危険犯

1　形式犯と実質犯
「犯罪の客体」としての法益　法益とは，生命，健康，財産など，法益は法律が保護しようとする利益である。殺人罪（刑199）は人の生命，放火罪（刑108～111条）は公共の安全，公務執行妨害罪（刑95条）は公務の円滑な執行を，それぞれ侵害・危殆化する。構成要件に該当する行為はそのような保護法益を侵害・危殆化するものであるので，法益は「犯罪の客体」ということもできる。刑罰法規はそれぞれ法益を持っている。

犯罪は以上の意味ですべて「実質犯」である。かつては，後述の行為犯は法益の侵害・危殆という実質を有せず，国家の命令・禁止に対する不服従だけをその内容とする形式犯であるとされていた。だが，国家の命令・禁止は法益を保護するために存在するのであり，行為犯も法益に脅威をもたらす犯罪なのであり，「形式犯」は概念としては存在しえないというべきである。

2　行為犯と結果犯
法益と「行為の客体」　人の心臓にナイフを突き刺し死亡させた場合，生命という法益は人の身体という客体に変動が生じたことにより失われたことになる。このように，法益は一定の事態に関係する観念的な存在であり，それが関係する事態が変更されることによりその侵害・危殆がもたらされるという関係にある。「犯罪の客体」である法益と「行為の客体」とは区別されなければなら

第4節　法益の侵害と危殆

ない。一般に「客体」というときには後者のことをいう。たとえば，殺人罪においては人の身体，放火罪においては建造物等，公務執行妨害罪においては公務員が，それぞれ行為の客体である。

客体に物理的変動が生じることが構成要件要素となっているものを結果犯，そうでないものを行為犯という。たとえば，器物損壊（刑261条）は結果犯であり，住居侵入（刑130条前段）は行為犯である。

3　侵害犯と危険犯

侵害犯・具体的危険犯・抽象的危険犯　すべての犯罪は法益の侵害・危殆という実質を有する。そのうちでも，侵害犯は法益侵害の結果が現実に生じたことを構成要件要素とする犯罪である。このような結果を要しない危険犯のうちでも，法益侵害の危険の発生が構成要件の要素とされているものを具体的危険犯，そうなっていないものを抽象的危険犯という。たとえば，人の生命が失われることが要件である殺人は侵害犯，公共の危険の発生を要する自己所有の非現住建造物放火罪（刑109条2項），非建造物放火罪（刑110条）は具体的危険犯，それを要しない現住建造物放火罪（刑108条），他人所有の非現住建造物放火罪（刑109条1項）は抽象的危険犯である。

侵害犯・具体的危険犯は，法益の侵害・危殆化という結果をもたらすものであり，これらも結果犯と称されることがある。しかし，行為犯・結果犯の区別は客体における結果発生の有無を基準にするものであり，ここでの法益との関係における分類と必ずしも一致するものではない。たとえば，現住建造物放火罪は客体の「焼損」という結果を構成要件要素とする結果犯であるが，公共の危険の発生は必要とされていない抽象的危険犯である。

抽象的危険犯における危険　抽象的危険犯にも，具体的危険犯における危険のように高度の危険ではないが，やはり危険の発生が必要であるという見解がある。これによれば，両方とも危険が構成要件となっていて，ただ，危険の程度に差があるに過ぎないことになる。しかし，抽象的危険犯の構成要件を適切に解釈するなら，このようにする必要はない。

行為が行われたにもかかわらず，法益に対する低い危険さえ認められない例

外的な事情が存在する場合には，当該抽象的危険犯の前提とする構成要件的状況が満たされていないものとして，構成要件該当性が否定される（山口厚・危険犯の研究 233 頁以下）。たとえば，砂漠の一軒家を焼損したような場合，建造物損壊罪（刑 260 条）が認められるのは別論としても，放火罪（刑 108 条・109 条 1 項）を認めることはできない。制限速度違反などの道路交通法上の犯罪などについても同じことがいえる。

　他方，抽象的危険犯のなかにも，法益侵害の危険を有する行為のみを構成要件行為としているものが存在する（山口・前掲書 251 頁以下はこれを「準抽象的危険犯」と呼ぶ）。たとえば遺棄（刑 218 条・218 条）における「遺棄」は，その生命に危険をもたらすような要扶助者の場所的移転であり，嬰児を，十分なスタッフのいるベビーホテルに置き去りにする行為などは同罪の構成要件には該当しない。そのほか，公務執行妨害罪（刑 95 条 1 項）における「暴行」「脅迫」は，公務執行の「妨害となるべきもの」でなければならない（最判昭 25・10・20 刑集 4 巻 10 号 215 頁参照）。騒乱罪（刑 106 条）における「暴行」「脅迫」は，「一地方における公共の平和，静謐を害するに足りるものでなければならない」（最判昭 35・12・8 刑集 14 巻 13 号 1818 頁，最決昭 59・12・21 刑集 38 巻 12 号 3071 頁・判プⅡ 417），艦船転覆罪（刑 126 条 2 項）における「破壊」は，艦船内に現在する人の生命身体に対する危険の発生を伴うものでなければならない（最決昭 55・12・9 刑集 34 巻 7 号 513 頁・判プⅡ 438 における団藤重光・谷口正孝両裁判官の補足意見）。

第 2 款　構成要件的状況と処罰条件

構成要件的状況と処罰条件　結果以外にも，行為に付随する客観的事情が構成要件要素とされることがある。このうち，鎮火妨害（刑 114 条）における「火災の際」のように，行為の時点に存在する事情を構成要件的状況，事前収賄罪（刑 197 条 2 項）における「公務員または仲裁人となった」ことのように，行為の時点以外に発生する事情を処罰条件という。これらの事実は客体の侵害，法益の侵害危殆とは異なり，行為が因果的に生ぜしめる結果ではないが（最決昭 44・10・31 刑集 23 巻 10 号 1465 頁は，破産犯罪〔破 265 条 1 号〕における行為と「破産宣告」との間には「事実上の牽連関係」があれば足りるとする），行為の法益侵害性を高め当罰

第 4 節　法益の侵害と危殆

的とする類型的な違法要素である。右の例でいえば，刑法は，現実に火災が生じたときの消火活動の妨害は火災の拡大への危険を高めるものとして，これだけを処罰することとし（それ以前の妨害行為は，消防 38 条・39 条によって処罰されることがある），行為者が公務員等になることによって現実に公務が左右される可能性が生じていないときは処罰する必要がないとしているのである。

　しばしば条件は行為後に発生する事実とされているが，このようなものに限定されるわけではない。事後収賄罪（刑 197 条の 3 第 3 項）における「公務員または仲裁人であった」ことは，行為前に存在した事実であり，やはり処罰の条件である。条件事実の発生時期が行為後に限定されると解する合理的理由が存在しない場合には，行為前のそれも含まれると解すべきである。判例には，破産宣告確定後に財産処分行為が行われても，破産犯罪は成立しないとしたものがある（大阪高判昭 52・5・30 高刑集 30 巻 2 号 242 頁）。しかし，債務者の財産を処分する行為が，債権者に公平な満足を与えるという破産制度の目的を阻害することが明確になるのは，確定した破産宣告の存在によってであって，その時期がいつかは，これと無関係とすべきである。

　処罰条件と故意・過失　　処罰条件も構成要件的状況と同じく構成要件要素である。かつての学説には，犯罪は処罰条件が満たされなくても成立しているから，それは犯罪の要素ではなく，成立した犯罪に対する国家刑罰権の発動を政策的理由から制約した条件にすぎないとするものが有力であった。しかし，条件の設定が政策的理由にもとづくものであるにしても，その政策は違法判断にもとづくものである。

　処罰条件は構成要件に属さないとする学説は，それは構成要件的状況とは異なり，故意・過失を不要とする。しかし以上のように考えるなら，処罰条件の存在・成就に関して行為者に責任が存在しなければ，当該犯罪は成立しないとすべきである。もっとも，構成要件に属する事実すべてに認識がなければ当該犯罪の故意が認められないというわけではないのであり，ある条件について，故意が必要か過失で足りるかは，個別的に決定されるべき事柄である（177 頁以下）。

第3款　犯罪の終了

1　即成犯，状態犯・継続犯

即成犯　犯罪の終了は，後述 2〜4 のようないくつかの重要な効果をもたらす。

　殺人（刑199条）のように法益の消滅を内容とする犯罪を即成犯という。保護法益が消滅したときには犯罪は終了するから，即成犯においては犯罪の既遂と犯罪の終了の時期とが一致する。しかし，多くの犯罪においては犯罪が既遂になっても法益は依然として存続している。人の身体を傷害しても（刑204条）その健康は，人を監禁しても（刑220条）その行動の自由は，人の財物を窃取しても（刑235条）その所有権は，それぞれ存続している。これらの犯罪において，いつ犯罪の終了を認めるべきかが問題となるのである。

状態犯・継続犯　窃盗（刑235条）においては，保護法益（所有権）の侵害状態が継続しているが，新たに占有の侵害が存在しない以上，それは構成要件に該当しない違法状態にすぎない。身体に受けた傷による苦痛が継続していたとしても，それは「傷害」ではないのだから，傷害（刑204条）は「状態犯」にすぎない。状態犯においては，即成犯と同様，犯罪の終了はその完成と時間的に一致する。

　他方，逮捕・監禁（刑220条）においては，新たな逮捕・監禁行為がなくても法益の侵害状態の継続が構成要件に該当すると考えられるため，その状態が継続している間は犯罪は終了しない。被害者の自由を奪えば監禁罪は完成するが，それが終了するのは被害者が自由を回復したときか，死亡したときである。状態犯とこのような「継続犯」との区別は，法益侵害の状態を独立の構成要件該当の違法状態とするかによる。

2　公訴時効の開始

公訴時効と継続犯　「犯罪行為」が終了すればその時点から公訴時効が進行し（刑訴253条1項），一定期間（刑訴250条参照）が経過するともはや訴追できなくなる。「犯罪行為」とは「各本条所定の結果を含む」（最決昭63・2・29刑集42巻2

第4節　法益の侵害と危殆

号 314 頁〔熊本水俣病事件，百選Ⅱ 3・判プⅡ 54〕。傷害が発生した時点から業務上過失傷害罪〔刑 211 条 1 項〕の公訴時効が進行を開始し，それが完成した後であっても，その傷害によって被害者が死亡したときにはその時点から改めて業務上過失致死罪〔同条同項〕の時効が進行し始めることになる）。裁判所は時効が完成していると認めたときには免訴の判決を言い渡す（刑訴 337 条 4 号）。

　継続犯においては，犯罪が完成したときではなく，法益の侵害・危殆が終了したときに初めて時効の進行が開始する。逮捕・監禁罪（刑 220 条）においては，たとえば被疑者が逃亡するか，解放されたときである。最高裁は虚偽の陳述という「公の競売又は入札の公正を害すべき行為」が行われたときに競売入札妨害罪（旧 96 条の 3 第 1 項。現 96 条の 6〔公契約関係競売等妨害〕）は成立するが，当該競売手続の進行中は公訴時効は開始しないとした（最決平 18・12・13 刑集 60 巻 10 号 857 頁・判プⅡ 494）。これは同罪を継続犯と考えたものと思われる。放火罪（刑 108～111 条）についても，「焼損」が生じることによって犯罪は完成するが，燃焼が継続し，「焼損」も継続している以上犯罪は終了しない継続犯と考えるべきであろう。

　一定期間内での公務所への届出義務の違反を処罰している場合について，最高裁は，届出がなされていない以上時効は進行を開始しない，届出期間の満了時から進行するものではないとしている（旧外国人登録令違反について最判昭 28・5・14 刑集 7 巻 5 号 1026 頁，旧麻薬取締規則違反について最判昭 28・6・18 刑集 7 巻 6 号 1338 頁）。確かに，不届の継続によって行政目的の阻害は継続しているが，行為者には期間の満了後は届出すべき法的な義務は存在しないのであり，新たな作為義務違反が存在しない以上，構成要件該当性も存在しない。やはり，法定期間の徒過により生じた行政目的の侵害だけが犯罪事実であり，これらの犯罪は状態犯とすべきである。

　公訴時効と状態犯　　状態犯においては犯罪の完成により時効が進行を開始する。しかし，人を傷害した後引き続いて傷害を行った場合，あるいは被った傷害が格段に悪化した場合には，そこで新たな傷害結果が生じたのであり（山口・総論 50 頁），公訴時効はそのときから進行する。それらが前の行為とともに包括一罪の関係にあるとしても，新たな傷害罪（刑 204 条）が成立しているから

である。「このような場合には傷害罪は継続犯になる」ということではない。

不動産侵奪罪，名誉毀損罪，死体遺棄罪　傷害罪以外の状態犯についても同じように考えるべきである。

窃盗罪（刑235条）は状態犯である。「財物」はその「窃取」によって被害者の占有が失われるから，その後で盗品を隠匿するなどの占有確保の措置がとられたとしても新たに窃盗罪が成立するわけではない。従って，窃盗罪の公訴時効も窃取によって同罪が既遂に達したときから進行する。

不動産侵奪罪（刑235条の2）も状態犯である。しかし不動産については，行為者がその占有を取得した場合でも所有者の占有は存続していて，行為者が当該不動産の支配を強固にするような行為をしたときには不動産侵奪罪が成立する（最決昭42・11・2〔コンクリートブロック塀事件〕，最決平11・12・9刑集53巻9号1117頁・百選Ⅱ36・判プⅡ227，最決平12・12・15刑集54巻9号1049頁・百選Ⅱ37・判プⅡ231）。従って，不動産侵奪罪が既遂に達した後にさらに侵奪行為を行ったときには，傷害の後の傷害のように，その時点から改めて時効が進行することになる。たとえば土砂を削り取るなどして土地の整地をした時点で不動産侵奪罪は完成しているが，その後コンクリート擁壁の築造まで工事を進めたときには，その時点から公訴時効が進行する（福岡高判昭62・12・8判時1265号157頁）。行為者の土地に関する占有設定の時点から時効が進行し，それ以後に宅地造成が進行したとしても無関係であるとした判例もあるが（鳥取地米子支判昭55・3・25判時1005号181頁），新たな侵奪がありえない程度に被害者の占有が排除されていた事例でない以上，不当と思われる。

名誉毀損罪（刑230条1項）も状態犯であり，名誉毀損の事実の摘示があったときから時効が進行し，それが人々の間に流布している状態が続いていたとしても無関係である。しかし，インターネット上のホームページに名誉を毀損する記事を掲載した場合には，事実の摘示がそれ以降絶えず行われていると考えられるから，当該記事が削除されない間時効は進行しない（親告罪の告訴期間〔刑訴235条1項〕に関する大阪高判平16・4・22高刑集57巻2号1頁・判プⅡ134参照）。

死体損壊・遺棄・領得罪（刑190条）も状態犯であり，これらの結果が生じたときから公訴時効が進行する。葬祭義務者が死体を放置することによって成立

第4節　法益の侵害と危殆

する「不作為による死体遺棄罪」も、放置した時点から時効が進行を始めるのであり、死体が放置されている期間、不作為による死体遺棄が継続していて時効が開始しないというのではない（大阪地判平25・3・22判タ1413号386頁は、母親が殺害した女児の遺体を引っ越し先のマンション・クロゼットに入れたときに死体遺棄罪が成立し、その時点から時効が進行するとして、免訴としている）。「死体遺棄罪が不作為によって実行されるときには、それは継続犯になる」ということではない。

3　犯罪の継続

遡及処罰　犯罪終了後に施行された刑罰法規を、遡及させて適用することはできない。たとえば、不動産侵奪後に施行された刑法235条の2は、その不動産の不法占拠が継続していたとしても、これを適用して処罰することはできない。不動産侵奪罪は状態犯であり、不法占拠は犯罪の客観面をなさない違法状態にとどまるからである。しかし、法施行後、新たにコンクリートブロック塀を構築するなどした行為は新たな不動産侵奪であり処罰される（最決昭42・11・2〔コンクリートブロック塀事件〕）。

外国人登録不申請罪が、最高裁のいうように継続犯だとすれば、不申請が継続している間に施行された処罰規定をその時点から適用して処罰することも妨げられないことになる。

事後の故意　たとえば、誤って他人の傘を持ってきてしまったことに後から気づいて、それを領得する行為は窃盗罪（刑235条）にはならない（占有離脱物横領罪〔刑254条〕にはなりうる）。状態犯においてはすでに犯罪の客観面が存在しなくなっているからである。だが法益侵害状態が犯罪の客観面とされる継続犯においては、その時点から当該犯罪が成立しうる。たとえ、室内に人がいるのを知らずに外から施錠してしまった守衛が後でそのことに気づいたにもかかわらず放置したときに、彼に解放する作為義務を肯定しうるとするなら、そのときから不作為による監禁罪（刑220条）が成立する。

最高裁は、知人から物品の引渡しを受けてその保護を依頼された者が、後にそれが盗品であることを知るに至ったにもかかわらず、なお知人のために保管を継続した場合にはその時点から盗品等保管罪（刑256条2項）が成立するとし

た（最決昭 50・6・12 刑集 29 巻 6 号 365 頁・判プⅡ 396）。これは，同罪を継続犯と解したものであろう。しかし，盗品等に関する罪の構成要件は，盗品等を本犯者から移転することであるのだから，窃盗罪と同じ状態犯とすべきではないかと思われる。

共　犯　　共犯とは犯罪の共同遂行なのだから，犯罪が終了した後には共犯は成立しえない。犯人蔵匿罪（刑 103 条），証拠隠滅罪（刑 104 条），盗品等に関する罪（刑 256 条）は事後従犯と呼ばれたこともあったが，それは本犯への共犯ではなく独立の犯罪である。状態犯の成立後の違法状態への関与はこれらの犯罪を成立させうるが，当該犯罪の共犯とはなりえない。

これに対して継続犯では既遂後も共犯は成立しうる。Xの監禁開始後，事情を知らされてそれに関与した Y はその時点から監禁の共犯たりうる。誘拐犯人と意思を通じて被害者の監禁を継続しその家族に金員を要求したという事案に関して，略取・誘拐は継続犯であるから，この場合も略取者財物要求罪（刑 225 条の 2 第 2 項）が成立するという判例がある（大阪高判昭 53・7・28 高刑集 31 巻 2 号 118 頁）。

4　犯罪の継続と罪数

誘拐罪，住居侵入罪　　継続犯の場合は，犯罪が成立して終了するまでは包括一罪であり，数罪となるものではない。そこで，誘拐後，被取者の所在場所を数回移したとしても誘拐罪の一罪しか成立しないという大審院判例（大判昭 4・12・24 刑集 8 巻 688 頁），住居侵入後，退去命令を受けて退去しなかったとしても住居侵入罪のほかに不退去罪が成立するわけではないという最高裁判例（最決昭 31・8・22 刑集 10 巻 8 号 1237 頁）は，それぞれ略取誘拐罪，住居侵入罪を継続犯と解するものであるといわれている。しかしこれらを状態犯と解し，犯罪成立後の行為についてもさらに犯罪が成立しうるとしても，それは共罰的事後行為でありすでに成立した犯罪とともに処罰される包括一罪となると解されるから，これらの判例がそのような趣旨であるとまですることはできない。犯罪の終了の問題と罪数についての結論とは，必ずしも直結しないのである。

第5節　因果関係

第1款　刑法における因果関係

行為・結果・因果関係　行為と結果との間に因果関係が存在しなければ，すなわち前者が後者を惹起したのでなければ構成要件該当性は肯定しえない。

多く問題となるのは，行為と客体（121頁）に生じた結果との間の因果関係である。たとえば失血死による人の死が生じたとしても，出血がピストルの発砲によるものでなければ殺人罪（刑199条）は成立しない。火を付けた新聞紙を他人の家に投げ込む行為によってその家の焼損の結果が生じたのでなければ，現住建造物放火（刑108条）は成立しない。

しかし，客体に生じた結果ばかりでなく，広く構成要件該当事実の発生との間についても因果関係は問題となる。たとえば他人の家の門の中に入ろうとする行為があり，自己の身体が門を通過し「侵入」があったとしても，両者の事実の間に因果関係がなければ住居侵入罪（刑130条前段）は成立しない。点火行為と「公共の危険」の発生との間に因果関係がなければ，それを要件としている放火罪・失火罪（刑109条2項・110条1項・116条2項）は成立しない。本節で「結果」というときには，広く構成要件該当事実の発生の意味である。

共同正犯行為を含めた共犯行為と，構成要件該当事実の発生との間にも因果関係が必要である。共犯の因果関係については，後に検討する（412〜414頁）。

因果関係，因果法則，経験則　刑法上の因果関係は結果を行為に帰責するための要件であり，帰責概念である。このような法的因果関係は，自然的事象の変動の背後にある自然科学的因果法則とは性質を異にする。後者は，事象の変動を説明し将来の変動を予測するために用いられるものである。自然科学的因果法則は，刑法上の因果関係を認定するための「経験則」として用いられることはあるが，これと同じではない。

第2款　条件関係

1　条件関係の意義

論理的結合説と合法則的条件説　因果関係が認められるためには，まず，当該行為がなかったなら当該結果は発生しなかったであろうという条件関係（conditio sine qua non）が必要である。たとえば，行為者がピストルを撃たなくても被害者はやはり死亡したであろうといえるときには因果関係はない。不作為の場合には，当該不作為がなかったなら，たとえば救急車を呼んでいたら被害者は死ななかったであろうかを問題にすることになる（最決平1・12・15〔ホテル覚せい剤事件〕参照）。

行為と結果との間に条件関係が存在することは，行為者が行為に出ないことによって結果を防止しえたことを意味する。条件関係は，具体的に行われた行為が具体的に生じた結果に対する支配力を有していたことを確定するために要請されるものであるから，行為と結果との間に存在する事実的な因果経過の確認とは異なる。後述のように，事実経過の存在に疑いがない場合にも条件関係が否定されることがあるし，逆に，事実経過に不明の点があっても条件関係を肯定しうる場合もある。以上のような考え方は，条件関係についての「論理的結合説」とも呼ばれる。

因果関係は事実的な関係でなければならないとする者は，以上のような条件関係は不要であり，行為が因果関係法則に従って結果を発生させたことで十分であるという「合法則的条件の定式」を主張する（合法則的条件関係説。特に，山中・総論269～275頁）。だが，行為から結果に至る経過が因果法則的に説明できることが，結果を行為に帰属せしめそれを発生させたことを理由として行為者を処罰することを正当化しうるものではない。未開社会にあっては，因果法則は，「神のたたり」などの見えない力の働きであり，原因を設定することは結果に力を及ぼすことであると考えられていたが，合法則的条件の定式の主張者もこのような因果観を前提にするものであろう。だが，行為と結果とが因果律に包摂されうることが行為が結果を支配したことを意味するのではない。帰責を正当化するのは，行為者が因果法則を利用したことである。

第5節　因果関係

2　条件関係の存否

「結果」の惹起　行為がなくても結果が生じたであろうときは，条件関係がなく因果関係もない。この場合の「結果」とは具体的な結果である。人間はいずれ死すべきものであるから，Xがピストルを撃たなくてもいずれVは死んだであろう，として条件関係を否定することはできない。同様に，死期の迫った患者を安楽死させる行為にも因果関係はある（その違法性が阻却されるかは別の問題である。264〜268頁）。

もっとも，具体的条件下で当該法益をどの程度保護すべきであったかという観点から，結果の把握が抽象化されることはある。たとえばすでに燃えている建造物を取り壊し，損壊の結果を若干早めたとしても建造物損壊罪（刑260条）の成立を認めることはできないであろう。また，結果の発生を遅らせたときも条件関係を肯定すべきではない。たとえば，患者の死期を遅らせるにとどまった治療行為に，死との間の条件関係を肯定することはできない。Xが砂漠の旅人Vから水筒を奪って逃げ，Vは水が飲めなくて死亡した。しかし，その水筒の中にはYがひそかに毒を入れておいたため，もしVがそれを飲んでいればもっと早く死んでいたであろうというような場合も，Xの行為とVの死との間には条件関係はない。一方，Yが毒を入れなかったとしてもVは死亡していたであろうから，Yの行為に関しても条件関係を肯定できないことになる。(132〜133頁)

死刑囚に恨みを持つ者が死刑執行の瞬間に執行官を押しのけてボタンを押したとき，彼は死刑囚の死を早めたわけではない。あるいは，彼が執行の前日に死刑囚を殺そうとしたがその場では重傷を与えたにとどまり，死刑囚は数日後病院で死亡したとき，彼はむしろ死刑囚の死を遅らせたのである。これらの場合，Xの行為がなければ死刑の執行による「合法な死」の結果が生じるのであり，現実にもたらされた「違法な死」の結果は生じなかったであろう，として条件関係を肯定する論理も考えられるが，違法性の判断を「結果」に取り込んで構成要件該当性の問題である因果関係の存否を決定することはできない。

因果関係の断絶と因果関係の中断　たとえば，Xが Vに致死量の毒を飲ませたあと地震が起こり，Vが潰れた家の下敷きになって死亡した，あるいは，やっ

て来たBにピストルで射殺されたというような場合，Xの行為がなくてもVは死亡したであろうから，両者の間には条件関係がない。このような事例を「因果関係（条件関係）の断絶」という。

他方，「因果関係の中断」の理論は，条件関係が存在する場合でも，因果経過の途中に異常な事実が介入するときに因果関係を否定しようとする理論の一つである。たとえば，Xが殺意を持ってVをピストルで撃ち重傷を与えたが，Vを搬送していた救急車が事故に遭ってVが死亡したような場合，Xの行為がなければVの死亡は生じなかったであろうが，因果関係が「中断」されるから殺人未遂に止まるとするのである。これと条件関係自体が否定される上記の「断絶」の場合とは異なる。

因果関係の中断とされる事例に相当因果関係を認めるべきかは，別に検討されなければならない。

択一的競合　たとえば相互に意思の連絡のないX・Yが，Vを殺すために，それぞれ致死量の毒をVの食べる料理のなかに入れVが死亡したとする。Xが毒を入れなくてもVはYの毒で死亡したであろうから，Xの行為Vの死亡との間には因果関係はない。他方，Yの行為についても同じことがいえるから，Vの死について責任を負う者はいないことになる（X・Yが殺人未遂になることは別論である）。また，Xが，砂漠に行くVの水袋の中身を砂に替えておいた。Yは，そのことを知らずに水袋に小さな穴をあけた。Vは砂漠で水が飲めずに死亡した。この場合も同じことである。以上のような事例を「択一的競合」という。

右の最初の毒料理の設例では，Xだけの毒であったならば，Vは何秒か，何分の1秒かは長生きしたであろうとして，X・Yの行為のそれぞれについて条件関係を認めようとする見解もある。だが，その程度結果発生を早めたことをとらえて条件関係を肯定すべきではなかろう。のみならず，第2の事例ではこのような「便法」も通用しない。そこで択一的競合の事例では，X・Yの行為を択一的に取り除くのではなく，重畳的に，すなわちまとめて取り除くことによって，それぞれの行為の条件関係を肯定すべきであるという見解もある。しかし，共犯関係にないX・Yの行為についてこのようにしてよい理由はない。そこで，合法則的条件の定式を主張する者は，条件関係を不要として因果関係

第 5 節　因 果 関 係

を肯定しようとするのである。

　だが，XあるいはYの行為は具体的に生じた結果に対して何らの影響力をも持っていないのであり，そのような結果を行為に帰責するのは許されないであろう。たとえば，Xが毒を入れたVの料理は，Vが間違えて採取した猛毒のキノコを使ったものであった場合，Xが砂に入れ替えたVの水袋にイバラが引っかかって穴があいたという場合，結果を左右しえなかったXの行為に既遂責任を認めるべきだと主張する者はいないであろう。そうだとすれば，毒キノコのかわりにYの毒薬，バラのトゲのかわりにYの針であったとしても，Xの行為に因果関係を認めることはできないはずである。

　代替的行為の付け加え　その行為がなされなかったとしたなら別の行為（代替行為）がなされたであろう，そしてそれによって結果がやはり発生したであろうときにも条件関係はない。前述の事例で，行為者がボタンを押さなければ死刑執行官がボタンを押していたであろうとして，条件関係が否定されるのである。

　「行われたであろう」行為は，行為者自身ものであることもある。たとえば，列車運転手が前方を注視しなかったため発見が遅れ踏切のところで遊んでいた幼児を轢殺したが，仮に彼が幼児を発見し，警笛を鳴らし，急ブレーキをかけたとしても踏切前で停車することは不可能であり，幼児が自分で退避するか，あるいはその祖母が幼児を救出することが可能であったとも思われなかったという事案に関して，大審院は彼の過失行為は幼児の死の「原因」ではないとした（大判昭 4・4・11 新聞 3006 号 15 頁）。この例では，彼の過失行為がなかったならその無過失行為が行われたであろうし，それによっても結果を防止しえなかったであろうから，条件関係は存在しえないのである。最高裁も，行為者が仮に無過失で行為したとしても結果の回避が困難であったときには，業務上過失致死罪（刑 211 条 1 項）は成立しないとする（最判平 4・7・10 判時 1430 号 145 頁〔コザ十字路事件，判プ I 103〕，最判平 15・1・24 判時 1806 号 157 頁〔第 2 の黄色点滅信号事件，百選 I 7・判プ I 105〕）。もっとも最高裁は大審院とは異なり，因果関係が否定されるとしているわけではない。

　しかし，合法則的条件の定式の主張者などは，実際に行われなかった代替的

行為は「仮定的な原因」であり，それを考慮して因果関係を否定することは許されないとして，このような場合にも条件関係を肯定するものが多い（付け加え禁止説）。だが，当該行為が行われなかったら事態がどうなったであろうかを検討することによって条件関係の存否を判断しなければならない以上，そのときにはどのような行為がなされたであろうかは当然考慮されなければならない。付け加え禁止説も，不作為犯の条件関係が問題となるときは現実にはなされなかった作為義務の履行行為を付け加えることが許されるが，作為犯のときはその作為を消去するだけで何も付け加えてはならないとするのであり，そこには一貫しないものがある。また過失犯においては，代替行為によっても結果が発生したであろうときには過失がないとして，結局は刑事責任を否定しようとする。だが，行為者が当該行為に出ないことによって結果を防止しえなかったことなのであるから，これは条件関係，従って因果関係の問題であり，故意犯・過失犯に共通の問題である。

　付け加えできる行為　　行為者の当該行為がなかったなら行われたであろう，として付け加えることの許される第三者あるいは行為者自身の行為は，法が期待する性質のものに限られる。なぜなら，条件関係の判断は人が法の期待するように行動していたなら結果が回避しえたであろうかを問うものであるから，仮定的な原因として何が考慮されうるかも，単なる事実上の可能性だけで決定させるものではないからである。たとえば，自分がＶを撃たなかったらピストルを携えて物陰で見ていたＡがきっとＶを撃ったであろうとして，自分の行為とＶの死との間の条件関係を否定することはできない。これに対して，死刑執行官の適法な行為は仮定することが許されるのは，前に述べたとおりである。二丁拳銃のガンマンについて，右手のピストルで撃たなかったら，左の方のピストルで撃ったであろうということも許されない。

　「期待される行為」は客観的に合法な行為でなければならない。たとえば，トレーラーの運転手が75センチメートルの間隔しかあけずにＡの自転車を追い越し，Ａがトレーラーの下に落ちて轢死したが（作為による過失犯），Ａは高度の酩酊状態にあったため通常必要とされる100〜150センチメートルの間隔をとって追い越したとしても，やはり同じような結果になった蓋然性があったと

第5節　因果関係

いう場合（ドイツの連邦通常裁判所は因果関係を否定した。BGHSt 11, 1〔自転車乗り事件〕），もし，客観的にAの酩酊状態が認識可能であったなら，通常の場合であれば十分と思われる間隔を保ってのAの追越しを仮定することは許されないが，認識不能であれば，仮定することが要請されるのである（古川伸彦・刑事過失論序説は主観的認識可能性を基準とする）。

最高裁は業務上過失致死罪（刑211条1項前段）について，警音器を吹鳴するなど対向車運転士の注意を喚起する措置（最判平4・7・10〔コザ十字路事件〕），黄色信号が点滅している交差点に時速10〜15キロメートルでの進入（最判平15・1・24〔第2の黄色点滅信号事件〕）を付け加えて，結果の回避可能性を判断している。

3　条件関係の証明

合理的な疑いを容れない程度の証明　「当該行為がなかったなら当該結果が生じなかったであろう」ことが「合理的な疑いを超える程度に確実であったと認められる」ときに，条件関係（因果関係）の証明がある（保護責任者遺棄致死罪〔刑218条・219条〕について，最決平1・12・15〔ホテル覚せい剤事件〕，業務上過失致死罪〔刑211条1項前段〕について，最判平15・1・24〔第2の点滅信号事件〕）。「当該行為がなかったとしても当該結果が生じたであろう」ことが合理的な疑いを超える程度に証明されたときに，初めて条件関係が否定されるのではない。

条件関係は事実関係と同じではないから，行為から結果に至るまでの事実経過に不明な点が存在することは，ただちに条件関係の証明を不可能にするものではない。たとえば，古非鉄のなかに火薬入りの雷管があるのに気がつきながらその選別作業を中止させなかった監督者の不作為は，雷管がどのようにして爆発したかが不明であったとしても，それによる作業員の死の結果に対して条件関係にある（大阪高判昭31・5・1高刑裁特3巻9号457頁）。作業を中止させれば，このような事故は起こりえなかったからである。

しかし，事実関係の不知が合理的な疑いを容れない程度の証明を不可能にすることもある。たとえば，殴打行為の後被害者が急性脳腫で死亡したが，それは右の外力と無関係に，以前から罹患していた大脳動脈血栓症が悪化したことによる可能性があるときには，暴行と死との間に条件関係を認めることはでき

ず，傷害致死罪（刑205条・208条）を肯定することはできない（東京高判昭44・12・1東高刑時報20巻12号251頁）。開腹手術の際使用した鉗子を患者の体内に置き忘れ患者は膵臓壊死により死亡したが，鉗子が膵臓を刺激し急性膵臓炎を生じさせたことに関して合理的な疑いが存在する以上，医師の過誤と患者の死との間の因果関係を肯定することはできない（釧路地判昭52・2・28刑月9巻1・2号82頁）。

公害事件の因果関係　　条件関係の証明は，公害事件においてしばしば問題となった。工場などが有害物質を排出したこと，同種の有害物質に起因する疾患の発症があったことが確認されたとしても，その有害物質が事業所が排出した物質と同一であるとはただちにいいきれないからである。たとえば，ヘビースモーカーがぜんそくになった場合，彼の住む場所の大気を汚染している硫黄酸化物がその原因であると，ただちにいうことはできないであろう。

　民事では，ゆるやかな基準で公害事件における因果関係の立証を認めるべきだという見解もあったが，刑事事件では前述のように高度の証明が必要とされる。特に，「疑わしきときは対応する」ことを基本とする疫学的知識だけで因果関係を認めることは，基本的に許されない（最決昭57・5・25判時1046号15頁〔千葉大チフス菌事件，判ブⅠ45〕参照）。

　公害事件における因果関係証明の困難さを考慮して，公害犯罪処罰法は，「当該排出のみによつても公衆の生命又は身体に危険が生じうる程度に人の健康を害する物質を排出した」事実と，「その排出によりそのような危険が生じうる地域内に同種の物質による公衆の生命又は身体の危険が生じている」事実とが証明されれば，後者の危険は前者の排出行為によって生じたものと「推定」され（5条），排出による危険の招致，それによる人の死傷を処罰することとした（2条・3条）。すなわち，右のような要件があるときには，被告人は危険を生じさせたのは自己の排出行為でないことを積極的に証明しなければ，因果関係は肯定されるのである。

　しかし，このように被告人の不利益に立証責任を転換し，刑事訴訟の基本原則である「疑わしきは罰せず」の例外を設けるには，それを許容するに足りる合理的な理由がなければならない。立証が困難であるだけでこのような措置をとってよいわけではない。この規定は憲法31条に違反するものと思われる。

第5節　因果関係

因果法則の証明　一般的な因果法則の妥当性そのものについて争いがある場合もある。キノホルムとスモン病，サリドマイド剤と胎芽症による障害児の出生などの関係がかつては問題とされた。合法則的条件の定式を主張する者のなかには，具体的な事態を包摂する因果法則そのものが確立していないのであるから，因果関係を肯定することは許されないとするものもある。しかし，因果法則は条件関係を認定するための資料にすぎない。どの因果法則を採用するかは，基本的には裁判官の合理的な自由心証に委ねられているのである。

4　同時傷害の特例

特例の趣旨　刑法（207条）は，「2人以上で暴行を加えて人を傷害した場合において，それぞれの暴行による傷害の軽重を知ることができず，又はその傷害を生じさせた者を知ることができないときは，共同して実行した者でなくても，共犯の例による」とする。これは，2人以上の暴行という推定の前提事実が存在するときには，それぞれの暴行と傷害結果との因果関係を推定するというものであり，各暴行行為者は，自分がそれを生じさせたものでないことを立証しない限り，傷害罪（刑204条）の責任を免れないということである（最決平28・3・24刑集70巻3号349頁〔支払いトラブル事件〕）。本条は，各行為者が傷害結果について責任を負うということを説明するために「共犯の例による」としているのであり，共犯関係の推定規定ではないから，行為者が共犯関係になかったことを立証して，傷害結果の責任を免れるわけではない。いずれにせよ，これは挙証責任を被告人に転換する規定であり，犯罪事実の立証責任は検察官が負うという原則に対する例外である。

因果関係の推定された傷害結果から死亡結果が生じたときには傷害致死罪（刑205条）が成立する（最判昭26・9・20刑集5巻10号1937頁〔徴税口論事件〕）。これは，刑法207条が傷害結果に適用されることの帰結であって，「死亡が傷害の究極の存在である」から，同条が傷害致死罪にも適用されるということではない。従って，被告人が加えた暴行の結果が顔面眼窩部の傷害であることが認められるが，それが被害者の「遷延性窒息死」を招いたものでないときには，被告人は傷害致死罪の責任を負わない（東京高判昭61・10・30判時1259号134頁参照）。

これに対して，X・Yが共同してVに激しい暴行を加えて（第1暴行）その顔面に傷害を負わせた後，共犯関係にないZが同様の激しい暴行（第2暴行）を加え，Vが「急性脳腫脹」によって死亡したが，致命傷となった「急性脳硬膜下出血」が第1暴行，第2暴行のいずれによって生じたものか明らかでないときには同条が適用され，X・Y・Zに傷害致死罪が成立することになる（最決平28・3・24〔支払いトラブル事件〕）。

同一の機会 刑法207条には「2人以上の暴行」以外には何も挙げられていないが，暴行と傷害との間の因果関係の立証責任を被告人に転換することが「疑わしきは被告人の利益に」の原則に反し，憲法（31条）違反とならないためには，推定の前提事実を合理的な範囲に限定しなければならない。

最高裁は，これは，各暴行が「同一の機会に行われたものであること」であり，具体的には，各暴行が当該傷害を生じさせ得る危険性を有するものであること，および，各暴行が外形的には共同実行に等しいと評価できるような状況において行われたことであるとした（最決平28・3・24〔支払いトラブル事件〕）。これは，各暴行が単独犯としても当該傷害結果を惹起する危険性のあることに加えて，学説が「共犯類似性」を前提事実として挙げてきたことをも「推定の前提事実」としたものである。本条は共犯関係の推定規定ではないが，共犯の因果性は関与者間の意思の疎通によって存在するのであるから（413〜414頁），暴行と傷害結果との因果関係の推定を合理的な範囲に限定するものとして，これは妥当であると考えられる（町野朔・刑法講義各論〔小暮得雄ほか編〕43〜44頁の説明を改める）。

判例は，これまでも共犯類似性の存在を重視してきたように思われる。2カ月にわたり両親が4歳の男児に対して自宅で虐待を加えた場合（大判昭12・9・10刑集16巻1251頁），酒席に居合わせた複数の者の暴行の場合（最判昭26・9・20〔徴税口論事件〕），バーの従業員X・Yと居合わせたバーの客Zが，1時間ほどの間隔をあけて被害者に対してバー周辺で暴行を加えた場合（最決平28・3・24〔支払いトラブル事件〕）に本条の適用を肯定したのはこの趣旨に解される。他方では，食堂の客Pによる暴行の後，Pが帰ってから40分くらいしての食堂店主Qの暴行が行われた事例について，PとQとは客と主人という以外何ら特別の関係が

第 5 節　因 果 関 係

なく，互いに他方の暴行を現認してもいないから「共犯現象に強く類似する場合」でないとして本条の適用が否定されている（札幌高判昭 45・7・14 高刑集 23 巻 3 号 479 頁）。

第 3 款　相当因果関係

1　相当因果関係説の意義

条件説と「責任による修正」　以上のような条件関係があれば刑法上の因果関係も認めることができるという考え方を，条件説という。

極端な設例をあげるならば，落雷でVを殺すことを考え，Vを森に行かせたところ，本当に落雷があってVが死亡した場合，あるいは，Vを殺すつもりで森の中で殴り重傷を与えそのまま立ち去ったところ落雷によってVが死亡した場合にも，当該行為がなかったならVの死亡の結果は生じなかったであろうから，条件説によるなら因果関係は肯定されることになる。しかし，このような異常な経過をたどって発生した結果を帰責することはできないであろう。

条件説の主張者は，このような場合には故意・過失が欠けるから行為者は結果に対して責任を負わないとして「責任による修正」を行うが，これは，因果経過の相当性自体が故意・過失の対象となるべき犯罪の客観的要素であることを前提にしなければ成立しない議論である。やはり，行為者に支配不可能な異常経過をたどって発生した結果の帰責を否定することは，因果関係の段階で行われなければならない。

条件関係ばかりでなく，因果経過の相当性も刑法上の因果関係を認めるために必要であるとする考え方を，相当因果関係説という。

判例と相当因果関係説　古くはわが国の判例は条件説的な傾向を示していたが，戦前にも相当因果関係説をとった判例があり（東京控判昭 8・2・28 新聞 3545 号 5 頁〔浜口首相暗殺事件控訴審判決〕。銃撃の結果生じた空腸の損傷部分から漏出した放射状菌が横隔膜下化膿症等を生ぜしめ死亡結果をもたらしたという経過は，「日常経験上一般的ナリト認ムヘキ証拠ナ〔シ〕」として，相当因果関係を否定し殺人未遂のみを認めた），戦後の下級審判例には，結果的加重犯についてではあるが相当因果関係説を採用したものもあった（神戸地姫路支判昭 35・12・12 下刑集 2 巻 11・12 号 1527 頁〔強盗致傷を否

定し強盗のみを認めた〕など）。最高裁も，他人の行為が介入した事案について相当因果関係説をとった（最決昭 42・10・24 刑集 21 巻 8 号 1116 頁〔米兵轢き逃げ事件，百選 I 12・判ブ I 61〕。業務上過失致死の成立を否定し業務上過失傷害のみを認めた）。この判例の後，下級審判例においては相当因果関係説の立場から因果関係を否定したものがある（東京高判昭 44・10・30 高刑集 22 巻 5 号 882 頁〔褥瘡事件〕。交通事故後入院中に生じた重度の褥瘡による肺浮腫心機能障害により死亡したという因果経過は，「経験上一般に普通発生するもの」とは認め難いとして，交通事故の加害者に業務上過失傷害のみを認めた）。

問題は相当因果関係の内容である。

2　相当因果関係論の基礎

原因説と相当因果関係説　　かつてドイツで主張された原因説は，最も効果のあった条件（「最有力」「最終的」「決定的」「優越的」条件など，論者によってその表現は異なる）だけが「原因」として，結果に対して因果性を有するというものである。条件説はすべての条件は等しく原因であるとするのに対し（したがって等価値説とも呼ばれる），原因説は裁判官が個々の事例において具体的に因果性を有する「原因」を見出すべきだとするものであり，個別化説と呼ばれた。これは，最も因果力を有した事実は個々の事例において異なるものであるという考え方によるものであるが，このような「力」概念によって因果性を確定することは科学的に不可能であり，あえてそれを行うことは法的安定性を著しく害するものである。やはり刑法上の因果関係の存否は，どのような因果経過をたどった場合に結果を帰責することが正当化されるかという，一般的観点のもとで決定されなければならない。

一般予防と相当因果関係論　　人は因果の流れを利用支配して結果を発生させる。刑法が結果を抑止しようとするなら，利用されるであろうような通常の因果経過の設定を禁止処罰することだけで十分である。通常人が利用しないような因果経過をたどって例外的に結果が発生したとき，あえてそれを理由として処罰しなくても，このような手段によって結果を招致しようとする人が出てくるわけではない。このように，相当因果関係説は一般予防の限界を考慮に入れ

第5節　因果関係

た因果関係論である（平野龍一・刑法Ⅰ 141頁参照）。前述のように，条件関係は行為を止めることにより当該結果の発生を防止しえたという意味での支配可能性をその内容とするが，相当因果関係は，通常人も結果に至る当該因果経過を支配・利用するであろうことを内容とするものである。通常人がそれを利用して結果を招致するであろうような因果経過が，相当因果関係である。

以上に対して，刑事責任はあくまでも回顧的非難でなければならず，相当因果関係も因果経過の意思的コントロールとして理解されなければならないという見解もある（辰井聡子・因果関係論）。しかし，構成要件該当性の問題としての相当因果関係は一般予防を基礎とすべきであり，非難可能性，あるいはそれに基づいた特別予防は責任の問題である。論者の立場からは相当因果関係の基礎として因果経過の主観的予見可能性が必要とされることになるが，これは構成要件と責任とを混同するものである。

相当性の判断基盤と判断基準について　すぐ次に述べる結果的加重犯のように，構成要件によっては因果関係の内容を限定しているものもあるが，因果関係の内容が法文上限定されていない構成要件においては，以上の観点のもとで考えていかなければならない。

相当因果関係説においては，相当性の有無を判断するため考慮に入れられるべき事情（判断基盤）について，(i) 行為者が現に認識・予見しまたは認識・予見しえた事情とする主観説，(ii) 行為当時に存在したすべての事情，および行為後に生じた事情のうち客観的に予見可能なものとする客観説，そして，(iii) 行為時に存在した事情のうち一般人が認識・予見することのできた事情および行為者が認識・予見しえた事情，行為後に生じた事情のうち客観的に予見可能な事情とする折衷説の3説が対立している。

通常人の因果経過の利用可能性は，行為者の個人的事情に左右されるわけではないから，主観説はもとより，折衷説も妥当ではない。また，人間は客観的に存在する事実をすべて利用しようとするわけではないのだから，客観説も妥当ではない。さらに行為時に存在した事情をすべて考慮するなら，実際に生じた因果経過は必然的といわざるをえないのであり，行為後に生じた事情の範囲を云々するまでもなく，純粋な客観説は条件説に帰着するしかない。

学説には,「注意深い一般人」「科学的一般人」が認識可能な事実だけを判断の基盤とすべきであり,たとえば,医者が診断してもわからないような心臓病などは考慮すべきではないとして,これを限定しようとするものもある(平野・研究Ⅱ(1)41頁)。しかし,これによるならば,医者でも認識しえなかったような被害者の心臓病を偶然知っている者がそれを利用して彼を殺したときも,因果関係が肯定できない。人がその存在を知ったなら,それを利用して結果を招致するであろうような事実であるなら,それを相当性の判断基盤としなければならないのであり,行為者あるいは第三者の認識の有無,その可能性の有無は,相当因果関係の存否に影響を持つものではない。

　要するに,相当性の「判断基盤」の問題は因果関係の相当性存否の問題に関係するものではない。

　また多くの学説は,以上のような判断基盤から異常・突飛とまではいえない因果経過については相当因果関係を肯定すべきだとする。しかし,日常的に異常とまでいえない因果経過であっても,通常人が利用を考えるものとはいえないものもあるのであり,相当性の「判断基準」としても,このような考え方は不当である。

危険の現実化,米兵轢き逃げ事件と大阪南港事件　現在は,行為の発生させた危険が結果へと実現したときには相当因果関係が認められるという見解が有力であり(たとえば,山口・総論60〜67頁),比較的近時の最高裁判例にも,過失行為による危険の「現実化」を理由として因果関係を認めるものがある(最決平22・10・26刑集64巻7号1019頁,最決平24・2・8刑集66巻4号200頁〔ハブ破損事件〕)。

　しかし,危険がないところで結果が発生しないことはないのであり,結果が発生したときには存在していた危険が現実化したということである。

　一つの行為には多様な危険が内在している。過失によって自動車を被害者に衝突させる行為には,被害者を脳挫傷によって即死させる危険,はね飛ばされた被害者が別の車両により轢死させられる危険,被害者を搬送する救急車が他の車両の起こした自動車事故に巻き込まれ被害者が死亡する危険,搬送先の病院で医療過誤によって死亡する危険など,様々な危険が存在している。たとえば自動車事故の被害者が入院先の病院で医療過誤によって死亡したときにも,

第5節　因果関係

危険は現実化しているのである。従って問題は「危険の現実化」ではなく，「現実化した危険」が構成要件の前提とする危険であるかである。それはそのような危険の現実化という因果経過が，通常人も利用する程度に相当であるかということである。

　最高裁は，「米兵轢き逃げ事件」において行為と死亡結果との因果関係を否定し，業務上過失傷害だけが成立するとしている（最決昭 42・10・24）。これは，行為者の前方不注視の過失により衝突された被害者は跳ね上げられ，自車の屋根の上に乗っていたが，それに気付いた同乗者が被害者をアスファルト路面上に引きずり落とし，被害者は，脳くも膜下出血および脳実質内出血によって死亡したが，それをもたらした頭部打撲が，最初の衝突の際に生じたのか，道路の転落により生じたのかは確定できなかったという事案である。前者であれば相当因果関係の存在に問題はないが，後者の可能性もある以上，その場合でも相当因果関係があるとしなければ因果関係を肯定しえない。

　この場合，同乗者が被害者を引きずり落とさなくても，被害者は自動車の屋根から落ちて頭を打つ可能性が高かったのであるから，「危険の実現」の考え方によるなら行為者が自車を被害者に衝突させたことによって設定した危険が実現されなかったとはいえないであろう。また，最高裁は，同乗者の行為は「経験上，普通，予想しえられるところではな〔い〕」，「このような場合に被告人の……過失行為から被害者の……死の結果の発生することが，われわれの経験則上当然予想しえられるところであるとは到底いえない」としているが，同乗者の行為は異常突飛ではないし，予想しえないものともいえない。このような同乗者の行為を介して結果を生じさせるということは，一般には考えられないことが相当因果関係を否定する理由なのである。

　この場合とは異なり，行為者が加えた傷害が最終的に被害者の致命傷となったときには，その死の結果を若干早めたにすぎない第三者の介入行為は，たとえそれが故意的な行為であったとしても，相当因果関係を阻却するものではない。結果に対して影響をもたなかった事情は最初から「利用される因果経過」から除外されているからである。「米兵轢き逃げ事件」においても，致命傷となった頭部打撲が最初の被告人の行為から生じたものであるときには，後の同

乗者の行為にもかかわらず相当因果関係は肯定される。

　行為者の暴行により「内因性高血圧性橋脳出血」が生じ意識消失状態で放置されていた被害者に，何者かがさらに暴行を加え被害者は死亡したが，第2の暴行は「既に発生していた内因性高血圧性橋脳出血を拡大させ，幾分か死期を早める影響を与えるものであった」という事案に関して，最高裁は「犯人の暴行により被害者の死因となった傷害が形成された場合には，仮にその後第三者により加えられた暴行によって死期が早められたとしても，犯人の暴行と被害者の死亡との間の因果関係を肯定することができ」るとして，傷害致死罪の成立を認めている（最決平2・11・20刑集44巻8号837頁〔大阪南港事件，百選Ⅰ15・判プⅠ62〕)。もし，被害者の死因が外因による頭蓋内損傷であったとき，あるいはその疑いのあるときには，「米兵轢き逃げ事件」と同様，相当因果関係を肯定することができないことになる。

　「米兵轢き逃げ事件」の判示から相当因果関係説は異常な因果経過をたどって結果が発生したときにただちに因果関係を否定する理論だと誤解されてきたため，「大阪南港事件」において因果関係を肯定した最高裁判決は「相当因果関係説の危機をもたらした」といわれたことがある。しかし，以上のように，そのようなことはないのである。

3　事後の行為の介入

遅すぎた結果の発生，概括的故意　　人がひとつの行為だけで結果を招致することは少ない。行為者が行為した後に別の行為を行いそれによって結果が招致されたときに，第1の行為と結果との間に相当因果関係を肯定するのが原則なのはこのためである。

　行為者の第1の行為が意図的行為であり，第2の行為が過失行為にとどまるときは，第1の行為と第2の行為によって直接もたらされた結果との間に因果関係がある。たとえば，熟睡中の被害者を殺害する目的でその首を麻縄で絞めたところ，動かなくなったので死亡したと思い，犯行の発覚を防止する目的でこれを海岸の砂上に運び放置して帰宅した。しかし被害者はまだ死亡しておらず，同所で砂抹を吸引して死亡した。このような事例を，後に述べる「早すぎ

第 5 節　因　果　関　係

た結果の発生」と対比させて,「遅すぎた結果の発生」ということもある。大審院は,「社会生活上ノ普通観念ニ照シ」第 1 の絞扼行為と死亡結果との間の因果関係はあるとして殺人既遂を認めた（大判大 12・4・30 刑集 2 巻 378 頁〔砂抹吸引事件, 百選 I 16・判プ I 97〕,そのほか, 大判大 12・3・23 刑集 2 巻 254 頁・判プ I 50）。また, 暴行の結果失神した被害者を死亡したものと誤信し, 犯跡を隠蔽するためこれを水中に投げ込み被害者が溺死したという事案に関し, 暴行と死亡との間の因果関係を肯定し傷害致死罪を認めた判例もある（大判大 7・11・30 刑録 24 輯 1461 頁〔山崎川事件〕。類似の判例として大阪高判昭 44・5・20 刑月 1 巻 5 号 462 頁）。

　学説にはこのような場合を故意論で解決を図ろうとするものがある。たとえば, 第 1 の故意行為が既遂に達したと誤信して第 2 行為を行ったが, 実際に結果が発生したのは第 2 の行為によってであるときは, 1 個の犯罪を複数の行為で実現した場合であり, 第 1 の行為に存在した故意が第 2 の行為にも及んでひとつの故意行為を形成するという（「ウェーバーの概括的故意」の理論）。しかし, 第 2 の行為においては結果発生の認識がないのであり, これに故意を認めるのは擬制にすぎない。

　また, これを因果関係の錯誤として論ずる見解もある。多くは故意の阻却を否定するが, これを肯定し殺人未遂と過失致死との併合罪が存在するという見解もある。だが, まず問題なのは客観的な相当因果関係の存否であり, それが肯定される以上, 第 1 の行為のとき行為者の認識した相当な因果経過（絞扼による死）が現実に客観的に生起した相当な因果経過（砂抹吸引による窒息死）と食い違っていても, 故意が阻却されるものではない（205 頁）。

　さらに行為者の第 1 の行為と第 2 の行為とは別々に刑責を論ずべきであり, 結論として殺人未遂と過失致死とが成立するというものもある。しかし, 第 2 の行為を独立に論じるとしても, 第 2 行為から発生した結果が第 1 行為と因果関係にある以上これに既遂責任を否定することはできない。やはり問題は故意のある第 1 の行為と結果との相当因果関係の存否である。

　行為者自身の故意行為の介入　　以上に対して, 過失傷害行為を行った後にさらに殺意をもって行為し死亡結果を招致したときには, 前の行為と死亡結果との間には因果関係は存在せず, 前の行為に過失致死は成立しないというのが判

例の態度のようである。

　たとえば，被害者を熊と誤信して発砲してこれに重傷を与えたが，楽に死なせてやるつもりでさらに発砲してこれを殺した場合，前の行為と死との間に因果関係はなく，結局，業務上過失傷害と殺人との併合罪になる（最決昭53・3・22刑集32巻2号381頁・百選Ⅰ10・判ブⅠ51参照）。自動車事故で重傷を与え被害者を救護せず死に致した場合，後の不作為に殺人罪が成立するときには業務上過失傷害と殺人とが成立する（東京地判昭40・9・30下刑集7巻9号1828頁〔紀の国坂カーブ事件，判ブⅠ38〕参照），被害者を過失によって自動車の底部に巻き込み傷害を与え，その後それに気がついたにもかかわらず，さらに運転を継続し死亡させた場合には，前の過失行為と死亡との間に因果関係はない（東京高判昭63・5・31判時1277号166頁・判ブⅠ52。死因たる結果がどの段階で生じたものか明らかでないので，結局，第1の行為について業務上過失傷害，第2の行為に傷害罪を認めるべきだとする）。

　被害者の行為の介入　　行為者の行為が被害者の行為を強制的に誘引したときには，相当因果関係は存在する。たとえば，たき火の上に横たえられて重度の火傷を受けた被害者が，苦痛から逃げるため水中に飛び込み心臓麻痺を起こして死亡したときには傷害致死が成立する（大判昭2・9・9刑集6巻342頁）。そのほか，行為者の暴行から免れようとして転倒して傷害を受けたときには傷害罪が（最判昭25・11・9刑集4巻11号2239頁〔鍬事件〕），死亡したときには傷害致死罪が（最決昭59・7・6刑集38巻8号2793頁〔池転落事件，判ブⅠ54〕）それぞれ成立する。もっとも以上の例は結果的加重犯に関するものであり，ここでは，行為と結果との間の相当因果関係だけでは十分でなく，後述のように基本犯と加重結果との間に直接的な因果関係が必要ではないかという問題がある（152頁）。

　大審院は，傷害を受けた被害者がある宗教の信者であったため，治療をせずに傷口に「神水」を塗ったため丹毒症にかかって傷が悪化した場合にも因果関係を認めていた（大判大12・7・14刑集2巻658頁）。このように，必然的ではないが，行為者の行為に誘引された被害者の不適切な行動によって結果が発生した場合についても，因果関係を認めるのが最高裁の態度でもある。患者の依頼を受けて誤った風邪の治療方法を指示し，患者がそれに忠実に従ったため気管支肺炎に起因する心不全で死亡したという事案について，また，海中における夜

第 5 節　因 果 関 係

間潜水の講習指導をしていた潜水指導者が不用意に受講生のそばを離れ，これを見失ったため，圧縮空気タンク内の空気残量が少なくなっていたにもかかわらず水中移動を行った結果，空気を使い果たして受講生が溺死したという事案に関して，いずれも業務上過失致死が認められている（最決昭 63・5・11 刑集 42 巻 5 号 807 頁・判ブ I 55，最決平 4・12・17 刑集 46 巻 9 号 683 頁・百選 I 13・判ブ I 56/63]）。

　しかし，最高裁はさらに，行為者の傷害行為により重症となった被害者が緊急手術を受け，いったんは容体が安定したにもかかわらず，医師の指示に抵抗するなど安静にしていなかったため，結局死亡したという事案に関して傷害致死の因果関係を認めた（最決平 16・2・17 刑集 58 巻 2 号 169 頁・判ブ I 58）。また，被告人らから激しく執拗な暴行を受けて逃走した被害者が，追跡を逃れるために付近の高速道路に進入して自動車に轢過されて死亡した事案においても，被害者の行動は「著しく不自然，不相当であったとはいえない」として，暴行と死亡との間の因果関係を肯定し傷害致死を認めている（最決平 15・7・16 刑集 57 巻 7 号 950 頁〔高速道路侵入事件，百選 I 11・判ブ I 57]）。被害者の行動がこのように無謀であるときにも因果関係を肯定しうるかには疑問はある（なお，以上の 2 例はいずれも傷害致死の事案であり，結果的加重犯の因果関係として更に検討を要する。149〜152 頁）。強姦された被害者が自殺した，あるいは交通事故で重傷を受けた被害者が宗教上の理由から輸血を拒否して死亡したような場合には，被害者の行動が不自然なものとはいえないとしても，因果関係を肯定することはできないと思われる。

　第三者の行為の介入　　大阪南港事件（最決平 2・11・20）のように，それが結果に対して意味を持たない場合には別であるが，米兵轢き逃げ事件（最決昭 42・10・24）のように，第三者の故意行為が介入したときには行為者の行為と結果との間の相当因果関係は否定されるべきである。

　しかし，大審院はこのような事例についても因果関係を肯定していた。被害者は被告人に棒で殴打され川の中に押し入れられ，岸に上がって歩いているうちに，たまたま出会った被告人の被用者が彼を再び川の中に投げ込み，彼は最初の暴行により生じていた重症の脳震盪のため，水中から首を上げることができず溺死した。大審院は第三者の行為は因果関係を中断させるものではないと

して，行為者に傷害致死罪を認めた（大判昭5・10・25刑集9巻761頁〔脳震盪事件〕）。また，行為者の暴行によって「びまん性脳損傷」となり脳死状態に陥った被害者から，医師が被害者の家族の承諾を得て人工呼吸器を取り外し心臓死を到来させたたという事案においても，暴行と死亡との間の因果関係を肯定した下級審判例もある（大阪地判平5・7・9判時1473号156頁〔脳死事件〕）。だが，死の概念について心臓死説をとった場合には，後者の例において傷害致死を肯定することはできないと考えられる。

以上に対して，第三者の介入行為が過失であるときには，それが異常なものでない以上相当因果関係は阻却されないとすべきであろう。判例も，行為者の過失行為の後に第三者の過失行為が介入した場合，仮に第三者が適切に行為していたら結果が発生しなかったであろう場合であっても，因果関係を肯定している。たとえば，薬剤師がヌペルカインに劇薬であるという印をつけずそのまま他の薬剤と一緒にしておいた。看護師はそれに気付いたが適切な是正措置をとらず，他の看護師，医師がそれをブドウ糖注射液と誤信したため，結局，患者がそれを注射され死亡した場合に，薬剤師には業務上過失致死が成立する（最判昭28・12・22刑集7巻13号2608頁）。電力工手が碍子取りかえ作業中に誤って吊架線を溶断してしまったが，誰も電車入線を止める措置をとらず，電車運転手は架線が垂れ下がっていることに気づいたにもかかわらずそのまま進入し，電車火災が発生し，乗客が多数死亡した事件において，電力工手に業務上過失致死が認められている（最決昭35・4・15刑集14巻5号591頁〔桜木町事件，判プⅠ59〕）。普通乗用車を運転していた被告人が，併走していたトレーラー運転手Aに文句を言い謝罪させるため夜明け前の暗い高速道路の第3通行帯上に停止させ，暴行を加えるなどしてから走り去り，それから7,8分後，停車を続けていたAの車にV運転の車が追突し，Vほか2名が死亡し，1名が重傷を負うという事故が発生した場合，その場に車両を停止させ続けたことなど，Aらの不適切な行動が介在していたとしても，Aの車両を停止させた過失行為と交通事故により生じた死傷との間に因果関係が認められている（最決平16・10・19刑集58巻7号645頁・判プⅠ64）。

医師の医療過誤が介入した場合でも因果関係は肯定されている。大審院は，

第 5 節　因 果 関 係

代診の過誤により全治 2 ヵ月程度の傷害が死亡結果を生じさせたときも，傷害を与えた行為者に傷害致死罪を肯定している（大判大 12・5・26 刑集 2 巻 458 頁）。戦後の下級審判例も同様である（仙台高秋田支判昭 35・7・27 下刑集 2 巻 7・8 号 999 頁〔傷害致死〕，高松高判昭 47・5・23 刑月 4 巻 5 号 940 頁〔過失致死罪〕）。しかし医療過誤が重大なものであるときには，因果関係を肯定すべきではなかろう。交通事故の被害者が入院中に重度の褥瘡が生じ，その進行によって肺浮腫心機能障害により死亡した場合に，相当因果関係を否定した判例（東京高判昭 44・10・30〔褥瘡事件〕）は，入院中の病院の治療について重大な医療過誤の存在を疑ったためではないかと考えられる。

しかし，最高裁は，被害者を自動車のトランク内に監禁して停車していたところ，後続車運転士の前方不注意により追突され被害者が死亡したという事案についても，これが「甚だしい過失行為」であるとしても，監禁と死亡との間に因果関係があるとして監禁致死（刑 221 条）を認めている（最決平 18・3・27 刑集 60 巻 3 号 382 頁〔トランク監禁事件，百選Ⅰ 14・判ブⅠ 65〕）。

なお，結果的加重犯の因果関係としても以上の事例のいくつかはさらに検討を要する。

4　結果的加重犯の因果関係

加重結果の帰責　たとえば傷害罪（刑 204 条）のように，「基本犯」である暴行罪（刑 208 条）から「加重結果」である傷害が生じたときに重く処罰される犯罪を「結果的加重犯」という。傷害致死罪（刑 205 条）も傷害罪を基本犯，死を加重結果とする結果的加重犯であるから，暴行罪から死亡の結果が生じたときにも本罪が成立することになる。

結果的加重犯の成立を認めることは，不当と感じられる事例もある。たとえば，喧嘩になって被害者の目のところを蹴りつけたところ，被害者に脳梅毒があったため脳組織が崩壊して死亡したという場合にも傷害致死罪を認めるのが判例である（最判昭 25・3・31 刑集 4 巻 3 号 469 頁）。相当性の判断基盤をめぐる主観説・客観説・折衷説という対立（141 頁）は，相当因果関係の存否を判断するために，被害者の脳梅毒などの行為時に存在した事情を考慮すべきか，いつ考

慮すべきかに関するものであった。これを考慮すべきだとしたときには相当因果関係は肯定され，考慮すべきでないとしたときには否定されることになる。

しかし判例は，被害者の身体に外見上わからない疾病があったため行為者の暴行によって被害者が死亡したときも，結果的加重犯の成立を認めている。上記の「脳梅毒事件」のほかにも，金員を強取するために高齢の女性に暴行を加えたところ，彼女には，行為者はもちろん，本人もまわりの者もかかりつけの医師さえも知らなかった高度の心臓循環器系統の病変があったため，急性心臓死した場合に強盗致死罪が（最判昭46・6・17刑集25巻4号567頁・百選Ⅰ9・判ブⅠ47），被害者に傷害を負わせたところ，治療のため医師が使用したステロイド剤のために体内にあった乾酪型の結核性病巣が滲出型に変化し，これが炎症を惹起して左胸膜炎を起し，これに起因する心機能不全のため死亡した場合に傷害致死罪が（最決昭49・7・5刑集28巻5号194頁・判ブⅠ48/60），それぞれ認められている。相当因果関係を否定した唯一の例は，傷の被害者が血友病患者であり，医師等の不注意も合わさって死亡結果が発生した場合についての下級審判例である（岐阜地判昭45・10・15判タ255号229頁）。

一見健康そうに見えても，臓器その他の欠陥のために，軽微な打撃によって死亡結果が生ずるような人々が社会には少なからず存在するのであり，人はそれを利用して結果を招致しようとすることもある。結果的加重犯における不当な結論を回避するためには，因果関係においてではなく，加重結果については過失を必要としないという判例（最判昭26・9・20〔徴税ロ論事件〕）を変更し，加重結果に少なくとも過失がなければならないとすべきである。最初の相当因果関係説が主観説であったことからも理解できるように，ここでの問題は過失の存否である。

構成要件的因果経路　　現行刑法における加重結果は被害者の死あるいは傷害がほとんどある（例外として刑127条〔往来危険による汽車転覆等〕）。結果的加重犯に関する条文は「……の罪を犯し，よって人を死傷させた者は」などというのが通常である。このように基本犯（……の罪）が加重結果を生じさせた場合について加重された法定刑を規定するのが結果的加重犯であり，その構成要件は加重結果が基本犯から因果的に生ずることである。これは，強盗強姦（刑241条前

第5節　因果関係

段）のように複数の犯罪からなる結合犯（強盗＋強姦）とは異なっている。結果的加重犯における因果関係も，このような構成要件の構造から限定されることになる。

　加重結果は基本犯から生じなければならない。基本犯が成立していないのに加重結果が生じたときは，たとえ後に基本犯が成立したとしても結果的加重犯の構成要件該当性はない。たとえば，強制性交致死傷罪は加重結果が少なくとも強姦未遂から生じることが必要とされているから（刑181条2項），強姦の予備行為から被害者に死傷の結果が生じたにとどまるときは同罪は成立しない（最決昭45・7・28刑集24巻7号585頁〔ダンプカー事件，百選Ⅰ63・判プⅠ273〕は，強制性交の未遂が成立していたことを認め同致傷罪の成立を肯定している）。強盗致死傷（刑240条）も「強盗」から結果が発生していなければならないから，強盗が事後強盗罪（刑238条）の場合には少なくとも窃盗未遂が成立していなければならない（最決昭40・3・9刑集19巻2号69頁〔電気店強盗事件，百選Ⅰ62・判プⅠ270〕は，窃盗の実効の着手を肯定して強盗致傷罪〔刑240条〕を認めた）。

　さらに結果的加重犯には，加重結果が基本犯の構成要件的結果から生ずることを要する場合と，構成要件的行為から生ずることで足りる場合とがある。たとえば，傷害罪（刑204条）における傷害は暴行罪（刑208条）における暴行の結果から，傷害致死罪（刑205条）における死亡は傷害罪における傷害の結果から生じたものでなければならないが，強制性交致死傷罪（刑181条）における死傷結果は強制性交の行為から生じることを要するが，姦淫の結果から生じる必要はない。不同意堕胎致死傷罪（刑216条），強盗致死傷罪（刑240条），強盗強姦致死罪（刑241条後段）も，後者の類型に属する。

　最高裁は，汽車等破壊転覆致死罪（刑126条3項），往来危険汽車転覆等致死罪（刑127条・126条3項）における人の死亡結果は汽車等の破壊結果から生ずる必要はなく，破壊する行為から（最判昭46・4・22刑集25巻3号530頁〔横須賀線爆弾事件上告審判決〕），往来を危険にする行為から（最大判昭30・6・22刑集9巻8号1189頁〔三鷹事件，判プⅡ439〕），それぞれ生ずれば足りるとしている。これによるなら両罪とも後者の類型にあたるということになるが，電車の窓ガラスを割ったところこれが人に刺さって死亡結果が生じたとき（汽車等破壊転覆致死罪），ポール

上の道路標識を取り外したところ通行人に当たり死亡したとき（往来危険汽車転覆等致死罪）にも「死刑又は無期懲役」という結果になる。法定刑の過酷さを考慮するなら，これらの犯罪は前者の類型（基本犯の構成要件的結果から加重結果が生じることを要する類型）に属するものとするのが妥当と思われる。

加重結果発生の直接性　　結果的加重犯に，基本犯の刑罰と加重結果を生じさせる犯罪のそれの総和より加重された法定刑が規定されているのは，基本犯には加重結果を招致する固有の危険が内在していてそれが現実化したものだからでり，加重結果は基本犯の生ぜしめた危険が直接に現実化したものでなければならないと思われる（直接性説。丸山雅夫・結果的加重犯論）。しかし，判例はこのような限定を認めない。

たとえば，行為者の暴行・傷害の後に，行為者あるいは他人の行為によって直接に死亡結果が生じたときにも傷害致死の成立が認められている（大判大7・11・30〔山崎川事件〕，大判昭5・10・25〔脳震盪事件〕，大阪地判平5・7・9〔脳死事件〕）。最高裁は，後部トランク内に監禁したまま乗用車を道路上に停車させていたところ，前方不注意の他車がこれに追突し被害者が死亡した事案についても因果関係を肯定し監禁致死（刑221条）が成立するとしている（最決平18・3・27〔トランク監禁事件〕）。これら後の行為が，先に成立している基本犯の危険性の範囲内にあるかには疑問がある。

以上に対して，被害者が加害行為から逃げようとする過程で冒す死傷の危険は，基本犯の危険の範囲内であるとすべきであろう。判例は，被害者が暴行から逃げようとして転倒して傷害を受けたときには傷害が（最判昭25・11・9〔鍬事件〕），死亡したときには傷害致死罪が（最決昭59・7・6〔池転落事件〕，最決平15・7・16〔高速道路侵入事件〕），強姦の被害者が救助を求めるため逃走し転倒して負傷したときには強姦致死傷（旧刑181条）が（最決昭46・9・22刑集25巻6号769頁），それぞれ成立するとしているが，これは是認できると思われる。

5　早すぎた結果の発生

未遂・予備からの結果の発生　　被害者を気絶させてから海中に投棄し溺死させる計画で，最初にこん棒で殴ったところ被害者はそこで死んでしまったとい

第5節　因果関係

うような場合は，砂抹吸引事件（大判大 12・4・30）のような「遅すぎた結果の発生」（144 頁）に対して，「早すぎた結果」の事例と呼ばれる。判例は，未遂行為から既遂結果が発生したときには既遂犯が成立するという。

最高裁は，クロロホルムを吸引させ，失神した被害者を自動車に乗せたまま海中に転落させたが，被害者の死が最初のクロロホルム吸引によって生じていた可能性が否定できないという事案について，クロロホルムを吸引させた行為に殺人の実行の着手を認めるべきである以上，それ以後の因果経過が行為者の認識と異なっていたとしても，殺人の故意は肯定できるとした（最決平 16・3・22 刑集 58 巻 3 号 187 頁〔クロロホルム事件，百選Ⅰ 64・判ブⅠ 32/267〕）。以前から，下級審判例には同趣旨のものがあった（殺人既遂に関して東京高判平 13・2・20 判時 1756 号 162 頁・判ブⅠ 31，放火既遂に関して静岡地判昭 39・9・1 下刑集 6 巻 9・10 号 1005 頁，広島地判昭 49・4・3 判タ 316 号 289 頁〔プロパンガス事件〕，横浜地判昭 58・7・20 判時 1108 号 138 頁〔最後の一服事件，判ブⅠ 276〕）。

他方，予備段階から結果が発生したとき，たとえば，夫が夜帰ってきたら毒入りの夕食を出して殺害することを計画した妻が，毒入りの夕食を準備して冷蔵庫に入れて外出したところ，夫は昼過ぎに帰ってきて，これを冷蔵庫から出して食べて死亡したような場合には，殺人既遂は成立せず，殺人予備と過失致死のみということになる。最高裁が，密輸船に積んだ覚せい剤を日本附近の海上に投下させ，これを小型船舶で回収しようと企てたが（いわゆる「瀬取り」），悪天候のため回収担当者が覚せい剤を発見できなかった場合，投下された覚せい剤が海岸に漂着して「陸揚げ」結果が生じ，密輸入の既遂結果が発生していたといえるにもかかわらず，覚せい剤営利目的輸入，禁制品輸入の予備（覚せい剤 41 条の 6・41 条 2 項，関税旧 109 条 3 項前段・1 項）だけを認めるべきだとした（最判平 20・3・4 刑集 62 巻 3 号 123 頁〔覚せい剤漂着事件〕）のは，このような考え方を前提にしているのであろう。

既遂構成要件の構造　しかし，既遂結果を発生させた行為が未遂，予備のいずれであっても，既遂犯が成立するとすべきである（町野朔「因果関係論と錯誤理論」北海学園大学法学研究 29 巻 230 頁の見解を改める）。

一般の既遂犯の構成要件は，「未遂犯を犯し，よって既遂の結果を生じさせた

者は」というものではない。結果的加重犯の構成要件が「……の罪を犯し，よって……の結果をもたらした者は」であるのとは異なる。また，未遂犯の結果である既遂結果発生の危険から既遂犯の結果が生じなければならないとしたとしても，現に既遂結果が生じているのだから，その危険性があったことは否定できない。下級審判例には，Aらに拾得・飲用させ殺害する目的で毒入りジュースを農道に置いたが，それを拾ったBらが飲んで死亡したという事例において，法定的符合説の数故意犯説（200～201頁参照）を前提として，Aらに対する殺人予備罪（刑201条・199条），Bらに対する殺人罪（刑199条）を認めたものがある（宇都宮地判昭40・12・9下刑集7巻12号2189頁〔毒入りジュース事件，判ブI 281〕）。ここでは予備行為を経過して既遂犯が成立することが認められているのである。

覚せい剤漂着事件（最判平20・3・4）において輸入罪の既遂も未遂も成立せず予備にとどまるのは，予備行為の後の悪天候によって生じた陸揚げの結果についての因果関係が存在しないからである（175～176頁）。

第6節　主観的構成要件要素

第1款　構成要件と主観的要素

主観的構成要件要素　犯罪によっては，構成要件に特別の心理的要素を必要とするものがある。これらの主観的構成要件要素は故意・過失と異なり，「行使の目的」（刑148条以下），「営利の目的」（刑225条）などのように主観面に対応する客観的構成要件要素が存在しない「超過的心理要素」である。主観的構成要件要素には，行為の違法性を高める主観的違法（不法）要素と，責任を高める心情要素とがある。

構成要件は主観的要素を含まない，すべての主観的要素は責任要素であるとしたのは，構成要件理論の創始者，ベーリングであった。しかし，ある心理的要素が，法益侵害性を高めるものとして当該犯罪の成立要件とされているときにはそれは違法要素であり，しかも当該犯罪に固有の主観的要素であるから，構成要件要素である。

第6節　主観的構成要件要素

　他方では，行為無価値的違法論を支持する立場からは，故意・過失をも含めて，すべての不当な心理状態は行為態様の不当性を基礎づけるものであるから，違法要素であり主観的構成要件要素であると主張される。しかし，当該犯罪に固有の心理的要素が法益侵害性とは無関係で，行為の非難可能性を高めるにすぎないものであるときには，それは，構成要件要素ではあるが，責任要素たる心情要素である。また，故意・過失はすべての犯罪に必要とされる一般的な責任要件なのであるから，これらは構成要件要素ではない。

　主観的要素と「身分」　主観的構成要件要素も共犯と身分（刑65条）における「身分」であり，それが違法要素であるときには他の共犯者に連帯し，責任要素であれば連帯しない（410～411頁）。最高裁は，営利目的麻薬輸入罪（麻向65条2項）における営利の目的は65条2項の身分であり，その目的のない行為者には単純輸入罪（麻向65条1項）のみを認めるべきだとする（最判42・3・7刑集21巻2号417頁〔神戸麻薬輸入事件，百選Ⅰ92・判プⅠ381〕）。これは，本罪における営利目的を責任要素と理解したものである。

第2款　主観的違法要素と責任要素

1　目　的　犯

　偽造罪における行使の目的　「後の行為を目的とする犯罪」のうちでも，各種の偽造罪（刑148条以下）における「行使の目的」は主観的違法要素である。通貨の偽造を行う者が後にそれを行使する目的を持っているときには，通貨が流通に置かれる蓋然性が肯定され，行為の法益侵害性が高まるからである。

　偽造行為者が左右しうるのは将来の自己の行為なのであるから，「行使」の目的は行為者自身が行使することを内容とするものでなければならない。通貨偽造罪（刑148条）について，最高裁は，「行使の目的は自己が行使する場合に限らず他人をして真正の通貨として流通に置かせる目的でもよい」としている（最判昭34・6・30刑集13巻6号984頁）。もし「行使の目的」が心情要素であるとするなら，行使の目的も，他人によって行使される危険性の認識だけで十分であるとすべきことになろうが，自己の行為によって偽造通貨を流通に置く目的がなければならない。ドル軍票事件においては，具体的に行使する意思を持ってい

る者に偽造通貨を交付し行使の結果を生じさせる目的が「行使の目的」であったのである。

凶器準備集合罪における共同加害の目的　凶器準備集合罪（刑208条の3）における「共同加害の目的」も，集合行為が他人の生命身体財産に対する脅威を持つことを意味する主観的違法要素である。したがって，やはり集合行為者自身が共同加害行為に出る目的を持つことが必要であり，他人が加害行為に出ることを認識していることでは十分でない。もっとも，加害現場においてピケをはる（東京高判昭44・9・29高刑集22巻4号672頁），あるいは気勢をあげる（大阪高判昭46・4・26高刑集24巻2号320頁）という目的も共同加害の目的である。しかし，現場に行くつもりのない集合者，単に付和随行の意思で集合した者にはこのような目的は存在しない。

誘拐罪における目的　営利目的等略取誘拐罪（刑225条）における「営利，わいせつ，結婚又は生命若しくは身体に対する加害の目的」は，略取者等が被拐取者を搾取することにより利を図りその意に反した性的行為を受忍させる目的として理解すべきであり，主観的違法要素とすべきである。

　最高裁は，「営利の目的」は誘拐行為によって財産上の利益を得る動機であれば十分であり，それは被誘拐者自身の負担によるものには限られない，誘拐行為に対して第三者から報酬として受ける財産上の利益で十分であるとしている（最決昭37・11・21刑集16巻11号1570頁・判ブⅡ97）。これによれば，誘拐罪における目的は，法益侵害性に無関係な，行為の非難可能性を高める心情要素にすぎないことになろう。しかし，被拐取者が成年者であるときには一般には不可罰な誘拐行為（刑214条参照）が，このような倫理的に不当な心情があると処罰されるとするのはやはり不当である。上記の最高裁の事案は，未成年の女性をだましてストリッパーとして引き渡して報酬を受け取ったというものであり，まさに被拐取者の負担によって利益を得る目的があった事案である。

　同様に，身代金を得る目的も，被拐取者の監禁・拘束を手段とする場合には「営利の目的」である（東京高判昭31・9・27高刑集9巻9号1044頁）。

不法領得の意思　窃盗罪（刑235条）には，「権利者を排除し他人の所有物を自己の所有物と同様にその経済的用法に従いこれを利用し又は処分する意思」

第6節　主観的構成要件要素

（最判昭 26・7・13 刑集 5 巻 8 号 1437 頁・判プⅡ 213）としての不法領得の意思が必要だというのが判例である。

　不法領得の意思のうちの「排除意思」は、被害者の権利の行使をある程度の期間妨げる危険性を財物の窃取行為（占有の奪取）の時点で肯定させるもので、主観的違法要素である。しかし、財物を領得する行為がそれを破壊する行為に比して、権利侵害の程度が高いわけではないから、「領得意思」は主観的違法要素ではない。窃盗罪の成立にそれが必要とされるのは、同罪を当罰性の高い利得犯的行為に限定し、毀棄罪（刑 258 条以下）と区別して重く処罰するためであり、これは責任要素たる心情要素である。したがって、行為者自らが領得する目的を持っていない場合でも、共犯者に領得意思があれば不法領得の意思は肯定しうる。

　結果を目的とする犯罪　　目的犯のうちでも、「他人に刑事懲戒処分を受けさせる目的」を要する虚偽告訴罪（刑 172 条）、「統治機構破壊の目的」などを要する内乱罪（刑 77 条）のようなものを「結果を目的とする犯罪」という。これらの犯罪においては、偽造罪の行使の目的のように、行為者自身が後の行為に出ることによって結果を実現することを目的としているのではない。刑事懲戒の処分、あるいは統治機構の破壊という法益侵害の結果を直接もたらすのは、彼以外の者の行為であってもよい。行為者はこのような行為を直接に支配しうるものではないのだから、ここでの「目的」は主観的違法要素ではない。

　問題は、これらの犯罪には心情要素として積極的な目的が必要とすべきかである。

　虚偽告訴等における「申告」は被誣告者に刑事懲戒の処分を招く危険のあるもの、内乱における「暴動」は統治機構破壊等の危険のあるものでなければならない。行為者にはこの認識があれば足りるとするなら、ここでの「目的」は、客観的な構成要件に対応する意思、すなわち故意にすぎず、特別の心情要素ではないということになる。

　虚偽告訴等の成立には刑事懲戒の処分を受けさせることについての意図は必要ではなく、その可能性の認識で足りるという判例（大判昭 8・2・14 刑集 12 巻 114 頁）はこの趣旨である。他方では、内乱成立のためには統治機構破壊等の「直接

の目的」が必要であり，暴動を機縁としてこれらの目的が達せられるであろうという認識だけでは十分ではないとされている（大判昭10・10・24刑集14巻1267頁〔五一五事件〕，大判昭16・3・15刑集20巻263頁〔神兵隊事件〕，朝鮮高等法院判大9・3・22新聞1687号13頁〔三一事件〕）。これによると，内乱罪における「目的」は故意とは別の心情要素であるということになるが，同罪の成立範囲の限定も，やはり客観的な「暴動」の概念において行われるべきだと思われる。

2 表示犯

表現犯と表示犯　行為者が自己の内心を一定の行為によって表現し，または法の要求する表現を懈怠することによって成立する犯罪を「表現犯」といい，ここでは，「外部的行為の意味ある意欲」が主観的違法要素だとされる。たとえば，偽証（刑169条）における「虚偽の陳述」は証人たる行為者が自己の記憶に反することを知りつつなした証言についてだけ肯定しうる，爆発物に関する犯罪についての不申告の罪（爆発8条）も「犯罪アルコトヲ認知シタル」場合でなければ成立しない，とされている。

しかし，ここでは行為者の意思を離れて客観的な表現行為の意味が問題なのであり，名誉毀損（刑230条），侮辱（刑231条），脅迫（刑222条），秘密漏示（刑134条）などの表現行為によって成立する「表示犯」（ここでは，行為者の意思は単なる故意であって主観的違法要素ではない）と異なるところはない。犯罪の認知がなかったときにも不申告行為は存在するのであり，その認識がなければ故意がなく犯罪が成立しないだけである。

偽証罪における虚偽の陳述　もっとも，偽証罪における「虚偽」とは供述者の記憶に反することであるという主観説をとるなら，証言が自分の記憶に反しているという認識がなければ構成要件該当性もないから，このような認識は主観的違法要素ということになる。

しかし，証言が客観的事実に反していることを「虚偽」とする客観説をとるなら，このようなことはない。主観説を支持するかのような判例（大判明44・10・31刑録17輯1824頁，大判昭7・3・10刑集11巻288頁）も，その具体的事案は，自分が直接経験したことのない事実を経験したと述べたというものであり，客観的

第6節　主観的構成要件要素

に虚偽の証言をしたというものであった。

不敬の行為，侮辱を加える目的　礼拝所不敬（刑 188 条）における「不敬な行為」の存在も，行為者の「不敬な意思」によってではなく行為の客観面によって決せられる。外国国章損壊（刑 92 条）には「外国に対して侮辱を加える目的」が要求されているが，これも国章損壊行為が客観的に侮辱的意味を持つことの認識，すなわち故意にすぎない。

3　傾 向 犯

強制わいせつ罪における性的な目的　行為者の主観的傾向が外面に現れることによって成立する犯罪は「傾向犯」であり，ここでも主観的違法要素がなければ犯罪は成立しないとされることがある。たとえば異性の性器に手を触れたとしても，それが性的な目的によるものでなければ強制わいせつ罪・準強制わいせつ罪（刑 176 条・178 条）は成立しないというのである。最高裁も，かつて，「その行為が犯人の性欲を刺戟興奮させ，または満足させるという性的意図のもとに行なわれることを要〔する〕」として，報復，侮辱，虐待の目的で女性を脅迫して裸体写真を撮影しただけではただちに強制わいせつとはならないないとしていた（最判昭 45・1・29 刑集 24 巻 1 号 1 頁・百選Ⅱ 104・判プⅡ 104）。

しかし，客観的にわいせつな行為があり，行為者にその認識が存在すれば強制わいせつ罪は成立するとすべきであり，故意以上に行為者に特別の心理を必要とする理由は存在しない（上掲の最高裁判決における入江俊郎裁判官らの少数意見）。その後の下級審の判例には実質的に最高裁に従わないものもあった（東京地判昭 62・9・16 判時 1294 号 143 頁は，たとえ無理やり女性の全裸写真を撮影した目的が，写真が公表されることを恐れた女性を従業員として働かせることであったとしても，強制わいせつ罪が成立するという）。

最高裁も最近，「故意以外の行為者の性的意図を一律に強制わいせつ罪の成立要件とすることは相当ではない」として，この「裸体撮影事件」の判例を変更し，7 歳の女児にわいせつな行為を行いそれを撮影したという事案について，行為者の目的が児童ポルノを作成・提供（児童買春 7 条 3 項前段・2 項）し，金銭を得ることにあったとしても，「当該行為そのものが持つ性的性質が明確な行

であるから，その他の事情を考慮するまでもなく，性的な意味の強い行為として，客観的にわいせつな行為であることが明らか」であり，強制わいせつ罪が成立するとした（最大判平29・11・29刑集71巻9号467頁）。

これに対して，強制わいせつ罪に性的な目的を不要とするなら，産婦人科医の行為も（準）強制わいせつ罪になってしまうといわれることもあるが，それが客観的に医療の範囲内の正当な行為であるのなら，合法であり処罰されることはない。逆に，医学的に正当な触診を行っていた医師の内心に性的な感情が少しでも生じたら本罪の成立が肯定されるとすることは不当である。

4　未遂犯

未遂犯の要件としての既遂故意　殺人未遂（刑203条・199条）における殺意，窃盗未遂（刑243条・235条）における窃取の意思など，未遂犯の成立に必要な既遂故意も主観的違法要素だとされる。しかし，行為者が既遂故意を有していること自体が，ただちに既遂結果発生の危険性を高めるものではない。たとえば拳銃を発砲した行為によって生じた人の生命の危険は，行為者が殺意を有していたこととは無関係である。弾丸が発射されたあとでは，それが飛んで行く方向，さらにはその後の事態の推移は行為者の支配しうるところではない。これは，前述の「結果を目的とした犯罪」の場合と同じである。拳銃の引金に指をかける，あるいは，引出しの中の財布に手をかけた場合にも，既遂故意自体が法益侵害の危険を高めるものではない。

他方，行為者の引金を引く，財布をつかむという意思は行為の危険性を高めるものである。未遂犯の成立要件である法益侵害の危険の存否は，行為者の「行為計画」をも考慮に入れて判断されるから（337〜338頁），行為者の意思内容も主観的違法要素となることがあるということである。未遂犯において主観的違法要素が存在するとしても，それは前記のような範囲においてである。以上に対して既遂故意は，未遂犯の客観的要件を超過する心情要素にすぎない。

第3章

故　　意

第1節　故意犯

第1款　意思責任の原則

1　責任主義

責任と故意・過失　責任主義についてはすでに触れた（54頁）。ここでは意思責任の関係において述べることにする。

構成要件該当の事実が惹起されたとしても，行為者を非難できないときには犯罪は成立しない。このような非難可能性を責任という。刑法上の責任は単なる倫理的非難可能性ではなく，適法行為への動機づけが刑罰非難によって可能である行為者の心理状態である。責任（有責性）は構成要件該当性，違法性に続く，第三の犯罪成立要件である。

責任が肯定されるためには，行為者が故意あるいは過失という心理状態によって犯罪を意思的に惹起したことが，まず必要である。これを意思責任の原則という。犯罪事実に関するこのような心理が存在しないところでは，刑罰による適法行為への動機設定が可能でないからである。

歴史的には，行為者が客観的に犯罪結果を惹起しさえすればただちに処罰するという，「客観責任」が存在していた。意思責任の原則は近代になってようやく認められるようになった原則である。たとえば英米法では，public welfare offense と呼ばれる行政犯については犯意（mens rea）が不要とされ，被用者が違

反行為を行ったときは使用者が処罰される代位責任 (vicarious liability)，重罪あるいは軽罪の遂行中に死の結果を生じさせたときには，それぞれ謀殺罪，故殺罪が成立することも認められている (felony-murder rule, misdemeanor-manslaughter rule)。

両罰規定と過失推定説　日本刑法では，意思責任の原則はおおむね尊重されているといえよう。しかし問題となるところもある。

従業者が違反行為を行ったときには，従業者ばかりでなく事業者も処罰するという両罰規定は特別刑法には広く存在している。最高裁は，両罰規定は事業主が行為者らの選任，監督その他違反行為を防止するために必要な注意を尽くさなかった過失の存在を推定した規定であり，事業主が注意を尽したことの証明がなされない限り刑責を免れ得ないとした（最大判昭32・11・27〔国際クラブ事件〕。下飯坂裁判官の補足意見は，従業者が事実に関連してなした違反行為はすべて事業主に帰属するという代位責任を主張し，無過失の従業者を処罰しても憲法31条に違反しないとしている）。さらに，業務主が法人である場合についてもこのように考えるべきだという（最判昭40・3・26〔江商株式会社事件〕）。

最高裁は，責任主義に配慮はしたが，事業主の過失は推定されているから検察官がこれを証明する必要はなく，事業主が刑責を免れるためには無過失であったことを証明しなければならないとする（過失推定説）点で，不徹底である。立証責任を被告人の不利益に転換する合理的な理由はないのであるから，事業主の過失の証明がない以上彼を処罰することはできないとすべきである（純過失説）。

結果的加重犯　英米法の原則に典型的に見られるように，結果的加重犯の加重結果には故意・過失は不要だというのが伝統的な考え方であった。これは，基本犯の犯意が加重結果に転嫁されると考えられてきたためでもある。最高裁も加重結果について過失を不要としている（最判昭32・2・26〔ショック死事件〕など）。

やはり行為者に犯罪結果について責任を問いうるためには，犯罪全体に対して責任がなければならない。その一部について責任があるからといって，全体についての責任を認めることはできない。改正刑法草案（22条）は，「結果の発

第 1 節　故 意 犯

生によって刑を加重する罪について，その結果を予見することが不能であったときは，加重犯として処断することはできない」とした。ここには，正面から過失を要件とすることに躊躇していることがうかがえる。

なお，加重結果に過失が必要であるとすることは，加重結果に故意のある場合には結果的加重犯は成立しないということではない。傷害罪（刑 205 条），強盗致死傷罪（刑 240 条）は加重結果に故意のある場合でも成立することは明かである。

客観的処罰条件，一身的刑罰阻却・減少事由，訴訟障害　親族相隠（刑 105 条），親族相盗（刑 244 条 1 項），親族間の盗品の譲受等（刑 257 条 1 項）においては刑が免除されている。このように行為の可罰性を減少させる行為者の属性を一身的（人的）刑罰減少事由という。昭和 22（1947）年改正前の親族相隠は不可罰とされていたが（旧 105 条），ここでは親族という行為者の属性が一身的（人的）刑罰阻却事由であったということになる。一身的刑罰阻却事由・減少事由と元首，摂政，外交官などの人的な訴訟障害事由とは混同されることがあるが，これらの者の行為は処罰可能であるが訴追できないだけであり，訴訟障害事由（地位）がなくなれば，訴追し処罰することは可能である。前述のように，両者は区別されなければならない（65〜66 頁・75 頁）。

一身的刑罰阻却・減少事由は犯罪の成否，犯罪性の大小自体には関係のない政策的なものであるから，これに関して行為者の意思責任は不要であるという見解もあった。しかし政策が恣意的なものでない以上，その背後には実体がある。これらは犯罪の要素なのであり，それに対する行為者の責任も必要である（他人の所有物を同居親族の所有物であると誤信して窃取した場合も親族相盗例に準ずべきであるとしたものとして，福岡高判昭 25・10・17 高刑集 3 巻 3 号 487 頁〔保管衣類事件〕）。これらの事由に対して，故意が必要か過失でも足りるかは，なお個別的に検討されなければならない。

2　故意犯と過失犯

刑法 38 条　　故意と過失は犯罪の客観面に対応する意思であり，責任形式と呼ばれる。故意は犯罪事実を認識しそれを意思する心理である。このような

心理が存在せず，犯罪事実の発生を予見認識しその不発生を意思すべきであったときに認められるのが過失であり，故意は過失より重い責任形式である。

刑法 38 条は故意を「罪を犯す意思」としている。同条 1 項によれば故意犯だけを処罰するのが原則であり，過失犯を処罰するときには「特別の規定」が必要である。いつこれが認められるかは後に検討しなければならない。

責任阻却事由　　故意・過失があれば，刑罰による適法行為への動機づけが可能であるのが通常である。しかし，このような心理があったとしても，その動機形成過程まで考慮するときはそれが不可能で，行為の非難可能性が存在し得ない場合もある。責任無能力，違法性の意識の不可能性，適法行為の期待不可能性がこのような事情であり，これらを責任阻却事由という。責任無能力については刑法 39 条 1 項（心神喪失）・41 条（責任年齢）の規定があるが，違法性の意識の不可能性，期待可能性については明文の規定がない。これらは超法規的責任阻却事由である。

故意・過失は責任の一般的要件，責任阻却事由は責任の存在を否定する例外的事由である。責任は，故意・過失と責任阻却事由の不存在とをあわせたものである。

第 2 款　故意の概念

1　故意の現実性

同時認識と潜在的認識について　　故意は犯罪事実を認識しそれを意思する心理である。このような心理が現実に存在しないところに故意を認めることはできない。しかし，意識を集中していること，あるいはことば的に認識することまでは必要ではない。賄賂を収受している自分が「公務員」であること（刑 197 条等），襲っている相手が「者」，すなわち人間であること（刑 177 条等），退去せずにいる場所が他人の住居内であること（刑 130 条後段）などは，行為者の認識の中心にはないにしても，「同時に認識されている」ことが通例であろう。

行為者が高度な情動状態にある場合にはその視野は狭窄したものになり，通常の場合には容易に認識されるであろう事実も認識されないことがある。このような場合には故意を認めることはできない。古い下級審の判例には，「殺人

第 1 節　故意犯

罪の犯意即ち殺意は，必ずしもそれが犯人の意識の表面に明確に現われたものではない」とし，憤激して夢中で包丁で腹部を突き刺し失血死させる行為には「意識の深層における殺意」があるとしたものがある（高松高判昭 31・10・16 高刑裁特 3 巻 20 号 984 頁・判プ I 68）。しかし，故意責任は行為者の意思に関して問われる責任であり，人格的な無意識の世界を問責するものではない。もしフロイト的な深層心理についてまで故意責任を問うということにまでなれば，その範囲を画することは不可能となる。

医療観察法の「対象行為」における故意　医療観察法は，殺人・傷害・強盗・強姦・強制わいせつ・放火（いわゆる 6 罪種）という「対象行為」（医療観察 2 条 2 項）を行ったが，心神喪失・心神耗弱（刑 39 条）を理由として自由刑の執行を免れた「対象者」（医療観察 2 条 3 項）について，地方裁判所は，検察官による申立て（同 33 条）により「医療」を言い渡すこと（同 42 条 1 項）等を定めている。

最高裁は，幻覚妄想状態にあった対象者が，「霊界」にいる所有者から持ってくるようにいわれたと思い，他人の家から靴下，ベルトなどを持ち出したところ，捕まえようとした家人をやくざと思い，正当防衛のつもりで反撃して傷害を与えたという事案について，「対象者が妄想型統合失調症による幻覚妄想状態の中で幻聴，妄想等に基づいて行為を行った本件のような場合，対象者が幻聴，妄想等により認識した内容に基づいて行うべきでなく，対象者の行為を当時の状況の下で外形的，客観的に考察し，心神喪失の状態にない者が同じ行為を行ったとすれば，主観的要素を含め，対象行為を犯したと評価することができる行為であると認められるかどうかの観点から行うべきであり，これが肯定されるときは，対象者は対象行為を行ったと認定することができる」として，その行為は対象行為である事後強盗致傷（刑 238 条・236 条 1 項・240 条前段）にあたるとした（最決平 20・6・18 刑集 62 巻 6 号 1812 頁〔霊界会話事件〕）。また，薬物による幻覚妄想状態において自分の父親を殺害した行為者が，被害者は人間ではない「ケモノ」だと思っていたとしても，「『人の外観を有し，人の振る舞いをするもの』との認識を有していれば，それらを総合して『人』といった認識を持っていたであろうとの推定をすることができるから」，医療観察法における故意を肯定しうるという判例もある（東京高判平 20・3・10 判タ 1269 号 324 頁〔ケモノ事件〕）。

これは直接には医療観察法の適用に関する事案ではない）。

　行為者の危険性に対応する必要があるから，医療観察法においては対象行為の主観的要件を不要としあるいは希薄にすべきであるということはできない。たとえば業務上過失致死傷罪は対象行為とはなりえない。しかし，対象行為は処罰の対象ではなく，対象者が同様の行為を行わないようにするために医療的処遇を行うための要件であるから（医療観察1条参照），どのような行為を抑止の対象とすべきかという観点から，最高裁判例のような主観的要件で足りるとすることはできるであろう。

2　故意の体系的地位

故意は主観的違法要素か　　故意は責任の要素である。

　行為無価値的違法論は，故意の存在は行為の社会倫理的不当性を高めるから主観的違法要素として構成要件に属すると主張するが，倫理的に不当なものが違法であるのではない。故意があれば社会が行為に法益侵害の危険を感じるから，故意は違法要素だとする見解もある。しかし，法益侵害の危険性は社会の危険感によって決定されるのではなく，その物理的危険性によるのである。行為者が法益侵害の結果を認識し，それを意思していたとしても，行為の危険性が高められるものではない。未遂犯における故意に関して述べたように，行為の危険性を高めうるのは行為者の「計画」なのであり，故意そのものではない（160頁）。また，法益侵害の結果が実際に発生している既遂犯に関して，結果発生の危険性をうんぬんすることは無意味である。

構成要件的故意と責任故意　　学説には，故意は犯罪の個別化機能を果たす限りにおいては構成要件要素であるが，その行為を非難し帰責しうるという点においては責任要素であり，故意の本籍は責任にあるというものもある。しかし，故意を単一の概念とする以上，それが異なった複数の犯罪成立要件に帰属するということは，論理的には不可能である。故意は，構成要件論か責任論かのいずれかで論じられなければならないのであり，同一の事実の存否を2回論じるのは無用なことである。

　そこでこれらの論者のなかには，犯罪事実の認識・認容を「構成要件的故意」

第1節　故意犯

あるいは「事実故意」とし，違法性の意識の可能性，適法行為の期待可能性を「責任故意」として故意概念を分別するものもある。しかし，後者は故意ばかりでなく過失にも共通の責任阻却事由存否の問題であり，心理的要素である故意の概念に含められるべきものではない。故意は責任要素として犯罪事実との心理的連関につきるのであり，違法性の意識の可能性，適法行為の期待可能性は，故意ではなく規範的責任要素として位置づけられるものである。構成要件的故意と責任故意を分離しようとする理論は，故意説と責任説という異質な考え方を統合しようとしたものであるが，無理な議論であったのである（187頁・319～320頁参照）。

責任能力と故意　判例には，犯罪個別化機能を有する「構成要件要素としての故意」は，責任能力の有無の判断の前にその存否が判断されるものであり，「人ではなくケモノだ」と思っていたとしても殺人（刑199条）の構成要件要素としての故意は肯定しうる，しかしこのような心理状態であったことは事理弁識能力を欠くものとして責任無能力（心神喪失）とされ，責任故意を欠くものであるというものがある（東京高判平20・3・10〔ケモノ事件〕）。しかし，故意の犯罪個別化機能を認めるとしても，「人ではなくケモノだ」と思っていた行為者には過失致死しか成立しえないのであり，「犯罪の個別化」として殺人を認めるということは不可解な論理である。前述のように，医療観察法における対象行為の主観的要件が以上のようなもので足りるとすることは考えられるとしても，このような理論構成が必要であるとは思われない。

要するに，「構成要件的故意」「事実故意」「責任故意」「故意の二重機能」などという概念は，無用であるばかりでなく論理の混乱をもたらす有害なものである。

第3章 故意

第2節　故意の態様

第1款　意思説・認識説・動機説

認識と実現意思　故意の本質に関しては，古くから，構成要件該当事実の実現意思であるとする意思説とその認識であるとする認識説（表象説）との対立があった。認識説は自己の行為が構成要件を実現させることを認識しながらそのような行為に出たことを故意とするのであるから，意思的要素をまったく不要としているわけではなく，意思説も構成要件実現の意思は，目的，意欲，希望のような積極的なものである必要はなく，それを消極的にでも受け入れ甘受する意思であっても足りるとするのであるから，両説の帰結には実際上それほどの差異があるわけではない。

意思説が説くように，故意は認識した結果を実現する意思であり，それには「知的要素」だけでなく「意的要素」も必要である。だが，実現意思以外の結果に対する行為者の心理的態度は故意の存否とは無縁なものである。故意は犯罪結果を支配する心理に対して問われる意思責任なのであり，行為者人格の反社会性，反倫理性の徴表なのではない。「積極的人格的態度」などは故意の問題ではない。

動機説　他方では，認識説が前提としているように，認識していない結果についての実現意思は存在しえないが，その認識は実現意思に結び付いて初めて故意となりうるのである。したがって，犯罪結果の認識が動機となって結果実現の意思となったことを故意とする動機説が，認識説と意思説とを統合するものとして妥当である。そして，結果に対する肯定的心情を故意の要素とするのが妥当でない以上，ここでの動機も結果の認識が実現意思の「積極的動因」となったことではなく，それが行為を避止するような反対動機とならなかったことをいうのである。

第 2 節　故意の態様

第 2 款　確定的故意と未必の故意

1　確定的故意

意図と確知　「意図」と「確知」とは確定的故意（直接的故意）であり，故意として問題のないものとされている。

　意図とは，行為者が犯罪結果を目的としていた場合であり，結果の発生を確実なものと認識していることは必要でない。確知とは結果を確実なものとして認識していた場合であり，それを目的としていたことは必要でない。たとえば，500 メートル先にいる人をライフルで撃って殺そうとしたとき，行為者には殺人（刑 199 条）の意図と，拳銃不法所持（銃刀所持 31 条の 3 第 2 項・3 条 1 項）の確知とがある。結果を積極的に希望していない確知も故意であることが当然とされるのは，既に述べたように，故意が犯罪結果を実現する意思だからである。

虚偽告訴罪等の故意　日本の刑法には，ドイツの刑法などとは異なり，明示的に意図あるいは確知を犯罪の要件としているものはない。したがって，故意犯の成立には確定的故意は必要ではなく，すぐ後で述べる未必の故意であっても足りるのが原則である。だが問題とされる犯罪もいくつかある。

　虚偽告訴等（刑 172 条）における「人に刑事又は懲戒の処分を受けさせる目的」，内乱（刑 77 条）における「国の統治機構を破壊し，又はその領土において国権を排除して権力を行使し，その他憲法の定める統治の基本秩序を壊乱すること〔の〕目的」などの「結果を目的とする犯罪」における「目的」は，行為者が結果の発生を積極的な目的としていることが必要であり，「意図」に限定されるとする見解もある。しかし，これらの犯罪の限定は客観面において行われるべきであり，故意などにおいて行われるべきではない（157～158 頁参照）。

　他方，通常の告訴，告発においても，申告した事実が真実でないかもしれないという未必的認識はあるのだから，虚偽告訴等における申告の「虚偽」については確知を必要とすべきではないかと思われる（判例は未必の故意で足りるとしている。大判昭 12・2・27 刑集 16 巻 140 頁，最判昭 28・1・23 刑集 7 巻 1 号 46 頁）。同罪の故意には権限のある機関に誤った処分を受けさせる意思が必要なのだから，虚偽性の未必的認識で足りるとしてもこのような不都合はないという見解もある

169

だろう。しかし，虚偽の申告事実にもとづいた処分がなされれば，それは客観的に誤った処分である。虚偽性の未必的認識で足りるとすると不当な結果を招くように思われる。

2 未必の故意

確定的故意，未必の故意，認識ある過失　結果の発生が可能であることを認識してはいるが確実なものとは思っていない（確知ではない），結果の発生を積極的に希望しているものでもない（意図でもない）という心理状態においても認められる故意を，未必の故意という。どのような場合に故意を認めるべきか，どのような場合に認識ある過失にとどまるかが問題である。

かつては，故意の本質に関する意思説から認容説，認識説から蓋然性説が，それぞれ主張されていた。認容説は，不確実であってもその結果を是認しつつ受け入れる心理状態があるとき故意を肯定しうるとするのであるが，結果に対する肯定的心情によって故意の存否を決定するのは，やはり妥当ではない。蓋然性説は，行為者が結果の発生を単なる可能性を超える蓋然的なものと認識したときに，故意が認められるとする。しかし故意は知的要素につきるものではないのだから，認識の程度の相違によって故意と過失の限界が画されるものではない。また，結果の発生をそのように高度なものと認識しなければ故意がないというわけでもない。結果発生を目的とした「意図」においては，それを蓋然的と認識していなくても故意があるのであり，未必の故意もこれと異なるものではない。

判断の最終性　確定的故意にせよ未必の故意にせよ，犯罪結果の認識が行為に対する反対動機とならなかったことがその内容であり，故意概念はひとつである。自己の行為が犯罪結果を発生させることを認識した者は，その行為を思いとどまらなければならない。それにもかかわらず行為に出る者には実現意思を肯定しうるのであり，未必の故意もその例外ではない。ただ，不確実な結果発生が認識されていた場合には，行為者は結果が発生すると判断していたといえるか，それを意思したといえるかが問題になるのである。

学説には，行為の危険性を認識しつつあえて行為に出た場合には未必の故意

第 2 節　故意の態様

が存在するというものもある。だが「危険故意」は結果故意ではない。自己の行為が危険であることを認識していても，それが現実に結果を招致すると判断しないこともある。結果が発生するという判断が最終的に存在しなければ，結果を実現する意思も肯定しえない。しばしば，未必の故意は，結果の発生を「覚悟した」とき，結果の発生を「計算に入れた」とき，その不発生を「信頼しなかった」ときに存在するといわれるが，これらも右のような判断の最終性をいおうとするものである。

大審院・最高裁と未必の故意　単に結果の発生もありうると考えただけでは，認識ある過失が存在するにとどまる。

しかし，大審院判例には，実質的には過失にとどまると思われる場合について未必の故意を肯定したものがある。ブラシの毛の入ったラムネを一本だけ製造販売した業者が，洗浄用のブラシの毛が切れてラムネ瓶に付着し，検査でも発見されずに販売される可能性がないとはいえないと思っていた以上，「固形ノ夾雑物」の混入している清涼飲料水の販売を処罰していた当時の清涼飲料水営業取締規則違反の未必の故意があるとしたものである（大判昭 9・2・13 刑集 13 巻 84 頁〔ラムネ瓶事件〕）。この判例は刑法 38 条 1 項について，過失犯の処罰はその趣旨の明文の規定がある場合に限られるいう解釈をとりながら，故意の概念を希薄化することにより処罰の範囲を広げてしまったものである。

最高裁は「諸般の事情から『或は贓物ではないか』との疑を持ちながらこれを買受けた」ときには，盗品譲受罪（刑 256 条 2 項）の故意を肯定しうるとした（最判昭 23・3・16 刑集 2 巻 3 号 227 頁・百選 I 67・判プ I 67）。この事例は，盗難が各地で頻発している中で，売主が同じ種類のものを含む大量の衣類を持ち込み，しかも売り急いでいたというものである。最高裁は，近時にも，報酬をもらうという約束のもと，指示通りに，マンションの一室で他人に成りすまして配達されてきた荷物を受け取った者は，本件のような特殊詐欺の事案が新聞紙上で報道されていたことを認識していた以上，「自己の行為が詐欺に当たるかもしれないと認識しながら荷物を受領したと認められ」，詐欺の故意に欠けるところはないとしている（最判平 30・12・11 刑集 72 巻 6 号 672 頁〔受け子事件 I〕，最判平 30・12・14 刑集 72 巻 6 号 737 頁〔受け子事件 II〕）。

第3章 故　意

　以上のように，行為者に犯罪実現の結果についての肯定的態度が客観的に認められる事案については，最高裁は認容については言及するところはないが，必ずしもそうでない事例についてはそれを明示する。次のような事例である。

　被告人らが大量の硫酸ピッチ（不正軽油の密造過程で発生する産業廃棄物）入りドラム缶をかかえその処理に苦慮していることを知ったAが，仲介料を取って他の業者に丸投げすることにより利益を得ようと考え，低価格でその処理を請け負うことを被告人らに執ように申し入れ，結局，被告人らはAにその処理を委託し，Aらはこれを北海道内に不法投棄したというものである。最高裁は，被告人は「Aや実際に処理に当たる者らが，同ドラム缶を不法投棄することを確定的に認識していたわけではないものの，不法投棄に及ぶ可能性を強く認識しながら，それでもやむを得ないと考えてAに処理を委託した」ものであるから，廃棄物不法投棄（廃棄物25条1項14号〔当時は8号〕・16条）の未必の故意があるとしたのである（最決平19・11・14刑集61巻8号757頁〔硫酸ピッチ事件〕）。

　児童虐待と殺人の故意　　かつては，自動車を人に対して進行させるということは，重大な結果を発生させる危険があるのに，それを「意に介さず」行動したということで未必の故意を認めた下級審判例が存在した（広島高判昭36・8・25高刑集14巻13号333頁〔暴行の未必の故意を肯定して傷害致死罪・傷害罪を認めた〕，大津地判昭39・9・8下刑集6巻9・10号1016頁〔殺人〕，東京地判昭45・2・16判時585号31頁〔殺人未遂〕）。だが，結果に無関心である，それを意に介さないという心理は，結果が発生すると判断してそれを意思したというものではない。

　現在は児童虐待事例での殺意の認定が問題となっている。保護者が子どもに日常的に暴行・傷害を加えたり，食事を与えないなどの虐待を行った場合，死亡した場合に殺人既遂が認められるか，被害者がまだ死亡していない場合には殺人未遂が認められるか，が問題となる。このような場合，虐待者が被害者の死の結果を考えもしていないということもありうるのであり，行為者の執拗で危険な態度から未必の故意を認定してもよいものではない。裁判所は客観的証拠から行為者の主観に故意を肯定するに足りる心理が存在するかを検討しなければならない（大阪高判平13・6・21判タ1085号292頁〔幼女連続虐待死事件a，判プI 396〕，名古屋高判平15・10・15裁判所ウェブサイト，広島高判平17・3・17高刑速（平17）

第2節　故意の態様

307頁，広島高判平 17・4・19 高刑速（平 17）312 頁〔広島せっかん死事件，判プ I 36〕など参照）。

第3款　概括的故意と択一的故意

1　概括的故意

客体の特定　たとえば群衆の中に爆弾を投げ込んだ行為者には，爆発によって死の結果の生じうる範囲内にあった不特定の人に対する殺人の故意を認めることができる。このように，行為者が結果の生ずる客体を特定せず，また結果の発生が確実と認識されていなかったときに認められる故意を「概括的故意」という。比較的最近には，オウム真理教のテロ活動である「地下鉄サリン事件」「松本サリン事件」があった（最高裁の判例として，最判平 19・7・20 集刑 292 号 121 頁，最判平 19・10・26 集刑 292 号 331 頁，最判平 20・2・15 集刑 293 号 79 頁，最判平 21・12・10 集刑 299 号 565 頁，最判平 23・1・18 集刑 305 号 1 頁，最判平 23・11・21 集刑 305 号 203 頁）。

行為者が事前に結果の生ずべき客体を特定していなかったことは，故意の成否とは関係しない。これは，たとえば電話ボックスのなかに毒物を混入させた清涼飲料水を置いて，これを拾得して飲用する被害者を殺そうとした場合にも殺人の故意が認められるのと同じである。危険領域内に入った人を死亡させるという意思がある以上故意の特定性に欠けるところはない。したがって発生した結果に対して「概括的故意」が認められるかは，行為者が行為の結果の及ぶ範囲を正しく認識し，そこに客体が存在しうることを予見していたかによる。たとえば実験して爆弾の破壊能力を正しく認識していた行為者が，それを電車内に仕掛けて爆発させ多数の死傷者を出した場合，爆弾の「比較的近い座席にいた者」に対しては殺人の故意が，そうでなかった乗客に対しては傷害の故意だけが認められる（横浜地判昭 44・3・20 高刑集 23 巻 3 号 531 頁〔横須賀線爆弾事件第1審判決〕）。

2　択一的故意

結果発生の択一性　二つの結果がともに発生することはないが，そのうちのいずれかが発生することを認識している場合には，いずれの結果に対しても

故意が認められる。このような故意を「択一的故意」という。概括的故意の場合とは異なり，択一的故意の場合には，結果は一つの客体にしか生じないと認識されている。だが，双方の客体のいずれかに結果が生じうるという認識がある以上，それぞれについて故意が存在する。たとえば囲炉裏の前に並んで座っているＡ・Ｂに向かって吊してあった鉤吊しを振った場合，行為者には両者に対する暴行の故意がある（東京高判昭35・12・24下刑集2巻11・12号1365頁・判プⅠ91は，Ａに当たってこれを死亡させた場合に傷害致死の成立を認める）。

客体の性質の択一性　客体の性質についての認識が択一的であるときにも双方の犯罪の故意が存在する。実現しなかった犯罪結果に関しては不能犯であり，未遂犯は成立しない。たとえば箱に入れて所持している物がわいせつ物か麻薬かのいずれかであると思っていたが，実際には前者であった場合，わいせつ物所持（刑175条2項）は成立するが，麻薬所持未遂（麻薬64条の2第1項・3項・12条1項）は成立しない。

択一的に認識されたふたつの犯罪結果が法定的に符合する場合，たとえば奪取した財物が他人の占有下にあるか否かにつき確定的な認識がなかった場合（刑235条と254条），所持している薬物が麻薬か覚せい剤のいずれかと認識していた場合（麻薬64条の2第1項・12条1項と覚せい剤41条の2第1項・14条1項）でも，このことは同じである。ただ，この場合は，択一的認識がなく一方の犯罪事実の認識しかなかったとしても，後に述べるように，法定的に符合する範囲で実現した犯罪結果に故意を肯定することができるのである（195〜199頁）。

第4款　未確定的故意と条件付き故意

1　未確定的故意

実現意思　故意には，犯罪結果を認識したばかりでなく，それを実現する実現意思が必要である（168頁）。たとえば急にブレーキが効かなくなった自転車が通行人にぶつかって行くとき，自転車に乗っている者には暴行の結果の認識はあるが，それを意思していたものではなく暴行の故意はない。衝突の結果，通行人に傷害を与えても傷害罪は成立しない。

結果を招致する行為に出ることをまだ決意していない心理状態は，故意では

第 2 節　故意の態様

なく「未確定的故意」あるいは「未決意」である。たとえばピストルを突きつけた行為者が，脅迫するだけにするか殺害するかまだ決めていない状態でピストルが暴発して被害者が死亡したような場合，殺人既遂はもちろん，その未遂，予備も成立しない。実現意思の確定性は，未遂・予備という未完成犯罪にも共通の要件である。

2　条件付き故意

条件付き故意，条件成就前の結果の発生　以上に対して，行為者が結果を直接に招致する行為に出ることを何らかの条件にかからしめている「条件付き故意」の場合には，条件が成就すれば行為に出る意思が確定している以上，故意の確定性に欠けることがない。たとえば，相手との交渉が決裂したら殺そうと思っていた場合（未確定な事実にもとづいた決意），警官が来たら止めようと思って強盗に着手した場合（中止を留保した決意），被害者を昏倒させ海中に投棄し殺害しようとしてこん棒で被害者の頭部を殴打した場合（自分の次の行為を留保した決意）などである。最高裁も，暴力団幹部が暴力団員に，事の成り行きによっては被害者を殺害することもやむを得ないという指示を与えていた場合，その殺人の故意は確定しているとしている（最決昭 56・12・21 刑集 35 巻 9 号 911 頁・判プ I 69，最判昭 59・3・6 刑集 38 巻 5 号 1961 頁・判プ I 70）。

　条件成就の前に結果が発生してしまった場合，たとえば相手が満足のいく返事をしなかったら撃ち殺そうと思ってピストルを構えたが，返事を聞く前にピストルが暴発して死亡させてしまった場合，気絶させて殺すつもりでこん棒で殴ったら被害者が死亡してしまった場合（早すぎた結果の発生），殺人既遂は成立せず，殺人未遂と過失致死とが成立するにとどまるという見解もある。しかし，既遂犯の故意には，結果を最終的に実現する行為を行う意思まで必要だとすることはできないと思われる（153 頁参照）。

条件付き故意と因果関係　しかし，予備・未遂行為と結果との間に因果関係がないときには，既遂犯は成立しない。輸入する目的で覚せい剤を海上に投下させたが，「瀬取り」をする前の暴風雨により覚せい剤が日本に漂着し，密輸入の結果が発生した場合について，最高裁が輸入の予備罪だけを認めた（最判平

175

20・3・4〔覚せい剤漂着事件〕）のは，このようなことから理解できる（153～154 頁）。

また，Xは，他の者のVとの交渉結果いかんによってはこれを殺害するつもりで日本刀を携えて待機していたが，他の共犯者Y・Zが激高して交渉の結果を待たずにVに切りつけ傷害を与えた場合，Y・Zの行為によりXの行為と殺人未遂の結果との間の因果関係が切断されるから，Xには殺人予備罪だけが成立する（大判大 14・12・1 刑集 4 巻 688 頁）。

「クロロホルム事件」(153 頁参照) においては，具体的には，実行者ではなく共謀者の罪責が問題になっていたのであり，最高裁がこれに殺人の故意を認めたのは結論的に正当ということになる。

第 3 節　錯　　誤

第 1 款　事実の認識と故意犯

1　故意と錯誤

犯罪事実と故意・過失　客観的に存在した事実と行為者の認識内容との間に齟齬がある場合を錯誤といい，錯誤がある場合に犯罪が成立するか，成立するとしたらいかなる犯罪かを検討するのが錯誤論である。

刑法は「故意」として，「罪を犯す意思のない行為は，罰しない」としている（38 条 1 項本文）。これは「罪」，すなわち犯罪事実について故意がなければ犯罪は成立しないという原則である。したがって，まず犯罪事実とは何かが確定されなければならない。

犯罪事実は構成要件該当事実と同じではない。前述のように，構成要件には「故意規制機能」はない。構成要件に該当する事実の認識がなければ故意がないとすることも，また逆に，その認識だけで故意を肯定しうるとすることもできない。故意の及ばなければならない犯罪事実とは何かは，より実質的な観点から論定されなければならない。

他方では「法律に特別の規定」があるときには，犯罪事実について故意がないときでも処罰される（刑 38 条 1 項但書）。この場合でも，責任主義の観点から

第 3 節 錯　誤

は過失を必要とすべきである。犯罪事実の全部について認識を必要とする故意犯のほかに、その全部についてもこれを不要とする過失犯が存在するのであるから、犯罪事実の一部については故意、一部については過失でも足りるという中間的な犯罪類型、故意・過失複合犯も存在しうることになる。問題となる犯罪がこのようなものであるとするには、合理的な理由がなければならない。しかし、純粋の過失犯処罰のように法律上の明文の規定までは必要でないとすべきである。

　以上のようにして、錯誤論においては、まずいかなる部分の犯罪事実が故意の及ぶ必要のないものとすべきかから検討されなければならない。

2　処罰条件，結果的加重犯

構成要件要素と処罰条件　　構成要件要素には故意が及ばなければならないのが原則である。たとえば、保護責任者不保護罪（刑218条後段）における「生存に必要な保護」とは、対象者をそのまま放置すれば生存できないという「要保護状態」を解消するための保護措置をいうから、保護責任者にはこのような要保護状態の認識が必要であり、単なるネグレクトの認識だけでは足りない（最判平30・3・19刑集72巻1号1頁）。もっとも、同罪は「準抽象的危険犯」（122頁）であり、不保護行為について必要な生命の危険の程度は、殺人未遂における生命の危険と同程度のものであることは必要ないと解される。そうすると、最高裁のいう「生存のために特定の保護行為を必要とする状況（要保護状況）」の認識が、この事件の行為者に肯定し得ないかについては、なお議論の余地のあるところである。

　他方、犯人蔵匿罪（刑103条）における「罰金以上の刑に当たる罪を犯した者」の認識としては「自分がかくまっているAは事件を起こして捜査機関に追われている」という認識だけで十分であり、「AはX暴動事件において殺人等の罪を犯した犯人として逮捕状が発せられ、逃走中のPである」ことまでの認識は必要ない（大阪高判平30・9・25判時2406号72頁）。

　しかし、構成要件要素であっても故意の及ぶ必要のないものもある。客観的処罰条件は構成要件要素ではあるが、故意が及ぶ必要はない（過失は必要とすべき

177

である。163頁）。他の不法構成要件要素が存在することによって当該犯罪の不法の重要部分が基礎づけられ，ただ最終的な可罰的不法のためにその成就が要求されているのが，処罰条件だからである。たとえば公務員となろうとする者が賄賂を収受したあとで「公務員となった」こと（刑197条2項），債権者を害するような不当な財産処分行為を行い「破産宣告が確定した」こと（破265条・266条）などがこのようなものである。もっとも，前者においては公務員となることについて故意が存在しない場合は事実上考えられないであろう。

酒気帯び運転は禁止されている（道交65条1項）。旧法では，「身体に政令が定める程度以上にアルコールを保有する状態」にあったときだけ処罰することとし（旧道交119条1項7号の2），政令は「血液1ミリリットルにつき0.5ミリグラム又は呼気1リットルにつき0.25ミリグラム」としていた（旧・道交施行令44条の3）。最高裁は「アルコールを自己の身体に保有しながら車両等の運転をすることの認識があれば足り，〔政令〕所定のアルコール保有量の数値まで認識している必要はない」とした（最決昭52・9・19刑集31巻5号1003頁）。これは「政令が規定するアルコール保有量」は，酒気帯び運転罪における処罰条件だとしたということである。行為者にアルコール保有の認識もないときには，本罪の故意はないのは当然である。

加重結果　結果的加重犯の加重結果も，故意の及ぶ必要のない犯罪要素である（過失は必要とすべきである。162〜163頁）。その不法性の主要部分は，加重結果が発生する危険として基本犯に内在している。したがって，加重結果に対する故意がないときでも，結果的加重犯が成立するとされているのである。

結果的加重犯である趣旨は，「……の罪を犯し，よって……を生じさせたときは」という文言によって表現されるのが通例である。しかし，「よって」という文言がある犯罪は常に結果的加重犯であるというのではない。たとえば建造物以外の物を焼損し公共の危険を生ぜしめた場合に成立する放火罪（刑110条）においては，公共の危険の発生について故意は必要でないというのが判例であるが（大判昭6・7・2刑集10巻303頁，最判昭60・3・28刑集39巻2号75頁・判プⅡ434。いずれも110条1項に関する），正当とは思われない。公共危険犯である放火罪においては，客体の焼損という結果より，公共の危険の発生がより重大な不法内

第 3 節　錯　誤

容であり，その認識なくして重い刑罰を科することはできない。特に，自己所有の机や本などを燃やすというそれ自体犯罪でない行為から，予期に反して公共の危険が発生したときにも刑法110条2項が成立するというのは不当である。以上に対して，延焼罪（刑111条）における延焼結果については故意は不要である（故意がある場合には，延焼物件に対する放火罪が成立することになる）。

故意ある結果的加重犯　加重結果に故意があるときにも結果的加重犯は成立しうる。「故意ある結果的加重犯」は存在しないという見解もあるが，基本犯に内在する危険が実現して加重結果が発生した場合には，それに対する行為者の心理がどのよううなものであったかに関係なく，結果的加重犯の構成要件該当性はある。たとえば傷害（刑204条）は，傷害結果に故意があるときも成立する。このような故意ある結果的加重犯が，同時に成立する他の故意犯と法条競合の関係にあるときは，結局後者の犯罪として処罰されることがある。たとえば傷害者に殺意があり人を死亡させたときは傷害致死（刑205条）ではなく，殺人（刑199条）として処罰される。このときも傷害致死が概念的には成立しているのであるが，ただ，殺人罪の罰条によって傷害致死罪のそれが排除されるため，法条競合として同罪が成立しないことになるにすぎないのである。また，強盗犯人が殺意をもって人を殺した場合には強盗致死罪（刑240条後段）と殺人罪（刑199条）とが法条競合の関係にあるが，前者だけが認められる（大判大11・12・22刑集1巻815頁，最判昭32・8・1刑集11巻8号2065頁）。これは，強盗致死罪が殺人罪の不法内容を包摂し，さらに強盗罪もその不法内容としているため，240条後段と199条との法条競合において前者が優位法であるためである。

しかし最高裁は，強姦犯人が殺意をもって被害者を殺したとき，強姦致死罪（刑旧181条）と殺人（同199条）との観念的競合を認めるべきだとする（最判昭31・10・25刑集10巻10号1455頁）。また，電車破壊犯人に乗客に対する殺意があったときには電車破壊致死（刑126条3項）と殺人（同199条）との観念的競合すべきであるという判例もある（東京高判昭45・8・11高刑集23巻3号524頁〔横須賀線爆弾事件控訴審判決〕）。これらの判例は，故意の存在という責任の点も評価すべきであるというのであろうが，一つの法益侵害の結果（人の死）を二重に評価し処罰することはやはり不当である。後例の場合は電車破壊致死のみを認めるべきである。

前例の場合には，強姦致死のみとすると殺人より刑が軽くなってしまうので，法条競合で強姦致死を認め，劣位法である199条の法定刑が排除されずに適用されるとするのが妥当であろう。

3　犯罪阻却事由，刑罰減少事由の錯誤

誤想防衛など　構成要件要素の存在ばかりでなく，違法阻却事由・責任阻却事由が存在しないことも，消極的な意味で犯罪事実であるのだから，そのような事由が存在すると誤信したときには故意が阻却されるのが原則である。構成要件要素の認識だけで故意を肯定しうるという意味での構成要件の故意規制機能は存在しない。

「厳格責任説」(319頁)は，違法阻却事由の錯誤は後に述べる法律の錯誤と同じ「禁止の錯誤」であり，故意を阻却しないとする。たとえば自己の生命に対する急迫不正の侵害行為が存在すると誤認し，殺意をもって攻撃者と思った者に反撃を加えて死亡させたという誤想防衛の場合，行為者には殺人の構成要件を実現する意思はあるのだから故意は存在し，ただ，正当防衛のためにその行為に出ることが許されていると誤信したにすぎないのだから，その誤信がやむをえなかったときに責任が阻却されるにすぎない，とするのである。

しかし，構成要件に該当する事実だけで犯罪が成立するわけではない。違法性を基礎づける事実，すなわち違法阻却事由の不存在も犯罪を構成する事実であり，一律にこれらについて故意は必要でないという厳格責任説は，「罪」を犯す意思を故意の要件とする刑法38条1項本文に反するものである。上の例でいえば，行為者には殺人罪の故意はなく，誤想したことについて過失があれば過失致死罪が成立するのみである。

誤想防衛以外の誤想正当行為の場合も同じである。たとえば目を覚ますために殴ってくれといっていると誤信してその頬に平手打ちを加えた者は，暴行の故意がなく不可罰であり，盲腸炎だと誤診して手術のため患者の腹部を切開したときは，傷害ではなく業務上過失傷害が成立しうるのみである。厳格責任説では，医療過誤はすべて傷害罪あるいは傷害致死罪が成立することになる。

正当防衛と故意，方法の錯誤　「誤想防衛の場合には故意はない」のは，正

第 3 節　錯　誤

当防衛を認識しているため違法事実の認識がないためである。従って，実際に正当防衛である場合にも，正当防衛状況を認識している以上，故意はない。このことが通常意識されないのは，正当防衛は違法性が阻却され不可罰となるために，別に故意の存否を検討する必要がないために過ぎない。

　正当防衛の意思で，攻撃者Aに発砲した弾丸がそれて無関係の第三者Bに当たり，これを死亡させたという「方法の錯誤」の場合にも，Aに対する殺人の故意が存在しない以上，判例のとる抽象的法定的符合説（200〜201頁）を前提としても，Bに流用すべき故意が存在しない以上，Bに対する殺人罪を肯定することはできない。

　Pに暴行を加えているQに向かって車を発進させ，Qに傷害を与えるとともに，誤ってPを轢いて死亡させてしまったという事案について，Q傷害の結果については正当防衛で不可罰，P死亡の結果については誤想防衛であり，暴行の故意はなく傷害致死罪は成立しないとしたものがある（大阪高判平14・9・4判タ1114号293頁〔タイマン事件，百選Ⅰ28・判プⅠ95〕。P死亡については過失もなく不可罰だとする）。しかし，P死亡について故意がないのは以上のような理由によるのであり，「誤想防衛だから」というのは，故意が阻却されるという結論があってからの理由付けに過ぎない。

　刑法230条の2における真実性の錯誤　もっとも違法阻却事由のなかには，その誤認だけでは当該犯罪の故意が阻却されず，誤認したことに過失がなかったときに初めて不可罰とすべきものがある。刑法230条の2に規定されている名誉毀損の違法阻却がこの例である。

　同条は，摘示事実の公共性，摘示目的の公益性，摘示事実の真実性があるときには名誉毀損（刑230条1項）の違法性が阻却されることを前提としつつ，真実性の立証は他の2要件が存在すると認められたときに初めて許されるとするとともに，その立証責任を被告人に負わせた（真偽不明のときには被告人は処罰される）訴訟法的規定である。真実性の立証責任を被告人に負わせる本条は，摘示された事実が真実であるときにも名誉毀損が成立する（刑230条1項），虚偽であることは名誉毀損罪の不法性を増加させるものではあるが，その本質的部分をなすものでないという現行法の基本的態度に由来する。これは，表現の自由の

保障(憲21条)の点からは問題がないわけではない。しかし,現行法のこのような態度を前提とする以上,真実性(「真実であることの証明があった」ことではない)の誤認(刑法230条の2の錯誤)は,誤想防衛のような違法阻却事由の錯誤とは異なり,ただちに故意が阻却されるものではなく,客観的処罰条件の錯誤と同じように(177~178頁),誤信したことに過失がなかったときには犯罪は成立しないとすべきことになる(最大判昭44・6・25刑集23巻7号975頁・百選Ⅱ21・判プⅡ129)。

ここでは犯罪事実の一部たる事実の虚偽性については過失でも足りるとする合理的な理由が存在するのであり,前述のように,この趣旨を認める明文の規定までは不要である。

責任阻却事由の錯誤　責任阻却事由の錯誤についても基本的に同じことがあてはまる。たとえば,期待可能性の不存在をもたらす事実を行為者が誤認したときは故意が阻却される。学説には,期待可能性の錯誤は故意を阻却せず,ただその誤信がやむをえなかったときのみ責任が阻却されるというものが多い。しかし,責任があるからといってただちに故意が存在するということではない。証拠隠滅罪(刑104条)における証拠の他人性など,責任要素が構成要件要素となっている場合は,その不認識は故意を阻却することは一般的に認められている。犯罪の責任要素が期待可能性の存在として現れるときも同じであると考えなければならない。

責任阻却事由のうちでも責任無能力は,行為者の生物学的事情が行為者の意思決定能力を侵害していることを理由とする「推定的責任事情」であるから,行為者の認識の有無は故意と無関係である。たとえば自分は14歳未満(刑41条)だと誤信して人を殺したとしても,殺人の故意が阻却され,過失致死罪になるわけではない。もっとも,このような場合には,可罰性の意識を欠くものとして違法性の錯誤が問題となりうる。

親族相盗例の錯誤　刑罰減少事由は違法あるいは責任の減少事由であるのだから,その存在を誤信したときには当該事由が存在しない場合と同じに扱うべきであり,犯罪について完全な故意責任を問うということはできない。これは,減軽構成要件を誤認した場合に刑法38条2項を適用してその犯罪として処罰すべきであるのと同じである。たとえば,被殺者の嘱託を誤認したときは

殺人（刑199条）ではなく嘱託殺人（刑202条）を（大判明43・4・28刑録16輯760頁〔虚言事件〕），偽造通貨を自分が取得したものであると誤信して行使したときには，偽造通貨行使（刑148条2項）ではなく取得後知情行使罪（刑152条）を，それぞれ認めるべきである。

同様に，同居親族の占有する第三者所有の財物を，同居親族の所有物であると誤信して窃取したときは，刑法38条2項を適用して親族相盗例（刑244条1項）によって刑を免除すべきである（福岡高判昭25・10・17〔保管衣類事件〕）。そのほかの親族間の犯罪（刑105条，257条）についても同じことがあてはまる。

4　違法阻却事由の過剰とその認識

無意識的過剰防衛　　急迫不正の侵害に対する防衛行為が相当性を逸脱した場合は過剰防衛であるが，行為者が防衛行為が過剰であることを認識していなかった場合には，行為者の認識した事実は正当防衛を基礎づける事実なのであるからその部分については故意がなく，過失犯が成立するのみである。たとえば攻撃者の首を誤って強く絞めすぎて殺してしまった場合には，暴行（刑208条）の故意が阻却され，傷害致死ではなく過失致死の成否だけが問題となる。過失致死が成立するときには過剰防衛として刑の裁量的減免があるが（刑36条2項），過失もなかったときには不可罰である（盛岡地一関支判昭36・3・15下刑集3巻3・4号252頁・判ブⅠ223，大阪地判平23・7・22判タ1359号251頁）。このような事例を「誤想防衛」「誤想過剰防衛」であるとするものも多いが，故意が阻却されるのは以上のような理由によるのであり，誤想防衛という名前がつけられるからではない。

なお，以上のように過失犯の過剰防衛も存在するのであり，過剰防衛は故意犯に限られるということはない。また，「無意識的過剰防衛」に刑法36条2項の適用があることにも問題はない。

被害者の承諾の無意識的過剰　　そのほかの無意識的過剰正当行為の場合でも同じである。性交渉の際パートナーの求めに応じて両手で首を絞めたところ，やりすぎてこれを窒息死させてしまった場合，手で首を絞める程度の暴行は被害者の承諾によって違法性が阻却されるものと解するなら，傷害致死は成立し

ないことになる（大阪高判昭29・7・14高刑裁特1巻4号133頁〔首絞め事件, 判プⅠ171〕は過失致死のみを認める）。

意識的過剰　以上に対して過剰性の認識がある場合には，行為者には違法事実の認識があるのだからその範囲で故意犯が成立する。執拗な攻撃に反撃するため，そばにあった斧を「棒様のもの」と思って手にとり攻撃者を殴り死亡させた事案につき，過失致死ではなく傷害致死を認めるべきであるとした最高裁判例（最判昭24・4・5刑集3巻4号421頁〔斧・棒事件, 判プⅠ220〕）は，行為者には斧という具体的認識はなかったとしても，それだけの重量のもので殴るという認識はあったはずだとしている。これは，斧程度の重さの武器で殴る行為は過剰であり，その認識があった行為者の行為は意識的過剰防衛だとしたということである。

被害者の承諾の場合も同様である。たとえば両手ではなくナイロン製バンドでパートナーの首を絞める行為が，その承諾があるにもかかわらず危険で違法であるとするなら，その行為自体に暴行罪が成立するのはもちろん，そこから死の結果が発生したときは過失致死罪ではなく傷害致死が成立するが（東京高判昭52・11・29東高刑時報28巻11号143頁），それが合法であるとするなら，前述のように過失致死だけが成立する。

誤想過剰防衛　存在しない正当化事由を誤認し，しかも仮にそれが存在したとしても過剰にわたる結果を発生させたときにも，以上で述べたことと同じことがあてはまる。すなわち，過剰性の認識がない場合，行為者の認識内容が犯罪でないのだから，故意犯は成立しない。たとえば被害者が攻撃してくると誤信してこれを突き飛ばしたところ，彼が頭を打って重傷を負った場合には過失傷害，死亡させたときは過失致死である。これに対して過剰性の認識があるときは故意がある。たとえば，庖丁を持った者による急迫不正の侵害を誤認し，殺意をもって散弾銃を発砲し重傷を与えたときには殺人未遂が（最決昭41・7・7刑集20巻6号554頁〔散弾銃事件, 判プⅠ224〕），相手が自分に殴りかかってくるものと誤信した空手三段の行為者がその頭部に対して回し蹴りを加え路上に転倒させ，死亡結果をもたらした事案につき傷害致死が（最決昭62・3・26刑集41巻2号182頁〔勘違い騎士道事件, 百選Ⅰ225・判プⅠ225・百選Ⅰ28〕），それぞれ成立する。

第3節 錯　誤

これらの事例も「誤想過剰防衛」と呼ばれている。なお，過剰防衛として刑の裁量的減免を受けるというのが最高裁判例であるが，この点は検討を要する（289〜290頁）。

加持祈祷　盲腸炎と誤診して開腹手術を行い患者をショック死させたときも，治療の要件が存在すると誤認しているのであるから，傷害の故意はなく傷害致死は成立せず，過失致死である。そうだとすると，「病魔退散」のための加持祈祷として病人に暴行を加え死亡させたときも同じはずである。大審院はこのことを認めていたが（大判昭10・3・25刑集14巻339頁〔業務上過失致死とする〕），最高裁は傷害致死とするようになった（最大判昭38・5・15刑集17巻4号302頁〔処罰することは宗教の自由（憲20条1項）に反するものではないという〕）。加持祈祷に治療効果があると誤信したことは違法性の錯誤であり，暴行の故意は阻却されないというものもあるが（東京高判昭31・11・28高刑集9巻12号1251頁），加持祈祷によって病気が治癒すると信じていたことは，盲腸の手術を行えば病気が治ると誤信していたことと同じく正当化事由の錯誤である。前者が根拠のない迷信であるからといって，故意が阻却されないという理由はない。

5　意味の認識

不法・責任の認識　故意犯が成立するためには，前述の例外を認めるべき合理的な理由がある場合を除いて，すべての構成要件要素に対応した事実の認識がなければならない。これは単なる物理的・自然的事実の認識では足りない。アルファベットで印刷された文字の形態を正確に認識したとしても，その文書が「わいせつ」であること（刑175条）の認識があることにはならない。

このような規範的構成要件要素ばかりでなく，記述的構成要件要素についても同じことがあてはまる。新生児をサルと思ったとき，あるいは覚せい剤による幻覚妄想のため，被害者は「人の外観を有し，人の振る舞いをするもの」であるが人ではなく「ケモノ」だと思っていたときには，いずれも「人」（刑119条など）の認識がない（東京高判平20・3・10〔ケモノ事件〕は，医療観察法の対象行為となるという意味での故意を肯定する。165頁，167頁参照）。

犯罪事実は不法事実，責任事実によって構成される。規範的構成要件要素は

観念的概念によって直接的に，記述的構成要件要素は物理的概念によって間接的にこれを指示しているのであり，故意はその指示した犯罪性が具体的な行為に備わっていることの認識でなければならない。すなわち構成要件の内容をなす不法・責任の認識がなければ，当該犯罪の故意を肯定することはできない。

違法性の錯誤　意味の認識がなければ故意を肯定することはできない。しかし，行為が違法であるという評価は犯罪事実そのものではないから，その認識は故意の要件ではない。すなわち，違法性の錯誤は故意を阻却しない。違法性の認識は，故意の要件ではなく，責任一般の問題である。このことは後に検討するので（318～320頁），ここでは，以下で本書が前提とする「制限責任説」を説明するために，違法性の認識と故意との関係に関する学説を整理するにとどめる。

「故意説」は違法性の認識は故意の内容であるとする。その中でも，違法性の現実的認識を必要とするのが「厳格故意説」であり，その潜在的認識あるいは認識の可能性で足りるとするのが「制限故意説」である。厳格故意説によると，違法性の認識がないときには故意が阻却され，過失しか存在しえないことになる。制限故意説が，違法性の認識可能性がないときには過失を肯定する趣旨なのかは明らかでない。いずれにせよ，故意説は「法律を知らなかったとしても，そのことによって，罪を犯す意思がなかったとすることはできない」（刑38条3項本文）という明文に反している。

「責任説」は，違法性の認識は故意の要素ではなく，その認識・認識可能性が故意・過失に共通の責任の要素だとするものである。それによると，刑法38条3項本文は，違法性の認識が故意の内容でないことを規定したものであり，同但書は，違法性の認識がなかったときには責任が減少することを認めたものである。そして，違法性の認識可能性もなかったときには，超法規的に責任が阻却されるとする。

責任説の中でも「厳格責任説」は，違法阻却事由の錯誤は違法性の錯誤と同じ「禁止の錯誤」であり，その誤認は故意を阻却しないとするが，これは妥当ではないのであり（179頁），違法阻却事由の不存在も故意の対象であるという「制限責任説」が妥当である。

第3節　錯　　誤

意味の認識と違法性の意識　　学説には，故意は行為者に行為の違法性を検討する契機を与えるべきものでなければならない（故意の〔違法性の意識の〕提訴機能）として，違法性の認識を可能とするような事実の認識が意味の認識であり，このような認識があれば故意を肯定しうるという見解がある（いわゆる「実質的故意論」。前田・総論157頁・172頁は，これに加えて「主要事実の認識」も必要とするが，その論理は明らかでない）。事実の認識があれば違法性の認識が容易な自然犯では違法性の認識は故意の要件ではないが，それが困難な法定犯では違法性の意識は故意の要件であるという古くからの見解も，このような考え方を前提にしていたものと解される。

　この考えは意味の認識は違法性の認識を導出する機能を有するにすぎないとするものであるから，故意責任の本質は違法性の認識に尽きるという故意説を前提とするものである。そしてここでは，違法性の意識と意味の認識との区別は原理的に存在していないことになるのであり，違法の認識あるいはその可能性があるなら，意味の認識の有無を問わずただちに故意を肯定することになる。これは故意概念の空洞化である。「日本に持ち込むことを禁止されている違法な薬物である」ことの認識があれば，覚せい剤（覚せい剤2条）であることの明確な認識がなくても，覚せい剤輸入（覚せい剤41条1項1号〔行為時〕・13条）の故意があるとした下級審判決（東京地判昭63・10・4判時1309号157頁〔覚せい剤ベスト事件第1審判決〕）はこのようなものであった。最高裁（最決平2・2・9判時1341号157頁〔覚せい剤ベスト事件上告審決定，百選Ⅰ38・判プⅠ74〕）は，行為者には概括的ではあるが「覚せい剤を含む身体に有害で違法な薬物であるとの認識があった」として，故意を肯定している。

　「覚せい剤ベスト事件」の控訴審判決は，何らかの違法な薬物類を漠然と認識予見していたという程度では足りない，「認識予見の対象から覚せい剤が除外されていないことが必要である」としていた（東京高判平1・7・31東高刑時報40巻5～8号29頁）。近時，最高裁は，指示を受けて，マンションの一室で，受取人になりすまして詐取金の入った宅配便を受領した者は，拳銃，薬物，携帯電話端末，金地金のような違法な物品であることの認識だけでは足りないが，「詐欺の可能性があるとの認識が排除」されていない以上，詐欺の故意が肯定されると

している（最判平 30・12・11 受け子事件Ⅰ，最判平 30・12・14 受け子事件Ⅱ）。すなわち，違法性の認識だけでは故意は肯定できないのであり，未必的であるにせよ，事実の認識が必要なのである。

　他方では，「故意の成立を認めるには，その事実を認識していることが，当該行為が違法であり，してはならない行為であると認識する契機となりうることが必要」であるとして，「幻覚又は麻酔の作用を有する毒物又は劇物（これらを含有する物を含む）であって政令で定めるもの」を所持する罪（毒物 24 条の 3・3 条の 3）の故意には「身体に有害で違法な薬物を含有するシンナーである」との認識が必要であり，トルエンを含有しないシンナーは政令（施行令 32 条の 2）の指定外であり，それを所持しても犯罪にならないことを知っていた行為者が，実際に所持していたシンナーにトルエンが含有されていたとしても，トルエンが入っていないと思っていた以上故意がないとした判例もある（東京地判平 3・12・19 判タ 795 号 269 頁〔トルエン事件，判ブⅠ75〕）。しかし，この場合の行為者には構成要件の不法内容の認識はあったのであり，故意を肯定すべきである。所持していたシンナーが処罰の対象となっていないという認識は違法性の錯誤として考慮すべきものである。

　不法内容の認識　　故意に必要な意味の認識は，構成要件要素の意味する犯罪の実質，すなわち不法・責任内容が行為に存在していることの認識でなければならない。

　多く問題となるのは，行為の法益侵害性の意味での不法内容の認識である。たとえば，わいせつ文書販売（刑 175 条）の保護法益を「性行為非公然の原則」に求めるなら，露骨な性描写の存在の認識があれば，その認識もあることになる。最高裁が「問題となる記載の存在の認識とこれを頒布販売することの認識があれば足りる」とするのは（最大判昭 32・3・13〔チャタレイ事件〕），この趣旨に理解される。これに対して，公衆の性的感情，羞恥心を保護法益とするなら，文書の叙述がこれを侵害するものであることの認識を要することになる。

　法律的事実の錯誤　　「権利」「有効・無効」などの法的利益の侵害が問題となっているところでは，その法律的事実の認識がなければ故意を肯定することはできない。

第3節　錯　誤

　寺院規則が無効となったと信じてその定める手続によらないで総代を選任させ，これに新寺院規則を決議制定させたうえ，その旨を寺院登記簿に記載させた行為者には公正証書原本不実記載・同行使（刑157条1項・158条1項）における虚偽性の認識を欠く（最判昭26・7・10刑集5巻8号1411頁・判ブⅠ85）。条例の解釈を誤ったため，鑑札を付けていない飼犬は無主犬になると思って，これを撲殺してその皮を領得したときには窃盗罪（刑235条），器物損壊罪（同261条）における物の他人性の認識を欠く（最判昭26・8・17刑集5巻9号1789頁・百選Ⅰ42・判ブⅠ86）。

　韓国籍の被告人が日本人の養子となったため自分は日本人になったと信じていたときには（真実は，無効な実子としての就籍であった。また養子縁組によって直ちに日本国籍を取得するものでもない），外国人であることの認識がなく，日本人として旅券の交付を受け日本に入国して滞在したとしても，不正手段による旅券受交付の罪（旅券23条1項1号），密入国の罪（出入国管理令〔現入管〕70条1号・3条1項1号），外国人不登録の罪（外人登18条1項1号・3条1項）の故意はない（高松高判昭53・11・22高刑集31巻3号294頁）。

　公衆浴場の営業許可名義の変更届が受理されたと思って，その名義で公衆浴場を経営した行為者には，無許可営業の罪（公浴8条1号・2条1項）の故意がない（最判平1・7・18刑集43巻7号752頁・判ブⅠ87）。

　他方では，不正手段で発給を受けた国際運転免許が無効であること（最決昭53・3・8刑集32巻2号268頁）を知らずに車を運転した場合，それは違法性の錯誤にすぎず無免許運転の罪（道交〔当時〕118条1項1号・64条・107条の2）の故意は阻却されないとした判例（仙台高判昭54・4・26刑月11巻4号307頁）は妥当ではないと思われる。行為者が自己の行為が不当であると認識していたからといって，無免許の故意があることにはならないからである。

　職務行為の適法性，差押えの有効性の錯誤　　大審院は，職務行為の外形を認識している以上，それが違法であると誤信してもそれは違法性の錯誤であり，公務執行妨害（刑95条1項）の故意を阻却するものではないとしていた（大判昭6・10・28評論21巻諸法69頁，大判昭7・3・24刑集11巻296頁・判ブⅡ485）。他方，差押えが無効であると誤信したときは封印破棄（刑96条）の故意は阻却されると

していたが（大判大 15・2・22 刑集 5 巻 97 頁・判プⅠ 79），最高裁は違法性の錯誤にすぎず，故意を阻却しないとするようになった（最決昭 32・8・20 刑集 11 巻 8 号 2090 頁，最判昭 32・10・3 刑集 11 巻 10 号 2413 頁・判プⅠ 80）。

判例には，公務が職務行為としての外観を呈する以上，公務執行妨害，封印破棄の法益として保護に値するのであるから，その認識がある以上故意を肯定しうるという考え方があるように思われる。

素人仲間における並行的評価　意味の認識は法律上の言語によって行われることを要しない。たとえば，文書が「わいせつ」である，他人がその財物の「所有権」を有していると認識しなくても，わいせつ，所有権侵害という概念の指示する犯罪性と関係した意味（不法・責任）を認識していれば足りる。素人的に法律的概念内容と相応するものを認識すれば足りるという意味で，一般に意味の認識は「素人仲間における平行評価」であるといわれる。この場合平行的でなければならないのは，行為者の素人的認識内容と法律概念の実質との間であり，素人同士の認識内容相互の間ではないことに注意すべきである。

大審院は，行為者は狩猟禁止期間内の捕獲が禁止されている「䶈鼠」（ムササビ）を撃ち落としたが，被告人はその動物はその地方の方言で「モマ」であり，ムササビではないと思っていたとしても，違法性の錯誤の問題に過ぎず狩猟法違反の罪の故意はあるとしたが（大判大 13・4・25 刑集 3 巻 364 頁〔ムササビ・モマ事件，判プⅠ 77〕），同じく「狸」（タヌキ）をムジナと思って捕獲した行為者には故意がないとした（大判大 14・6・9 刑集 4 巻 378 頁〔タヌキ・ムジナ事件，百選Ⅰ 43・判プⅠ 78〕）。いずれの事件においても，行為者は捕獲しようとする動物の形態・性質を正しく理解していたのであり，故意に欠けるところはない。それが法律の意味する動物でないと誤解したのは，「あてはめの錯誤」であり違法性の錯誤にすぎない。ムジナはタヌキと異なる動物であるという誤解が一般的であることは，タヌキ・ムジナ事件における行為者の違法性の錯誤を回避不能のものとして免責させることになりえたとしても，故意を阻却する理由とはならない。

最高裁は，「メチルアルコール」は譲渡が禁止・処罰されている「メタノール」ではないと思ってこれを譲渡した場合において，違法性の錯誤にすぎないとした（最大判昭 23・7・14 刑集 2 巻 8 号 889 頁〔メチルアルコール・メタノール事件，判プⅠ

81〕)。他方,「洗濯ソーダ」は価格統制の及んでいる「炭酸ソーダ」とは別物であると思って,これを統制額を超えた代金で販売したときも故意がないとする判例もあるが(札幌高函館支判昭26・3・9高刑判特18号120頁〔洗濯ソーダ事件〕),違法性の錯誤とすべきだったと思われる。

第2款　抽象的事実の錯誤

1　事実の錯誤の種類

客体の錯誤・方法の錯誤,具体的事実の錯誤・抽象的事実の錯誤　事実の錯誤の態様にもいくつかある。そのうち,たとえば暗闇にいる人影をAだと思って射殺したが,それはBであったという場合のように,結果を発生させようとした客体にそのとおりの結果を発生させたが,その客体の性質が行為者の認識していたものと異なるときを「客体の錯誤」という。これに対して,意図した客体とは別の客体に結果が発生したときを「方法の錯誤」あるいは「打撃の錯誤」という。Aを狙って発砲した弾丸がそれてBに当たり,これを死亡させたときなどである。

行為者の認識した犯罪事実と客観的に実現した犯罪事実とが同一の構成要件に属するときを「具体的事実の錯誤」,異なった構成要件に属するときを「抽象的事実の錯誤」という。たとえば,Aを殺そうとしてピストルを発砲したが死んだのがBであるとき,Aの死の惹起もBの死の惹起も殺人罪(刑199条)の構成要件を充足するから具体的事実の錯誤である。Aを殺そうとして発砲した弾丸がテレビ・セットに当たってこれを毀損したとき,主観的に実現しようとしたのは殺人罪の構成要件該当事実であり,客観的に実現したのは器物損壊罪(刑261条)のそれであるから,抽象的事実の錯誤である。

客体の錯誤－方法の錯誤と具体的事実の錯誤－抽象的事実の錯誤とは,それぞれ別の観点による事実の錯誤の分類であって,両者は交錯する。方法の錯誤は具体的事実の錯誤,客体の錯誤は抽象的事実の錯誤であるというのではない。たとえば,Aを殺そうとして発砲した弾丸がそれてBに当たりこれを死亡させたときは,この方法の錯誤は具体的事実の錯誤であるが,それた弾丸がBのテレビ・セットを破壊したときは方法の錯誤による抽象的事実の錯誤である。暗

闇に見えた人影をAだと思って射殺したところそれはBであったときは，その客体の錯誤は具体的事実の錯誤であるが，それがBの銅像であり破壊結果がそれに生じたときは，抽象的事実の錯誤である。

故意犯の成立　　事実の錯誤が存在する場合にいかなる範囲で故意犯が成立するかは，方法の錯誤，抽象的事実の錯誤のそれぞれの領域に分けて検討する必要がある。最初に本書の結論を示しておくと次のようである。——抽象的事実の錯誤があっても，行為者の認識内容と客観的に実現した事実が「符合」（一致）する場合にはその範囲で故意犯が成立する。だが方法の錯誤においては，たとえ具体的事実の錯誤の場合であっても一律に故意を阻却する。

本款では，まず前者から検討する。

2　符合の限界

法定的符合説と抽象的符合説　　具体的事実の錯誤は，方法の錯誤でない場合においては，故意を阻却しない。AをBすつもりでBを殺してしまったときには，殺人の故意において完全に一致するから，Bに対する故意の殺人を肯定しうる。死亡結果の生じた人がAではなくBであったことは故意とは無関係である。問題なのは，暗闇にいるのは人間Aだと思って発砲したが，それは人形Bであり器物損壊の結果を生じさせたというような，容体の錯誤における抽象的事実の錯誤の場合である。

かつて存在した抽象的符合説は，すべての犯罪は違法行為という点で同質であり，その主観面である故意も悪意という点で同質であり，これら相互の間には量的な大小の関係しかないというものであった。これによると，主観的に認識された犯罪事実と客観的に実現したそれとは常に符合するから，小の範囲で故意犯の成立が認められ，上記の例では器物損壊罪（刑261条）が成立する。人形Bを破壊する意思をもってした行為がA死亡の結果を生じせしめたという逆の事例においても，器物損壊が成立する。

しかし，犯罪はそれぞれに固有の不法・責任内容を持つものである。殺人は人の生命を侵害し，器物損壊は人の所有権を侵害する。殺人と器物損壊とは，このように異質の法益を侵害する点から，それぞれ固有の不法性を持つ。犯罪

第3節 錯　誤

事実の認識である故意もそれに応じた個性を持つのであり，殺人の故意と器物損壊のそれとが符合することはない。やはり，客観と主観とが法的な観点から符合すると認められるものでない以上，故意を肯定することはできない。このような考え方を法定的符合説という。

最高裁判例における抽象的事実の錯誤　最高裁は「犯罪の構成要件を異にする」ことは認めながら，「罪質の同一性」を理由として，無形偽造である虚偽公文書作成（刑156条）と有形偽造である公文書偽造（刑155条）との符合を認めた（最判昭23・10・23刑集2巻11号1386頁〔診断書偽造事件，判プⅠ98〕，最決昭37・7・17集刑143号415頁〔有印公文書偽造事件〕）。しかし，その後で「犯罪の類型（定型）として規定している範囲内において一致（符合）する」ことを故意存否の基準とし，住居侵入・窃盗の教唆を行ったところ住居侵入・強盗の結果が生じた場合には，前者の範囲で符合するとした（最判昭25・7・11刑集4巻7号1261頁〔ゴットン師事件，百選Ⅰ90・判プⅠ320〕）。

さらにその後，「構成要件の実質的重なり合い」は肯定できるとして，覚せい剤営利目的輸入罪（覚せい剤41条1項1号・同2項・13条。以下本項目において法律は行為当時のもの），無許可輸入罪（関税111条1項）の故意で，麻薬営利目的輸入罪（麻薬64条1項・同2項・12条1項），密輸入罪（関税109条1項・関税定率21条1項1号）を実現した場合に，麻薬営利輸入と無許可輸入の成立を認め（最決昭54・3・27刑集33巻2号140頁〔麻薬・覚せい剤取り違え輸入事件，判プⅠ100〕），麻薬（コカイン）所持罪（麻薬66条1項・28条1項）の故意で覚せい剤所持罪（覚せい剤41条の2第1項1号・14条第1項）の結果を生じさせた場合に，軽い前者の罪の成立を認めている（最決昭61・6・9刑集40巻4号269頁〔コカイン・覚せい剤取り違え所持事件，百選Ⅰ41・判プⅠ101〕）。

構成要件的符合説，不法・責任符合説，罪質符合説　法定的符合説のなかでも，最後の一連の最高裁判例のように，構成要件が重なり合う場合に故意犯を認める構成要件的符合説が通説である。

構成要件的符合説は，構成要件該当事実の認識がなければ故意を認めることができないという考え方を前提としている。しかしすでに述べたように，故意は構成要件該当事実の認識ではなくその事実の意味の認識である。構成要件的

事実そのものの認識がなくとも，その犯罪的な意味，すなわち不法・責任内容の認識があれば故意を肯定することができる。したがって，事実的な構成要件そのものの符合ではなく，その不法・責任内容の符合をもって足りるとすべきである。このような考え方を不法・責任符合説という（最決昭61・6・9〔コカイン・覚せい剤取り違え事件〕における谷口正孝裁判官の補足意見参照）。

　罪質符合説が以上の趣旨であるならばそれは妥当であろう。しかし，法益の符合で足りるとするなら広きにすぎるように思われる。類型的責任要素が当該犯罪の要素とされているときには，その責任内容の認識がなければ故意を肯定することはできない。たとえば窃盗罪（刑235条）に必要な領得意思は行為者の利得的心情を意味する責任要素であり，器物損壊罪は他人の所有物を損壊することによって被害者を困惑させるという固有の責任内容を持つ。他人の所有物の窃盗を教唆したところ正犯者がそれを損壊したとき，あるいはその逆の場合に器物損壊罪を認めることはできない。

　構成要件的符合説の論者は，洗濯ソーダ事件（札幌高函館支判昭26・3・9），トルエン事件（東京地判平3・12・19）のように，行為が犯罪でないと認識していた行為者にも，当該犯罪の不法責任の認識がある以上故意を認める不法・責任符合説は罪刑法定主義に反すると批判する（高山佳奈子・故意と違法性の意識216頁）。しかし，この問題は行為を処罰する刑罰法規の存在を要求する罪刑法定主義（21頁）とは無関係である。そして，行為が犯罪として処罰されていることを認識していなかった場合は，違法性の錯誤として考慮されるのである。

　以下，具体的な事例に即して検討する。

　殺人，嘱託殺人，傷害致死，保護責任者遺棄致死　　判例は，殺人（刑199条）と嘱託殺人（刑202条）との符合を認める（大判明43・4・28〔戯言事件〕，東京高判昭33・1・23高刑裁特5巻1号21頁，東京高判昭53・11・15判時928号121頁，名古屋地判平7・6・6判時1541号144頁・判ブⅠ99）。いずれも真意でなかった，あるいは真意でない疑いのある殺害の嘱託を真に受けた事案に関して嘱託殺人を認めている。

　殺人（刑199条）と傷害（刑204条）の符合を認め，実行者の殺人に傷害の故意で関与した共犯者には傷害致死（刑205条）が成立するというのが判例である（最判昭25・10・10刑集4巻10号1965頁〔匕首事件。幇助〕，最決昭54・4・13刑集33巻3号

第 3 節 錯　誤

179 頁〔暴力バー事件，判プ I 337・百選 I 91・判プ I 337〕)。また，殺人に保護責任者遺棄（刑 217 条）の故意で関与したときには保護責任者遺棄致死（刑 219 条）の共同正犯が成立する（最決平 17・7・4〔シャクティパット事件〕)。これらの場合，殺人の故意のない共犯者も他の正犯者と同じく殺人の共犯が成立し，刑法 38 条 2 項により傷害致死あるいは保護責任者遺棄致死の刑で処断されるというのではなく，最初から殺人と傷害致死，殺人と保護責任者遺棄致死の共犯である（404 頁）。

有形偽造と無形偽造　　前述のように最高裁は，虚偽公文書作成（刑 156 条）と公文書偽造（刑 155 条）との符合を認める（最判昭 23・10・23〔診断書偽造事件〕，最決昭 37・7・17〔有印公文書偽造事件〕)。虚偽公文書作成は公務員が名義を冒用することなく虚偽の公文書を作る行為であり，名義を冒用して公文書を作る公文書偽造とは構成要件的には一致しない。しかし，公文書偽造という犯罪の不法・責任の質においては一致する。最高裁は「犯罪の構成要件を異にするも，その罪質を同じくする」としている。符合を認めた結論は妥当であると思われる。

財産犯　　さらに，脅迫罪（刑 222 条）と恐喝罪（刑 249 条）（大判大 1・11・28 刑録 18 輯 1445 頁），窃盗罪（刑 235 条）と強盗罪（刑 236 条）（最判昭 23・5・1 刑集 2 巻 5 号 435 頁・判プ I 336），恐喝罪と強盗罪（最判昭 25・4・11 集刑 17 号 87 頁），占有離脱物横領罪（刑 254 条）と窃盗罪（大判大 9・3・29 刑録 26 輯 211 頁，東京高判昭 35・7・15 下刑集 2 巻 7・8 号 989 頁），それぞれの間にも符合が肯定されている。

これらのうち，被害者の瑕疵ある意思にもとづく財物・利益の移転を構成要件とする恐喝罪と意思に基づかないそれを構成要件とする強盗罪，また，占有下にない他人の所有物の領得である占有離脱物横領と占有下にある他人の所有物の取得である窃盗とは，それぞれ相反する概念形態であり，相互に重なり合うことはないともいえる。しかし，それぞれの犯罪の不法・責任内容は質的に同一であるから，符合を認めることができる。

薬物犯罪　　最高裁は，「構成要件の実質的重なり合い」は肯定できるとして，覚せい剤営利目的輸入（覚せい剤 41 条 1 項 1 号・2 項・13 条。以下，本項目において法律は行為当時のもの），無許可輸入（関税 111 条 1 項）の故意で，麻薬営利目的輸入（麻薬 64 条 1 項・2 項・12 条 1 項），密輸入罪（関税 109 条 1 項・関税定率 21 条 1 項 1 号）を

実現した場合に，麻薬営利輸入と無許可輸入の成立を認め（最決昭54・3・27〔麻薬・覚せい剤取り違え輸入事件〕），麻薬（コカイン）所持（麻薬66条1項・28条1項）の故意で覚せい剤所持（覚せい剤41条の2第1項1号・14条1項）の結果を生じさせた場合に軽い前者の罪の成立を認めている（最決昭61・6・9〔コカイン・覚せい剤取り違え所持事件〕）。

　密輸入罪と無許可輸入罪との重なり合いは一応措くとしても，麻薬と覚せい剤とは別種の物質であり両者の構成要件的重なり合いを肯定することはできない。構成要件そのものではなく，その不法・責任内容の重なり合いが問題なのであり，最高裁は構成要件の「実質的重なり合い」という表現でこれを肯定したのである。現在では，構成要件的符合説の論者も以上のような最高裁判例の結論を是認する。

　死体損壊罪と傷害罪，死体遺棄罪と遺棄罪　　構成要件的符合説の論者の中には，「人体の損壊」という点では構成要件的に共通であるして，傷害罪と死体損壊罪（刑190条）との間，「人体の遺棄」という点では同じだとして遺棄罪（刑217条・218条）と死体遺棄罪（刑190条）との間に，それぞれ符合を認める者もある。しかし，人の生命・健康を侵害，危殆する犯罪の不法内容が，死体に対する社会的感情の侵害と符合することはない。下級審の判例も殺人罪と死体損壊・遺棄罪との間の符合を否定している（札幌高判昭32・3・23高刑集10巻2号197頁〔死体と誤信して生体を水中に投棄した事案につき死体遺棄を否定〕，広島高判昭36・7・10高刑集14巻5号310頁〔百選Ⅰ67・判ブⅠ292。死体殺人未遂事件。まだ生きていると信じてとどめをさすつもりで死体に攻撃を加えた行為に死体損壊の成立を否定〕）。

　もっとも，行為時には生死が不明であった人体を死体と信じて遺棄あるいは損壊した事案につき，符合理論によらずに死体遺棄・損壊の成立を認めている判例もある（札幌高判昭61・3・24高刑集39巻1号8頁〔原審が保護責任者遺棄と死体遺棄との符合を認め後者の成立を肯定したのに対し，このような場合は「死んでいた」と認定してよいとしてその結論を是認した〕，東京高判昭62・7・30高刑集40巻3号738頁〔焼こうとして火をつけた人体が生体であったとしても，最終的な損壊結果が発生したのは死体においてであるとして死体損壊の成立を肯定した〕）。

第3節　錯　誤

3　故意犯の成立

主観的犯罪と客観的犯罪とが同等である場合　符合する両罪の法定刑が同一であるときには，客観的に実現された犯罪事実についての故意犯が成立する。たとえば，公文書虚偽記入罪（刑156条）の意思で公文書偽造罪（刑155条）の結果を生じさせたときは後者が（最判昭23・10・23〔診断書偽造事件〕，最決昭37・7・17〔有印公文書偽造事件〕），覚せい剤営利輸入（覚せい剤41条2項・13条）の犯意で麻薬営利輸入（麻薬64条2項・12条1項）の結果を生じさせたときにも後者が（最決昭54・3・27〔麻薬・覚せい剤取り違え輸入事件〕），それぞれ成立する。前者の未遂の不法内容は同質の後者の罪のそれに包含され処罰されるから，両罪は法条競合の関係にあり前者の未遂罪は成立しない。もっとも最高裁の判例には別の趣旨のものもあった（最判昭30・4・19刑集9巻5号855頁は，ヘロイン（塩酸ジアセチルモルヒネ）所持とヘロイン以外の麻薬所持の法定刑が同一であった旧麻薬取締法の下において，後者の犯意で前者の結果を実現させた場合に，後者の犯罪の成立を認めている）。

この場合，刑法10条3項によって二つの犯罪の軽重を比較し，主観的に意図した犯罪の「犯情」が客観的に実現した犯罪のそれより軽いときは，同38条2項によって前者の故意犯を認めるべきだという考え方もあるかもしれない。しかし同条項は，現に行われた複数の犯罪がの法定刑が同一である場合に刑の軽重を決定する必要があるとき（刑47条〔併合罪加重の場合の「最も重い罪」〕，54条〔観念的競合の処断刑として「最も重い刑」〕に適用されるものである。「犯情」とは具体的な犯罪行為の情状をいうのであり，犯罪として，たとえば，公文書虚偽記入の犯情が公文書偽造のそれより重いか否かではない。不法・責任の質において同質のふたつの犯罪の法定刑が同一のときには，不法・責任の量においても同じであるというのが法の趣旨である。したがって，行為者の故意は客観的に実現した犯罪事実に完全に一致するのであり，後者の故意犯が成立するのである。

両者の間に軽重がある場合　主観的に認識した犯罪事実と客観的に実現したそれとが符合するとき，符合する範囲で故意犯が成立する。

主観的に認識された犯罪が客観的に実現された犯罪より重かった場合には，客観的に実現された犯罪が成立する。たとえば，財物を他人の占有下にあると思ってこれを領得したところそれは占有離脱物であったという場合には遺失物

横領罪（刑254条）が，覚せい剤と誤信して麻薬を所持した場合には軽い麻薬所持罪（麻薬66条1項・28条1項）が，それぞれ成立する。主観的に認識していた犯罪は不能犯であって未遂犯は成立しない（もっとも覚せい剤所持の未遂は処罰されていない）。

　他方，逆の場合，すなわち，行為者の認識した犯罪が客観的に実現した犯罪より量において小さいときには，前者の範囲で故意犯が成立する。たとえば，占有離脱物と誤信して他人の占有する財物を窃取したときは遺失物横領罪（刑254条）が，麻薬が「輸入禁制品」であった（関税定率法〔旧〕21条1項）旧法時に，麻薬を輸入制限貨物である覚せい剤と誤信してを隠匿して税関を通過したときは無許可輸入罪（関税〔旧〕111条1項）が（最決昭54・3・27〔麻薬・覚せい剤取り違え輸入事件〕），麻薬であるコカインと誤信して覚せい剤を所持したときには麻薬所持（麻薬66条1項・28条1項）が（最決昭61・6・9〔コカイン・覚せい剤取り違え所持事件〕），それぞれ成立する。刑法38条2項にいう「その重い罪によって処断することはできない」とは，客観的に実現した重い犯罪の刑だけではなく，その犯罪自体の成立を認めることも禁止する趣旨と解すべきである。

　学説には客観的に実現した犯罪（上例では，窃盗罪〔刑235条〕，麻薬密輸入罪〔関税〔旧〕109条1項・関税定率〔旧〕21条1項〕，覚せい剤所持罪〔覚せい剤41条の2第1項1号・14条1項〕）がそれぞれ成立し，ただ刑は行為者の認識した軽い方の犯罪のそれにとどめるとするものがある。しかし，重い犯罪に必要な故意がないのに概念的にせよその犯罪の成立を認めるのは不当である。傷害の意思で死亡結果を生じさせたときには殺人が成立し刑が傷害致死のそれにとどまる，自動車運転で人を死亡させたときにも殺人であるが刑が業務上過失致死罪（刑211条）であるということが不当であることは明かであろう。

　抽象的事実の錯誤の場合の構成要件の修正　　たとえば，窃盗の故意で強盗の結果を発生させたときには，「占有者の意思になした財物の奪取」という窃盗罪の構成要件が実現しているから，同罪を肯定することに問題はない。しかし，客観的にはその構成要件の実現がない場合もある。たとえば，コカインと誤信して覚せい剤を所持した場合には麻薬所持罪を認めるべきであるが，現実に麻薬を所持していたわけではない。麻薬だけが輸入禁制品とされていた旧法時に，

第3節 錯　　誤

　麻薬を覚せい剤と誤信して輸入したときには無許可輸入罪を認めるべきであるが，輸入制限貨物（関税〔旧〕118条3項）が輸入されたのではなく，輸入禁制品（関税定率〔旧〕21条1項）が輸入されたのである。同様に，忘れ物だと誤信して他人の占有下にある財物を領得したときは占有離脱物横領罪を認めるべきであるが，彼が領得したのは占有を離れた他人の財物ではない。

　このような場合には，刑法38条2項を適用することによって，客観的に充足された構成要件を主観的に認識された軽い方の構成要件に修正することを認めるべきである。刑法38条2項は，前述のように故意のない犯罪の成立を否定する趣旨ばかりでなく，抽象的事実の錯誤の場合に，このような構成要件軽い犯罪の成立をさせる規定でもあると解すべきである。

　このように考えるなら，構成要件の修正を要する抽象的事実の錯誤有罪判決に示されるべき法令は，①重い犯罪を規定した罰条，②軽い犯罪を規定した罰条，③刑法38条2項である。

　没収の根拠条文　　抽象的事実の錯誤の場合においても，成立する犯罪に規定されている法定刑が認められなければならない。ところが最高裁は，麻薬であるコカインと誤信して覚せい剤を所持した場合には軽い麻薬所持を認めるべきだとしつつ，現実に所持していた覚せい剤の没収は覚せい剤〔旧〕41条の6（現在は41条の8）によるべきだとした（最決昭61・6・9〔コカイン・覚せい剤取り違え所持事件〕。いわゆる「従物説」）。しかしここでは覚せい剤所持は成立していない。同条はこれらの「罪に係る覚せい剤」の必要的没収を認めているのであって，同罪が存在しないのにこれを適用することはできない。最高裁は，薬物の没収は「目的物から生ずる社会的危険を阻止するという保安処分的性格を有する」ことを，その理由としてあげている。同条の没収がそのような性格を有することは否定できないにしても，故意は一切，保安処分の要件ではないとすることはできない。最高裁の論理によるなら，過失によって覚せい剤を所持していたときにも，これを同条によって没収しなければならないことになってしまう。

　他方では麻薬所持罪が成立している以上，目的物の没収は麻薬〔旧〕68条（現在は69条の2）によるべきであるとする見解（「従罪説」といわれる）が基本的に正しいとしても，同条は「麻薬」の必要的没収を認めているのであり，これによっ

て直接に覚せい剤を没収しうるとすることはできない。しかし，すでに述べたように，現実に所持していたのは覚せい剤であり麻薬ではなかったとしても，覚せい剤所持を処罰する刑罰法規に38条2項を適用して麻薬所持罪の成立を認めるのである。同様にここでも，覚せい剤取締法の没収条文（41条の8）が修正されて，麻薬及び向精神薬取締法の没収要件（69条の2）が認められるのである。具体的には，両法条を適用することによって覚せい剤の没収が認められることになる（併用説）。

第3款　方法の錯誤

1　抽象的法定的符合説と具体的法定的符合説

判例の抽象的法定的符合説　行為者の目的とした結果と現実に発生した結果とが法的に符合するなら，方法の錯誤が存在しても発生した結果について故意犯の成立があるというのが判例であり，多くの学説の支持するところである。たとえば，Aに投げつけた物がBに当たりこれを傷害した場合，Bに対する暴行の故意が肯定されるから傷害罪が（大判明42・3・12刑録15輯237頁，大連判大6・12・14刑録23輯1362頁，最判昭24・6・16集刑11号395頁など），死亡結果をもたらしたときは傷害致死罪が（大判大11・5・9刑集1巻313頁，大判昭2・6・8評論11巻刑法276頁，大判昭6・9・14刑集10巻440頁など），それぞれ成立する。また，殺意をもってAに発砲した銃弾がBに当たりBを死亡させたときはBに対する殺人罪が成立する（大判大15・7・3刑集5巻395頁。毒物を送付した場合につき，東京高判昭30・4・19高刑集8巻4号505頁〔毒入り日本酒事件，判プI 93〕）。PにA宅での窃盗を教唆したところ，PはB宅で窃盗したときにも窃盗教唆が成立する（最判昭25・7・11〔ゴットン師事件〕参照）。

このような見解は一般に「法定的符合説」と呼ばれ，方法の錯誤の場合には故意が阻却されるという「具体的符合説」と対比されてきた。しかし法的に符合する範囲で抽象的事実の錯誤の場合も故意犯の成立を肯定する法定的符合説は，方法の錯誤が存在しても法的に符合する以上は故意を肯定しなければならないということまで意味するものではない。方法の錯誤は故意を阻却するとしつつ，それ以外の場合には法的に符合する範囲で故意犯が成立するという本書

第3節　錯　誤

のような見解もある。したがって混乱を避けるために，前者のような見解を「抽象的法定的符合説」，後者のような見解を「具体的法定的符合説」と呼ぶのが適当であろう（平野・総論Ⅰ175頁）。

正当防衛と方法の錯誤　急迫不正の侵害者Aに対する反撃行為がそれて侵害者でない者Bに結果を生じさせたときには，行為者は正当防衛の認識の下で，違法事実の認識なく行為しているのであり，A侵害について故意を肯定することができない以上，抽象的法定的符合説によったとしてもB侵害についての故意を肯定することはできない。誤想防衛だから故意が阻却される（大阪高判平14・9・4〔タイマン事件〕）というのではない（180頁）。

なお，Bの侵害は正当防衛でも緊急避難でもない（268〜270頁）。

数故意犯説　判例は意図しなかった客体に対する故意ばかりでなく，意図した客体に対する故意も認める（数故意犯説）。たとえば就寝中のAを殺そうとして日本刀でめった刺しにしたところ，AとともにAの抱いていたその子Bをも死亡させてしまったときは2つの殺人（観念的競合）が成立する（大判昭8・8・30刑集12巻1454頁。そのほか東京高判昭38・6・27東高刑時報14巻6号105頁・判プⅠ96）。Aに暴行を加えたところ背後にいたBに傷害の結果が生じたときはAに対する暴行，Bに対する傷害が（高松高判昭31・2・21高刑裁特3巻19号897頁），A運転の車にいやがらせの「幅寄せ」を行い，これに接触されたA車が対向車線に押し出されB車に衝突し，A，A車の同乗者C・D，Bが重傷を負い，B車の同乗者Eが死亡したときは4つの傷害，1つの傷害致死罪が成立する（東京高判昭50・4・15刑月7巻4号480頁〔本判例以後，幅寄せなどの「危険運転」はそれだけで暴行罪になるという理解が生じた〕）。Aらを殺害する目的で路上に置いた毒入りジュースをBらが拾得飲用して死亡したときは，Aらに対する複数の殺人予備罪とBらに対する複数の殺人罪が（宇都宮地判昭40・12・9〔毒入りジュース事件〕），目的としたA殺害の結果とともにB傷害の結果が生じたときはAに対する殺人罪とBに対する殺人未遂が（東京高判昭25・10・30高刑判特14号3頁），それぞれ成立する。

最高裁は，警察官Aを殺して拳銃を奪う目的で発砲した弾丸がAを貫通してBに当たり，双方に重傷を与えたときは2つの強盗殺人未遂罪が成立するとし

て，数故意犯説を確認している（最判昭53・7・28刑集32巻5号1068頁・百選Ⅰ40・判プⅠ94）。

一故意犯説　抽象的法定的符合説の論者の中には，1つの故意しかない行為者に複数の故意犯を認めるのは不当であるとしていうものもあり（一故意犯説），同趣旨に見られる判例もあった。一故意犯説によると，1つの既遂結果が発生したときはそれに対してのみ，複数の既遂結果が発生したときには行為者の意図していたそれに対してのみ，それぞれ故意既遂犯が成立する。既遂結果が発生しなかったときには意図した客体に対してだけ未遂犯が成立する，それ以外には故意既遂犯，故意未遂犯は成立せず，過失犯が考えられるだけである。

しかし，抽象的法定的符合説からは行為者の認識と法的に符合する結果のすべてが故意の認められる資格を有しているのであり，そのうちの1つだけにしか故意を認めないとすることはできない。またどの侵害結果に故意犯を認めるかについても，以上からは統一的で明確な基準が存在するとは思われない。

具体的法定的符合説　故意には，犯罪結果の認識という知的要素とともにそれを実現する意思である意的要素が必要である。後者の実現意思は行為者の認識した特定の客体についてのみ存在しうるのであり，認識していない客体に結果を実現する意思はありえない。故意がこのようなものである以上，やはり具体的法定的符合説が妥当である。行為者の認識内容と発生した犯罪事実との法定的符合だけで故意を肯定し，それ以外の故意の方向性を考慮しない抽象的法定的符合説は，故意の意的側面を無視するもので不当である。

具体的法定的符合説によると，Aを殺そうとした弾丸がBに当たりこれを殺してしまったときには，Aに対する殺人未遂とBに対する過失致死が，A・Bともに殺してしまったときはAに対する殺人とBに対する過失致死が，AをまたしBに傷害を与えたときはAに対する殺人とBに対する過失傷害が，それぞれ成立する。

2　客体の錯誤と方法の錯誤

故意の方向性　抽象的法定的符合説によるならば方法の錯誤と客体の錯誤を区別する必要はない。だが，客体の錯誤は法定的に符合する限り故意を阻却

第 3 節　錯　　誤

しないが，方法の錯誤は故意を阻却するという具体的法定的符合説によるなら，両者は区別されなければならない。

　事実の具体的認識がなければ故意を肯定しえないという具体的符合説からは，客体の錯誤も故意を阻却するとしなければ一貫しないといわれることもある。しかし，故意の具体化はその知的要素，意的要素の要請として行われるのであり，それを超えた具体化がどこまでも行われなければならないというのではない。故意の要素が存在している以上故意は認められるのであり，認めなければならない。XがAを恨んでこれを殺した場合，その怨恨が誤解によるものであったとしてもそれは「動機の錯誤」に止まるものであり殺人罪の故意が阻却されるものではないのと同様，目的とした客体の性質を誤認した一事をもって故意が阻却されるものではない。

　たとえば暗闇にいる人影をAだと思い，これを殺そうとして発砲して殺害したところそれは別人のBであったときにも，AもBも殺人罪の客体である「人」であり符合するから，殺人罪が成立する。行為者は認識した客体に結果を発生させているのであり，行為の方向は故意の方向から逸脱していないからである。

　認識した客体　結果を発生させようとした客体に結果が発生したときは方法の錯誤は存在しない。脅迫しようとしてAに電話をかけたつもりであったが，番号を間違えたためBにつながり，電話に出たBをAと思って脅迫したときにも，行為者には「電話に出た人」を脅迫する意思があるのだから客体の錯誤にとどまり，脅迫罪（刑222条）が成立する。これに対して，A宛に出した脅迫状がBに誤配達されBがそれを読んだときには方法の錯誤があり，脅迫罪は成立しない。行為者の認識した客体はAであり「脅迫状を読む人」ではないからである。もっともAを殺害する目的で毒酒を宅配便でAに送ったところ，Aはそれを客Bに出しBが死亡したような場合においては（東京高判昭30・4・19〔毒入り日本酒事件〕），行為者にはA以外の者が毒酒を飲むことの未必的認識が肯定できることもある。そのときにはBに対する殺人罪の故意も肯定される。

　客体の錯誤と方法の錯誤との限界づけが困難であることを理由として具体的法定的符合説を批判する見解もあるが，以上のように，要は客体の認識の有無なのであり，これは原理的に認定可能である。

第 3 章 故　意

　「その客体」を侵害する意思があれば故意がある。たとえば，XはAの左頰に平手打ちを食わせようとしたところ，Aが左手で防御しようとしたのでXの手がそれに当たったという場合でも，Aの左手も左頰も，暴行の客体であるAの身体の一部にすぎないのであり，Xには暴行の故意を肯定しうる。同様に，Aの自動車のガラス窓に発砲した弾丸がそれてそのタイヤに当たり穴をあけたときも，自動車に対する器物損壊が成立する。しかし，弾丸がAのバイクに当たってこれを破損したときは，Aの自動車とAのバイクとは別々の客体であるから，Xの錯誤は方法の錯誤であり，器物損壊（刑261条）の故意は存在しない。このように，客体の錯誤と方法の錯誤との区別は行為の客体をどのようなものと理解するかにもよることになる。

　これに対して限界付けを法益主体の同一性に求める見解もある（西田・総論225頁）。たとえばAを虚偽告訴するつもりでBの虚偽告訴の結果が生じたときには虚偽告訴（刑172条）の保護法益である司法作用の侵害という点では同一であるから同罪が，Aの家に放火する目的で火のついた木片を投げたが，隣のBの家に落ちてその焼損の結果が生じたときも，公共の安全の侵害の惹起という点では同一であるから放火罪（刑108条）が，それぞれ成立する。また上例でも，自転車もバイクもAの財産であるから客体の錯誤にすぎないことになる。このような見解を一貫させるなら，Aのバイクだと思ってそれを壊したところそれはBのものだったときには，法益主体の誤認があるから故意が阻却されることにならざるをえない。

　しかし，故意は特定の客体に結果を招致する意思であり，抽象的な法益侵害の意思ではない。またもし故意には法益侵害の意思で十分であるとするなら，それに法益主体の認識をも要求する理由はないはずであり，抽象的法定的符合説を支持するのが一貫しているはずである。さらに論者は刑罰による反対動機設定の「単位」を法益侵害の認識に求めようとするもののようであるが，反対動機設定の可能性があれば故意があるということはできない。もしそれによって故意を肯定するというのであれば，器物の損壊も，人の生命の侵害も同じように刑罰威嚇の下に置かれているのであり，両者の符合を肯定する純粋な抽象的符合説に至るのが一貫した態度であろう。

第 3 節　錯　　誤

第 4 款　因果関係の錯誤

1　因果関係の認識と故意

因果経過の認識と因果関係の認識　　因果関係も犯罪事実であるから，故意にはその認識が必要である。しかしそれは，「刑法上必要とされる因果関係」の認識であるから，それを基礎づけるに足りる事実の認識があれば足りるのであり，具体的な因果経過の認識が故意の内容だというわけではない。たとえば弾丸がAの頚動脈に命中しAが出血多量で死亡した場合において，行為者にこのような具体的に生起した因果経過の事前の認識がなく，単に「Aを射殺しよう」という認識があったにすぎない場合にはもちろん，「Aの心臓を射ち抜いてやろう」と思っていた場合にも，殺人罪の故意は存在する。このような意味で，因果経過に関する錯誤は故意を阻却するものではない。

条件関係の認識　　故意に必要な因果関係の認識としては，まず，当該行為がなければ結果は発生しないであろうことの認識，すなわち条件関係の認識である。

たとえば轢き逃げ犯人が被害者を救護しても助けることができないと判断していたときには，その不作為と結果の発生との間の条件関係の認識はなく，殺人の故意はないということになる。たとえ客観的には不作為と結果との間に条件関係が存在した場合であっても殺人は成立しない（盛岡地判昭44・4・16刑月1巻4号434頁。この場合，行為者には自己の不作為によって結果を発生させる意思もないのであるから殺人未遂も成立しない。結論的に不作為による殺人を認めた東京地判昭40・9・30〔紀の国坂カーブ事件〕もこの理を認める）。

相当因果関係の認識　　相当因果関係についても同じである。行為者が因果経過の相当性を基礎づける事実を認識していれば故意があり，認識していた因果経過が異常であれば故意はない。たとえばパイロットの操縦ミスで飛行機が墜落して叔父が死ぬであろうことを期待して彼に外国に行くことを勧めたところ，飛行機に仕掛けられていた時限爆弾が爆発して叔父が死亡したとする。客観的相当因果関係説によればもちろん，本書で述べたような，「通常人の利用可能性」という相当因果関係（140～141頁）によっても因果関係の相当性を否定す

ることはできないが，行為者の認識していた因果経過は異常なのであるから，彼には殺人罪の故意がないことになる。また，殺人未遂罪も成立しないことになる。

2 因果経過の錯誤

因果関係の符合　認識の現実にたどった因果経過が行為者の認識したところと食い違った場合，すなわち因果経過の錯誤の場合の故意の存在も，以上の一般原則に従って判断される。

客観的にたどった因果経過が相当なものであり，行為者の認識していたそれも相当なものであれば，両者が食い違っていたとしても両者は符合し，発生した結果に対する故意は肯定される。たとえば，Ｖを射殺するつもりで発砲したところ，弾丸はそれたが，驚いたＶは崖から墜落して死亡した場合，また，Ｖを溺死させるつもりで橋の上から突き落としたところ，Ｖは橋脚で頭を打って死亡した場合など，いずれも殺人の故意は存在する。寝ている被害者を都市ガス（天然ガス）で中毒死させようとしてガス栓を開放したところ，冷蔵庫のサーモスタットの火花によってガスが引火爆発しＶが死亡した場合も同じであろう。ピストルには弾丸が入っていないことを知らずに，被害者を射殺するつもりで引き金を引いたところ，驚いたＶが崖から落ちて死亡した場合と同じだからである。他方，硫黄を食べさせることによって殺すことができると信じて夫に硫黄入りの汁鍋をすすめたところ，夫が汁を喉につかえさせて死亡したときには，相当因果関係の認識はなく故意はない。

以上のような場合とは異なり，たとえば重傷を負ったＶが救急車で病院に運ばれる途中交通事故にあい死亡した場合，ピストルの発射音に驚いてＶがショック死した場合など，客観的に相当因果関係が否定されるときには殺人既遂は成立しないが，行為者には相当因果関係の認識があるから同罪の故意があり，殺人未遂が成立する。

刑法上の因果関係に関して条件説をとる学説のなかには，経験上一般に予見不能な因果経過の範囲に属する錯誤は故意を阻却するというものがある（いわゆる責任による修正）。これは条件説の不当な結論を錯誤論を用いて回避しよう

第3節 錯　　誤

とするものであるが，相当因果関係を構成要件要素としなければ，すなわち通説的な相当因果関係説をとらなければ導くことのできない結論である。

遅すぎた結果の発生，早すぎた結果の発生　「遅すぎた結果の発生」「早すぎた結果の発生」については，因果関係と故意の両方の問題とされる。すでに因果関係のところで考察したところであるが (152～154 頁)，以下では，故意論からこれらの問題を振り返ることにする。

　たとえば，Xが殺意をもってVの首を絞めたところVは仮死状態になり，XはVが既に死亡したものと誤信し，海岸の砂上に放置し，Vは結局砂抹吸飲により窒息死したというような遅すぎた結果の発生の場合（大判大 12・4・30 刑〔砂抹吸引事件〕の事例）も，相当因果関係内部の錯誤の一例であり，絞頸による窒息死という相当因果関係の認識と砂抹吸引による窒息死という客観的に存在した相当因果関係とが符合し，故意は肯定される。行為者の認識した危険が現実化した結果についてのみ故意責任を問いうるという見解は，Xが第1の絞頸行為のときにVの死体を砂上に放置することを予定していたとき以外は結果に対する故意は阻却されるという。しかし，すでに死体となっているVを砂上に放置しても窒息死することはないのだから，行為者には被害者の死の認識はないのであり，その事前の計画がどのようなものであろうとも，一律に故意が阻却されるとするのが論理的には一貫していることである。

　これに対して，Vを失神させてから海中に突き落とし溺死させる計画で，Vにクロロホルムを吸引させたところVがそれによって死亡してしまったというような早過ぎた結果の発生の場合（最決平 16・3・22〔クロロホルム事件〕の事例）にも，第一の行為の際の，第二の行為によってVを溺死させるという行為者の認識は，第一の行為からVの死が発生したという現実の因果経過と相当因果関係の範囲内にあるから故意を阻却しない。したがって，第二の行為によって結果を発生させるという行為者の認識した事実がその範囲内であるなら，第二の行為が第一の行為と「密接な」関係にあり，「一連の行為」とみられること（クロロホルム事件最高裁決定参照）まで必要がない。たとえば，失神したVを遠く離れた行為者の自宅まで運び，翌朝，そこで絞殺するつもりでいたときにも，クロロホルムを吸引させたところで殺人の故意は存在する。

第4章

過　　失

第1節　過失犯の処罰

第1款　刑事責任としての過失

意思責任としての過失　現行法上，過失は故意と並ぶ責任形式である。しかし犯罪事実を現実に予見・認識し，その発生を意思したときに認められる故意とは異なり，過失には犯罪結果に対する現実の心理的関係はない。認識ある過失の場合，すなわち結果を意識したがその発生を最終的に認識しなかった場合（認識した場合は未必の故意である）にも，同じである。

　古くは過失にも「警告的徴表」の認識（たとえば幼児がびんから毒を飲んで死んだ場合，母親には幼児の近くに毒入りびんがあったという認識があった），あるいは「義務違反」の認識（たとえば赤信号を見た）などがあると主張されたこともあった。しかし，常にそのような認識が存在するわけではないし，それが存在したとしてもこれは犯罪事実自体の認識でもない。「過失の中に故意をさがす」ことは無意味な作業である。

　過失の責任性は，犯罪結果が生じようとしているのに，意思の緊張を欠いたためそのことを認識しなかったという心理状態にある。このような消極的な心理も意思責任である。学説には，過失は意思責任とはいえないとし，過失責任の本質は法益侵害に無関心な感情であるという「感情責任論」，犯罪結果の発生を認識し回避する知的能力の欠如にあるという「悟性責任論」，非難に値する人

第 1 節　過失犯の処罰

格態度にあるという「人格責任論」を主張するものがある。だが，行為者の無能，無知，悪性格に刑事責任を認めることはできない。それは行為責任の原則に反する。過失責任の本質は不注意という個別的・具体的な心理，意思活動にある。

過失を処罰することは責任主義に反するという考えもある。しかし刑法上の責任は，後にも述べるように，違法行為をしないように意思を規定することが可能な心理状態である。行為者が意思を緊張させ結果の発生を予見し，それを回避するよう意思決定することは可能である。認識のある意思決定に対してのみ責任非難が可能であるとする理由はない。

注意義務の概念　過失犯の処罰は，前述のように，犯罪結果との意思連関において行われなければならない。意思責任としての過失は，犯罪結果を認識すべきであったのにこれを認識しなかったという意思の弛緩，緊張を欠いた不注意という心理状態である。これは結果発生の予見可能性があったときに初めて肯定しうる。注意義務とは予見義務であり，注意義務違反とは，予見義務違反という主観的義務違反である。

見通しの悪い交差点にさしかかった自動車運転手が一時停止せずに進行したため，横路から出てきた自転車と衝突し，自転車に乗っていた小学生を死亡させてしまったとする（業務上過失致死罪。刑 211 条）。このような結果が生じうることは彼には予見可能である。彼には意思を緊張させてそれを予見する義務（予見義務）があり，結果の予見に基づいて結果が生じないように行動する義務（結果回避義務）が生じる。予見可能性がないときには結果回避義務も存在しないから，予見可能性の存否が過失犯の成否を分けるものとなる。

「注意義務」ということばは多義的である。しかし，以上のように，予見義務という主観的注意義務が過失犯の本質であり，結果回避義務という客観的注意義務は，主観的注意義務の反映に過ぎない。結果回避義務と注意義務との関係については，新・旧過失犯論争に関してさらに検討する（211〜213 頁）。

第4章 過　失

第2款　過失犯の処罰規定

特別の規定　　刑法は故意犯だけを処罰するのが原則で，過失犯を処罰するのは例外であるという建前をとっている。過失犯を処罰するときにはその趣旨の「特別の規定」が必要である（刑38条1項但書）。

前述のように，結果的加重犯の加重結果，客観的処罰条件などは犯罪事実に属するが，それについて故意は必要ではなく，過失でも足りる。法の趣旨からこのような犯罪類型であることが肯定できるときには，必ずしも特別の規定は必要ではない。しかし，犯罪事実全部について過失で足りるという純粋の過失犯処罰については，特別の規定が必要である。

明文の規定　　「特別の規定」は明文のものでなければならないと解すべきである。刑法は「過失により」（122条・129条・209条・210条），「過失によるとき」（117条2項），「失火により」（116条），「業務上必要な注意を怠った」（117条の2・211条）などの文言を用いている。特別刑法にもこれと同様のものが多い。

だが判例は，このような明文がなくても過失犯を処罰する趣旨であることが推知されればよいとする。大審院判例の主流は，過失犯を処罰する明文の規定，あるいはその趣旨であることを確認できる規定が必要であるというものであったが（大判大7・5・17刑録24輯593頁。もっとも大判昭9・2・13〔ラムネ瓶事件〕のように，安易に未必の故意を肯定することにより，実質的に過失犯を処罰した例もあることに注意しなければならない），最高裁は，当該法律の「取締る事柄の本質に鑑み」て過失犯処罰を認めることができるとした（最判昭28・3・5刑集7巻3号506頁〔外国人登録証不携帯の罪〕，最判昭37・5・4刑集16巻5号510頁〔古物29条［現33条2号］・17条の古物商帳簿不記載の罪〕。さらに最決昭57・4・2刑集36巻4号503頁・判ブⅠ107。これは，船舶からの油の排出罪（旧・船舶の油による海水の汚濁の防止に関する法律5条1項・36条）は，原因の如何を問わず排出を禁止している「1954年の油による海水の汚濁の防止のための国際条約」の国内履行法として作られたことを理由として，過失犯処罰を肯定した原判決を支持したものである。後の法改正により過失犯を処罰することが明文で規定された。海洋汚染55条2項参照）。

学説には最高裁判例を支持するものもあるが，判例の態度はやはり罪刑法定

主義に反するものであろう。近時の立法は過失犯を処罰するときには，その趣旨の明文の規定を置くようにしている。

第2節　過失犯における違法と責任

第1款　過失犯の構造

1　新・旧過失犯論

旧過失論　過失犯の成立要件を，構成要件該当性，違法性，有責性という犯罪の成立要件に従って示したものを「過失犯の構造」という。「構造」に関する論争が「新・旧過失論争」といわれるものである。

　伝統的な過失犯の理解，旧過失論は本書がとるものであるが，過失犯の構造は故意犯の構造と基本的に同一であるというものである。先の設例 —— 見通しの悪い交差点にさしかかった自動車運転手が一時停止せずに進行したため，横路から出てきた自転車に乗っていた小学生を死亡させてしまった —— に即していうと次のようになる。

　交差点への進入とそれによる構成要件的結果（被害者の死亡）の発生によって，業務上過失致死罪（刑211条）の構成要件該当性が肯定される。助手席に入ってきた銀行強盗の犯人が刃物を自動車運転手の喉に突きつけ，「止まらずに走らなければ，殺すぞ」といっていたようなときには緊急避難（刑37条1項本文）が問題となるが，このような違法阻却事由が存在しなければ，それは違法である（構成要件の違法推定機能）。被害者の死亡結果を予見することが可能であったのに予見しなかったときには，行為者に意思の弛緩があったことになるから過失責任も肯定しうる。しかし，自動車運転手が覚せい剤中毒の状態にあり，「行け！　止まるな！」という幻聴によりこのような行為に出たときには，心神喪失（刑39条1項）として責任が阻却されるかが問題になる。

　以上のように，過失犯の構成要件該当性，違法性は故意犯のそれと同じである。ただ最後の責任の段階で，責任形式を異にするため，故意犯（殺人罪）と過失犯（業務上過失致死罪）とが分かれるだけである。すでに述べたように，故意と

第4章　過　失

過失は責任要素にすぎない。

新過失論　これに対して「新過失論」は，過失犯は故意犯とは基本的に異なる構造を持ち，過失犯の中核的部分は，責任にではなく，行為無価値的な意味での違法に存在するという。すなわち，構成要件要素である結果惹起（結果無価値）と違法阻却事由の不存在によってただちに過失犯の違法性が肯定されるわけではなく，注意義務に反した不当な行為という，過失犯に固有の違法行為によって結果を招致したときのみ，違法性が肯定されるとする。

先の設例に即していえば，見通しの悪い交差点で一時停止せずに自動車を進入させた行為が，注意義務違反の違法行為である。注意義務は結果回避義務と同義であり，過失が注意義務違反行為である以上，それは行為の違法要素であり，責任要素ではない。過失犯において責任が問題になるのは，心神喪失などの責任阻却事由の存否に過ぎない。新過失論を支持する学説の多くは，行為の注意義務違反性は構成要件に属するとする。新過失論が前提とする行為無価値論は，故意は責任要素ではなく構成要件要素だとするから，故意犯と過失犯，殺人罪と業務上過失致死罪の構成要件は相互に異なることになる。

「許された危険」について　旧過失論が過失犯の実体を行為者の意思の弛緩という意思責任に求め，結果の予見可能性の存否によって意思弛緩の有無，従って過失犯の成否を決定しようとしたのに対して，新過失論は予見可能性は決定的ではなく，注意義務違反という行為態様の不当性が考慮されなくてはならないとして，次のような「許された危険」の理論を展開する。

たとえば，自動車運転手には事故を起こして人を死傷させることが，手術をする医師には失敗して患者を死傷させることが，ホテルの経営者には火災が発生して宿泊客が死傷することが，それぞれ常に予見可能だといえる。だが，これらの結果が生じたとき，ただちに彼らを過失致死傷で処罰することは許されないであろう。そのようなことをすれば，自動車交通，医療，ホテル経営そのものが成り立たなくなってしまう。これらの行為は社会的に有用な目的を追求するものであるから，むしろ基本的に許される合法なものである。

運転手が一時停止義務違反などの交通法規に違反し，医師が手技を誤り，ホテル経営者がスプリンクラーを設置しないなどの消防法令に違反した状態で経

第 2 節　過失犯における違法と責任

営するなど，注意義務に違反した行為によって結果を招致したときに，初めて過失犯が成立するのである。注意義務違反が存在しない以上，これらの行為のはらむ危険は「許された危険」であり，この危険が現実化して結果を生じさせても行為は合法である。「許されない危険」になるのは，具体的な行為が法令に違反するなどの行為無価値が存在するときであり，そのような行為によって結果が発生したときに，初めて過失犯が成立する。

新・旧過失論争の意義　旧過失論は過失を責任の問題とし，主観的な心理，意思の緊張を欠いた不当な心理状態であるとし，結果の予見可能性があるときにこのような責任非難が可能であるとする。新過失論によっても，結果の予見可能性がなければ結果回避義務は存在せず過失犯は成立しないが，予見可能性の存在は客観的な注意義務違反の一要素に過ぎない。過失とは客観的注意義務違反の行為であり，不注意とは注意を尽くさない不当な行為のことである。それは構成要件に該当する違法な行為である。

本書は新過失論は不当であるとして，旧過失論を支持するものであるが，新過失論の議論は次で見るように，過失行為，予見可能性の概念を純化させる契機となったものである。

2　過失行為

罪となるべき事実と過失行為　実務では，たとえば業務上過失致死罪（刑 211 条）の「罪となるべき事実」として，「被告人は…年…月…時ころ，自車を北方向に向かって…道路を時速 40 km で運転し，…の見通しの悪い交差点にさしかかったが，一時停止して，左右の安全を確認する業務上の注意義務があるのにかかわらずこれを怠り，速度を維持したまま交差点に侵入し，右方から自転車に乗っていた A（当時 9 年）に自車を衝突させた上これを礫過し，よってその頃同所において A を死亡させたものである」などとする。ここでの過失行為は「速度を維持したまま交差点に侵入し A を礫過した」ことである。これは，殺人罪（刑 199 条）における「罪となるべき事実」として「被告人は…年…月…時…分ころ自宅居間において，その妻 B（当時 69 年）と焼酎を飲みながら転居の方法などについて話し合っていたが，B から自分の浪費癖を指摘されたことから口論と

なり，同日…時…分ころ，激高した被告人は，刺身包丁を台所から持ち出し，逃げようとするAを羽交い締めにした上，殺意を持って，その背後からその頸部を刺し，…時…分頃，Bを頸動脈損傷による出血死により，同所において死亡させたものである」とされている場合，故意行為は「その背後からBの頸部を刺した」こととパラレルである。

　新過失論は，過失行為は「一時停止して，左右の安全を確認する注意義務違反」であるとする。しかし，この行為から直接A死亡の結果が生じたわけではない。このような「注意義務違反」は，被告人が当時意思の緊張を欠いていたことを示す外部的な徴表として「罪となるべき事実」の一部として示されているものである。そしてこれは，「浪費癖を指摘されたため激高して刺身包丁を台所から持ち出した」ことが，殺人行為でなく，殺意があったこととその背景を示す事実であるのと同じである。

　取締法規違反と過失　　新過失論は行為態様の不適切さをとらえて注意義務違反を認めるため，一時停止義務違反などの取締法規違反があれば直ちに注意義務違反と過失を肯定する傾向がある。しかし，たとえば運転中に人を轢いた場合に免許証不携帯であったからといって，ただちに業務上過失致死罪が成立するわけではない。設例のように一時停止義務に違反した場合でもこのことに変わりはない。不適切な行為は，それ自体が犯罪（免許証不携帯，一時停止違反）として処罰されるとしても，過失結果犯（業務上過失致死罪）が自動的に成立するわけではない。過失犯は取締法規違反の結果的加重犯ではない。過失行為は結果を招致する行為に限定されなければならない。

　注意義務・結果回避義務・作為義務　　新過失論はしばしば注意義務を「結果回避義務」というため，過失犯はすべて不作為犯であるかのような誤解が生じた。これは，新過失論が結果回避に結びつく作為すべて（上例では，一時停止，安全確認，減速）の不履行を注意義務違反としたことにも関係している。だが，結果を惹起する過失行為には作為のことも（上例では，Aに自動車を衝突させる行為），不作為のこともある（たとえば，プールで溺れている幼児を救助しなかった行為）。過失不作為犯の場合には，故意不作為犯におけるのと同様に，行為者に作為義務のない場合には過失犯は成立しない（109～110頁）。

第 2 節 過失犯における違法と責任

過失不作為犯における作為義務 過失不作為犯が成立するためには、故意作為犯と同様に、作為義務と作為可能性新過失論は注意義務を外部的な行為に出る義務としたことにより、過失不作為犯の場合にも作為義務を論ずることなく注意義務を安易に肯定する傾向が生じたが、近時には、過失不作為犯についても作為義務の存在が必要であることが認識されるようになっている。最高裁も、デパート火災による死傷事故事故につき、経営会社の取締役人事部長について取締役会の決議を促し防火管理体制の不備を是正する義務、売場課長について防火シャッターを閉鎖する義務、営繕課の課員に消防計画を作成しそれに基づいて避難誘導訓練を実施すべき義務を問題として、これらを否定している（最判平3・11・14〔大洋デパート事件〕）。

最高裁判例において、このような作為義務が問題とされたものに、次のようなものがある。

県が発注した分水路建設工事の監督にあたるとともに、県の設置した河川からあふれ出た水が流入するのを防止する目的で設置した「仮締切」の担当者であった県の河川改修事務所建設課長には、河川氾濫により仮締切が決壊する可能性があるときには請負人の作業員らをただちに退避させる義務がある（最決平13・2・7刑集55巻1号1頁・判プⅠ119）。非加熱製剤の投与によるエイズ感染死亡事故につき、厚生省（当時）薬務局生物製剤課長に販売会社に対して販売中止・回収をうながす義務、医師たちには投与を差し控えさせる義務がある（最決平20・3・3〔薬害エイズ厚生省ルート事件〕）。自社製のトラック、バスからのタイヤ脱落事故が頻発し、それはフロントホイールハブの強度不足から「ハブ輪切り破損」によるものであることが疑われる状況にあったときには、リコール等の実施の可否を最終決定権者に報告する職務を負う自動車メーカーの品質保証部長と、彼を補佐する品質保証部門の責任者には、これらの措置を採って結果を回避する義務があったのであり、自社製の大型トラックの前輪が脱落して歩行者にあたり死傷させた場合には業務上過失致死傷罪の責任を負う（最決平24・2・8〔ハブ破損事件〕）。温泉水内に溶存していたメタンガスが温泉施設内に滞留し、引火爆発して、温泉施設の従業員、通行人に死傷者を出したという事例において、メタンガス漏出の原因は、ガス抜き配管内の水抜きバルブが閉じられてい

たために結露水が滞留し配管が閉塞したことであり，温泉施設の建設工事を不動産会社から請け負った建設会社の設計担当者は，不動産会社の担当者に，水抜き作業を行う必要のあることを説明すべき義務があり，業務上過失致死傷罪の責任を負う（最決平 28・5・25 刑集 70 巻 5 号 117 頁）。

しかし，最高裁は，近時には，列車転覆事件において，鉄道会社の歴代の代表取締役には，鉄道本部長に対し ATS を整備するよう指示すべき義務を否定した（最決平 29・6・12 刑集 71 巻 5 号 315 頁〔JR 福知山線事件〕）。

事案は，運転士が，転覆限界速度（70km）を超える時速約 115km で，列車を半径 304 m の上り線路曲線に進入させたため列車が脱線転覆し，列車乗客 106 名が死亡，493 名が負傷したというものである。本件事故以前には ATS 設置を義務付ける法令はなく，大半の鉄道事業者においては曲線にこれを整備していなかった，鉄道会社の職掌では曲線への ATS 整備は鉄道本部長の判断に委ねられていた，代表取締役が個別の曲線の危険性に関する情報に接する機会は乏しかった。最高裁は，このような事実関係のもとでは，「運転士がひとたび大幅な速度超過をすれば脱線転覆事故が発生する」という程度の認識では「業務上の注意義務」を肯定することはできないとする。ここでは，予見可能性の程度が低くても予見義務が生じることを前提としながら，これを注意義務（実質的には作為義務）と分離する考え方がとられている。これに対して小貫芳信裁判官の補足意見は，両者を切り離さないという前提から，「本件曲線に特化された脱線転覆事故発生」の予見可能性は肯定できないとする。しかし，これは予見可能性についての最高裁のそれまでの考え方（241〜242 頁参照）とは異なったものを前提としていることに気を付けなければならない。

これらの判例において最高裁は依然として「注意義務」という言葉を用いているものの，その内容は実質的には作為義務である。

過失不作為犯における作為の容易性　故意不作為犯と同様，過失不作為犯には作為義務のほかに作為の容易性が必要である。最高裁は，デパート火災に直面したデパート店員（売場課長）は，応急消火，延焼防止の措置をとるべき義務があるが，当時の状況では，防火シャッター閉鎖の措置をとることができたとは認められず，逆に彼はその状況では可能な限りの措置をとっていたとして，

第 2 節　過失犯における違法と責任

過失を否定している（最判平 3・11・14〔大洋デパート事件〕）。

過失行為の併存　　過失行為，すなわち，犯罪結果を招致した過失ある行為は複数併存することがある。複数の行為者がそれぞれ過失行為を行うこともあるし，1 人の行為者が複数の過失行為を行うこともある。たとえばトラックの運転手がずさんに荷物を積み込み，乱暴に運転したため荷物が崩れ落ち，通行人を傷害したという設例において，それぞれの行為が過失致傷罪を成立させる（過失併存説）。これは，ハンマーで殴り，次にナイフで刺して被害者を殺した場合，2 個の故意の殺人行為が存在するのと同じである。

これに対して，結果発生の直接的危険性を持つ行為だけを過失行為とすべきだという見解もある（直近過失 1 個説，段階的過失論）。上記の設例では，乱暴な運転だけが過失行為であり，それ以前のずさんな積載行為は結果から遠く危険性の低いものであるから，過失犯の予備行為にとどまり，実行行為ではないというのである。だが，積載行為が現に因果的に結果を招致している以上，それが結果発生の危険をも招致したことは否定できない。直接的危険が生じた段階で積載行為も実行行為となるのである。またもし積載行為が過失行為たりえないとするなら，乱暴な運転がなく積荷が崩れたときには過失行為はどこにも存在せず，過失犯は成立しないことになってしまう。

過失併存説のもとでも，複数の過失行為は包括一罪の関係にあるから，成立するのは一個の過失犯である。しかしどのような過失行為が認められるかは刑の量定に関係することであり，有罪の結論に相違がないときにも重大な争点になりうる（総合医療センターの耳鼻咽喉科科長兼教授である被告人には，①主治医の提案した化学療法計画に抗がん剤投与量についての重大な誤りがあるのにこれを看過して承認を与え過剰投与させた過失のほかに，②化学療法による副作用が現れたときに報告させる措置などをとらなかった過失もあるとした，最決平 17・11・15 刑集 59 巻 9 号 1558 頁〔埼玉医大 VAC 療法事件，判プⅠ134〕参照）。

3　過失責任

過失責任と予見可能性　　犯罪結果の予見可能性があるときには行為者にはそれを予見する義務があり，結果を回避すべき義務が生ずる。結果の予見可能

性は，行為者が意思の緊張を欠いていたことの根拠となるものであり，責任非難を可能にするものである。違法阻却事由が存在しない以上結果を招致した行為は違法であり，それ以上に行為の違法性を基礎づける事情が必要であるわけではない。

「許された危険」とされる事例においては，行為者には結果発生に関する予見可能性が存在しないのであり，行為の違法性を問題にするまでもなく，過失犯は成立しない。刑法上の過失を基礎づける予見可能性は具体的で高度なものでなければならない。医療，自動車運転，ホテル経営には事故はつきものだから結果の予見可能性は存在する，だから行為の違法性を否定しなければ過失犯が成立してしまうという新過失論は，抽象的な危険感，危惧感を予見可能性としているのであり，その前提自体が不当なのである。

新過失論は，以上のような予見可能性の意義を確認させたところにあったといえる。その具体的内容については第3節（224頁以下）で検討する。

第2款　重過失と業務上過失

1　過失の種類

単純過失・重過失・業務上過失　現行法は，通常の過失以外に，重過失（刑211条1項後段〔重過失致死罪〕，同117条の2後段〔重過失失火罪・重過失激発物破裂罪〕）と業務上過失（刑211条前段〔業務上過失致死傷罪〕，同117条の2前段〔業務上失火・業務上過失激発物破裂罪〕，同129条2項〔業務上過失往来危険罪〕）を規定し，これを重く処罰している。最も多く発生する過失致死傷についていうならば，実際には業務上過失致死罪あるいは自動車運転致死傷罪など（自動車運転致死傷2条～5条）として処罰されるのがほとんどであり，通常の過失致死傷が起訴され処罰されることはきわめてまれである。

2　重過失

予見の容易性　過失が重大な場合が「重過失」である。結果を招致した行為態様の不当性が過失の実質であるという新過失論によれば，それが重大であるとき，すなわち，行為の義務違反の程度が著しいときに重過失が存在すること

第2節　過失犯における違法と責任

になる。これに対して旧過失論によれば，重過失は結果予見義務違反の程度が著しい場合が重過失だということになる。いずれの見解によっても，死傷者が多数であるというような結果の重大性から，ただちに重過失を肯定しうるわけではない。また，「認識ある過失」が重過失であるというわけでもない。

行為時に結果発生の危険性が高い場合には，結果の予見可能性も大きい。それにもかかわらず行為者が結果を予見しなかった場合には，結果予見義務の著しい違反であり重過失を肯定しうる。最高裁は「一般通常人の注意を払うことにより，よく罪となるべき事実を認識しうべき程度の注意義務」で足りるかのように判示するが（重過失致死に関する最判昭37・3・1集刑141号377頁），実際に重過失が肯定されているのは結果の予見が容易であった場合である（重過失致死につき上例のほか，最決昭29・4・1集刑94号49頁，最決昭39・5・7刑集18巻4号136頁〔無免許・酒酔い事件〕，最決昭40・4・21刑集19巻3号166頁，最決昭43・11・26刑集22巻12号1352頁。重過失失火について，最判昭23・6・8集刑2号329頁〔ガソリンスタンド事件〕，最決昭48・9・6集刑190号67頁，最決昭57・11・8刑集36巻11号879頁）。

業務上過失の受け皿としての重過失　すぐ次に述べるように現在は業務上過失の範囲が拡大されているが，それにもかかわらず行為の業務性を肯定できないときに，重過失が問題になる。

自動車運転による死傷事故は古くから業務上過失致死傷として取り扱われてきたが，自転車運転によるときには重過失致死傷の問題とされる（大阪高判昭42・1・18判タ208号206頁〔重過失を否定〕，広島高判昭44・2・27判時566号95頁〔重過失を否定して単純過失を認める〕，東京高判昭57・8・10刑月14巻7・8号603頁，大阪地判平23・11・28判タ1373号250頁）。そのほか重過失致死とされたのは，窃盗防止のために高圧電流を鉄格子に通し通行人を死傷させた場合（札幌高判昭34・3・31下刑集15巻3号602頁），夫を殺害する目的で青酸カリ入りのサイダー瓶等を放置し自分の子どもが飲んで死亡した場合（東京地判昭34・5・6下刑集1巻5号1173頁。夫に対する殺人未遂も認める），道路の真ん中でのゴルフの素振りが自転車に乗ってきた被害者の胸部を強打して死亡させた場合（大阪地判昭61・10・3判タ730号228頁），ガス風呂の焚き口付近で誤ってガソリンを流失させ住宅を焼損したほか入浴中の妻子を焼死させた場合（大阪地判平2・11・13判タ768号251頁。重過失失火も認め

る）, 犬舎の金網フェンスの修理・補強を怠ったため飼い犬（土佐犬）が逃走して幼児に重傷を与えた場合（東京高判平12・6・13東高刑時報51巻1〜12号76頁・判プⅡ52。他方, 東京高判昭34・12・17高刑集12巻10号1026頁は一般家庭にイヌの飼育訓練者として雇用されていた者について業務上過失傷害を問えるとする）, などである。

重過失失火罪を認めた最高裁判例としては, ガソリンが盛んに揮発している給油場のガソリン罐のすぐそばでライターに点火してこれを取り落とし火災を生じさせた場合（最判昭23・6・8〔ガソリンスタンド事件〕）, 油槽船の甲板長がガソリンを流出させ, 引火により船舶6隻を全半焼させた場合（最決昭34・5・16刑集13巻5号713頁）, 燃焼中のストーブの上に椅子を乗せ現住建造物を焼損させた場合（最決昭48・9・6集刑190号67頁）などがある。

無免許運転　無免許での自動車運転に業務性が認められるか, 重過失にとどまるかは, かつては問題であった。

反復して無免許運転を繰り返していた場合は別として（1月間毎日練習していた事案について業務上過失致死傷罪を肯定した福岡高判昭37・12・25高刑集15巻8号660頁）, 単発的な無免許運転には業務性を認めないのが判例の態度であった。最高裁も, 無免許運転による死傷事故を重過失致死傷罪として処理してきた（最判昭37・5・2刑集16巻5号495頁, 最決昭39・5・7〔無免許・酒酔い事件〕, 最決昭50・5・27刑集29巻5号348頁参照）。

その後2001（平成13）年の刑法改正は, 免許に関係なく, 自動車運転過失致死傷を業務上過失致死傷罪より重く処罰することにした（刑旧211条2項本文）。さらに, 2013（平成25）年の自動車運転致死傷処罰法（7頁）は, 無免許運転を, 危険運転致死傷罪（2条・3条）, 過失運転致死傷罪（5条）の加重事由とし（6条）, 上記の刑法の条項を削除した。これによって, 無免許運転による死傷行為は一律に本法の適用を受けることになった。

3　業務上過失

注意義務の加重　業務者には一般人より高度な注意義務が課されていて, 彼がそれに違反したときに成立するのが業務上過失であるとする見解が一般的である。最高裁が「一定の業務に従事する者は, 通常人に比し特別な注意義務

第2節　過失犯における違法と責任

あることは論を俟たない」（業務上過失電車転覆〔刑129条2項〕，業務上過失致死傷〔刑211条前段〕に関して，最判昭26・6・7刑集5巻7号1236頁）としているのもこの趣旨だと思われる。これによると，同程度の過失であっても，業務者は通常人より重く処罰されるばかりでなく，通常人であれば過失とすることができないときにも，業務者であれば，実際にはその能力の不足により結果の発生を予見することができなかったとしても，業務者として予見すべきであるとされて過失が肯定されることになる。

　だが行為者に責任がないのに処罰することはできないし，それに相応する責任がないのに重く処罰することはできない。行為者に予見可能性がないときには業務上過失は成立しないし，過失が重く処罰されるのは過失責任の程度が大きいからである。そう考えると，業務上過失は重過失の一類型である。危険な行為を業として反覆する業務者は，結果発生の予見可能性が客観的に高い状態で行為しているのであり，主観的にも予見能力が高いから重過失を認めうるのである。

　もっとも，業務上過失においても結果の予見可能性が必要だとするにしても，業務上過失には重過失の擬制が入り込んでいることを，完全に否定することはできない。そもそも，危険な業務に従事し習熟してきた行為者の予見能力が向上していることはあるが，そうでないこともある。しかし刑法は，業務上過失を一律に加重処罰しているのである。また一般人においては予見不能な場合でも，予見能力の向上している業務者には予見可能な場合もあるが，そのときにも彼には予見が容易であったということにはならない。以上のような刑法の態度は，危険な行為に従事する者に警告を発するという一般予防的な考慮によるものである，といわざるをえないだろう。

　以上のような限界があるにしても，現行法の解釈としては業務上過失を重過失の一類型として理解しなければならない。

　業務の職務性　最高裁は，業務上失火罪（刑117条の2前段）の「業務」を「職務として火気の安全に配慮すべき社会生活上の地位」としている（最決昭60・10・21刑集39巻6号362頁〔ウレタンフォーム事件，判プⅡ48〕。夜間に警備の職務を代行する者も業務者としている。最判昭33・7・25刑集12巻12号2746頁）。これは，日常生活に

おける炊事，喫煙などは，火気を取り扱っていても，業務上失火における業務とはいえないという趣旨である。

他方では，業務上過失致死傷罪（刑211条1項前段）の「業務」には，「人の生命・身体の危険を防止することを義務内容とする業務も含まれる」「本来人が社会生活上の地位に基き反覆継続して行う行為であつて……，かつその行為は他人の生命身体等に危害を加える虞あるものであることを必要とするけれども，行為者の目的がこれによつて収入を得るにあるとその他の欲望を充たすにあるとは問わない」とされて，娯楽のための狩猟にも業務性が肯定されいる（最判昭33・4・18刑集12巻6号1090頁・判プⅡ47）。すなわち，職業としての行為である必要のないことはもちろん，何らかの職務としての行為であることも必要でない，ただ「社会生活上の地位」にもとづいた行為であれば足りるとしているのである。

失火と過失致死傷とで業務概念が相違しているのは不当で，業務上過失致死傷における業務を業務上失火のそれと一致させるべきだという見解もありうるが，職業による加重処罰を業務概念によって合理的な範囲に留めることは必要であり，判例の態度は妥当と思われる。

業務上過失致死傷における広い業務概念の典型例が一般人の自動車運転であったが，現在は免許の有無に関係なく，自動車運転致死傷処罰法の対象とされ，他の業務上過失致死傷より重く処罰されている（自動車運転致死傷5条）。

行為の危険性　最高裁判例によると，業務上過失致死傷における業務は「他人の生命身体等に危害を加える虞ある行為」を包含していなければならない。行為の危険性は結果発生の高度の予見可能性を意味し，類型的に重過失を肯定させうることがこれを要件とする理由である。そうだとすると，単に危険性があるだけでは足りず，生命に対する危険性が高度な行為に限られるべきだと思われる。判例も，実際には，自動車運転（なお，名古屋高判昭32・6・13高刑裁特4巻13号304頁は，排気量125cc，重量110kgの原動機付自転車の運転も業務だとする），医療（福岡高判昭25・12・21高刑集3巻4号672頁は，反復して医療を行っていた無免許医の行為も業務だとする），銃猟など，生命に危険のある行為についてだけ業務性を認めている。

第2節　過失犯における違法と責任

危険を防止する業務　　最高裁判例（最決昭60・10・21〔ウレタンフォーム事件〕）は，業務上過失致死傷における業務には「人の生命身体の危険を防止することを義務内容とする業務も含まれる」とする。すなわち，危険な行為の反覆・継続ではなく，危険防止を反覆・継続して履行することも業務性の根拠となる。ウレタンフォームの管理責任者はこの意味での業務者である。中学・高校教諭の行うクラブ活動の指導にも業務性が認められる（山形地判昭49・4・24刑月6巻4号439頁〔結論的には過失を否定〕，東京高判昭51・3・25判タ335号334頁，横浜地川崎支判平14・9・30裁判所ウェブサイト）のも同じ理由による。

　危険な行為が社会生活上の地位にもとづくものでなければならないのと同様，危険を防止すべき義務もそれにもとづいているものでなければ業務性を肯定することはできない。たとえば歌手Ａのマネージャー見習であった者が，Ａの歌謡ショーにゲスト出演する歌手Ｖに小迫り下降の時期を連絡するのを怠ったため，Ｖが舞台から奈落に転落して重傷を負った場合，彼自身はショーの進行責任者ではなく，たまたまＡからＶに連絡するよう指示を受けたに過ぎないという事情があるときには，その連絡業務は芸能マネージャー見習としての立場によるものではないから，業務上過失致傷は成立せず重過失致傷が成立しうるにとどまる（名古屋高判昭53・3・9刑月10巻3号170頁）。他方，自分の自動車を無免許・酒酔いの女性に運転させ，自分は助手席に座ったまま適切な助言をしなかったため事故が起こったとき，業務上過失致傷罪を認めた判例がある（札幌地判昭48・10・5判タ304号292頁）。しかし，助言する義務は自動車運転者としての社会生活上の地位に由来するものではなく，自分の車の運転を委ねた行為に由来するものにすぎないのであり，この結論には疑問がある。

社会生活上の地位　　業務上失火における業務とは異なり，業務上過失致死傷における業務には「職務として」という限定はなく，単に「社会生活上の地位」に基づいていれば足りる。学説にはさらに進んでこのような限定も不要とすべきだという見解もある。だが，両親の育児，炊事に起因して子どもが死傷したときを業務上過失致死傷としてしまうことはできない。それは「業務」という言葉からあまりにも離れすぎる解釈であるばかりでなく，前述の「重過失の擬制」を一般予防上必要のない範囲にまで拡大するものであって，適切とは

思われない。実務も，子供会主催のハイキング中に起きた児童の水死事故について，ボランティアの引率者には通常の過失しか問題としない（名古屋高判昭59・2・28刑月16巻1・2号82頁は，通常過失も否定して無罪としている）。

第3節 予見可能性

第1款 予見可能性の意義

1 具体的予見可能性

故意と過失　前述のように，過失責任は行為者が意思の緊張を欠いていたために結果の発生を認識しなかったという心理であるが，それは行為者にその認識が可能であったといえるときに初めて肯定しうる。結果の予見可能性は過失責任の中核である。

意思責任としての故意の根拠は，犯罪結果を認識した以上それを反対動機として結果を回避すべき点に求められる。これとパラレルに，刑法上の責任を肯定させる結果の予見可能性も，刑罰賦課によってまで行為者に反対動機を設定することが正当化されるようなものでなければならない。

予見可能性の対象は構成要件的な結果であり，何らかの結果という抽象的なものではない。また，それは重過失を基礎づける程度のものである必要はないが，高度なものでなければならない。少なくとも，民事過失におけるより高度の予見可能性が刑事過失には必要であると考えられている。このようにして予見可能性は，その対象において具体的でなければならず，その程度においても現実性を持つものでなければならない。

危惧感説　新過失論のなかには，一般人が不安感・危惧感を感じるような行為はすでに不当な行為であり，その不安感を払拭するに足りる行為を行わない以上注意義務違反を認めるべきであるから，注意義務の前提としての予見可能性は「何かが起こるかもしれない」という不安感・危惧感で足り，具体的な結果発生の予見可能性までは必要ないとする学説があった（藤木・総論240～242頁など）。

第3節 予見可能性

　新過失論は，ホテルを経営などの「許された危険」には人の死傷の予見可能性があるから，予見可能性の有無によって過失責任を限定することは不可能であるとしていた。危惧感説はこのような抽象的な予見可能性だけで過失犯を肯定しうるとするものであり，新過失論を一貫したものだといえる。しかし，具体的な結果に関する意思決定ではなく，不当な行為一般の意思決定の非難可能性で足りるとする危惧感説は，やはり責任主義に反するものである。

　判例にはこの危惧感説を採用したものもあるが（特に，徳島地判昭48・11・28刑月5巻11号1473頁〔森永ドライミルク事件差戻後第一審判決，判プⅠ108〕），明示的に否定したものもあり（特に，札幌高判昭51・3・18高刑集29巻1号78頁〔北大電気メス禍事件，判プⅠ109〕，福岡高判昭57・9・6高刑集35巻2号85頁〔水俣病事件控訴審判決，判プⅠ111〕），実務的に支持されている訳ではない（行為当時の予見可能性を否定したものとして，大阪高判昭45・6・16刑月2巻6号643頁，大阪高判昭51・5・25刑月8巻4・5号253頁・判プⅠ110，東京地判昭47・5・19刑月4巻5号1007頁）。

2　予見可能性の対象

　因果経過　　予見可能性の対象は構成要件的結果であって，それに至る因果経過ではない。因果関係は構成要件要素であるが因果経過はそうではないのであり，その認識がなくても故意を肯定しうるように，具体的な因果経過の予見可能性がなくても結果の予見可能性があれば過失は存在する。

　組立式サウナ風呂から火が出て現住建造物を焼損し（刑117条の2前段・116条1項・108条），サウナ風呂の客を死亡させた（刑211条1項前段）場合において，長期間にわたるサウナ風呂内の電熱炉の加熱により，そのすぐ上に付けられていた木製ベンチ部分が漸次炭化して無焔着火したという実際の因果経過は，建築の専門家でない行為者には予見不能であったとしても，木製ベンチのすぐ下に電熱器を据え付けたというサウナ風呂の構造から火災が発生しうることは予見可能であり，過失を肯定しうる（最決昭54・11・19刑集33巻7号28頁〔有楽サウナ事件，判プⅠ112〕）。鉄道トンネル内における電力ケーブルの接続工事に際し，ケーブルに高圧電流が流れる場合に発生する誘起電流をアースするための接地銅板をＹ分岐接続器に取り付けるのを怠ったため，誘起電流がＹ分岐接続器本体の半

第 4 章　過　失

導電層部に流れて炭化導電路を形成し，長期間にわたり同部分に集中して流れ続けたことにより火災が発生しケーブルを焼損し（刑117条の2前段・116条2項・108条・110条），電車内の乗客・乗員を死傷させた（刑211条1項前段）場合，以上のような炭化導電路が形成される経過を具体的に予見することはできなかったとしても，誘起電流が大地に流されずに本来流れるべきでない部分に長期間にわたり流れ続けることによって火災の発生に至る可能性があることを予見することはできた以上，結果の予見可能性は肯定しうる（最決平 12・12・20 刑集 54 巻 9 号 1095 頁・判ブ I 117）。要するに，行為と結果との間の「ブラック・ボックス」は結果に対する予見可能性をただちに失わしめるものではない。

　因果の環　　また，因果経過の「概要」あるいは「基本的部分」が予見可能性の対象である（札幌高判昭 51・3・18〔北大電気メス禍事件〕，福岡高判昭 57・9・6〔水俣病事件控訴審判決〕）という訳でもない。しかし，結果は具体的な因果経過をたどって発生するものであり，因果経過を構成する事実の認識可能性によって結果の予見可能性が肯定されるという関係がある。「有楽サウナ事件」ではサウナ風呂の木製ベンチの真下に強力な電熱炉が設置されていたことが認識され，「生駒トンネル事件」では設置銅板がY分岐接続器に装着されていないことが認識可能であったが故に，火災の発生，それによる人の死という結果の予見が可能であったのである。同様に，有毒物質が含まれた工場排水が排出された湾内に採捕され食用に供される魚介類が生棲していることの認識可能性があれば，魚介類を摂食した人が死傷するであろうという結果の予見可能性も肯定しうる（福岡高判昭 57・9・6〔水俣病事件控訴審判決〕）。

　このような因果の環は，それを認識すれば結果の発生を予見させうるものでなければならない。食用の第二燐酸ソーダを発注しなかったため「未知の類似品あるいは粗悪品の混入」がありうることが予見可能であったとしても，それによって人の死傷の結果が予見可能だというわけではない（徳島地判昭 48・11・28〔森永ドライミルク事件差戻後第一審判決〕は反対）。また，電気メス器のケーブルを誤接続すれば「患者の身体に流入する電気の状態に異常を来た〔す〕」ことが予見可能であるとしても，そこから患者の身体に傷害が生じることの予見が可能だというわけではない（札幌高判昭 51・3・18〔北大電気メス禍事件〕は反対）。これらの

第 3 節　予見可能性

事実の認識可能性だけで結果の予見可能性を肯定することは，危惧感説によらなければ不可能であると思われる。

　構成要件該当の結果　　予見可能でなければならないのは，当該構成要件に該当する結果である。危惧感説によるならば，器物損壊の予見可能性があれば「何かが起こる」という危惧感が存在するとして，現実に発生したのが傷害の結果であったとしてもそれに対する過失を肯定することになる。このような考え方は錯誤論における「抽象的符合説」と同様に不当である。

　予見可能な結果と現実に発生した結果とが同一の構成要件に属するときは，後者に対して過失を肯定しうる。このことは，法定的に符合する範囲で故意を肯定しうることと同じである。感電によって火傷の結果が生じることが予見可能であり，実際にはショックで骨折の結果が発生したときも過失傷害罪が成立する。したがって，予見可能な結果はこの限りでは抽象的なものでも足りる。工場排水中の有毒物質により人に死傷の結果が生じるであろうという程度の予見可能性があれば，有機水銀の脳内滞留による身体の機能傷害，衰弱，さらには死亡という具体的な結果に対する過失を肯定しうる。

　業務上過失致死傷等（刑211条）においては死亡と傷害の結果は同一の条文の中に挙げられているが，業務上過失致死と同致傷とは別の構成要件であり，傷害の予見可能性があれば死亡のそれも肯定しうると言うわけではない。最高裁は「ふぐ中毒症状を起こすことにつき予見可能性があつた」ことを認めて業務上過失致死を肯定しているが（最決昭55・4・18刑集34巻3号149頁〔京都ふぐ中毒事件〕），これが傷害結果の予見可能性で死亡結果のそれを認めてよいという趣旨であれば妥当ではない。

　客　体　　方法の錯誤においては，法定的に符合しても故意を阻却する（法定的具体的符合説）。過失犯においても，結果が当該客体に生じることが予見可能でなければならないことは同じである。ある客体に結果の発生することが予見可能であったが，それとは別の客体に法定的に符合する結果が生じ，それについては予見不能であったときには，過失犯を肯定することはできない。

　最高裁は，トラックを無謀運転し，暴走させた結果信号柱に衝突し，助手席の同乗者Ａに傷害を与え，後部荷台にいたＢ・Ｃを死亡させたが，Ｂ・Ｃは行

為者の知らない間に荷台に乗り込んでいた可能性もあったという事案に関して，「右のような無謀ともいうべき自動車運転をすれば人の死傷を伴ういかなる事故を惹起するかもしれないことは，当然認識しえたものというべきであるから，たとえ被告人が自車の後部荷台に〔B・Cが〕乗車している事実を認識していなかつたとしても，右両名に関する業務上過失致死罪の成立を妨げない」とした（最決平1・3・14刑集43巻3号262頁・判プⅠ113）。現実に認識していない以上その客体には過失はないということはないが，後部荷台に人がいることの認識可能性がない以上，その死についての予見可能性もありえない。無謀運転をすればどこかで人の死亡の結果が生じうるという無限定な予見可能性の概念によって予見可能性を肯定することは，やはり不当である。

3 予見可能性の標準

主観説・客観説・折衷説　行為者には結果の予見可能性が存在しなければならないが，そもそも「可能性」はどのような能力を基準にするかによって異なる。これは「過失の標準」として議論されてきた問題である。

主観説は，行為者自身の行為時の能力をすべて考慮すべきであり，本人の能力から予見可能でなければならないとする。だが行為者は実際には予見しなかったのであり，行為者本人の能力をそのまますべて考慮するなら，やはり結果を予見しえなかったということにならざるをえない。「彼は普段から注意力散漫な人間だから，今度のことも仕方がない」ということになろう。予見しなかった者について予見可能であったという判断をなしうるということは，彼の現実の能力を捨象し別のものをそれに置き換えることなくしてはありえない。そもそも，行為者の能力を標準にするということは，行為者自身を基準として行為者を評価することであり，彼が常に「合格する」，すなわち彼としてはできる限りのことをしたとされることは論理上必然である。

他方，注意深い通常人を標準とすべきだという客観説は，過失責任の本質は行為者の無知にあるという悟性責任論，社会防衛のためには個人はその主観的能力のいかんにかかわらず注意義務を果たさなければならない，その能力のない行為者には刑罰を科すことによって能力を養わなければならないという新派

第3節　予見可能性

刑法学によって主張された。しかし、普通より能力が劣っているから、平均以下だから処罰するということはできない。また、能力が普通より優れているが故に、通常人には予見不能な事柄を予見することが可能であった場合に、客観説によるならば免責されることになろう。これも不当といわなければならない。

折衷説は基本は行為者の主観的能力を基準とすべきであるが、法は行為者に通常以上のことを要求しないから、通常人の能力を上限とすべきであるとする。だがこれは、主観説と客観説の不当な点を加えたものに過ぎない。

生理的能力と引き受け過失，規範的能力　過失責任も非難可能性であるのだから、行為者の能力の欠如が刑罰非難を不当なものと考えられるときには、過失責任も否定されなければならない。

行為者の身体的能力、生理的条件は考慮しなくてはならない。弱視の人間が路地から這い出してきた嬰児を発見することができず、あるいは難聴の人間が踏切の警報器の鳴っているのに気づかなかったときには過失責任を否定すべきである。疲労、酩酊、興奮などの事情によって能力が限定され、結果を予見できなかったときにも同じである。たとえば、飲酒のため視野が狭窄し、道路を横断しようとする歩行者を発見できなかったときなどである。一般に、生理的条件については主観的基準が妥当するとされるのは、この意味である。

もっとも、それ以前の時点で結果の予見可能性が肯定され、その時点での過失が肯定されることはある（てんかんの場合につき、大阪地判平6・9・26判タ881号291頁など）。このようなものを「引き受け過失」という。

だが、それ以外の「規範心理的なもの」については、一律に客観的基準が妥当するということでもない。特に、行為者に知識が欠如していたために結果を予見しえなかったときでも、その「無知」が非難できない場合には予見可能性を肯定することはできないと思われる。最高裁は、作業についての何らの訓練も受けないまま数日前に現場に配置された未熟練技術員が、バルブの開閉を間違えたため塩素ガスを漏出させた行為に過失を肯定しているが（最判昭63・10・27〔日本アエロジル事件〕）、疑問がある。引き受け過失は、行為責任を超えて、人格形成責任にまで及ぶことはできない（99頁）。

医療過誤事件と医療水準　医療過誤民事事件においては、客観説が採用さ

れている。すなわち医師には一定の医学的知識が要求され，その知識の欠如は免責する理由とはならない。最高裁は「いやしくも人の生命及び健康を管理すべき業務（医業）に従事する者は，その業務の性質に照し，危険防止のために実験上必要とされる最善の注意義務を要求されるのは，已むを得ないところといわざるを得ない」（最判昭36・2・16民集15巻2号244頁〔東大病院輸血梅毒事件〕），その注意義務の基準は「診療当時のいわゆる臨床医学の実践における医療水準」であるとする（最判昭57・3・30判時1039号66頁）。未熟児網膜症治療のための「光凝固法」が当該医療機関の従うべき医学水準になっているのであれば，転医の措置などによってでもそれを行うべき義務があり，その懈怠により失明事故が生じたときには責任を免れない（最判昭60・3・26民集39巻2号124頁，最判平7・6・9民集49巻6号1499頁）。

　刑事事件においても下級審判例には同趣旨を述べるものがある。動・静脈用の造影剤を「新しい治療方法」として6人の患者の脊髄内腔に注射器を用いて注入し，死傷させた医師は，「医師としては，著しく軽率であり，無知である」「医学は日日進歩するが，医学の進歩によって一般水準は高まっていくところ，個々の医師が一般水準に追いつけなかったとしても，それは許すことはできないのであって，高まった一般水準を基準として過失の有無を認定しなければならない」としたものである（静岡地判昭39・11・11下刑集6巻11・12号1267頁。これは医療過誤をした医師が実刑に処せられた希な事例である）。

　「造影剤事件」における医師の無知が非難可能であることは否定できないであろうが，やはり刑法上は，行為者が一般化している医学的知識に追いつくことが不可能なときにまで，彼の過失を肯定すべきではない。民事過失と異なり刑事過失は個別的なものである。

第2款　信頼の原則

1　信頼の原則と予見可能性

最高裁判例と信頼の原則　「道路交通においては，被害者あるいは第三者が適切に行動することを信頼するのが不相当であるような特別の事情がない以上，その信頼が裏切られ，彼が不適切に行動したことによって結果が発生したとし

第3節　予見可能性

ても，行為者は責任を負わない」というのはドイツ生まれの判例理論であり，「信頼の原則」（Vertrauensgrundsatz の翻訳である）と呼ばれる。これは，日本の判例も早くから認めるようになったものである。

　最高裁が初めて信頼の原則を認めたのは以下のような事案についてであった。

　被告人は小型貨物自動車を運転して交差点に入り右折しようとしたところ，交差点中央であり，付近でエンストした。再びエンジンをかけて発車し時速約5kmで右折進行しようとしたが，右側方から進行してきたAのオートバイと衝突し，これに傷害を与えてしまった。交差点を直進しようとしていたAは，被告人の車がエンストしたのを見て自分に進路を譲るため停まってくれたものだと思い，その前を通過しようとしたのであるが，原審は，道路交通法によると，被告人の車が先に交差点に入っていて右折の途中にあったのであるから，Aとしては，その進行を妨げないように自分の進行方向の左側に進み，徐行または一時停止して進路のあくのを待つべきであったとした。

　最高裁は，「自動車運転者としては，特別な事情のないかぎり，右側方からくる他の車両が交通法規を守り自車との衝突を回避するため適切な行動に出ることを信頼して運転すれば足りるのであって，本件Aの車両のように，あえて交通法規に違反し，自車の前面を突破しようとする車両のありうることまでも予想して右側方に対する安全を確認し，もって事故の発生を未然に防止すべき業務上の注意義務はないものと解するのが相当であり，原判決が強調する，被告人の車の一時停止のため，右側方からくる車両が道路の左側部分を通行することは困難な状況にあったとか，本件現場が交通頻繁な場所であることなどの事情は，かりにそれが認められるとしても，それだけでは，まだ前記の特別な事情にあたるものとは解されない」と述べて，原審の有罪判決を破棄し，差し戻した（最判昭41・12・20刑集20巻10号1212頁・判プⅠ122）。

　最高裁はこの判例の少し前に，鉄道会社の乗客係は，酔客といえども特段の状況がない以上「一応その者が安全維持のために必要な行動をとるものと信頼して客扱いをすれば足りる」として，酔客が線路敷に転落したことに気づかず，車掌に客扱い終了の合図をして電車を発車させ，これを轢死させてしまった乗客係の過失を否定して無罪を言い渡している（最判昭41・6・14刑集20巻5号449

頁〔保谷駅事件〕)。これは自動車事故に関するものではないが，信頼の原則の実質的な採用はすでにこの判例によって始まっていたといってよい。

しかし，このような原則がなぜ認められるのか，信頼することが許されず過失犯が成立する場合はいつかをめぐって，問題が生じるのである。

信頼の原則と許された危険　新過失論は信頼の原則は「許された危険」の適用例だとする。適切な方法により行われる道路交通に付随する危険は「許された危険」であり，そこから人の死傷などの法益侵害の結果が生じたとしても行為は依然として合法である。先の最高裁判例においては，被告人の右折行為により発生したＡ傷害の結果は許された危険の現実化であり合法である。Ａのように，交通法規に違反し不適切に行動する者は道路交通の危険を自己に引き受けなければならない，交通法規を遵守し許された危険の枠内で行動する者はこれを引き受ける義務はないという「危険分配の原則」が信頼の原則であるということにもなる。「鉄道を利用する一般公衆も鉄道交通の社会的効用と危険性にかんがみ，みずからその危険を防止するよう心掛けるのが当然であって，飲酒者といえども，その例外ではない」という最高裁判決も（最判昭41・6・14〔保谷駅事件〕)，このような趣旨なのかも知れない。

しかし，行為に社会的効用があるから過失責任が否定されるということはない。また，交通法規に違反した運転者は轢き殺されても仕方がない，交通法規を守っている以上人を轢いてもよい，ということもない。過失犯の成否は基本的に結果の予見可能性の有無によって決せられるのであり，信頼の原則が「適用」され行為者の過失が否定される場合とは，被害者等が不適切に行動することが行為者に予見できなかったため，彼の死傷の結果の予見も不能であった場合である。信頼の原則は，予見可能性の存否を判断するときに用いられる「大まかなルール」，要するに「原則」にほかならない。

信頼の原則が予見可能性不存在の原則にほかならないことから，被害者等の適切な行動を信頼することがいつ「不相当」で許されないのか，信頼の原則がいつ適用されないかも，具体的な予見可能性の有無によって判断されることになる。

対歩行者　しばしば，信頼の原則は車両対車両の関係に適用されるのが原

第 3 節 予見可能性

則であり、車両対歩行者、車両対自転車の関係には制限的にしか適用されない、歩行者、自転車運転者の適切な行動を信頼することは「不相当」であることが多いと考えられてきた。特に老人、子ども、酒に酔っている人などが不適切に、ときには交通法規に違反して行動することはあり、それが予測可能である以上、信頼の原則は「適用にならない」のは当然である（最決昭 60・4・30 刑集 39 巻 3 号 186 頁〔有蓋側溝上を老齢者が運転する自転車が転倒し大型貨物自動車に轢かれた事例〕。そのほか、東京高判昭 42・5・26 下刑集 9 巻 5 号 609 頁〔横断禁止区域での横断〕、大阪高判昭 45・8・21 高刑集 23 巻 3 号 577 頁〔グリーンベルト上の小学 1 年生〕、高松高判昭 49・10・29 刑月 6 巻 10 号 1015 頁〔酒に酔った歩行者〕、広島高判昭 57・10・5 高刑速（昭 57）570 頁〔幼児の飛び出し〕、東京高判昭 59・3・13 高刑速（昭 59）147 頁〔深夜、酒に酔った歩行者が信号を無視して交差点内に進入〕、など参照）。

しかし、これらの者の行動が予測できないものであったときには信頼の原則が適用されるのも当然である。最高裁が初めて信頼の相当性を肯定して被告人の過失責任を否定したのは、電車を利用する酔客の行動に関してであった（最判昭 41・6・14〔保谷駅事件〕）。最高裁は、左折しようとしているトラックの左後方から強引に突破しようとした自転車を礫過したトラック運転手に対する有罪判決を破棄するにあたり「後進車が足踏自転車であつてもこれを例外とすべき理由はない」としている（最判昭 46・6・25 刑集 25 巻 4 号 655 頁）。下級審の判例には対歩行者との関係で信頼の原則の適用を認めた事例も多い（大阪高判昭 42・10・7 高刑集 20 巻 5 号 628 頁〔信号を無視した歩行者〕、大阪地判昭 44・3・18 判タ 240 号 308 頁〔横断禁止の場所で飛び出した歩行者〕、大阪高判昭 47・7・26 高刑集 25 巻 3 号 352 頁〔高齢者の突然の斜め横断〕、東京高判昭 55・9・2 刑月 12 巻 9 号 823 頁〔国道の横断禁止の場所で横断〕、大阪高判昭 63・7・7 判タ 690 号 242 頁〔赤信号を無視して横断しようとした 80 歳の老人〕、など）。

2　行為者の交通法規違反

クリーン・ハンド，過失相殺　信頼の原則は予見可能性に関する原則であるから、行為者に交通法規違反があったとしても、そのことだけで信頼の原則の適用が排除される訳ではない。

第 4 章 過　失

　信頼の原則の根拠を過失犯における行為無価値の欠如に求める新過失論からは，取締法規違反の行為がもたらす危険はもはや「許された」ものでなくなるから，行為が取締法規を遵守したものであることが信頼の原則を適用するための条件とされることになろう。しかし信頼の原則は，行為者に背信的事情があるときには裁判所は彼の救済を拒絶するというクリーン・ハンドの法理（名古屋高判昭 61・4・8 刑月 18 巻 4 号 227 頁は，この法理により徐行義務違反の被告人には信頼の原則の適用が排除されるとする）ではない。被害者に過失があったときに加害者の損害賠償額を考慮する過失相殺（民 418 条・722 条 2 項）でもない。

　交通法規違反と注意義務違反　　最高裁も行為者に交通法規違反があっても信頼の原則が適用されることを認めている（最判昭 42・10・13 刑集 21 巻 8 号 1097 頁・判ブ I 123〔右折方法の違反〕，最判昭 45・11・17 刑集 24 巻 12 号 1622 頁〔第 1 の優先道路事件。左側通行違反〕，最判昭 45・12・22 判タ 261 号 265 頁〔第 2 の優先道路事件。先入車両優先原則違反，スピード違反〕，最判昭 47・11・16 刑集 26 巻 9 号 538 頁〔右折方法違反〕，最判昭 48・5・22 刑集 27 巻 5 号 1077 頁〔第 1 の黄色点滅信号事件。徐行義務違反〕）。

　最高裁は，交通法規の遵守が注意義務の内容となっていない場合には信頼の原則が適用されるが（最判昭 42・10・13〔原付自転車事件〕，最判昭 45・11・17〔第 1 の優先道路事件〕，最判昭 45・12・22〔第 2 の優先道路事件〕，最判昭 48・5・22〔第 1 の黄色点滅信号事件〕参照），注意義務の内容となっているのであれば信頼の原則は適用されないとする（最判昭 43・7・16 刑集 22 巻 7 号 813 頁〔徐行義務違反のタクシーが，酒酔い・スピード違反・一時停止違反の原動機付自転車と衝突〕）。

　また，交通法規違反が事故の危険を増大させたかを基準とするものもある（最判昭 47・11・16〔右折事件〕）。行為者が黄色の点滅信号で徐行せず交差点に進入したところ，赤色の点滅信号で一時停止せず進入してきた車両に衝突したという「第 1 の黄色点滅信号事件」において最高裁は信頼の原則を適用したが（最判昭 48・5・22），これには「交差点直前における徐行義務は交差点内における円滑な運行の不可欠の前提をなす」「この義務違反は交差点内における衝突事故と直結する性質のもの」であるという反対意見が付されていた（その後最高裁は同種の事例について結果の回避可能性を問題とし，信頼の原則に触れなかった。最判平 15・1・24〔第 2 の黄色点滅信号事件〕）。

第3節　予見可能性

しかし交通法規が注意義務の内容となっているというのではなく，交通法規に違反した行為を行っている行為者に，結果発生の予見可能性があるかの問題である。また，客観的に危険を増加させる行為があるときには，主観的にも結果発生の予見可能性が存在することが多いということに過ぎない。いずれにせよ，交通法規違反と信頼の原則の適用の問題とは直接の関係はない。

3　チーム医療

分業と信頼の原則　信頼の原則が予見可能性の存否を示す大まかな基準にすぎない以上，道路交通以外の生活領域，特にチーム医療など一定の目的を到達するための分業関係にも「適用」される。しかし，もし，信頼の原則が「危険分配の原則」「危険引き受けの原則」だとするならそうならないであろう。赤信号を無視して交差点に進入した被害者は，その横方向から青信号で入ってくる行為者の車両と衝突する危険を自分に引き受けなければならないといえるかも知れないが，全身麻酔下で手術ベッドの上にいる患者が，手術スタッフの過誤による不適合血液を輸血される危険を引き受けなければならないいわれはないからである。

「森永ドライミルク事件」は，これまで継続して正規の薬剤を納品してきた薬品販売業者が，あるときにまったく別のヒ素の入った薬剤を納入したため乳児の死亡事故がおこったというものであった。裁判所が，「結果回避の責任を具体的にその行為により危険にさらされ，被害をこうむる消費者に一部転嫁することは許されない。食品製造業者は自己の作り出した食品が安全であることを消費者に保証している者であって，消費者に危険を転嫁するような形で手抜きをすることは許されないのである」としたのは，そのような考え方の現れである〔徳島地判昭48・11・28〔森永ドライミルク事件差戻後第1審判決〕。徳島地裁は，最初は信頼の原則を適用して工場長，製造課長らを無罪としたが〔徳島地判昭38・10・25下刑集5巻9・10号977頁〔同差戻前第1審判決〕〕，控訴審はそれを否定して，この判決を破棄・差し戻していた〔高松高判昭41・3・31高刑集19巻2号136頁〔同差戻控訴審判決〕〕)。

しかし，行為者に過失責任があるか否かは，被害者に落ち度があったか否かではなく，行為者に結果発生についての予見可能性があったか否かによるので

ある。道路交通以外の分野で信頼の原則の適用が最も問題とされてきたのは，チーム医療の場面である。

医師とコメディカル　判例は，医師は医療の責任者であるからその補助を努める看護師等のコメディカルの監督責任を負うのが原則であり，コメディカルの不適切な行為によって結果が発生したときには責任を負うのが原則であるとしているが，信頼の原則の適用が認められたものもある。

看護師が電気吸引器を誤って陽圧・排気にセットしていたのに気がつかず採血作業を行ったために，献血に来た被害者を空気栓塞症で死亡させた場合においては，「人による二重のチェックは不可欠といわなければならない」「電気吸引器の操作はすべて看護婦にゆだねてしまうのであつては，危害の発生を防止するに不十分というほかない」とされている（千葉地判昭 47・9・18 刑月 4 巻 9 号 1539 頁〔千葉大採血ミス事件第 1 審判決〕。なお，控訴審判決〔東京高判昭 48・5・30 刑月 5 巻 5 号 942 頁〕，看護師に関する有罪判決〔千葉地判昭 47・12・22 刑月 4 巻 12 号 2001 頁〕参照）。看護師が誤って酸素ボンベではなく笑気ボンベに耐圧ゴム管を接続し，麻酔医がそれを患者に吸引させ死亡させたという事案においても，麻酔医にはあらかじめ接続状況を点検してその安全を確認する義務があるとされ，その過失が肯定されている（神戸地尼崎支判昭 49・6・21 判時 753 号 111 頁）。

他方では，看護師のケーブル交互誤接続による熱傷事故（北大電気メス事件）に関して，電気メス器ケーブルを電源に接続するのは手術の準備であり，医師には監督義務はないとしたものもある（札幌高判昭 51・3・18〔北大電気メス事件〕。原判決〔札幌地判昭 49・6・29 刑月 6 巻 6 号 742 頁〕も参照）。

手術開始前・開始後の医師は手術に意識を集中させなければならず，補助者の行動に注意を向けてこれをチェックすることが困難な状態にあるのであり，医師には補助者の不適切な行動，結果発生の予見可能性が否定されることもある。北大電気メス事件の医師と，千葉大採血ミス事件，西宮市立中央病院笑気ボンベ事件の医師との相違はこのようなところにある。

医師同士　チーム医療を行う医師は，それぞれが自己の役割を適切に果たすことを信頼していなければならないのであり，これらの医師相互の間には信頼の原則が妥当する。たとえば執刀医は麻酔医が麻酔前の診察を適切に行うこ

とを，麻酔医は執刀医が適切に手術することを信頼して自己の役割に集中することが許されるのである。

しかし，手術する患者の確認は役割分担の問題ではなく，患者を事前に診察していて患者取違えに容易に気付くべき状況にあった麻酔医は，手術室において患者の同一性について疑問を述べるに止まらず，「確実な確認措置」をとらなければならない（最決平19・3・26刑集61巻2号131頁・判プⅠ127）。

第3款　管理・監督過失

1　管理過失と監督過失

事故防止体制の不備，ホテル・ニュージャパン事件　　事故防止のための人的・物的体制に不備があったため人の死傷事故が起こったとき，体制の確立・維持についての責任を負う者（管理者）に過失責任（業務上過失致死傷罪）が問われる場合を，広く管理過失という。直接の過失行為者ではない，背後の管理者に過失責任を問いうるかが問題の焦点である。

管理過失のうちでも，管理者が部下の監督を十分に行わなかったため，部下の行為から結果が発生したときに管理者に問われる過失を監督過失という。最高裁判例（最決平5・11・25刑集47巻9号242頁〔ホテル・ニュージャパン事件，百選Ⅰ56・判プⅠ133〕）に現れた火災事故の事案は，大略次のようなものであった。

某日深夜に宿泊客の煙草の火の不始末からAホテルの客室から火災が発生し，火はフラッシュオーバーを繰り返しながらホテル中に急速に拡大し，逃げ遅れた宿泊客が多数死傷した。このホテルはスプリンクラー設備あるいはこれに代わるべき防火区画の未設置，防火戸の不良などの瑕疵があったため延焼の拡大を防止することができず，配管工事の後の埋め戻し作業不完全などによって生じた間隙を伝わって火炎が伝走し，延焼範囲が急速に拡大した。消防計画，自衛消防隊も十分に作られておらず，従業員の消防・避難誘導訓練も行われていなかったため，そのとき現場にいた宿直の職員等は，初期消火活動，火事ぶれ，宿泊客の避難誘導など何もできなかった。AホテルはB消防署から防火体制の整備・是正について指導を受けていたが，経営改善・経費削減の方針をとっていたAホテル会社代表取締役社長Xは，これらの指導に従わないばかりか，逆

に人員削減などの合理化を進行させていた。ホテル支配人兼総務部長Yはこれらの状況を認識しながら，Xのいうことに従い，ほとんど何も行わなかった。1審はX・Yに業務上過失致死を認め，実刑であったXだけが控訴，上告をしたがいずれも棄却され，1審判決が確定した。

1審は，Xは，①スプリンクラー設備もしくは代替防火区画を設置するとともに，②Yを指揮して消防計画の作成，消火，通報，避難訓練，防火戸等の防火用，消防用設備等の点検，維持管理等を行わせるべきであった，Yは，③これらの措置を行うべきであったとし，Xに関する①②の判断は2審，最高裁でも維持されている。この場合②が監督過失にあたることになる。

監督過失においては，管理者が事故防止のための部下の適切な行動を信頼することが許される状況であったか否かという，信頼の原則の限界と共通する問題があるため特に問題とされる。しかし，信頼の原則も過失犯における予見可能性の問題であり，特別な原則ではないのであるから，管理過失と監督過失を区別して論じる必要性はない。

判例と管理・監督過失　　下級審判例は1960年代後半から監督過失を認めるようになり，最高裁も，いくつかの大規模火災事件に関する判例において，基本的にこれを支持するようになった（最決平2・11・16刑集44巻8号744頁〔川治プリンスホテル事件，判プI 130。アセチレンガス切断機の炎に起因したホテル火災について，ホテル経営者の責任を肯定〕，最決平2・11・29刑集44巻8号871頁〔千日デパートビル事件，判プI 131。雑居ビル内の夜間工事中に出火し多量の煙がビル内のキャバレーに流入した事故について，雑居ビル経営会社の管理課長，キャバレー経営会社の代表取締役，キャバレー支配人の責任を肯定〕，最決平5・11・25〔ホテル・ニュージャパン事件〕）。

また，医療の場面での監督過失を認めたものもある（最決平17・11・15〔埼玉医大VAC療法事件。大学病院の耳鼻咽喉科において，主治医が誤った治療計画を立て，それに基づいて抗がん剤を過剰投与し患者を死亡させた事案につき，その治療計画を承認したチーム・リーダー，治療計画を確認しなかったため過誤を看過した耳鼻咽喉科科長兼教授にも責任を認めた〕）。

近時には，運転士が転覆限界速度を超えて列車を線路曲線に進入させ，脱線・転覆事故を起こし，多数の死傷者を出したという事例において，最高裁は，鉄

第 3 節　予見可能性

道会社の歴代の代表取締役の業務上過失致死罪の責任を否定している（最決平29・6・12〔JR福知山線事件〕）。最高裁は，鉄道本部長に対しATSを整備するよう指示すべき義務がないとしているが，小貫芳信裁判官の補足意見は，本件曲線における脱線転覆事故発生についての予見可能性は肯定できないとする（216頁参照）。管理・監督過失責任における予見可能性と作為義務との関係については，以下で検討する。

2　管理者の作為義務

過失作為犯と過失不作為犯　管理・監督過失は不作為による場合が多い。前掲の「ホテル・ニュージャパン事件」においては，スプリンクラー設備または代替防火区画を設置しなかった，消防計画の作成等を行わなかった，部下にそれを行わせなかったという不作為が問題であった（そのほか，最決平2・11・16〔川治プリンスホテル事件〕も参照）。

すでに述べたように，過失犯の事例において作為と不作為とは併存する（111～112頁）。防火・消防の体制が不備であるホテルを経営し，そこに客を宿泊させる行為を考えるならそれは作為である。しかし，今にも倒壊しそうなホテルにおいてこのような行為をしたというような場合でない以上，その作為は合法であり，そこに過失犯を認めることはできない。このようにして，管理・監督過失においては，実際上，過失不作為犯の成否が問題であり，作為義務（最高裁のいう「注意義務」）の存否が問題となるのである。

監督過失における作為義務　最高裁は，雑居ビル経営会社の管理責任者は「法令上の規定の有無を問わず，可能な限り種々の措置を講ずべき注意義務」を負うとはしているが（最決平2・11・29〔千日デパートビル事件〕），法令の根拠がないところに作為義務（最高裁の「注意義務」）を認めることには慎重である。たとえば，デパート経営会社の取締役には消防計画の作成等に関与すべき義務はない，店舗の売場課長Kには平素から部下の従業員に消防訓練を施す等の防火管理業務を負うものではない（最判平3・11・14〔大洋デパート事件〕），列車転覆事件の時点では曲線にATSを設置する法令上の義務は存在しなかったなどの事情からは，鉄道会社社長にはその設置義務を肯定することはできない（最決平29・6・12〔JR

福知山線事件〕)，などとしている。

　最高裁が作為義務の根拠とするのは多く法令，特に消防法の規定である。「防火管理者」は消防計画の作成，通報避難訓練の実施などの防火管理上必要な業務を実施する義務を負い，「管理権原者」は「防火管理者」を選任し，これに以上の業務を行わせなければならない（消防8条1項。最決平2・11・16〔川治プリンスホテル事件〕，最決平2・11・29〔千日デパートビル事件〕，最決平5・11・25〔ホテル・ニュージャパン事件〕）。また，「関係者」は防火対象物について消防活動の性能を有するよう法令の定める基準を維持しなければならない（消防17条1項。最決平5・11・25〔ホテル・ニュージャパン事件〕）。火災発生に直面した者には応急消火等の義務がある（消防25条1項・同施行規則46条3号。最判平3・11・14〔大洋デパート事件〕。結論として過失を否定している）。

　不真正不作為犯である管理・監督過失に必要な作為義務は，業務上過失致死傷罪（刑211条1項）の構成要件が前提とする作為義務でなければならないのであり，法令に規定があるだけでは足りないことはすでに述べたところである。また，これらの消防法上の義務の違反には消防署長の是正命令が発せられ，その命令に違反したときには処罰されるが，違反は処罰されていないのであり（消防38条-46条の5参照），違反行為を直ちに業務上過失致死傷（刑211条1項）によって処罰することは，刑法に行政取締罰則を代替する役割を負わせていることになってしまう。防火管理者，管理権原者，関係者であることの一事をもって，不作為による業務上過失致死傷を認めてしまうべきではなく，行為者を保障人と認めるべき危険源監督義務を肯定しうるかは，建造物の防火管理にどれだけ行為者が関係しているかを考慮して決定しなければならない（最判平3・11・14〔大洋デパート事件〕参照。形式的に防火管理者としての選任届〔消防8条〕が出されていたに過ぎない営繕課の課員には，消防計画の作成，避難誘導等の訓練を実施すべき注意義務はないとする）。

3　結果の予見可能性

防火体制の不備・出火可能性の認識　　管理者に人の死傷結果発生についての予見可能性がなければ，彼に業務上過失致死傷の責任を問うことはできない。

第3節　予見可能性

　最高裁は，管理者が防火・防災対策に不備があることを認識している以上，死傷結果の予見可能性も肯定しうるという。「宿泊施設を設け，昼夜を問わず不特定多数の人に宿泊等の利便を提供する旅館・ホテルにおいては，火災発生の危険を常にはらんでいる上，被告人は，同ホテルの防火防災対策が人的にも物的にも不備であることを認識していたのであるから，いったん火災が起これば，発見の遅れ，初期消火の失敗等により本格的な火災に発展し，建物の構造，避難経路等に不案内の宿泊客等に死傷の危険の及ぶ恐れがあることはこれを容易に予見できたものというべきである」（最決平2・11・16〔川治プリンスホテル事件〕），「被告人は，…代表取締役社長に就任した当時から…防火防災対策も不備であることを認識していたのであるから，自ら又はA〔管理権限者〕を指揮してこれらの防火管理体制の不備を解消しない限り，いったん火災が起これば，発見の遅れや従業員らによる初期消火の失敗等により本格的な火災に発展し，従業員らにおいて適切な通報や避難誘導を行うことができないまま，建物の構造，避難経路等に不案内の宿泊客らに死傷の危険の及ぶおそれがあることを容易に予見できたことが明らかである」（最決平5・11・25〔ホテル・ニュージャパン事件〕）。

　たしかに防火・防災体制に大きな欠陥のある施設で出火したなら，人々が死傷するであろうことは予見できる。しかし，その認識可能性が結果発生の予見可能性を肯定させる主要な「因果の環」（225頁）は，出火であり，防火・防災体制の不備ではない。後者の認識あるいは認識可能性があったとしても，死傷結果の予見可能性は肯定できない。出火の認識可能性が存在しなければ宿泊客の死傷結果の予見可能性も存在しないのである。

　出火の予見可能性と結果の予見可能性　　最高裁は，ホテル等は「火災発生の危険を常にはらんでいる」のであるからそこで発生する火災は常に予見可能であるとしているが，これは，新過失論の「許された危険」論が前提とする希薄な予見可能性を前提とするもので，不当である。問題は，事故の直接の原因である出火の予見が可能であったかである。たとえば，線路の曲線にATSが設置されていなかったことが認識可能であったとしても，列車運転士が意図的に速度を落とさず曲線に猛スピードで進行を続けることが予見可能であったとは思われない（最決平29・6・12〔JR福知山線事件〕参照）。

第4章 過　失

　ホテル・ニュージャパン事件（最決平5・11・25）における寝たばこによる失火，川治プリンスホテル事件（最決平2・11・16）における作業員による失火，千日デパートビル事件（最決平2・11・29）におけるデパートの電気工事の際の火の不始末による出火が認識可能であったとき，それぞれの管理者に発生した結果に対する過失責任を肯定することができる。

第 5 章

違法阻却事由

第 1 節　違法阻却事由の意義

第 1 款　犯罪阻却事由と違法阻却事由

1　犯罪の成立を阻却する消極的要件

原則と例外　たとえば，殺人罪（刑199条），傷害致死罪（刑205条）の構成要件該当性が認められる場合には，人の生命の侵害という法益侵害が存在するので，それ以外の事情が存在しない以上，行為は違法である。しかし，行為が正当防衛（刑36条1項）であればその法益侵害は許容され，違法性が否定される。これが違法（性）阻却事由である。また，行為が故意によるものであれば責任が肯定されるのが通例であるが，心神喪失（刑39条1項）などの状態で行われたのであれば，行為者を非難することができないので責任は否定される。これが責任阻却事由である。

これまでの構成要件該当性（第2章），故意（第3章），過失（第4章）は，犯罪成立の一般的要件を取り扱うものであったが，本章および次章は，犯罪の成立を阻却する（妨げる）消極的要件を取り扱う。本書の記述は，構成要件該当性・違法性・責任という体系的順序によるのではなく，犯罪の成否を検討する際に実際に行われる「原則→例外」という順番によっている（90頁参照）。

2　構成要件該当性阻却と違法阻却

違法性判断の体系的位置　しばしば，違法性の判断を構成要件該当性のところで行うか，違法阻却事由のところで行うかが問題にされる。以下ではこの議論の実際上の意味について述べることにする。なお，被害者の同意が違法阻却事由か構成要件該当性阻却事由かの問題については後に述べる（254～256頁）。

「構成要件該当性阻却事由」という言葉が用いることがあるが，それは「構成要件に該当しないという判断をする」ということ以上に，特別の意味を持つものではない。

可罰的違法性の判断　かつては，すぐ後で述べる可罰的違法性の判断を被害の軽微性の意味でのみ認め，それを構成要件該当性の段階でのみ行い，違法阻却においては一般の違法性判断のみを行うべきであるという見解もあったが（特に，藤木・総論117～121頁），刑法上の違法性は可罰的違法でなければならないのであり，違法概念は構成要件，違法性のいずれの段階でも異なるべきではない。この議論は可罰的違法性の理論の適用範囲を狭めるものである。

さらに戦後間もない頃には，労働者の争議行為（労組1条2項）は違法阻却事由ではなく構成要件該当性を阻却するという学説もあった。これは，「労働法秩序は市民法秩序に優先する」という考え方に立って，合法な争議行為の範囲は，一般の違法阻却事由より広いものとすべきであるというものであった。しかし，争議行為の違法阻却の範囲も，他の違法阻却事由と同じく，法秩序一般の問題として議論されなければならない。以上のように突出した「争議権の構成」の理論は現在は存在しない。

労働者の争議権（憲28条）に限らず，最高裁は憲法上の権利の行使による違法阻却の範囲については厳格に過ぎるという批判はあった（憲法23条に関して最大判昭38・5・22刑集17巻4号370頁〔ポポロ事件第1次上告審判決〕，最判昭48・3・22刑集27巻2号167頁〔ポポロ事件第2次上告審判決〕，憲法19条・21条に関して最決昭39・12・3刑集18巻10号698頁〔舞鶴事件，判プⅠ150〕）。争議権などの憲法上の権利行使は構成要件該当性を阻却するという見解は，厳格な最高裁の違法判断の枠外に合法性の根拠を求める意図があるのかも知れない。しかし，これは，最高裁の違法阻却事由の判断が，可罰的違法性を十分に考慮しているかという問題であっ

第1節　違法阻却事由の意義

て，可罰的違法性の体系的位置づけの問題ではない（労働争議行為の違法阻却の問題については，247～248頁・253～254頁参照）。

罪刑法定主義と構成要件，違法阻却事由　学説にはさらに，構成要件には厳格に罪刑法定主義の要請が働くが，違法阻却事由についてはそうではないという前提のもとで，名誉毀損罪における「公共の利害に関する場合の特例」（刑230条の2）は，表現の自由の保障（憲21条）のために，構成要件該当性阻却事由と解すべきだという見解もあった。しかし，明確性の意味での罪刑法定主義の要請は，構成要件においてばかりはなく，法定の違法阻却事由にも同じように妥当しなければならない（この説の主張者も，後に別の理由からであるが，違法阻却事由説に解説した。団藤・各論522～523頁参照）。

第2款　違法性と違法阻却

1　結果無価値論と違法阻却事由

実質的違法，結果無価値，可罰的違法　本書の違法阻却論の概要は次のようなものである。

違法阻却の有無は違法性の概念から決定される。「違法性とは法秩序に違反すること」であるから（このような形式的定義で満足する議論を「形式的違法論」という），違法とは法の目的に反するということになる（このような議論を「実質的違法論」という）。法の目的・理念は人々の利益を維持することであるから，違法とは法益の侵害・危殆であるという結果無価値論が基本的に正しい。さらに，刑法上の違法は刑罰を科するに足りる高度なものでなければならないから，刑法における違法とは可罰的違法である。

違法阻却事由の体系　行為が構成要件に該当すると，法益侵害の違法性が肯定される。しかし，法益主体すなわち被害者が侵害に同意を与えていて法益を保護する必要がなくなる場合には，違法性が阻却される。これが利益欠缺（けんけつ）の原理による違法阻却であり，被害者の同意がこれである。他方，法益侵害行為がそれを上回る利益をもたらしたときにも，法益侵害の違法性が阻却される。これが優越利益の原理による違法阻却である。一般的正当行為（刑35条），正当防衛（刑36条1項）・緊急避難（刑37条1項本文）という緊急行為は，こ

のような場合である。さらに，優越利益の判断が，法益主体の意思を考慮に入れてなされなければならないこともある。

以上が法益侵害の結果を違法性の実質と考える結果無価値論による違法阻却事由である。法が明文で規定する違法阻却事由の解釈もこのような考え方に従って行われる。法律の規定していない，いわゆる超法規的違法阻却事由もこれに従って認められる。被害者の同意も超法規的違法阻却事由の一つである。

社会の変化とともに，行為の正当性，権利性についての人々の認識も異なってくるのであり，認められる違法阻却事由もそれに応じて変動する。違法阻却事由の体系は利益欠缺，優越利益，両原理の統合というように体系化されるとはいえ，それは「開かれた体系」である。たとえば，中世ヨーロッパでは，夫が妻を折檻するのは夫権の内容であったが，現代は世界中，そして日本でも，配偶者間暴力は犯罪である（配偶者暴力前文参照）。

違法阻却事由の変動　親権者の懲戒権は，それを口実として児童虐待が行われることで，早くから問題であった（旧民法の「父又ハ母」の懲戒権〔民法人事編（1900 年）〕について大判明 37・2・1 刑録 16 輯 122 頁〔監禁・暴行〕，1947 年改正後の「新民法」の親権者の懲戒権について札幌高函館支判昭 28・2・18 高刑集 6 巻 1 号 128 頁〔暴行・保護責任者遺棄致死〕など）。2010 年には，児童虐待対応の法改正によって，親権者の懲戒は「子の利益のための監護及び教育」の範囲内で行われなければならないこととされ，親権喪失事由として虐待・悪意の遺棄を明示するとともに，親権停止の制度を新たに導入したが（民 822 条・834 条・834 条の 2，児童虐待 4 条 6 項・14 条・15 条，児福 33 条の 7），懲戒権そのものの廃止には至らなかった。だが，その後も残酷な虐待事件の発覚は相次ぎ，2019 年に成立した「児童虐待防止対策の強化を図るための児童福祉法等の一部を改正する法律」（附則 6 条 4 項）は，政府は，同法の施行後 2 年を目途として民法の懲戒権の「在り方」について検討を加え，その結果に基づいて必要な措置を講ずるものとするとした。懲戒権についての議論はまだ続いている。

他方では，新しい違法阻却事由も認められてきている。

現代社会におけるジャーナリズムの重要性からは，ジャーナリストの取材源秘匿の権利は憲法 21 条の表現の自由・取材の自由に連なるものであり，一定の

第 1 節　違法阻却事由の意義

場合には取材源の不開示も許容され（最決平18・10・3民集60巻8号2647頁〔NHK記者証言拒絶事件〕は，取材源は民訴197条1項3号の「職業の秘密」に該当するとする），証言拒絶（民訴200条・192条・193条，刑訴161条）として処罰等されることはない。

構成要件の違法規制機能，可罰的違法性の質　違法阻却事由は構成要件の内容をなす法益侵害を止揚し，構成要件該当行為の合法性を獲得させる根拠である。したがって，行為の違法性が阻却されずに処罰されるのは，当該構成要件の内容をなす法益侵害の違法性が存続していることがその理由であり，構成要件外の違法要素が存在することではない。

例えば無免許医が注射した場合，注射が医学的に正当であり，患者の同意があるのであれば，傷害罪（刑204条）として処罰されることはない。無免許医業が公衆衛生の観点から違法であり，処罰を免れないことは（医師31条1項1号・17条），身体傷害という傷害罪の違法性の内容をなすものではないからである。これは「可罰的違法性の質」の問題といわれてきたが，ここではそもそも構成要件の内容である違法性が存在しない（身体傷害は合法である）場合である。これに対して「可罰的違法性の量」（249〜250頁）は，構成要件の内容をなす違法性の程度の軽微性（軽微な身体傷害）の問題である。両者は次元を異にすることに注意すべきである。

このように，構成要件該当行為の違法性は，当該構成要件の内容をなす違法性が止揚されないときに肯定できるのであり，構成要件にはこの意味で「違法規制機能」がある。学説には，被害者の同意のような利益欠缺による違法阻却のときにはこれを認めるが，優越利益による違法阻却においては否定するものがある（佐伯（仁）・総論102〜104頁）。しかし，当該構成要件の内容をなす法益侵害が止揚されるかが問題であることにおいては，違法阻却事由の種類によって相違があるわけではない。

最高裁の違法阻却論　しかし最高裁判所は，争議行為の際の建造物侵入（刑130条前段）に関して，違法阻却の有無は「当該行為の具体的状況その他諸般の事情を考慮に入れ，それが法秩序全体の見地から許容されるべきものであるか否か」で判断すべきであるとした（最大判昭48・4・25刑集27巻3号418頁〔久留米駅事件，百選Ⅰ16・判プⅠ144〕）。このように，当該構成要件の内容である法益侵害・

危殆以外の違法要素も包括的に考慮し，構成要件の違法規制機能を認めないのは，行為無価値論の帰結である。

最高裁は，新聞記者が取材源である女性と男女の関係になった上で国家秘密を入手する行為は，「取材対象者の個人としての人格の尊厳を著しく蹂躙する等法秩序全体の精神に照らし社会観念上是認することのできない態様のものである」として，公務員秘密漏泄のそそのかし罪（国公111条・109条12号）の違法性を阻却しないとし（最判昭53・5・31刑集32巻3号457頁〔外務省秘密漏洩事件，百選Ⅰ18・判プⅠ156〕)，保険金騙取目的でその同意を得て被害者に傷害を加えた行為につき，「右同意は，保険金を騙取するという違法な目的に利用するために得られた違法なものであつて，これによって当該傷害行為の違法性を阻却するものではない」（最決昭55・11・13刑集34巻6号396頁〔保険金詐欺事件，百選Ⅰ2・判プⅠ172〕）として，傷害罪（刑204条）の違法性を肯定している。これら2つの判例においては，秘密漏泄あるいは身体傷害の違法とは関係のない，構成要件外の違法要素の存在を理由として，それぞれの刑罰法規を適用して処罰されているのである。

2　可罰的違法性の理論

可罰的違法性の量，違法一元論・違法多元論　行為の違法性が当該構成要件の違法性と同質の場合でも，すなわち「可罰的違法性の質」については問題のない場合でも，当該構成要件の前提とする刑法上の違法性の程度にまで達していない場合がある。これを「可罰的違法性の量」の問題という。犯罪の成立要件の一つである違法性とは，刑事罰を課すに相応しいものでなければならない。最高裁も，「刑罰は国家が科する最も峻厳な制裁であるから，それにふさわしい違法性の存在が要求されることは当然であろう」という（最大判昭52・5・4刑集31巻3号182頁〔名古屋中郵事件，判プⅠ139〕）。

このように，民法，行政法など法領域ごとに必要な違法の量は異なるのであり，刑法上の違法とは可罰的違法である。このような考え方を「違法多元論」という。これに対して，刑法上の違法も他の法領域と同一であるとする「厳格な違法一元論」では，可罰的違法性の量は問題とはならない。

第1節　違法阻却事由の意義

　日本の可罰的違法性論は，伝統的に，違法性はすべての法領域に共通であるが，刑法ではそれが量的に加重されることが必要であるというものであった。しかしこのような「やわらかい違法一元論」をとるまでもなく，刑法における違法性は可罰的違法であるとすることで十分である（用語の問題も含めて，以上については，前田・総論 28～30 頁，前田雅英・可罰的違法性論の研究参照）。

　被害軽微による構成要件該当性阻却　　違法性の「量」が可罰的な程度にまで達しない場合としては，被害が軽微であり構成要件該当性が否定される「絶対的軽微」の場合と，行為の違法の軽微さを理由として違法阻却を認める「相対的軽微」の場合とがあるといわれることもある。しかし，違法性の量の問題であるから，いずれも相対的軽微の問題である。

　最高裁判例には，軽微な事案と考えられる些細な違法行為を刑罰法規の文言の解釈によって不可罰としたと解されるものもある（最判昭 30・11・11 刑集 9 巻 12 号 2420 頁〔「事実上支配の意思」が認められないとして当時のたばこ専売法の「所持」を否定〕，最判昭 31・12・11 刑集 10 巻 12 号 1605 頁〔三友炭坑事件。労働争議における座り込み等の行為について，いまだ「違法に威力を用いた」にあたらないとして威力業務妨害罪（刑 234 条）の成立を否定〕，最判昭 33・9・19 刑集 12 巻 13 号 3047 頁〔納金スト事件Ⅰ〕，最判昭 33・9・19 刑集 12 巻 13 号 3127 頁〔納金スト事件Ⅱ。いわゆる納金ストは「専ら所有者自身のためになされたもの」であり，横領罪における不法領得の意思を欠くとする〕）。

　他方，絶対的軽微の古典的事例である「一厘事件」（大判明 43・10・11 刑録 16 輯 1620 頁。たばこ耕作人が政府に納入すべき煙草の葉 1 枚〔当時の価格にして 1 厘〕を手刻みにして吸ってしまった行為について当時の煙草専売法違反の刑責を否定），「長沼温泉たばこ買い置き事件」（最判昭 32・3・28。当時のたばこ専売法の販売罪成立を否定）においては，それぞれ，「犯人ニ危険性アリト認ムヘキ特殊ノ情況」がない，「社会共同生活の上において許容さるべき行為」であるというのが無罪判決の理由であり，これは構成要件該当性を否定したものと理解される。

　そもそも，「正当な理由がないのに」（刑 130 条・133 条・134 条），「不法に」（刑 220 条）などの文言がない刑罰法規においても，社会生活上是認できる限度を超えた行為だけが構成要件に該当する（95～96 頁）。一厘事件，長沼温泉たばこ買い置き事件においては，社会生活上是認できる限度を超えていない些細な違法行

249

為には可罰的違法性が欠如し，構成要件に該当しないとすべきことになる。

軽微性の判断基準　行為無価値的違法論の立場から「社会的相当性」を逸脱した行為だけが構成要件に該当するという見解は，最高裁と同様，様々な行為無価値的要素を包括的に考慮することによって，構成要件該当性の有無を判断すべきだとする（藤木英雄・可罰的違法性 91〜121 頁，同・総論 116〜121 頁）。犯人に危険性がない（大判明 43・10・11〔一厘事件〕），一般人としても犯しかねない軽微な違法行為（最決昭 61・6・24 刑集 40 巻 4 号 292 頁〔マジックホン事件，百選 I 17・判プ I 141 における大内恒夫裁判官の補足意見〕）のみを不可罰とする見解もこのような考え方に連なるものであろう。

　だが，ここでも考慮に入れられるべきなのは，当該構成要件の前提とする法益の侵害性に意味のある事実である。行為の法益侵害・危殆の軽微性と行為目的の法益侵害性の軽微性の両者を考慮して，行為が社会的に許容できる範囲内であるか否かを判断すべきである。最高裁は 1 回だけのマジックホン使用について偽計業務妨害罪（刑 233 条）と有線電気通信妨害罪（有線電通 13 条 1 項）を肯定したが（最決昭 61・6・24 刑集 40 巻 4 号 292 頁），これは，行為者の目的が通話料金の免脱にあったためである。一厘事件の後，道路修復のために他人の石 1 個を盗む行為について窃盗罪（刑 235 条）を肯定した大審院判例（大判大 1・11・25 刑録 18 輯 1421 頁）も，この意味で是認できると思われる。

第 2 節　一般的違法阻却事由

第 1 款　法 令 行 為

1　刑法 35 条と正当行為

正当業務行為について　刑法 35 条は「正当行為」として，「法令又は正当な業務による行為は，罰しない」としている。前段が法令行為，後段が正当業務行為と呼ばれる。刑法 36 条の正当防衛，37 条の緊急避難がいずれも緊急時の違法阻却事由を規定するのに対して，本条はそれ以外の違法阻却事由を規定したものである。

第2節　一般的違法阻却事由

　正当業務行為は，19世紀半ばまでドイツで有力であった「業務権説」の影響を受けたものと思われるが，現在では「業務」という文言は殆ど意味を失っている。実際に，プロレスの際の暴行・傷害は正当業務行為として違法性が阻却されるが，アマレスではそうではないということはない。これらの行為が違法性を阻却される理由は，「危険の引き受け」（262〜264頁）のように，より実質的なところに求められなければならない。最高裁は，報道機関の行う取材活動が実質的に違法性を欠くときには「正当な業務行為」であるとするが（最判昭53・5・31〔外務省秘密漏泄事件〕），報道機関の取材活動であるから違法性が阻却されるとしている訳ではない。正当業務行為であるとして違法阻却を認めた判例として知られているのは牧師の行為（神戸簡判昭50・2・20刑月7巻2号104頁〔高校の「学園闘争」の生徒をかくまった行為は犯人蔵匿罪〔刑103条〕にならないとする）と看護師の行為（福岡高判平22・9・16判タ1348号246頁〔高齢者の足の爪切りは傷害罪〔刑204条〕として処罰されないとした〕）についての2件だけである。しかし，宗教職，医療職にない者がこのような行為をしたときに，直ちに違法となるわけではない。

　このように考えるときには，法令行為，正当防衛，緊急避難以外の違法阻却事由は，明文に基づいていないという意味で，すべて超法規的違法阻却事由ということになる。

2　法令による違法阻却

母体保護法など　　母体保護法（旧・優生保護法）は，戦後間もなく，刑法の「堕胎」を大幅に合法化したもので，本条の「法令」の典型例である。同法（14条・2条2項）は，「胎児が，母体外において，生命を保続することのできない時期に，人工的に，胎児及びその附属物を母体外に排出すること」である「人工妊娠中絶」を，一定の要件があるときに「指定医師」が行うことを許容しているが，刑法の「堕胎」が，より広く「自然の分娩期に先立だって人為的に母体から胎児を分離すること」と定義されているので（大判明42・10・19刑録15輯1420頁，判プⅡ53），同法は同意堕胎罪（212条〜214条）を「人工妊娠中絶」の範囲内で許容するものということになる。妊娠期間が，すでに「胎児が母体外において生命を保続することのできる時期」を超えている場合には，指定医師による中絶手

術であっても業務上堕胎罪（刑214条1文）が成立する（最決昭63・1・19〔嬰児放置事件〕の1・2審判決）。

また，現行犯逮捕（刑訴213条）の際に犯人に傷害を与えたとしても，それが逮捕のため「必要かつ相当な限度内にとどまるもの」であれば，刑法35条により違法性が阻却される（最判昭50・4・3刑集29巻4号132頁・判プⅠ151。なお，東京高判平10・3・11判時1660号155頁・判プⅠ152）。

そのほか，行政法，民事法など，行為の合法性を規定している他の法令も，すべて刑法35条の「法令」であり，これらの法令に適合している行為は刑法上も違法ではない。例えば，墓地法に従った焼骨・埋葬，死体解剖保存法による解剖・保存，臓器移植法による死体からの臓器の摘出は，いずれも死体損壊罪（刑190条）を成立させることはない。民法の事務管理（民697条〜700条），正当防衛・緊急避難（民720条）は刑法上も合法であり，犯罪を成立させることはない。

法令適合性　法令による行為は合法であるとしても，そもそも行為が法令に適合しているかの判断は困難なことがある。たとえば，児童・生徒・学生に対する教員の懲戒権は「体罰」を含まないとされていて（学教11条），殴打行為が懲戒として行われたとしても暴行罪（刑208条）を成立させるが（最判昭33・4・3集刑124号31頁参照），最高裁の民事判例も，「その目的，態様，継続時間等から判断して，教員が児童に対して行うことが許される教育的指導の範囲」にとどまるときには，「体罰」に該当するものではないとしている（最判平21・4・28民集63巻4号904頁。悪ふざけする小学校2年生に対する教員の「指導」が違法とは言えないとする）。また，下級審の刑事判例にも，「口頭による訓戒と同一視してよい程度の軽微な身体的侵害」にとどまる程度の行為は教師の裁量権の範囲内であるとするものがある（東京高判昭56・4・1刑月13巻4・5号341頁・判プⅠ153）。「いかなる場合においても，暴力の行使は，労働組合の正当な行為と解釈されてはならない」（労組1条2項但書）とされていることについても，同じ問題がある。

さらに，精神科病院の管理者は，入院患者について「その医療又は保護に欠くことのできない限度において，その行動について必要な制限を行うことができる」とされているが（精保36条1項，医観92条1項），衣服の着脱，食事などのために患者を抑制する行為が，どの範囲で許容され，逮捕監禁（刑220条）など

第2節 一般的違法阻却事由

の違法性を阻却するのかは自明ではない。公務員の職務行為，特に，警察官の職務質問，保護，武器使用，住居への立ち入りなど（警職 2 条～7 条）の適法性も，しばしば困難な問題を生じさせる。

「違法行為」と可罰的違法性，公務員の争議行為　刑法の違法阻却の判断にあたっては可罰的違法性を考慮しなければならない。行為が法令に完全に適合しない場合でも，刑法上は違法とすべきでない場合もあるのである。たとえば，配偶者の同意の要件（母体保護 3 条 1 項・3 項）だけが欠けている人工妊娠中絶はただちに堕胎罪が成立するとすべきではない。本人の同意を得て行われた生殖を不能にする行為が母体保護法の「不妊手術」（同 2 条 1 項）の範囲を逸脱していても，同法違反として処罰されるのは別論として（同 33 条・27 条。東京高判昭 45・11・11 高刑 23 巻 34 号 759 頁〔ブルーボーイ事件，判プⅠ155〕参照），直ちに傷害罪（刑 204 条）になる訳ではない（259～260 頁参照）。

特に，問題であったのは公務員の争議行為である。

労働組合法（1 条 2 項）は，労働争議には刑法 35 条の適用があるとしている。しかし，国家・地方公務員の争議行為は禁止され，そのあおり等は処罰されている（国公 98 条 2 項・110 条 1 項 17 号，地公 37 条 1 項・61 条 4 号）。また，かつての公労法（公共企業体等労働関係法）は，当時の「三公社・五現業」の職員・組合の争議行為，そのあおり等を禁止していたが，違反者の解雇の規定があるだけで，特別の処罰規定はなかった（現在は「公共企業体」が「行政執行法人」に変わっているが，この仕組みは変わっていない。行執労 17 条 1 項・18 条）。

最高裁は，まず，労組法 1 条 2 項は公労法 17 条 1 項違反の争議行為にも適用されるとして，郵便従業員に職場離脱させる行為は郵便物不取扱罪教唆（郵便 79 条 1 項・刑 61 条 1 項）として処罰されることはないとした（最大判昭 41・10・26 刑集 20 巻 8 号 901 頁〔東京中郵事件〕）。次に，非現業公務員の争議行為についてもこの立場から，公務員の争議行為は刑法上合法なのであるからその関与も合法であり，国公法・地公法によって処罰されるあおり等は，合法な争議行為に通常随伴するもの以上のものでなければならないとした（最大判昭 44・4・2〔都教組事件〕，最大判昭和 44・4・2〔全司法仙台事件〕）。

しかし，最高裁は，その後，公務員の争議行為が法律によって禁止されてい

る以上，そのあおり等が処罰されるのは当然であるとして，この「二重の絞り」論を放棄し（最大判昭 48・4・25〔全農林事件〕，最大判昭 51・5・21〔岩教組事件〕），さらに，公労法違反の争議行為に労組法 1 条 2 項を適用することはできないとして，職場集会参加を決意している従業員にさらにそれを促す行為は郵便物不取扱幇助罪（郵便 79 条 1 項・刑 62 条 1 項）を成立させるとした（最大判昭 52・5・4〔名古屋中郵事件〕）。

　もっとも最高裁は，それが論理的に成り立ちうるかは問題であるとしても（平野・研究 II 48 頁），不作為的な郵便物不取扱いへの単純参加は郵便法によって処罰されることはないとし（最大判昭 52・5・4〔名古屋中郵事件〕），公務員の争議行為をあおる等の行為も具体的事情によっては違法性が阻却されることはあるとしている（最大判昭 48・4・25〔全農林事件〕）。また，ストライキ等の争議行為そのものではなく，建造物侵入（刑 130 条）などのそれに随伴して行われた行為についても，違法阻却がありうることを前提としている（最大判昭 48・4・25〔久留米駅事件〕）。公務員の争議行為への労組法 1 条 2 項の適用が否定され，その合法性判断がこれまでより厳しくなったとはいえ，最高裁は，法令によって争議行為の禁止されている公務員の行為が直ちに処罰を免れないとまでしているわけではない。

第 2 款　被害者の意思に基づく違法阻却

1　被害者の同意による違法阻却と構成要件該当性阻却

「被害者の同意」の体系的位置づけ　被害者が法益を処分する意思であるときには，行為は違法でないのが原則である。

　被害者の同意は，違法阻却事由ではなく，構成要件該当性阻却事由だという見解がある。これは，違法阻却事由の錯誤は故意を阻却しないという厳格責任説の立場に拠りつつ，被害者の同意の誤認は故意を阻却するという結論をとるために主張されることもある。しかし，厳格責任説自体が不当である（180 頁・319～320 頁参照）。

　被害者の同意は構成要件該当性の実質的内容である法益侵害性を不存在にす

第2節　一般的違法阻却事由

るものであるから，構成要件該当性を阻却するという学説もある。しかし，例えば，本人の同意を得た傷害行為が「傷害した」（刑204条）に該当しないとすることは，文理的に必然とはいえない。

いずれにしても，この議論は実益の乏しい議論である。

欺罔による監禁，欺罔による住居侵入，準強制性交・準強制わいせつ　被害者の同意は一律に構成要件該当性阻却事由とすべきではないが，行為が「被害者の意思に反すること」を内容としていると解される構成要件においては，被害者の同意があれば構成要件該当性は阻却される。このような場合，「意思に反していない」以上当該構成要件該当性は否定されるから，違法性を阻却する傷害における被害者の同意のように，同意の違法阻却の範囲，同意意思の有効性を問題にする必要はなく，ただ，同意意思が事実的に存在すれば足りると解すべきことになる（なお，須之内克彦・刑法における被害者の同意27～31頁，佐藤陽子・被害者の承諾1～26頁も，構成要件の種類によっては同意が構成要件該当性を阻却することがあるとするが，このように考えているわけではない）。

しかし，最高裁は，偽計による監禁罪（刑220条）を認め（最決昭33・3・19刑集12巻4号636頁・判プⅡ71），客を装っての立ち入りに住居侵入罪（刑130条）を肯定している（最判昭23・5・20刑集2巻5号489頁・判プⅡ120，最大判昭24・7・22刑集3巻8号1363頁・判プⅠ168。なお，営業時間内の無人の銀行支店出張所への立ち入りに建造物侵入罪を認めた最決平19・7・2刑集61巻5号379頁・百選Ⅱ18・判プⅡ121参照）。被害者の錯誤が「法益関係的」であったときにはこれらの犯罪についても同意を無効とすべきだという見解もあるが，自然的な意味で同意があるときには，監禁罪，住居侵入罪は成立しないとすべきだと思われる。

強制性交・強制わいせつ，準強制性交・準強制わいせつ　強制性交罪（刑177条前段），強制わいせつ罪（刑176条前段）も，被害者の意思に反するわいせつ行為・性交を内容とするものであるが，被害者の意思を抑圧する手段を「暴行又は脅迫」に限定している。暴行・脅迫は被害者の抵抗を著しく困難にする必要はあるが，不可能にすることまでは必要でない。しかし，判例は被害者が積極的に抵抗しなかった場合にはこれらの犯罪の成立を認めない傾向にある（いずれも強姦罪〔現在の強制性交罪〕に関するものであるが，山口地判昭34・3・2下刑集1巻3号611頁

〔暴行を否定〕，大阪地判昭46・3・12判タ267号376頁〔脅迫を否定〕，大阪地判昭47・3・27判タ283号332頁〔脅迫を否定〕，広島高判昭53・11・20判時922号110頁〔暴行を否定〕）。

　準強制性交罪・準強制わいせつ罪（刑178条）は被害者の「心神喪失若しくは抗拒不能」に乗じる行為である。ここでも，抵抗が著しく困難であれば抗拒不能とすべきだと思われる。だが，近時の判例には，同居する娘に対して10代の頃から継続的に性虐待を行い，19歳になった娘が抵抗することができなくなっていたことに乗じて性交した場合にも，「人格を完全に支配し，父親に服従・盲従せざるを得ないような強い支配従属関係にあったとまでは認め難い」以上，父親に準強制性交罪は成立しないとしたものがある（名古屋地岡崎支判平31・3・26 LEX/DB 25562770）。この判例は「抗拒不能」を「心神喪失」と同様のものとしてしまったものだと思われる。なお，この事件の被害者は19歳であるので，「18歳未満の者」が対象の監護者性交罪（刑179条2項）は成立しない。

　他方，これとは対照的に，早くから判例は，被害者を欺罔してわいせつ行為・性交に同意させたときにも心理的抗拒不能としている（準強制わいせつに関して東京高判昭56・1・27刑月13巻1・2号50頁，東京高判平15・9・29東高刑時報54巻1～12号67頁・判ブⅡ107。準強制性交に関して，東京高判平11・9・27東高刑時報50巻1～12号93頁・判ブⅡ106，東京地判昭62・4・15判時1304号147頁）。

　以上に対して，事実的な意味で被害者の承諾意思がある以上，暴行・脅迫，抗拒不能は肯定できないという見解もあり，筆者もこのようなものであった（町野朔「被害者の承諾」判例刑法研究第2巻200～206頁，同・犯罪各論の現在296～306頁）。だが，これは被害者の権利保護に不十分であるばかりか，理論的にも必然とはいえない。

　同意意思の表示と認識　　被害者の同意は利益放棄の意思であるから，表示されなくても違法性を阻却する（意思方向説）。学説には，民法の法律行為と同様に同意意思は表示されなければ法的意味を有しないという見解もあるが（厳格な意思表示説），被害者の同意は加害者と被害者との契約成立の問題ではない。法的安定性の観点から，被害者の同意意思を認識させる外部的徴表の存在が必要だとするものもあるが（制限された意思表示説），これは証拠の問題と実体要件の問題とを混同したものであろう。

第 2 節　一般的違法阻却事由

　被害者の同意があるにもかかわらず，行為者がそのことを認識していなかった場合には，違法結果の発生がなかったことになるのだから既遂犯は成立しない。これは，後述の「偶然防衛」の場合と同じである (279〜280 頁)。

　下級審判例の傍論ではあるが，窃盗の捜査のために郵政監察官が出した「テスト郵便」在中の現金を，テスト郵便とは知らずに窃取した者には窃盗未遂 (刑 243 条・235 条) のみが成立するというものがある (静岡地判昭 41・4・19 下刑集 8 巻 4 号 653 頁。郵便物全体についての占有は取扱い郵便局長にあり，その侵害については郵便監察官の同意はなかったとして，窃盗既遂を肯定している)。ここでは，被害者の同意の表示はなく，行為者にはその認識もない。

　構成要件該当性を阻却する同意についてだけ上記の結論を認めるが (窃盗罪における同意はこのような場合だとする)，違法性を阻却する同意については，同意意思の表示と行為者の認識がなければ違法阻却の効果がないとする見解もあるが，違法事実の欠如が存在する以上，両者を区別すべきではない。

2　推定的同意

現実的同意と推定的同意，包括的同意　　被害者の同意は存在しなかったが，被害者がその場にいたら同意したと思われる場合を推定的同意という。デパートが客などを一般的に受け入れているような場合の包括的同意は，具体的な客の立ち入り行為を認識してこれに対して同意を与えているというものではないから，推定的同意の一種である。

　推定的同意が違法性を阻却するのは，他人が本人の意向に沿って行為することを一定の範囲で法的に保護することが，社会生活の上で必要であるという考え方によるものである。この点では，「義務なく他人のため事務の管理を始めた者」の行為の合法性を前提とする民法の事務管理 (民 697 条〜702 条) と共通のものである。これに対して，推定的同意に基づく行為の許容性は，被害者の同意，緊急避難 (刑 37 条 1 項) として，あるいはその誤想として免責可能な範囲においてのみ認められるべきであり，推定的同意を独立の犯罪阻却事由とすべきではないという見解 (西田・総論 194〜196 頁) もあるが，これは，他人の意思に配慮したとしてもその生活領域に侵入することを基本的に許さないというもので

あり，我々の社会生活を過度に非寛容に制約するものである。

推定的同意の要件　推定的同意の要件は，民法の事務管理の規定との関係で検討することが必要である。民法上合法な行為は，法令による行為（刑35条）として刑法上も合法であるのが原則であるから（251頁），事務管理に関する民法の規定に適合した行為は合法である。また，刑法では，民法上の違法より高度の可罰的違法が要求されるのであり，推定的同意の違法阻却の範囲は事務管理のそれより広いものである。

民法の事務管理は「他人のため」，すなわち，相互扶助の精神に基づいて法益主体のためにその権利を侵害する場合（例えば，他人の敷地内に入り，突然の雨で濡れそうになった洗濯物を軒下に取り込んであげる行為）に限られている（民697条1項）。しかし，刑法上は，パートナーから鍵を預かっている者が，パートナーの留守中にその部屋に入り，冷蔵庫からビールを出して飲むというような，直接には本人の利益のためにならない行為も，行為者と本人との関係からその推定的意思に適合していると考えられる以上，合法である。しかし，このような「権利侵害型」行為が，生命，健康など本人の重大な法益侵害である場合には，推定的同意による違法阻却を認めるべきではない。後に検討する治療行為，緊急避難による違法阻却はありうるのは，別論である（佐伯・総論230〜231頁参照。町野朔・患者の自己決定権と法193〜219頁はこの点不明確であった）。

本人の現実の意思を確認することができないときだけ推定的同意による違法阻却を認めるべきだという，推定的同意の「補充性」を認める見解が有力である。だが，民法の「他人のため」の事務管理（697条2項）も，「管理者は，本人の意思を知っているとき，又はこれを推知することができるときは，その意思に従って事務管理をしなければならない」としているが，事務管理の開始時に本人の意思が確認できるときは事務管理を開始してはならない，としているわけではない。権利侵害型の事務管理においては，本人が同意するであろうことが明らかなときにも，本人に電話やメイルで連絡をとるのが礼儀であるという考え方もあるかもしれないが，そこまで刑法が要求することは妥当とは思われない。

第2節　一般的違法阻却事由

3　傷害と同意

最高裁と同意傷害　被害者の同意が違法性を阻却する範囲が最も問題となるのは，傷害罪（刑204条）である。

古い最高裁判例には，性器の損傷を重傷害の一つとしていた旧刑法（300条1項）を援用しながら，仮に真意に基づく被害者の同意があったとしても，その局部の切断の違法性は阻却されないとしたものがある（最判昭25・11・16集刑36号45頁）。しかし実務は，一般的に，同意傷害の傷害罪としての可罰性については謙抑的な態度をとっていたように思われる。やくざから頼まれて「指詰め」をしてやる行為を傷害罪とすることはなかった。また，男性の求めに応じて性転換手術を行った医師に旧・優性保護法違反を認めた判例（東京高判昭45・11・11〔ブルーボーイ事件〕）においても同意傷害が問題にされることはなかった。

ところが，その後，最高裁は軽微な傷害であっても，保険金騙取目的で被害者の同意を得て行われた場合にも違法性が阻却されないとした（最決昭55・11・13〔保険金詐欺事件〕）。この最高裁判例のあと，自分のした不義理のけじめをつけるため指をつめてくれるよう依頼されて，これを実行した行為について，「公序良俗に反する」として傷害罪を認めた下級審判例も出ている（仙台地石巻支判昭62・2・18判時1249号145頁・判プI 176。なお，名古屋高判平19・5・29高検速（平19）号375頁）。

このような行為無価値的論的な考え方は妥当ではないことはすでに述べたが（247～248頁），身体も個人法益であり個人の処分の自由が及ぶのが原則であるにもかかわらず，被害者の承諾が傷害の違法性を阻却するのは例外であるかのような考え方にも問題がある。

同意の違法阻却の範囲　このようなことから，同意傷害は常に違法性が阻却されるとする学説もある（浅田・総論206頁，注釈刑法I 364頁〔深町晋也〕）。しかし，刑法は同意殺・自殺関与を処罰し（刑202条），同じ個人法益である生命についても，本人に対する後見的配慮から被害者の同意の違法阻却効果についても限界を設定しているのであり，同意傷害についてもこのような配慮から違法性が阻却されない場合があるとすることも不当とはいえないであろう。

多くの下級審判例が，同意傷害から死亡の結果が発生した場合について，生

命への危険を同意傷害の違法性の基準としているのは，この意味で理解しうる（行為者がその危険性を認識していたときには傷害致死罪〔刑205条〕，そうでないときには過失致死罪〔刑210条〕を認める。性交中のパートナー間の加虐行為について大阪高判昭29・7・14〔首絞め事件〕，大阪高判昭40・6・7下刑集7巻6号1166頁・判プⅠ173，東京地判昭52・6・8判時874号103頁。空手の練習について大阪地判昭62・4・21判時1238号160頁〔空手練習事件，判プⅠ177〕。無免許医の無謀な豊胸手術について東京高判平9・8・4高刑集50巻2号130頁・判プⅠ178）。しかし，この基準はやはり不明確であり，死亡結果が生じているときには常に生命への危険があったということにもなりかねない。また，被害者の死亡の危険を十分に防止して行えば，その同意を得て四肢，陰茎を切断し，あるいは失明させても不可罰であるというのも妥当ではないだろう。

おそらくは，個人の生活において，生命に次いで重要な法益である行動の自由を永続的に著しく侵害する行為については，本人の同意があっても違法であるとすべきではないかと思われる（内藤・総論（中）588頁）。

4 治療行為

自己決定による優越利益の選択　「治療行為」とは，患者の治療のために必要であるという意味で「医学的適応性」を持ち，技術的にも妥当な方法で，すなわち「医術的正当性」をもって実行される行為である。この要件のいずれかを欠く行為は「医療過誤」などの違法な行為である（適応性・正当性を欠く性転向症者に対する性転換手術が優生保護法〔現，母体保護法〕違反の罪を成立させるとした東京高判昭45・11・11〔ブルーボーイ事件〕参照）。

注射，手術などの侵襲によって患者の身体に生じる傷害などの結果は，患者自身が，治療行為のもたらす健康利益をそれに優先させるという選択を行ったことによって，行為の優越利益性が肯定され合法となる。さらに，過誤なく行われた治療行為から医学的に回避不能な状態で生じた傷害，死亡の結果も，そのような結果が生じうることを事前に患者が了解していたときには合法となる。これは，本人の意思に基づいた事前的優越利益の判断を認める一つの例である。このように，治療行為は，二つの利益が同一主体に属する場合には，そのいず

第 2 節　一般的違法阻却事由

れが優越するかは本人の選択によって決められなければならないという，優越利益と利益欠缺とが結合された違法阻却事由である。

　病気は患者自身のものであり，患者は治療行為のもたらす結果，そのリスク（ときには死亡の）を受け入れて治療を受けるか否かの「自己決定権」があり，その権利の侵害は不法行為（民 709 条）を成立させる（最判平 12・2・29 民集 54 巻 2 号 582 頁〔エホバの証人輸血拒否事件〕，東京地判昭 46・5・19 下民集 22 巻 5・6 号 626 頁〔乳腺症事件〕参照）。自己決定権の侵害が可罰的違法といえる程度に重大であるときには，傷害罪なども成立する。

　患者の自己決定は「被害者の同意」ではないから，患者の現実的同意に限られるものではない。意識不明の重症患者に緊急に手術の必要があるときには，それを実行することができる。開腹手術を開始したところ別の病変も発見され，再度の開腹手術を行うのは患者への負担となるときにも，予定された手術の範囲を拡大することも合法である。この点では「推定的同意」に似ているが，推定的同意によっては許されない重大な身体侵害も治療行為の場合には許容されるのである。

　また，手術の危険性について患者が認識している場合においても，危険についての同意は結果についての同意ではないから，その実現した結果について同意があるわけではない。白内障手術後の感染症について説明を受けてその手術に同意している患者も，そのような結果が生じないことを願っている。さらに，死亡する危険があることを覚悟して心臓バイパス手術を受ける高齢患者も，死ぬことを願っているわけではない。死の結果は被害者の同意のみによって違法性が阻却されるものではないことも，同意殺・嘱託殺を処罰している刑法 202 条の存在から明らかなことである。

　インフォームド・コンセント　医師は，患者に対して，治療の必要性と効果，その具体的内容，治療の危険性などについて説明し，患者はこれらについて認識した上で同意する。患者のこのような同意をインフォームド・コンセント（informed consent）という。説明が不十分であり，重要な事項について認識しないまま行われた患者の同意は無効である。

　インフォームド・コンセントは，ムンテラ，カウンセリングと同じではない。

治療行為について丁寧，周到に説明するのは医師としての務めではあるが，問題は同意（コンセント）の存在であり，いかに医師からの説明（インフォメーション）があっても患者が同意しなければインフォームド・コンセントは存在しない。他方，すべてについて説明しなくても，患者が同意している場合にはインフォームド・コンセントは存在する。患者がすでに認識している事項については医師の説明がなくても有効な同意は存在する。

　治療行為を受けるか否かに関する患者の意思決定に関係しない事項については，説明がなくても同意は有効である。例えば，胃がんの診断を告げず胃潰瘍にすぎないと告げて胃の手術の同意を得たとしても，胃がんであることを知れば，むしろ積極的に同意したであろうことが認められる以上，その同意は有効である。しかし，患者がこれからの生活のことを決定する機会を奪ったことについて，他の療法を検討する機会を奪ったことについてについて，民法上の責任を問われることはある（最判平14・9・24判時1803号28頁〔余命1年と診断された末期肺癌患者の家族への説明を行わなかった〕，最判平13・11・27民集55巻6号1154頁〔乳癌の患者に，選択可能な療法として乳房温存療法を説明せず，胸筋温存乳房切除術を実施した〕。なお，最判平7・4・25民集49巻4号1163頁は，胆嚢癌であることを秘して重症の胆石症と告げて入院・手術を勧めたが，患者はこれに同意せず海外旅行に出かけて死亡した事案について，患者に与える精神的打撃と治療への悪影響を考慮してのことであり，医師としてやむを得ない措置であったとして，原告の請求を棄却している）。

5　危険の引き受け

危険の引き受けと被害者の同意　被害者が，自分の生命・身体への危険を認識しつつあえてそれに身をさらしたところ，危険が現実のものとなり被害者が傷つきあるいは死亡したときに，当該危険を発生させた者は刑事責任を負うかという問題が「危険の引き受け」である。このような事例としては，被害者の求めに応じてトラフグの肝臓の入った鍋料理を提供した（最決昭55・4・18〔京都ふぐ中毒事件〕参照），被害者に危険ドラッグを売った，被害者とボクシング，空手などの危険な格闘技を行った（大阪地判昭62・4・21〔空手練習事件〕参照），被害者をバイクの後部座席に乗せて暴走行為を行った，投手が打者に対してブラッシュ・

第2節　一般的違法阻却事由

ボールを投げた，被害者といわゆる「チキンレース」を行った，「ロシアンルーレット」を行った，など様々なものがあげられる。

　古くは，このような場合は「過失犯における被害者の同意」として議論されてきた。しかし，被害者の同意は法益侵害の結果について存在しなければならない。死傷の危険を認識していた被害者は，その結果の発生を望んでいたわけではない。打者は自分の体に向かってくる投球を回避しようとする。テコンドーの競技者は死傷の結果を避けたいので，防具を着用する。また，重い障害結果が生じたときには被害者の同意によって違法性が阻却されないこと，死の結果が被害者の承諾だけによっては違法性が阻却されないこともすでに述べたところである。

　このようなことから，因果関係，客観的帰属，行為者の正犯性，故意・過失など，様々な道具概念を用いて解決しようとする学説も出ている。しかし，これらは，個々の事例において，行為者の刑事責任を合理的に限定する理由となり得るかは疑問である。

違法阻却事由としての危険の引き受け　　下級審の判例には，ダートトライアルの初心者が練習走行中に防護策に衝突して，助手席に同乗し指導していた被害者（経験者）を死亡させたという事案において，被害者は行為者の技量の程度を認識していたので，事故は「被害者が引き受けていた危険の範囲内」のことであり，ルールに従って行われた走行は「社会的相当性の範囲内」であるとして，行為者に業務上過失致死罪（刑211条）の成立を否定したものがある（千葉地判平 7・12・13 判時 1565 号 144 頁・百選Ⅰ59・判ブⅠ183）。

　危険引き受けによる違法阻却は，このように，スポーツなどの社会的に有意義と認められた行為に限られるものと思われる。被害者がその危険を認識してスポーツに参加する場合には，被害者の選択によってスポーツを行うことの優越利益性が肯定され，被害者に生じた結果の違法性が阻却されるのである（佐伯（仁）・総論 233〜235 頁，東雪見「法益主体の危険引受け」上法 47 巻 3 号 82〜87 頁参照）。ここでは，治療行為の違法阻却原理と別の意味での，被害者の選択による事前的優越利益性の判断が行われるのであり，行為者のスポーツの自由だけによって，あるいは，危険を選択した被害者の「自己答責性」だけによって，生じた

結果が合法となるわけではない。

6 殺人罪と被害者の同意，安楽死，終末期医療

同意殺人の処罰根拠　刑法は，被害者の同意があってもその生命を奪う行為を同意殺人・自殺関与罪として処罰している（刑202条）。個人存立の基礎である生命は本人の意思に反しても保護する必要があり，そのためには他人による自殺の促進を処罰する必要があるということによるのである。重大な傷害は被害者の同意があったとしても処罰するのと同じ後見的考慮によるものである。したがって，被殺者の死生観に共鳴し，動作が不自由になっていた被殺者の求めに応じて自殺を手伝った場合にも，自殺幇助罪の罪責を免れない（東京地判平30・7・30 LEX/DB 25561270〔多摩川入水事件 a〕，東京地判平 30・9・14 裁判所ウェブサイト〔多摩川入水事件 b〕）。

積極的安楽死と本人の同意　しかし，後見的配慮の必要性がなくなるときには同意殺人の違法性も阻却される。安楽死がこの問題である。

古くから問題にされてきたのは，末期がんの苦痛にあえぐ患者に薬物を投与するなどにより苦痛を除去するという，積極的安楽死である。かつては，積極的安楽死の許容原理は患者に対する惻隠の情，人道主義にあるのだから，本人が意識不明の状態にあるときにはその現実的同意がなくても合法であるという見解があり（小野清一郎・刑罰の本質について，その他215～219頁），それに基本的に従った判例もあった（名古屋高判昭37・12・22 高刑集15巻9号674頁・判プⅠ179は安楽死の6要件を挙げる）。しかし現在では，本人の承諾がなければ積極的安楽死は許容すべきではないという見解が有力である。下級審判例には，①耐えがたい肉体的苦痛，②死期の切迫性，③本人の肉体的苦痛を除去・緩和するための他の手段がないことのほか，④生命の短縮を承諾する本人の明示の意思表示をあげるものがある（横浜地判平7・3・28 判時1530号28頁〔東海大学安楽死事件，百選Ⅰ20・判プⅠ180〕）。

以上の判例に限らず，わが国の判例は一般論として合法な積極的安楽死の存在を認める。しかし，まだ具体的に合法とされた事例はない。

肉体的苦痛にさいなまれた短い生命を放棄し，安らかな死を選択するという

第2節　一般的違法阻却事由

本人の決定を援助する行為は合法であると断言することは，終末期医療の現場に，かなりの動揺をもたらすことは否定できない。医療者たちの間では積極的安楽死を許容しない見解が一般的であり，学説にも有力であることは，多くの人がこのような危惧を持っているからであろう。さらに肉体的苦痛ばかりでなく精神的苦痛も含ませるべきである，死期の医学的認定は困難であるからその切迫性は必ずしも要件ではない，とされるようになると，このような不安は一層大きくなる。「病院で死ぬこと」が一般的になっている現在，積極的安楽死の問題は，具体的行為の可罰性の有無の問題だけに止まらない。

間接的安楽死　　しかし，1分1秒たりとも患者の生命を短縮させることは許されないとすることもできない。医療の使命は，患者の延命だけにあるのではなく，患者の限りある生命の尊厳を維持して，彼に安らかな死を迎えさせることにもある。終末期にある患者の医療として医療的に一般的に肯認されている範囲の行為であれば，その合法性を肯定すべきである。

古くから適法とされてきたのは「間接的安楽死」である。これは，肉体的苦痛を除去・緩和する目的で投与されたモルヒネ等が，副作用として生命を短縮する可能性がある場合などである（現在は疼痛緩和医療の進歩により，薬物の投与による生命短縮のリスクは小さくなり，むしろ延命効果の方が期待されるといわれている）。間接的安楽死は，一般の治療行為と同じように，患者の現実的同意がなくても，その意思に反しないと考えられるときには合法である（横浜地判平7・3・28〔東海大学安楽死事件〕参照）。

延命医療の差し控え──不開始と中止　　医療を行っても病状が改善することはなく，早晩死亡することは避けられない状態にある患者に，人工呼吸器の装着，栄養補給のための点滴などの措置を開始しない，あるいは，いったん開始されたこのような医療的措置を中止することによって，患者に自然な死，尊厳のある死を迎えさせる行為は，「尊厳死」「自然死」と呼ばれる。間接的安楽死の場合とは異なり，ここでは患者に身体的苦痛の存在しない場合もあるが，医療倫理的に是認され，社会的にも妥当と考えられる範囲内の行為であれば合法とすべきである。

延命医療の不開始は原則的に許容されるが，中止は作為であるから原則的に

許されないという見解もある。しかし，患者に延命措置をとる医療的義務があるときにはそれを開始する法的作為義務があるのであり，その懈怠は違法である。延命医療を開始した後で，これが患者の尊厳に反する延命だけの医療であるという状況になったときには，それを継続する法的義務はなく，その中止は作為であっても違法ではない。差し控えと中止との間に基本的相違はない。また，延命医療の中止を「不作為」と構成する必要はない（110～111頁）。

いったん開始され，医療機器のサポートによって維持されている延命医療を中止することに医療者が心理的抵抗を覚えるのは理解できることであり，生命の尊重の観点からは健全なことである。だが，「不開始は原則許容，中止は原則禁止」を終末期医療のガイドラインとするなら，後に中止すると処罰されることを恐れて，救命医療の開始について消極的な態度を招いてしまう危険性もある。延命医療の差し控えは，作為・不作為と直接の関係なく，その要件が検討されなければならない。

差し控えることの許される延命医療　問題は，終末期の患者にどのような医療的措置を差し控えることが許容されるかである。

当初は人工心肺の撤去が問題とされたが，現在はより広く人工的水分・栄養補給（AHN）も対象と考えられている。下級審の判例は，「医学的にもはや無意味である」と判断された医療的措置のすべてが差し控えの対象となるとし（横浜地判平7・3・28〔東海大学安楽死事件〕），最高裁は，気道確保のために挿入されていた気管内チューブを抜管する行為を殺人行為としたが，このような行為はすべて違法としたわけではない（最決平21・12・7刑集63巻11号1899頁〔川崎協同病院事件，百選Ⅰ21〕）。

どの程度死期が差し迫っている場合に延命医療の差し控えが許されるかも問題である。医療的には死期の認定はしばしば困難であり，まして，事後の裁判のときにも患者の死期を「合理的な疑いを容れない程度に」認定するだけの証拠はないことが多い。この意味では，日時などによって時間的に示された死期を終末期医療中止の要件とすることは困難である。川崎協同病院事件の1・2審は，患者の死期が「切迫」していたとは認められないとして抜管行為を違法としたが，最高裁は，「余命等を判断するために必要とされる脳波等の検査は実

第2節　一般的違法阻却事由

施されておらず，発症からいまだ2週間の時点でもあり，その回復可能性や余命について的確な判断を下せる状況にはなかった」ことを挙げて治療行為の中止を違法としている（最決平21・12・7）。最高裁は，「余命」がどのように診断されたときに，抜管が許されるかについては判示していないが，死期の切迫性が客観的に確定されなければ延命医療の差し控えが許されないとしているものではない。

リビングウィル，家族の同意　一般の治療行為の場合（260〜262頁）と同様，終末期医療も患者の主観的な選択を考慮に入れて，その主観的利益を維持しなければならない。延命医療の差し控えも間接的安楽死と同様，患者の推定的意思に合致していることが必要である（町野朔・生と死，そして法律学255頁は，尊厳死は基本的に「良心的な医師の配慮」によるとし，患者の自己決定は無関係であるかのように述べていたが，以上の趣旨に説明を改める）。これは患者本人の主観的な評価の問題であるから，「殆どの人が同意するだろう場合には延命医療の差し控えをなしうる」という客観的基準を採用することはできない。だが，具体的な延命医療の実行，差し控えに関して有効な意思を表明することができない患者について，どのような場合に終末期医療の差し控えに関する本人の推定的意思を認定しうるかは困難な問題である。行為後の裁判で犯罪の成否が検討される場合には，「疑わしきは被告人の利益に」の原則に従うということはできるであろうが，臨床で終末期医療に携わる人々のためには，より明確なルールが必要である。

事前に本人が自分の終末期医療について，口頭ででも考えを述べていたようなときは，それは有力な手がかりとなる。リビングウィル（living will. 末期状態になったときには無益な延命措置を希望しないという趣旨の文書）があるときにもそうである（横浜地判平7・3・28〔東海大学安楽死事件〕参照）。しかし，これらは有力であっても手がかりのひとつなのであり，一言の発言，一枚の文書だけを根拠として，直ちに延命医療の差し控えが許容されるわけではない。

家族の意見は本人の身になって表明されるものであるから，患者の意思を推定させるものである。しかし最高裁は，家族の医療中止の要請が患者の病状を理解しないでなされたものであるときには，それに基づいた医療の中止は「被害者〔患者〕の推定的意思に基づくということもできない」としている（最決平

21・12・7〔川崎協同病院事件〕）。横浜地判平7・3・28〔東海大学安楽死事件〕は，すでに同様の論理により，家族の要請は患者の意思を推定させるものでないとしていた）。しかし，家族の意思は患者の意思を推定させるものであり，患者の意思ではない。家族の要請が無理解によるものであるとしても，そのことが本人の推定的意思を不存在とするものではない。最高裁の結論を維持しようとするなら，家族には患者の利益を保護する独立の役割があるとし，そのインフォームド・コンセントを延命医療中止の要件としなければならないであろう。しかし，医療現場のプラクティスとしてはともかく，家族のインフォームド・コンセントを殺人罪の成否の要件とすることが妥当かには疑問がある。

第3節　正当防衛，緊急避難

第1款　正当防衛と緊急避難

正対不正，正対正　　正当防衛（刑36条1項），緊急避難（刑37条1項本文）は，いずれも緊急時に法益を救助する行為である。他人の権利・利益を救助する行為も，自己のそれを救助する行為と同列に規定されている。正当防衛・緊急避難は，行為者自身が不正の侵害，危難に遭遇して，追い込まれた心理状態にあることを考慮した責任阻却事由ではなく，緊急時に法益救助が許容される客観的な違法阻却事由であることが分かる。

　正当防衛は他人の権利を違法に侵害しようとする者の法益を侵害する行為であり，緊急避難は法益に対する危難から免れるために他人の法益を侵害する行為である。このため，「正当防衛は正対不正，緊急避難は正対正の関係」であるといわれる。例えば，路上で突然A男に襲いかかられたときに応戦してこれに傷害を与えるX女の行為は正当防衛であり，Aから逃れるために，そばのBの庭に逃げ込みその花壇を損壊する行為は緊急避難である。

　「正対不正は正当防衛，正対正は緊急避難」といわれるのは以上の意味にとどまる。例えば，X（正）が攻撃者A（不正）に対して防衛行為を行ったが，それが誤ってB（正）を侵害したようなときには，Aの侵害を止めることに何の意味も

第3節　正当防衛，緊急避難

ないその行為は緊急避難とはならない（大阪高判平14・9・4〔タイマン事件〕参照。180頁・201頁）。

民法の正当防衛・緊急避難と刑法　民法では「他人の不法行為」から免れるための加害行為はすべて「損害賠償の責任を負わない」とされ（720条1項本文），「他人の物から生じた急迫の危難」を避けるための行為についてもこれが準用されている（720条2項）。民法では前者が「正当防衛」，後者が「緊急避難」といわれているようである。そうすると，上例において，「不正」のAを殴る行為も，侵害から逃れるために「正」であるBの花壇を踏みつける行為も，同じく民法上の正当防衛である。後述のように，Cの犬が噛みついてきたときにこれを傷害するXの行為は，刑法上はCに対する正当防衛とすべきであるが（対物防衛。281頁），民法では「他人の物から生じた危難」を避けるための緊急避難である。他方，落石などの自然災害から避難するためにBの花壇を踏みつけて逃げる行為は刑法上は緊急避難であるが，民法にはこれに関する規定はない。

民法においては，避難者Xは避難行為の結果Bに生じた損害賠償の義務を負う（民720条2項・1項但書）。これを根拠として，刑法の緊急避難も実は違法であり，ただ可罰的違法でないだけだという見解もある。これによれば避難行為は「不正」であり，これに対しては，緊急避難ばかりでなく，正当防衛もなしうることになる。しかし，民法の趣旨は，緊急避難は合法な行為であるが，Bの権利は存在する以上，公平の観点からXに損害賠償義務を負わせるというものであり（大判大3・10・2刑録20輯1764頁〔千代川堤防事件〕参照），緊急避難行為は合法とすべきである。

正当防衛のための緊急避難　上例において，突然A男に襲いかかられたX女が応戦してこれに傷害を与える行為（刑204条）は正当防衛であるが，Aから逃れるために，そばのBの庭に逃げ込みその花壇を損壊する器物損壊行為（刑261条）は緊急避難である。このように，正当防衛・緊急避難は，構成要件該当行為に関して個別的に検討しなければならない。

最高裁は，攻撃者に対して菜切り包丁を構えて脅迫し，示凶器脅迫罪（暴力1条・刑222条1項）と刃物携帯罪（銃刀所持31条の18第3号・22条）で起訴された事案について，前者については正当防衛が成立するとし，後者については「正当

防衛行為の一部を構成し，併せてその違法性も阻却される」としたが（最判平1・11・13刑集43巻10号823頁〔菜切り包丁事件，百選Ⅰ25・判プⅠ212〕），後者については緊急避難とすべきであったと思われる。個人的法益を救助するために社会的法益を侵害する行為についても緊急避難は成立しうるのである（道交法違反について緊急避難を問題にした例として，東京高判昭46・5・24判タ267号382頁〔無免許運転事件，判プⅠ231。結論的に緊急避難を否定〕，東京高判昭57・11・29刑月14巻11・12号804頁・判プⅠ237〔酒気帯び運転について過剰避難を認める〕，札幌高判平26・12・2高検速（平26）号200頁〔制限速度違反について結論的に緊急避難を否定〕）。

第2款　正当防衛

1　正当防衛の違法阻却原理

優越利益，権利行為，法確証の利益　　正当防衛は，不正な侵害者の利益を侵害することによって，自己または他人の正当な利益を保護する行為であり，被救助利益が被侵害利益に優越する場合の違法阻却事由である。正当防衛は被害の転嫁を許容する緊急避難とは異なり，不正な侵害者の利益を侵害することによって，自己または他人の正当な利益を保護する個人の権利であり，そこから，次に述べるように，その要件においては緊急避難のそれとの間に大きな相違が生じる。また，自分ばかりでなく他人の利益を保護する権利でもあるから，「自己保全の権利」だけを規定したものではない。

学説においては，「個人保全」とともに，不法な攻撃者への反撃を認めることにより法秩序が妥当していることが示されるという「法確証」が正当防衛の原則であるとする見解がある（山中・総論480～483頁）。しかし，正当防衛は個人の利益の保護のための制度であり，法確証をいうとしても，それは個人の法益が守られたことの反射に過ぎない。国民が最初から法の執行者として登場するわけではない。また，「法秩序確証の利益が欠けるときには正当防衛権は否定される」という命題は不明確であり，その具体的な結論として主張される点も妥当性を欠くところがある。

公共的法益，個人的法益　　犯罪の防止によって法秩序を確証することは国家の責務であり，正当防衛は個人の権利保護のための制度である。「法秩序の

第3節　正当防衛，緊急避難

確証」は正当防衛の目的ではない。したがって，防衛の対象となる「自己又は他人の権利」も個人の権利である。実力を用いてわいせつな映画の上映（刑175条1項）を阻止する行為は正当防衛にはならない（平野・総論Ⅱ 238頁）。放火罪（刑108～110条），往来危険罪（刑124条～126条）のような，不特定・多数の人々の法益侵害・危殆を内容とする公共危険犯も，個人の生命・身体・財産に対する「急迫不正の侵害」となったときに，初めて正当防衛をなしうる。この意味において，社会的法益のための正当防衛も否定すべきである。

　国家正当防衛も否定されるべきである。ナチス・ドイツがヒトラーの政敵を粛正した事例（1934年）が示すように，それを認めることはホワイト・テロの助長につながる。しかし最高裁は，「国家公共の機関の有効な公的活動を期待し得ない極めて緊迫した場合においてのみ例外的に許容さるべきもの」として，傍論ではあるが国家正当防衛を肯定している（最判昭24・8・18刑集3巻9号1465頁〔ゼネスト事件，判プⅠ 184/201〕。同趣旨を述べるものとして東京地判昭47・4・27刑月4巻4号857頁，東京地判昭53・3・6判時915号130頁。なお大判昭16・3・15〔神兵隊事件〕も「必要已ムヲ得サルモノニ限ル」としていた）。

　すべての私権は正当防衛の対象となる（最判平21・7・16刑集63巻6号711頁〔立入禁止看板事件。業務，名誉のための正当防衛を認める〕，東京高判昭39・7・20下刑集6巻7・8号833頁〔名誉毀損に対する正当防衛〕）。その侵害が直ちに犯罪とはならない権利であっても，不法行為（民709条）になる場合であれば防衛の対象とすべきである（肖像権について千葉地松戸支判昭44・8・15刑月1巻8号833頁。なお，東京高判昭45・10・2高刑集23巻4号640頁参照）。婚姻生活を共にする配偶者の権利も防衛の対象であろう（福岡高判昭55・7・24判時999号129頁・判プⅠ 202〔「夫権」の侵害。殺人について過剰防衛とする〕，東京地判昭25・2・18裁時54号8頁〔妻権防衛事件。殺人は法益の著しい不均衡であるとして過剰防衛も否定した〕）。

　害の著しい不均衡　　正当防衛は，緊急避難ともに，被救助利益が被侵害利益に優越する場合の違法阻却事由であるが，優越利益の判断基準および許容される利益衝突の解消方法については，両者の間に大きな相違がある。

　Aに襲われたXが逃げ込んだため破壊されそうになった花壇の持ち主であるBは，自分には何の責任もないにもかかわらず巻き添えを食うに過ぎないので

第 5 章　違法阻却事由

あるから、「これによって生じた害が避けようとした害の程度を超えなかった場合に限り」（刑 37 条 1 項本文）、すなわち X の生命・身体の利益が B の花壇の所有権に同等か優越するときにのみ、B は X の侵害を受忍しなければならないのであり、その場合にも、B は A に対して花壇の損害賠償を請求することもできる（民 720 条 1 項本文）。さらに、B の花壇を侵害することが、X が A の攻撃から逃れるためにはそれしかない方法であり、利益衝突を解消するための最後の手段であることが要件である。緊急避難の要件である「やむを得ずにした行為」（37 条 1 項本文）は、この意味での「補充性」を満たす行為と理解されている（296～297 頁）。X が B の花壇の中に逃げ込むまでもなく、単に道を走って逃げれば済むような状況であれば、X の行った器物損壊について緊急避難は成立せず、違法行為となる。

　しかし、正当防衛においては、緊急避難のような「害の均衡」は法文上要求されていない。A 男が侵害しようとしているのが X 女の性的権利であるときにも、X は防衛のために A を殺傷することが許される。これは、不正な攻撃者である A の生命・身体に対する利益が、無辜の X の性的権利より低く評価されて、利益衡量がなされているためである（山本輝之「自招侵害に対する正当防衛」上法 27 巻 2 号 211 頁、同「有益利益説からの根拠づけと正当防衛の限界」刑法雑誌 35 巻 207～208 頁）。

　だが正当防衛の違法阻却の原理は、A の利益が法益性を欠如していること（平野・総論 II 228 頁）でも、X の利益が A の利益に対して「質的な優位性」を持っていること（山口・総論 119 頁）でもない。庭の柿の木からその実一個を盗もうとする者を殺傷することは、たとえそれが柿の実をまもるための「やむを得ない行為」であった場合であっても、優越利益性が欠如するために正当防衛は成立しない（大判昭 3・6・19 新聞 2891 号 14 頁は、傍論ではあるが、「僅々豆腐数丁ノ財産的利益ヲ防衛スル為至重ノ法律利益タル人命ヲ害スルカ如キハ当ニ防衛ノ程度ヲ超エタルモノト謂ハサルヘカラズ」という）。既に述べたように、この場合には正当防衛行為に出ることが許されない状況であるから、過剰防衛も成立しない（東京地判昭 25・2・18〔妻権防衛事件〕参照。夫婦の性的共同生活の権利は正当防衛によって守られる利益であるが、妻が夫の浮気現場で相手の女性を殺害する行為は、著しく均衡を失しているから過剰防衛に

第3節　正当防衛，緊急避難

もならないとした）。

公的な権利保護と正当防衛　侵害行為がすでに始まっていて，それを排除するために司法的・行政的な救済手段を用いても，被害が実質的に大きく拡大しない場合においては，防衛行為をあえて行うことは「害の著しい不均衡」をもたらすものであり，正当防衛は許されない。賃貸借契約が終了したにもかかわらず借主が賃貸物件を返還しないのは違法であるが，返還を求める裁判によって権利の実現を図るべきであり，実力を用いて居住者を貸家から排除することは許されない。労働委員会による救済手続のある団体交渉の不当拒否についてもそうであろう（最決昭57・5・26刑集36巻5号609頁〔NHK長崎放送局事件，判プⅠ193〕は，「単なる不作為」は急迫不正の侵害ではないとして，団体交渉を求めて行った行為には建造物侵入罪〔刑130条〕等が成立するとしているが，違法な不作為であるならば，これに侵害性を否定することはできない）。

　このように，侵害行為を排除するための司法的・行政的な権利保護の手段があることは，それに対する防衛行為が不均衡な損害を発生させる場合に，正当防衛権の行使が否認される理由になるに過ぎない。だが，古い下級審の判例には，このような権利保護の手段があるときには「侵害の急迫性」がないとするものがあり（高知地判昭51・3・31判時813号106頁〔高知生コン事件，判プⅠ194〕。パルプ工場の長期間にわたる廃液の垂れ流しは住民の健康等に対する不正の侵害であるとしても，工場の操業停止などを求めて仮処分を申請することが可能であるとして，工場の排水管に生コンクリートを投入した行為は正当防衛にならず，威力業務妨害罪〔刑234条〕が成立するとした），学説にもこれを支持するものがあった（西田・総論131頁，佐伯（仁）・総論130頁。なお，山口・総論123頁は，このような場合においては侵害は「不正」でないとしていた）。さらに最高裁は，「刑法36条は，急迫不正の侵害という緊急状況の下で公的機関による法的保護を求めることが期待できないときに，侵害を排除するための私人による対抗行為を例外的に許容したものである」としたうえで，この趣旨から「侵害の急迫性」を判断すべきであるとした（最決平29・4・26刑集71巻4号275頁〔ハンマー・包丁事件〕。殺人罪〔刑199条〕につき，正当防衛・過剰防衛を否定した）。

　「高知生コン事件」においてはパルプ工場による重大な侵害行為が継続して

いたのであり，正当防衛を認めるべきであったと思われる。ハンマーでかかってきた被害者を隠し持った包丁で即座に刺殺したという「ハンマー・包丁事件」においては，「防衛するため」の行為ではないとして，後述のように，正当防衛・過剰防衛を否定すべきである（275頁）。

2　私闘と正当防衛状況

喧嘩と正当防衛　　正当防衛は，不正な侵害者から個人の権利を守るために，侵害者に反撃する権利を防衛者に保障する制度であり，喧嘩などの私闘を保護するものではない。かつて大審院は，「喧嘩両成敗」だから，闘争者双方の行為については正当防衛の観念を容れる余地はないとしていた（大判昭7・1・25刑集11巻8頁）。だが，これでは殴り合いの最中に突然相手が刃物を持ちだしたときにも正当防衛ができないということになってしまう。

最高裁は，「喧嘩闘争はこれを全般的に観察することを要し，闘争行為中の瞬間的な部分の攻防の態様によって事を判断してはならないということと，喧嘩闘争においてもなお正当防衛が成立する場合があり得るという両面を含む」とした（最判昭32・1・22刑集11巻1号31頁〔銀座事件，判プI 191〕）。この判例の事案は次のようなものであった。Xは，VとAとの口論を仲裁していたが，VがXを足で蹴とばしたので憤激して，Vの臀部をその場にあったハサミで刺した。Vは前から準備していた包丁を持って逃げるXを追いかけ，X・Vともにぬかるみで転倒したときにXはVから包丁を取り上げ，なおも素手で襲い掛かろうとするVを刺殺した。一審は正当防衛としたが，控訴審は，XのV刺殺は「喧嘩闘争の一駒であり，これを組成する一攻撃に過ぎない」として殺人罪（刑199条）を認めた。これに対して最高裁は，上記のような判断を示し，「少なくとも過剰防衛の有無」も問題となりうるとした。

問題は，切り取られた場面だけを見れば正当防衛・過剰防衛に見える場合に，そう判断することが許されない場合はいつで，その理由は何かである。

積極的加害意思　　最高裁は，最初は，喧嘩の場合には正当防衛に必要な防衛の意思が欠けるとすることによって，この問題を解決しようとした（最決昭33・2・24刑集12巻2号297頁〔家庭内暴力事件，判プI 203〕）。これは，「憤激」のあまり

第3節　正当防衛，緊急避難

の行為については防衛の意思を欠くとする大審院判例（大判昭11・12・7刑集15巻1561頁〔女性人夫事件〕）に従ったものである。

　だが，最高裁はその後，憤激・逆上・憎悪から反撃した場合であっても防衛の意思は失われない，防衛意思が否定されるのは防衛に名を借りて積極的な加害行為に出るような場合に限られるとした（最判昭46・11・16刑集25巻8号996頁〔くり小刀事件，判プⅠ187/192/204〕，最判昭50・11・28刑集29巻10号983頁〔酒肴強要事件，百選Ⅰ24・判プⅠ205〕，最判昭60・9・12刑集39巻6号275頁〔鈴蘭事件，判プⅠ206〕。いずれも防衛の意思を肯定する）。だが，急迫不正の侵害を認識しこれに対応する意思がある場合であるにもかかわらず，積極的加害意思が存在することにより防衛意思が否定される場合を想定することは困難である。「家庭内暴力事件」の後，最高裁が結論的に防衛意思を否定することによって正当防衛・過剰防衛を否定したことはないようである（防衛意思については279〜280頁でも述べる）。

　侵害の急迫性の否認　　そこで最高裁は，「単に予期された侵害を避けなかったというにとどまらず，その機会を利用し積極的に相手に対して加害行為をする意思で侵害に臨んだときは，もはや侵害の急迫性の要件を充たさない」として，侵害の「急迫性」から問題を検討することとなった（最決昭52・7・21刑集31巻4号747頁〔内ゲバ事件，百選Ⅰ23・判プⅠ188〕）。事案は，集会を準備していた過激派集団が，対立・抗争を繰り返してきた別の過激派集団の襲撃を予期して凶器を準備し，迎え撃ったというものであり，最高裁は，凶器準備集合罪（刑208条の2第1項）と加重暴行罪（暴力1条・刑208条）を認めたのである。近時には，Ｖに因縁を付けられ暴力を振るわれることもあったＸが，今度はＶから呼び出されたので，包丁を隠し持ったうえ自宅から出て行き，ハンマーで襲って来たＶを，包丁を取り出して刺殺したという事案について，侵害の急迫性を否定している（最決平29・4・26〔ハンマー・包丁事件〕）。

　内ゲバ事件，ハンマー・包丁事件において，侵害の急迫性が欠如する事情とされているのは，行為者の反撃は相手側の攻撃の有無にかかわらず行われたであろうということである。このような場合，たまたま相手側の攻撃が先行したため，外形上それに対する防衛行為が存在するように見えたとしても，正当防衛にはならないというのである。「積極的に相手に対して加害行為をする意思」

とは，攻撃を加えるためにあえて「予期した侵害に臨む」場合の，具体的な行為に出る前に存在する意思であり，最高裁が防衛意思のない場合としている反撃行為自体の意思である「積極的加害意思」とは異なる。両者を混同してはならない。

　しかしながら，最高裁が，元来，客観的な侵害の時間的切迫性を意味する「急迫性」(282～283頁)を，行為者の主観にかからしめたことは，理論的にも結論的にも妥当ではないと思われる。最高裁は，この判例を引用しつつ，「共同正犯が成立する場合における過剰防衛の成否は，共同正犯者の各人につきそれぞれその要件を満たすかどうかを検討して決するべきである」として，一つの防衛行為についても，共犯者それぞれについて急迫性が異なるとした（最決平4・6・5刑集46巻4号245頁〔アムール事件，百選Ⅰ88・判プⅠ397〕）。Xはパブ店主Vと電話で口論となり，場合によってはこれを殺すつもりで，友人Yに包丁を持たせて一緒にVの店に押しかけたところ，店から出てきたVがYをXと思い，いきなり激しい暴行をYに加えてきたので，Yが包丁でVを殺してしまったというのが事案である。最高裁は，急迫性の要件が存在するYには殺人罪の過剰防衛，それがないXには殺人罪が成立し，両者は共謀共同正犯の関係に立つとするとした。しかし，急迫不正の侵害を受けていないXに侵害の急迫性を問題にすることはできない。また，X自身が防衛行為に出た訳でもない。XはYの殺人の過剰防衛の共犯であり，過剰防衛が違法減少事由である以上，Xの罪責も過剰防衛としなければならない（407頁）。

　内ゲバ事件，ハンマー・包丁事件のように，行為者の対抗行為が相手の攻撃に対する防衛行為に見える場合であっても，攻撃の有無にかかわらず，行為者は攻撃を加えたとみられる場合には行為者の正当防衛権を否定すべきである。しかしそれは，侵害に「急迫」性が欠けるためではなく，行為が「自己又は他人の権利を防衛するため」（刑36条1項）ではないからである。

攻撃が招いた侵害　　不正の侵害を受けた者の防衛行為は合法であるから，これに対しては正当防衛が許されない。さらに，被侵害者の行った対応行為が正当防衛の範囲を超えて違法であるときでも，侵害者のこれに対する反撃が，彼が開始した侵害の継続と見られるときには，これも「自己又は他人の権利を

第3節　正当防衛，緊急避難

防衛するため」の行為ではないのであり，正当防衛とはならないとすべきである。最高裁が「反撃行為に出ることが正当とされる状況における行為とはいえない」としたのは，このような場合である（最決平20・5・20刑集62巻6号1786頁〔ラリアット事件，百選Ⅰ26・判ブⅠ198〕）。

その最高裁判例の事案は次のようなものであった。Ｖの行為を不審に思ったＸが声をかけたことから両者は言い争いになり，ＸはＶを手拳で殴打した。Ｘはすぐに走って逃げたが，ＶはＸを自転車で追いかけ，自転車に乗ったままプロレスの「ラリアット」でＸを殴打した。起き上がったＸは，護身用に携帯していた特殊警棒でＶを数回殴打し傷害を負わせた。最高裁は，「Ｖの攻撃は，被告人〔Ｘ〕の暴行に触発された，その直後における近接した場所での一連，一体の事態ということができ，被告人は不正の行為により自ら侵害を招いたものといえるから，Ｖの攻撃が被告人の前記暴行の程度を大きく超えるものでない」，Ｘは反撃行為に出ることはできない，Ｘの特殊警棒による暴行・傷害は正当防衛にならないとした。

これは，Ｖのラリアット攻撃が，Ｘによる急迫・不正の侵害（手拳による殴打）に誘発される範囲内のものであり，Ｘの「反撃」行為（特殊警棒による殴打）が，その侵害行為の継続であり，その一部と見られる場合には正当防衛とはならないとしたものである。最高裁が正当防衛を否定すべき状況ではないとした「銀座事件」（最判昭32・1・22）においては，臀部を刺して軽傷を与えたＸが，包丁を持って追いかけてきたＶに対して，その包丁で反撃した場合であり，Ｖの攻撃は先行したＸの攻撃を上回るものであった。これに対して本事例におけるＶのラリアット攻撃は先行するＸの手拳による殴打を大きく超えるものではない。

他方，対立派の攻撃を迎え撃った「内ゲバ事件」（最決昭52・7・21），押しかけてきた相手を刺殺した「ハンマー・包丁事件」（最決平29・4・26）とは異なり，「ラリアット事件」のＸはＶから逃げようとしていたのであり，最高裁の判例によっても侵害の急迫性を否定することはできない。しかし，「攻撃が招いた侵害に対する反撃」は，以上の範囲で，「積極的加害意思による反撃」の場合と同様，やはり「防衛するための行為」ではないことになる。

正当防衛権が否認される範囲　　以上のように，正当防衛が否定されるのは，

(a)相手の侵害行為にかかわらず相手を攻撃したであろう事情があった場合（最高裁が侵害の急迫性が欠けるとする者），および，(b)相手の侵害に対する反撃が先行する自己の攻撃に対する反撃の継続と見られる場合（最高裁が端的に反撃行為に出ることができないとする者）である。これは「クリーンハンドの原則」ではないから，無責者であってもこれらの者の法益を防衛するために正当防衛に出ることはできない（(b)の場合である最決昭41・7・7〔散弾銃事件〕はこれを前提とし，有責招致の事情を知らなかった行為者について誤想過剰防衛を認める。184頁参照）。

そうでない者に侵害が及んだ場合にはその者が正当防衛を行うことができるのは当然であるが（(a)の場合について最決平4・6・5〔アムール事件〕参照），(a)(b)のような状況にあった者も彼のために正当防衛をなし得ると解すべきである（以上については橋爪隆・正当防衛論の基礎327～331頁）。

自招の正当防衛状況　　学説においては，広く「自招の正当防衛状況」一般についても，防衛行為を違法とする見解が有力である。

「原因において違法な行為の理論」（山口厚「自ら招いた正当防衛状況」法学協会百周年記念2巻721頁）は，正当防衛状況を招致した行為者にも正当防衛権はあり，その者の行った反撃行為は合法であるとしつつも，正当防衛状況を招いた原因行為が違法であるために，正当防衛によって生じた結果はそれに帰責されるとする。これによれば，「ラリアット事件」において，Xが特殊警棒でVを殴打して傷害を与えた行為（結果行為）は正当防衛で合法だが，それに先行する手拳によるV殴打（原因行為）は違法であり，Xはその行為から生じた傷害結果について処罰されるということになる。「内ゲバ事件」「ハンマー・包丁事件」のように，言葉による挑発があれば，それを原因行為として，「正当防衛行為」によって生じた結果についての責任を負うことになる。

だが，自己の正当防衛行為を道具として利用していることが肯定できない場合について，合法行為を惹起する原因行為を違法とすることはできない（394頁）。また，原因行為において，結果についての故意・過失が肯定できる場合はほとんどないであろう。現在では，この説の主張者も改説しているようである（山口・総論125～128頁参照）。

挑発することによって正当防衛状況を招いた者は，個人保全・法確証という

第 3 節　正当防衛，緊急避難

正当防衛の内在的制約の帰結として正当防衛権は認められない，これはクリーンハンドの原則であるという見解（山中・総論 523 頁）もある。しかし，これがどのような場合なのか，いつダーティーハンドになるのかは明らかではない。正当防衛の違法阻却原理としての「法確証」には基本的な問題があるが（270 頁），仮に法確証の利益が独立に存在する利益であるとしても，それは法秩序の利益であり，防衛行為者のものではない。行為者に挑発行為があったからといって，どうして防衛行為が権利の濫用になり，法確証の利益が失われるのか明らかでない。

また，挑発行為によって行為者に正当防衛権が失われることはないが，防衛行為の相当性が制約されるため過剰防衛（刑 36 条 2 項）になる範囲が広がるとするものもある（山本輝之「自招侵害に対する正当防衛」上法 27 巻 2 号 210〜217 頁，同「優越利益の原理からの根拠づけと正当防衛の限界」刑法雑誌 35 巻 215 頁）。これによれば，反撃行為が防衛のための唯一の手段であるときには正当防衛を認めることになる。だが，「内ゲバ事件」「ラリアット事件」のように正当防衛権が否定され，過剰防衛の余地がなくなる場合も存在するのであり，このような場合にまで過剰防衛を認めることはできない。問題は，広く「自招の正当防衛状況」一般について正当防衛権を否認しようとした学説にある。相手の攻撃を招いたことに何らの責任もない防衛者よりは，正当防衛権が制約され，結果的に過剰防衛とすることになるのは，正当防衛権が否定されない私闘関与者に限られるのである。

3　正当防衛の意思

偶然防衛　「偶然防衛」といわれる教壇設例は次のようなものである。X は前から殺そうと思っていた A を森の中で発見し，ライフル銃で A を射殺したが，実は，A は B を殺そうとして，まさにピストルで B を撃とうとするところであった。B は，木の陰が邪魔になって，X からは見えなかったのである。お陰で B は助かった。

学説では，A に対する殺人既遂になるという見解が一般的なようであるが，客観的に正当防衛の要件が存在する以上，A 死亡の結果は合法であり，殺人既

遂を認めることはできない。だが,「正当防衛によらない結果」を目的としていたXには,「犯罪の実行に着手してこれを遂げなかった者」(刑43条)として,不能犯でない以上,殺人未遂が認められる(被害者の同意の認識の問題について257頁参照)。不能犯における危険不存在の判断の問題をどのように考えるかであるが(339～346頁),設例の場合は不能犯とすべきであろう。

以上に対して,Aがナイフで攻撃してくるので,対抗するために拳銃を取り出そうとしたところ,それが暴発してAに当たり負傷させたという場合のように,正当防衛状況の認識はあるが,まだ直接の防衛行為に出ると意識はない場合については,防衛の意思必要説の論者も正当防衛を認める。

積極的加害意思 判例は,喧嘩のようなときには,正当防衛状況を認識していたとしても防衛目的がなく,正当防衛の意思を欠くため正当防衛にも過剰防衛にもならないとしていた(274～275頁)。かつては,「憤激」のあまりの行為については防衛の意思を欠くとする判例があったが(大判昭11・12・7〔女性人夫事件〕,最決昭33・2・24〔家庭内暴力事件〕),最高裁はその後,憤激・逆上・憎悪から反撃した場合でも防衛の意思は失われない,防衛意思が否定されるのは防衛に名を借りて積極的な加害行為に出るような場合に限られるとし(最判昭46・11・16〔くり小刀事件〕,最判昭50・11・28〔酒肴強要事件〕,最判昭60・9・12〔鈴蘭事件〕),喧嘩闘争の場合にも防衛意思の存在を肯定している。積極的加害意思によって防衛意思が否定されることは事実上ありえないと思われる。

4 急迫不正の侵害

「不正」の侵害 正当防衛は「急迫不正の侵害に対して」行われる。

「不正」とは「違法」の意味であり(大判昭8・9・27刑集12巻1654頁・判プⅠ198),責任無能力者などの違法行為も不正の侵害である。かつては,違法と責任とを区別せず,責任無能力者の行為に対しては正当防衛ができないという「主観的違法論」もあった。故意・過失は違法要素であるという見解によれば,無過失行為に対しては正当防衛をなしえないことになる。

違法な不作為も不正の侵害である。例えば,衰弱している幼児を自室内に放置している親がいる場合に,その室内に侵入して幼児を救出する行為は正当防

第3節　正当防衛，緊急避難

衛である。退去せず酒席を妨害する者を実力を用いて退去させる行為にも，正当防衛が認められる（大阪高判昭29・4・20高刑集7巻3号422頁）。団体交渉の拒否に対して正当防衛が許されない（最決昭57・5・26〔NHK長崎放送局事件〕）のは，それが不正の侵害ではないからではなく，防衛行為によって不均衡な害が生じるからである（273頁）。

対物防衛　　動物による加害があったときにこれに攻撃を加え，動物の持ち主に損害を与える行為が正当防衛になるか。この「対物防衛」の問題は，動物の持ち主に「不正の侵害」が肯定できるかの問題であり，これは全面的に肯定すべきである。動物の侵害にそれが肯定できるかの問題ではないからである。

学説には，犬の飼い主に故意・過失があれば，これを傷害する行為は飼い主に対する正当防衛になるとするものが有力であった。だが，故意・過失は違法要素ではないので，その存否にかかわらず飼い主の行為は違法とすべきである。第三者が飼い主のもとから犬を盗み出して他人を襲わせたようなときには，飼い主に行為はないから「侵害」はないという考え方もありうるが，「有意性」は行為の要素ではない（100頁）。ただ，飼い主が飼い犬の管理を十分に果たしていたときには，飼い主の不作為は違法ではないから不正の侵害は存在せず，行為者は緊急避難で対応することができるにとどまる。

大審院は，Aの犬がXの犬に噛みついてきたのに，Aが引き離そうとしなかったので，XがAの犬を猟銃で撃って傷害した行為（刑261条）について，Aの犬の方がXの犬より低価格であるとして緊急避難を認めている（大判昭12・11・6裁判例（11）刑87頁〔セッター犬事件，判プⅠ236〕。火薬取締法規の違反についても緊急避難としている）。しかし，なぜ正当防衛でないかは明らかではない。

対物防衛は民法では緊急避難とされ（民720条2項），刑法の緊急避難と同じように「害の均衡」を要すると理解されているようであるから，上例でAの犬の方が高価だったら，民法上も不法行為ということになる。法令行為（刑35条）として民法を援用しても，直ちに解決にはならない（佐伯（仁）・総論127～128頁）。刑法ではこの場合にも正当防衛であり，民法上は違法でも刑法上は合法であるという，可罰的違法性の一場合である（252～254頁）。

動物等が野生動物などの無主物であるときには，動物愛護法，鳥獣保護法な

どの保護する環境的法益の侵害が問題となり，緊急避難として考えられなければならない（269頁参照）。

侵害の急迫性 最高裁によると，正当防衛における侵害の急迫性とは「法益の侵害が間近に押し迫つたことすなわち法益侵害の危険が緊迫したこと」である（最判昭24・8・18〔ゼネスト事件〕）。だが最高裁は，この判決において，国家正当防衛の存在を認めると同時に，私人による国家正当防衛が秩序を混乱させるおそれがあるとして，これは「国家公共の機関の有効な公的活動を期待し得ない極めて緊迫した場合においてのみ例外的に許容さるべきもの」とした。ここには，そもそも国家正当防衛を認めることの問題性（271頁）が現れていたのであるが，その後の下級審判例には，この最高裁の論理を一般の正当防衛にも及ぼし，司法的・行政的な権利保護のための方法が存在するときには侵害の「急迫性」がないとしたものが出てきた（高知地判昭51・3・31〔高知生コン事件〕）。しかし，公的な権利保護の手段があることは，侵害の急迫性を否定して，正当防衛権を否認する理由とはなりえない（272～273頁）。

侵害が継続しているときにも急迫性は存在する。凶器を取り上げられた者がさらに攻撃の気勢を示しているとき（最判昭26・3・9刑集5巻4号500頁），鉄パイプを持ったまま追いかけてきた攻撃者が，勢い余って，踊り場のフェンスから上半身を乗り出した体勢になった場合にも（最判平9・6・16刑集51巻5号435頁〔鉄パイプ事件，判プI 185〕。このような攻撃者を転落させ重傷を負わせた行為を過剰防衛とした），侵害の急迫性は失われていない。だが，継続的な家庭内暴力が現在はおさまっているが，いずれまた必ず始まるであろうというだけで，侵害の急迫性を認めることはできない（札幌高判平19・11・13刑弁58号198頁〔母子共謀事件〕）。数年にわたって内縁の夫から暴行・傷害を受け続け，当日も昼前から加虐行為を受けた妻が，飲酒して寝てしまった夫を，その日の昼過ぎに刺殺した場合に侵害の急迫性を認めた判例もあるが（名古屋地判平7・7・11判時1539号143頁は，殺人罪の過剰防衛とする），睡眠中の者に侵害の急迫性を肯定することはできない。

侵害が予期されていたものであるとしても，その急迫性が失われるものではない（最判昭46・11・16〔くり小刀事件〕）。正当防衛は不正の攻撃を排除する権利であり，予期された侵害を回避する義務が被攻撃者にあるわけではない。しかし

第3節　正当防衛，緊急避難

最高裁は，「単に予期された侵害を避けなかったというにとどまらず，その機会を利用し積極的に相手に対して加害行為をする意思で侵害に臨んだときは，もはや侵害の急迫性の要件を充たさない」としている（最決昭52・7・21〔内ゲバ事件〕，最決平29・4・26〔ハンマー・包丁事件〕）。だがこれは，相手側の不正の侵害の有無に関係なく相手を攻撃したであろう事情であり，このような場合行為者の「反撃」が正当防衛とならないのは，それが「防衛のため」でないからであり，侵害の急迫性が欠けるためではない（276頁）。

盗犯等防止法の特則　盗犯等防止法1条1項は，盗犯の防止・盗品等の取還，凶器を携帯した住居等侵入の防止，住居侵入者の排除の際に，生命・身体・貞操に対する「現在ノ危険」を排除するため犯人を殺傷する行為を正当防衛とみなし，さらに同条2項は，以上の場合においてはこれらの危険がない場合であっても，行為者が「恐怖，驚愕，興奮又ハ狼狽」によって現場で犯人を殺傷したときには処罰しないとしている。

刑法36条1項の「やむを得ずにした」という文言がない前者は，このような場合の殺傷行為について防衛行為の相当性（284頁）を認めるという特則である。また，「急迫の侵害」ではなく「現在ノ危険」とされているが，一般の正当防衛より侵害の切迫性を必要とする趣旨には解されていない。

1条2項は，これらの危険を誤認した場合に免責するという誤想防衛の特則である。誤想防衛は故意を阻却するが，過失があるときには過失犯としての処罰を免れないのが原則である（180頁）。盗犯等防止法は，恐怖等によって危険を誤想したときには，過失の存否に立ち入ることなく免責するとした責任阻却事由ということになる。最高裁は，現に存在した住居侵入・不退去の事実を現認した行為者には同条項は適用しないとしている（最判昭42・5・26刑集21巻4号710頁〔コンクリート土間事件〕）。だが，正当防衛も誤想防衛も侵害の危険性の認識がある点においては相違はないのであり，それを認識したことにより，動転した行為者が防衛行為に出た点においても相違はない。最高裁が同条項の適用を誤想防衛状況に限定したのは，文理解釈によるときにはやむを得ないところではあるが，均衡がとれない結論であることは否定できない。

第3款　過剰防衛

1　正当防衛と過剰防衛

正当防衛状況と「やむを得ずにした」行為　正当防衛状況にあるときには，行為者は不正の攻撃者の法益を侵害することによって，攻撃を受けた者の利益を保護する権利を持つが，それは，不当に攻撃者に過剰な被害をもたらすようなものであってはならない。「防衛の程度を超えた行為」は違法であるが，「情状」によってその刑が減軽・免除される（36条2項）。このような行為を過剰防衛という。正当防衛の要件として法文に挙げられている「やむを得ずにした」（36条1項）は，正当防衛状況とは異なり，「防衛の程度」（36条2項）を画すものである。法文にあるこの要件は，防衛行為の「相当性」を意味すると理解されている。

正当防衛状況がないときには，行為者はおよそ防衛行為に出ることができないのであるから，「防衛の程度を超えた行為」も存在しえず，過剰防衛もありえない。それは刑の減免を受けることのない，単なる違法行為である。「やむを得ずにした」という要件と正当防衛状況とは区別されなければならない（最判昭46・11・16〔くり小刀事件〕参照）。

過剰防衛における刑の減免根拠　過剰防衛は正当防衛として違法性が阻却されるものではないが，正当防衛状況が存在する以上正当防衛権は存在するのであるから，違法性は減少している。刑法（36条2項）は，過剰防衛行為が存在するときに，急迫不正の侵害に直面して動揺した行為者の心情を考慮して，「情状により」刑の減免を与えることができることにしたのである。以上のような過剰防衛の理解を「違法減少説」という。

違法減少説は，正当防衛状況にない行為には過剰防衛規定の適用を認めない。これに対して，過剰防衛規定は行為者の追い詰められた心理状態を考慮したものと理解する「責任減少説」では，正当防衛状況が存在しなくても，過剰防衛として刑が減免しうることになる（平野・総論Ⅱ 242〜248頁）。しかし，そもそも正当防衛を行うことができないときに「防衛の程度を超えた行為」は存在しないのであり，責任減少説は文理にも反している。

第3節　正当防衛，緊急避難

　いわゆる「違法責任減少説」は意味が不明であるが，正当防衛状況の存在（違法減少）に加えて，「情状」として行為者の責任減少も刑の減免の要件とするのであれば，違法減少説と変わりはないが，正当防衛状況がなくても，責任減少のある場合にも刑の減免を認めるとするのであれば，これは責任減少説と同じである。

　責任減少説からは，法益の著しい不均衡のときも過剰防衛が認められ，正当防衛のときに防衛の意思を不要としても，過剰防衛では必要であるとするなどの相違があるが，最も問題になるのは，「誤想過剰防衛」と「量的過剰」である。

　正当防衛後の過剰防衛　　正当防衛の後に過剰防衛が引き続いて行われ，両者が「一連」のものであるときには，1個の過剰防衛とすべきだというのが最高裁の判例である（最判昭34・2・5刑集13巻1巻1号〔屋根鋏事件，判プI 219。凶器を持った攻撃者に対して殺意をもって鉈で反撃し，倒れた攻撃者の頭部をさらに鉈で切りつけ死亡させた〕，最判平9・6・16〔鉄パイプ事件。殴打した後，コンクリート道路上に転落させ重傷を負わせた〕，最決平21・2・24刑集63巻2号1頁〔折り畳み机を攻撃者に投げつけ，倒れたところを殴打死した行為は「一連一体のもの」とする〕）。さらに最高裁は，急迫不正の侵害終了後の「量的過剰」も過剰防衛となりうることも認めるようである（288〜289頁）。

　たしかに，何回もパンチを繰り出すような場合には，これを1つの防衛行為とすべきであろう。しかし，以上の事例においては，正当防衛行為と過剰防衛行為とはそれぞれ独立した行為であり，両者をまとめて，1個の違法行為とすることはできない。特に，「折り畳み机事件」では，攻撃者に生じた傷害結果が正当防衛行為によるものか，過剰防衛行為によるものであるか不明であった事案であり，1個の過剰防衛行為とすることによって，正当防衛から生じたかも知れない結果についても行為者に責任を負わせる結果となっている。これは不当である。

　最高裁も，正当防衛行為にのみ関与した行為者は，その後，友人たちによる過剰防衛結果について責任を負わないとして，共犯の事例についてではあるが，正当防衛と過剰防衛とを独立に取り扱っている（最判平6・12・6刑集48巻8号509頁〔歓送会事件，百選I 96・判プI 397〕）。

2　防衛行為の相当性

相当性と補充性　「やむを得ずにした行為」は正当防衛と緊急避難とで同じ文言であるが（刑36条1項・37条1項本文），前者は防衛行為の「相当性」であり（最判昭44・12・4刑集23巻12号1573頁〔バンパー事件，判プⅠ210〕参照），後者の「補充性」とは異なるものと理解されている。緊急避難は落ち度のない被害者に危難を転嫁する行為であるので，行為が避難のための最後の手段でなければ許されないのであり，より被害の少ない方法によって避難が可能なときには緊急避難は成立しない。また，危難から逃げることが可能であるときには，他人の利益を侵害してまで避難することは許されない。これに対して，正当防衛においては，利益衝突の状況を招いたのは違法な攻撃者であり，その解消は彼の負担において行われなければならない。攻撃者は，被攻撃者が行う相当な防衛行為の範囲で，自分に対する侵害を甘受しなければならないのであり，防衛行為も最後の手段である必要はない，「相当」であれば良い。そして，この相当性の概念が，ここでの問題なのである。

なお，盗犯等防止法の正当防衛には「やむを得ず」という要件はないが（1条1項），最高裁は，生命・身体・貞操に対する「現在の危険を排除する手段として相当性を有するものであることが必要である」とした上で，これは，刑法の正当防衛の相当性よりも「緩やかなもの」であるとしている（最決平6・6・30刑集48巻4号21頁）。しかし，どの程度刑法の「相当性」が緩和されているかは明らかでない（上記判例の事案は，路上での中学生集団による強盗に対して，ナイフで威嚇することなく，殺意をもってナイフで胸部を突き刺し死亡させたというものであり，最高裁は盗犯等防止法の適用はなく，過剰防衛であるとした）。

以上の問題は，許される防衛行為の範囲の問題であり，被救助法益と侵害法益との権衡の問題（271～272頁）と混同してはならない。

防衛行為と結果　防衛行為の相当性は，行為，結果のどちらから判断されるべきかについては議論がある。最高裁判所は，「急迫不正の侵害に対する反撃行為が，自己または他人の権利を防衛する手段として必要最小限度のものであること」が相当性であり，相当性を有する反撃行為から生じた結果がたまたま侵害されようとした法益より大であっても，相当性を失うものではないとして

第3節 正当防衛, 緊急避難

いる（最判昭44・12・4〔バンパー事件〕）。最高裁は相当性の判断を結果ではなく行為について考えているように見える（防衛行為の相当性を認めたその後の最判平1・11・13〔菜切り包丁事件〕，最判平6・12・6〔歓送会事件〕，最判平21・7・16〔立入禁止看板事件〕参照）。「バンパー事件」の事案は，Aから突然指をつかんでねじ上げられた被告人が，痛さのあまりふりほどこうとして，Aの胸のあたりを突き飛ばしたところ，Aはたまたま付近に駐車していた車の後部バンパーに後頭部を打ちつけ，治療45日間を要する頭部打撲症の傷害を負ったというものであり，著しく重大な結果を生じさせたものではなかった。ところがその後，ある下級審判例は，酔客Bに執拗に絡まれた女性がこれを突いたところ，高度に酩酊していたBが駅のホームから転落し，入って来た電車に轢かれて死亡したという事案について，防衛行為としては相当であり，たまたま重大な結果が生じたとしても相当性が否定されるものではないとした（千葉地判昭62・9・17判時1256号3頁・判プI 213）。

しかし，防衛行為の相当性は，不正な攻撃者が侵害を甘受しなければならない結果によって画されるべきである（山口・総論137頁参照）。この意味で防衛行為の相当性は結果から判断されるのであり，行為から判断されるものではない。女性に執拗に絡む者は死ぬことまで覚悟しなければならないということはできないであろう。この事案は過剰防衛であり，行為者に相当性の誤認があったものとして暴行・傷害の故意が阻却される結果，傷害致死罪（刑211条）は成立しない（183頁）。行為者に過失があれば過失致死罪（刑210条）が成立し，その刑を減軽あるいは免除すべきである。

なお，相当性の判断は行為ではなく，侵害者が甘受すべき結果によるというのは，結果的に防衛効果があった行為のみが相当性を有するという意味ではない。刃物で攻撃する侵害者に対して素手で抵抗を試みたが適わなかったときにも，不正な侵害者に生じた暴行の結果は彼が負担しなければならないものであり，防衛結果をもたらさなかった行為が違法となってしまうものではない。

また，防衛のため侵害者に対して投げた石がそれて通行人に当たったときには，通行人はその結果を負担する義務はないのであるから，それは正当防衛ではない。防衛行為の相当性は結果ではなく行為について判断すべきだという見

解だと，この場合も正当防衛になってしまうかもしれない。なお，このような場合に第三者侵害の故意が否定されるという結論を導くために，これを誤想防衛とする判例（大阪高判平14・9・4〔タイマン事件〕）もあるが，判例の抽象的法定的符合説によってもこの場合には故意を肯定できないのであり，このような構成は無用であることはすでに述べた（201頁）。

「生命に対して危険な防衛行為」と補充の原則　裁判所の相当性の判断はかなり厳格である。上記の最高裁判例は，防衛行為の相当性とは「必要最小限度のものであること」としている（最判昭44・12・4〔バンパー事件〕）。「他によりよい防衛方法があれば，ただちに，正当防衛を否定して過剰防衛とし，いわば，過剰防衛に逃避する傾向がないではなかった」（平野・総論Ⅱ 239〜240頁）という状態は，現在でも大きく変わっていないと思われる。

学説には，生命に対する危険性の高い防衛行為については相当性の範囲を限定すべきだとするものがある（佐伯（仁）・総論136〜153頁）。このような防衛行為は，重大な法益を守るためであって，他に侵害をさける方法がない場合，すなわち補充性が満たされる場合にだけ許容される，退避することによって侵害から避けられるにもかかわらず殺傷行為を行ったときには過剰防衛となる，この限度では，防衛行為者に「退避義務」が存在する，というものである。

これは妥当な見解と思われるが，論者もいうように，このような「退避義務」は，確実・安全に退避可能な場合に限られなければならない。死傷結果を招いた防衛行為を過剰とした判例の事案が，果たしてこのようなものであったかは，更に検討を要する。

3　量的過剰防衛

質的過剰と量的過剰　通常の，急迫不正の侵害に対して防衛の程度を超える行為を「質的過剰」，防衛行為の結果急迫不正の侵害が終了したにもかかわらず，なお相手に対して攻撃を加える行為を「量的過剰」という（平野・総論Ⅱ 246頁）。量的過剰の場合には，急迫不正の侵害という正当防衛状況は存在しないが，それでも，過剰防衛として刑の減免を認めるべきかが問題となる。最高裁は，それを認めるようである（最判昭34・2・5〔屋根鋏事件〕，最判平6・12・6〔歓送会事件〕

第3節　正当防衛，緊急避難

は，いずれも侵害終了後の行為を過剰防衛とし，その前の正当防衛と合わせて1つの過剰防衛とした原判決を是認している。また，倒れた被害者に対する暴行はその前の正当防衛行為との間に「断絶がある」として，これに過剰防衛を否定した最決平20・6・25刑集62巻6号1859頁・百選Ⅰ27・判プⅠ221も，「量的に過剰」の場合に過剰防衛を認めるということを前提としているようである)。

侵害の継続性と過剰防衛　しかし，過剰防衛規定（36条2項）は違法減少事由であり，攻撃を受けた者の心理的動揺を考慮した責任減少事由ではない。正当防衛状況にあり，従って正当防衛権を行使することができる者が防衛の限度を超える行為が過剰防衛である。急迫不正の侵害が終了している場合には，正当防衛も過剰防衛も存在しえないのであり，量的過剰は過剰防衛にはならないと解すべきである。

注意すべきは，攻撃がいったんおさまった場合に，直ちに侵害の終了が認められるわけではないことである（282〜283頁参照）。量的過剰の事例とされるもののいくつかは，侵害の継続性が認められる場合である。

4　誤想過剰防衛

誤想防衛・過剰防衛　正当防衛の要件を誤認し，しかも防衛行為が過剰になった場合を，「誤想過剰防衛」という。これには，①急迫不正の侵害を誤認し（正当防衛状況の誤想），それが存在したとしても過剰であった防衛行為に出た場合（最決昭41・7・7〔散弾銃事件〕，最決昭62・3・26〔勘違い騎士道事件〕）と，②急迫不正の侵害に対して，誤って過剰な行為に出てしまったような場合（相当性の誤想。無意識的過剰）の場合（最判昭24・4・5〔斧・棒事件〕参照）があるとされている。誤想過剰防衛の問題においては，故意の存否の問題と，過剰防衛規定（刑36条2項）の適用可否の問題とを区別しなければならない。

故意の問題については既に述べた。違法事実の認識があればその範囲で故意があるのであり，「過剰防衛なら故意犯，誤想防衛なら過失犯」ということではない。②の場合には過失犯，①の場合には過剰性の認識の有無によって異なる（前出182〜184頁）。

過剰防衛規定の適用　正当防衛状況が存在する②の場合には，過剰防衛と

して刑の裁量的減免があることに問題はない。「過失犯は過剰防衛にならない」ということはない。傷害致死なら過剰防衛なのに、過失致死になったら過剰防衛にならないということはない。

これに対して、正当防衛状況にない①については、過剰防衛とすることはできないが、最高裁は過剰防衛規定によって「処断」すべきだとしている（最決昭41・7・7〔散弾銃事件〕、最決昭62・3・26〔勘違い騎士道事件〕）。過剰防衛規定は責任減少を考慮した規定であるという責任減少説によるなら、正当防衛状況の存否に関係なく行為者の心理状態が問題なのだから、この規定の適用があることになる。だが、そうすると、誤想防衛として過失犯が成立する場合には刑の減免がないのに対して、行為者の主観からもやり過ぎた誤想過剰防衛の場合には刑を免除しうるという不均衡が生じる。学説には、誤想防衛の場合に成立する過失犯の刑より軽くすることはできないとするものもあるが（平野・総論 II 247 頁）、これは、この類型の誤想過剰防衛に過剰防衛規定を適用するのが現行法の趣旨ではないことを意味しているのである。

なお、①においても、行為者は主観的には過剰防衛の意識しかないのだから、刑法 38 条 2 項によって、過剰防衛規定を適用することができるという見解もある。しかし、この条項は事実の錯誤に関わる「罪」すなわち犯罪類型の相違に関するものであり、責任の重さのそれ、あるいは責任主義一般の規定ではない。親族関係を誤認した窃盗（刑 235 条）のように、この条項を「準用」することができる場合もあるであろう（182 頁）。しかし、それも、現行法と矛盾しない場合に限られるのである。そして、刑の免除が可能な刑法 36 条 2 項を適用することは現行法の予定しないことであるのは、すでに述べたところである。

第 4 款　緊急避難・過剰避難

1　緊急避難の違法阻却原理

違法阻却事由としての緊急避難　刑法（37 条 1 項本文）の「緊急避難」は優越利益による違法阻却を規定したものであるが、害が均衡していれば足りるとするという点において、極めて広いものである。立法者は正当防衛（36 条 1 項）の「急迫」より狭い「現在」、「権利」ではなく「生命、身体、自由又は財産」という

第3節 正当防衛, 緊急避難

言葉をそれぞれ使って, 違法阻却の範囲を制限したつもりであったのだろうが, 学説はこの用語の相違に意味を認めなくなっている。

学説には, 緊急避難の一部 (例えば, 同等の法益を救助する場合, 生命・身体を侵害する場合) を責任阻却として理解する「二元説」もあった。これによれば, 違法な「責任阻却的緊急避難」に対しては正当防衛で対抗しうることになる。しかし, 2種類の異質の犯罪阻却事由が同一の条文に規定されていると理解することは困難である。何よりも, 行為者の主観的事情を考慮することなく,「他人」のための行為も「自己」のためのそれと同等に扱っている刑法の趣旨からは, 法益同等の場合に限って責任阻却とすることはできない。

そのようなことから, 学説には, 人の生命および生命に準じる身体の重要部分を侵害する行為は緊急避難としては違法性が阻却されない, 期待可能性の不存在によって超法規的に責任が阻却されることがあるに過ぎないとするものがある (山口・総論148頁)。これは傾聴すべき見解であるが, このような制限は, 具体的利益考量による「害の均衡」の判断 (294〜295頁) において行われるべきであり, 刑法の文言に反して, このような場合を一律に緊急避難から除外することは妥当でないと思われる。

業務上の特別義務者の緊急避難　刑法 (37条2項) は,「業務上特別の義務がある者」には緊急避難の規定 (同条1項) を適用しないとしている。

これは, 消防士, 警察官など危険の受忍を内容とする業務を行う者は, 自己に対する危険を他人に転嫁することができないという趣旨であり, 他人に対する危険を防止する場合に関するものではない。かつて大審院は, 難産のため妊婦と胎児に生命の危険が生じたが, 山間僻地のことであったため産婆 (現在の助産師) を呼びに行っている時間的余裕がないため, 産婆登録をしていない被告人が助産を行ったのは, 産婆登録を受けることは産婆業務を行う者の特別の義務であるという理由で, 産婆規則違反 (現在の保助看43条1項1号・30条・3条) としての処罰を免れないとしたことがあったが (大判昭7・3・7刑集17巻277頁), これは誤解といわざるをえない。

また, 自己に対する危険であっても, 相当な範囲内であれば, このような業務者においても緊急避難は可能だと解すべきである。たとえば, 震災の被害者

を捜索していた消防士が、ビルからの落下物から逃れるためにそばに居た人を押しのけた場合である。

2　現在の危難

危難の対象　緊急避難は、「現在の危難」を避けるための行為である（刑37条1項本文）。法文は危難を「生命，身体，自由又は財産」に対するものに限定しているが、学説は、名誉，貞操などを除外する理由はないとして、危難の対象を正当防衛における「権利」と同じものとしている。立法者は、旧刑法（75条2項）と同様，洪水，地滑り，火事などの災害を主に考えていたために，生命・身体・自由・財産だけを上げていたのかも知れないが、人の行為も「危難」になりうるから、このような限定は必要ないことになる。

自然災害　自然災害などが「危難」であることは問題がない（大判大3・10・2〔千代川堤防事件。住民の生命・財産に対する洪水の危険を回避するために県の堤防を決壊した行為は緊急避難であるが，避難行為者は県に対する損害賠償義務を負う（民720条1項但書）とする。なお，269頁参照〕，大判昭8・11・30刑集12巻2160頁〔古川堀板堰事件。異常な降雨によって田の稲苗が水没し枯れ死など不作の危険が生じたため水利組合所有の板堰〔当時の価格で40円くらい〕を壊して雨水を放流した〕，最判昭28・12・25刑集7巻13号2671頁〔狩勝トンネル事件第1次上告審判決。トンネル内の熱気の上昇，有毒ガスの発生等により列車の乗務員に生じる窒息，呼吸困難，火傷等の危険に対して3割減車を行うのは緊急避難として合法だが，職場離脱を行ったのは違法であるとする〕）。大審院は、噛みついてきた他人の飼い犬についても、正当防衛ではなく、緊急避難としている（大判昭12・11・6〔セッター犬事件。価額150円の雑種の番犬が600円のセッター種犬に噛みついた事案。281頁〕）。

違法行為，合法行為　人の行為も「危難」たりうる。たとえば、覚せい剤事犯の内偵者が捜査対象者から怪しまれ、こめかみにピストルを突きつけられて、覚せい剤を自分に注射しろと脅迫されたときは、それは危難であり、それに従って覚せい剤を使用することは緊急避難である（東京高判平24・12・18判時2212号123頁〔内偵者事件〕。なお、東京地判平8・6・26判時1578号39頁〔オウム真理教リンチ殺人事件，判ブⅠ234〕は、脅迫は身体に対する危難にとどまるとして殺人の過剰避難としてい

第3節　正当防衛，緊急避難

る。296頁参照）。

　このような違法行為だけでなく，合法行為も「危難」のことがある。合法な緊急避難に対しては緊急避難をなしうる。たとえば，Aが，襲いかかってきたBから逃れるためにXの庭に逃げ込んできたとき，Aの行為が緊急避難として合法である場合にも，Xは，自分の住居権，財産権を守るために，Aに対して緊急避難で対抗しうる。もちろん，そのためには緊急避難の他の要件が満たされていなければならない。XがAを押し返した結果，AはBに追いつかれ殴られたという場合には，害の均衡を欠く結果，緊急避難は成立しないし，「道から逃げろ」といってAを等で殴ったときでも，それが補充性を満たしていないときには緊急避難とはならない。

　しかし，合法行為の対象者がそれを受忍する義務があるときには，このような行為は「危難」ではない。緊急避難は「正対正」の関係だから，合法行為に対しては常に緊急避難をなし得るというのは誤解である。

　正当防衛行為に対しては，急迫不正の侵害者自身も，第三者も侵害者のために緊急避難をすることはできない。急迫不正の侵害者は，防衛に必要な範囲で正当防衛者の侵害を受忍する義務があるのだから，それを防衛行為者や他人に転嫁することは許されないからである。さらに，法令に基づく逮捕，刑の執行なども，対象者にはそれを受忍する法的義務があるのであり，緊急避難はできない。受刑者の脱獄（刑97条・98条），また，痴漢が現行犯逮捕から免れるために鉄道線路に立ち入る行為（鉄営37条，新幹線妨害3条2号）は緊急避難にはならない。自国の政府からの「迫害」を免れるための不法入国（入管70条1項1号・3条1項1号）が緊急避難になるのかも，この問題である（最判昭39・8・4判時380号2頁〔密入国事件〕，神戸地判昭45・12・19判タ260号273頁参照。なお，緊急避難の要件を満たしていない不法入国にも，行為者が難民等であるときは刑が免除される〔入管70条の2〕）。

　危難の現在性　　緊急避難をなし得る危難は「現在」のものでなければならない。最高裁によると，これは「現に危難の切迫していること」である（最大判昭24・5・18刑集3巻6号772頁〔隠匿物資事件〕）。刑法が，損害の転嫁を許容する緊急避難において，「急迫」ではなく「現在」ということばを選び，盗犯等防止法が，正当防衛状況を限定したうえで峻厳な正当防衛権を肯定するにあたって「現在

293

ノ危険」としているところからするなら，立法者は「急迫」よりさらに切迫した状況を意味するものとして「現在」を用いたのかもしれない。しかし，最高裁は，正当防衛における「急迫」とは「被害の現在性を意味するものではない」としながら，緊急避難における「現在」についても，「ほぼこれと同様のことが言い得る」として（最判昭24・8・18〔ゼネスト事件〕），両者の間に実質的な相違を認めていない（危難の現在性を肯定した最高裁判例として最判昭28・12・25〔狩勝トンネル事件第1次上告審判決〕。危難の現在性を否定して過剰避難の成立を否定した最高裁判例として，最判昭39・8・4〔密入国事件〕，最判昭35・2・4刑集14巻1号61頁〔関根橋事件第2次上告審判決，判プI 227/230〕）。

　学説には，その時点で避難措置に出なければ危難が回避できない場合に「危難の現在性」が認められるのであり，これは「侵害の急迫性」より前の時点で認められるべきだとするものがある。例えばレストランの店主が，食事をしていた客たちが自分の所で強盗する計画を話しているのに気がついたが，警察に通報することのできない状況にあったので，客の飲み物に睡眠薬を入れて眠らせ，縛りあげたようなときには緊急避難を認めるべきだとするのである。しかし，このような場合には，一種の自救行為として適法とすべきであろう（佐伯（仁）・総論132頁）。

　さらに，日常的に妻に暴力をふるい，女児に性虐待を行う父親が寝ている隙に殺害したような場合（札幌高判平19・11・13〔母子共謀事件〕参照）には，正当防衛における侵害の急迫性を肯定することはできないが，緊急避難における危難の現在性は肯定しうる，加害者の殺害という「害の不均衡」があるときにも過剰避難（刑37条1項但書）は成立しうるとして，殺人罪の過剰避難とすべきであるという見解もある（深町晋也・緊急避難の倫理とアクチュアリティ210～213頁）。たしかに，家庭内暴力の被害者が加害者から逃げ出すことは，心理的にも物理的にも容易ではない。しかし，これは追い込まれた状態にある被害者の保護などの支援によって解決を目指すべき問題であって，一般的な正当防衛・緊急避難の要件によって解決することはできないと思われる。

第 3 節　正当防衛，緊急避難

3　害の均衡

要保護性の考量　避難行為によって「生じた害が避けようとした害の程度を超えなかった場合に限り」，緊急避難として合法である。この緊急避難における利益考量は「害の均衡」と呼ばれる。これは利益考量によって行われる。

利益考量は，避難行為によって保護された利益が，侵害された利益より保護に値するかという「要保護性の考量」によって行われるべきであり，例えば身体と財産というような抽象的な法益同士，法益の個数，法益の財産的価値だけによって決定されるべきではないといわれる。これは基本的には正当ではあるが，要保護性の考量が強調される多くの設例は，侵害の現在性，避難行為の補充性の要件が欠如する場合であり，これらの要件が満たされているときには，要保護性の考量から害の均衡が欠如するとして緊急避難の成立を否定すべき場合は多くはない。「カルネアディスの板」の設例（難破した船の乗客同士が，1人だけを支えることが可能な1枚の板を奪い合い，1人が他人を犠牲にして助かった），「ミニオネット号事件」（遭難した船で食料がなくなり，1人の乗組員を殺してその肉を食べたという，実際にイギリス船であった19世紀の事件），自分の子どもを誘拐され，銀行強盗しないと殺すと脅迫されてそのようにした場合，なども緊急避難を否定すべき場合ではない。これらの行為について倫理的な抵抗感があることは事実であるが，それを理由として行為を違法とすることはできない。

防御的緊急避難と攻撃的緊急避難　学説には，危険源に対して避難行為を行う「防御的緊急避難」と，危険源でない者に危難を転嫁する「攻撃的緊急避難」とを区別し，前者においては緩やかな基準で利益の優越が肯定されるが，後者においては危難が転嫁される利益の要保護性が大きいことから，厳格な基準が適用されるという学説がある（吉田宣之・違法性の本質と行為無価値論 123～127 頁など）。

しかし，このような区別に合理性があるとは思われない。異常な降雨による自分の田の損害を免れるために他人所有の板堰を壊して雨水を放流した場合（大判昭 8・11・30〔古川堀板堰事件〕参照）も攻撃的緊急避難の場合であるが，田の所有者も，板堰の所有者もいわれのない危難にさらされていることは同じであり，最初に火の粉を発した者がそれを優先的に引き受ける義務があるというものではない。また，防衛的緊急避難には正当防衛的な利益考量を行うべきだと

第5章　違法阻却事由

する見解は，対物防衛（大判昭12・11・6〔セッター犬事件〕参照）は緊急避難であるという前提から，このように解するのであるが，これは前提が誤っているのである（281～282頁）。

害の不均衡と過剰防衛　法益の著しい不均衡の防衛行為については過剰防衛が成立しない（271～273頁）のと同様，害の不均衡の避難行為については過剰避難も成立しない。しかし，法文（刑37条1項）が「これによって生じた害が避けようとした害の程度を超えなかった場合に限り，罰しない。ただし，その程度を超えた行為は，情状により，その刑を減軽し，又は免除することができる」としているため，害の不均衡の場合にこそ過剰避難が成立するという見解が有力である。判例にも，身体の自由に対する危難から免れるため人を殺した行為は過剰避難になるとしたものがある（東京地判平8・6・26〔オウム真理教リンチ殺人事件〕）。

4　避難行為の補充性

補充の原則　違法性を阻却する緊急避難は「やむを得ずにした行為」でなければならない。既に述べたように，この文言は正当防衛と同じであるが（刑36条1項・37条1項本文），「相当性」ではなく，それ以外の方法がないという意味での「補充性」を意味するものと解されている。最高裁もこれを認めるが，さらに，「かかる行動に出たことが条理上肯定し得る」ということを付け加えている（最大判昭24・5・18〔隠匿物資事件〕）。そして判例には，避難手段の危険性を理由として条理の観点から「やむを得ずにした行為」とは認められないとしたものもある（大阪高判平10・6・24高刑集51巻2号116頁・判ブⅠ238）。しかし，補充性以外のことを要求とするのは無用で不当だと思われる。

最高裁が具体的に補充性を否定した例として，トンネル通過の際の窒息，火傷の危険を回避するには減車で十分なのに全面的に職場離脱をした例（最判昭28・12・25〔狩勝トンネル事件第1次上告審判決。昭和23年政令201号違反の事件〕），腐朽した吊り橋に通行の危険があったとしても，通行制限をするなどの方法をとらずに，ダイナマイトで吊り橋を爆破した例（最判昭35・2・4〔関根橋事件第2次上告審判決。爆発物使用罪〔爆発1条〕・往来妨害罪〔刑124条1項〕の成立を肯定），高裁判例

第 3 節　正当防衛，緊急避難

には，タクシーも来てくれず，医師の来診も断られたので，無免許運転をして急病人を病院に運んだ場合について，救急車の出動を要請すべきであったとした例（東京高判昭 46・5・24〔無免許運転事件〕。なお，大阪高判平 10・6・24 高刑集 51 巻 2 号 116 頁も，監禁場所から逃走する手段には鍵を開けるなどの手段があったとして，放火手段は補充性を満たさないとする）がある。

相当性を逸脱した防衛行為が過剰防衛になるのとパラレルに，補充性を逸脱した避難行為は過剰避難（刑 37 条 1 項但書）になる（松江地判平 10・7・22 判時 1653 号 156 頁〔不法入国罪について刑を免除。本判決は広島高松江支判平 13・10・17 判時 1766 号 152 頁によって破棄されている〕，東京地判平 21・1・13 判タ 1307 号 309 頁〔自動車運転過失傷害罪（旧 211 条 2 項）について刑を免除〕）。

5　自招危難

受忍義務のある危険，公平正義の観念　　正当防衛の場合と同じように，「自招危難」について緊急避難が成立するかは問題である。

緊急避難は，「自己又は他人」に危険が及んだとき，それによる被害を誰かに転嫁することによって優越利益を維持することを認める制度である。その「自己又は他人」が危険を受忍する義務を負っているときには，それは緊急避難における「危難」ではない（292〜293 頁）。危難を自分に招致した者もある範囲でそれを受忍する義務を負うから，その者のための緊急避難を否定すべきである。例えば，脇見運転をしていたためガードレールに衝突しそうになった X が，あわてて急ハンドルを切って進路を変更したため後続車に衝突してその運転者 A に傷害を与えた行為は，緊急避難にはならない。しかし，有責招致の危難であっても，それが受忍の限度を超えるものであるときには，緊急避難をなしうるとしなければならない。X が崖下に転落して死亡の危険があったときには，A 傷害の結果は緊急避難として違法性が阻却されるであろう。

しかし，危難を招いたのが自分ではない場合には，彼は危難を受忍する義務があるわけではないから，自分のために緊急避難をなしうる。それは危難をもたらした者自身が，危難の及んでいる者のために避難行為をするときも同じである。脇見運転をしていたため横断歩道の歩行者 A を轢きそうになった X が，

ハンドルを切ってB所有のコンビニ店に突っ込み，これを破壊し（道交116条〔自動車による過失建造物損壊〕），店内の買い物客Cにガラスの破片で軽傷を負わせた（自動車運転5条）というような場合である（コンビニ設例）。B・Cに生じた結果は緊急避難として違法性が阻却される。AにはXの車に轢かれる義務はない。

しかし日本の判例は，大審院の「公平正義の観念」以来問題を混同してきたように思われる。

大審院判例（大判大13・12・12刑集3巻867頁〔荷車事件，百選I 32・判プI 232〕）の事案は，夜間見通しの悪い道路で自動車を運転していたXが，時速30km以上の速度で荷車の脇をすり抜けようとしたところ，Aが荷車の背後から道路を横断しようとして出てきたので，これを避けようとしてハンドルを右に切って，今度はAの祖母Bに衝突してこれを死亡させたというものである。大審院は，緊急避難の制度は「公平正義の観念」に立脚して認められているものであり，自分が有責に招致した危難に関して緊急避難はできないとして，Xの行為は，Aの危難を避けるための緊急避難であるという弁護人の主張を排斥したものである。戦後の高裁判例はこの大審院判例に従い，故意あるいは過失で危難を招致したものは緊急避難をすることはできないとしている（東京高判昭45・11・26判タ263号355頁・判プI 233，東京高判昭47・11・30刑月4巻11号1807頁）。

上例の「荷車事件」においては，Aに及んだ危難はAが招いたものではないから，Aに受忍義務があるわけではない。Xに緊急避難権を否定して，結果として，Aには黙って轢かれろということは不当である。XはAのために緊急避難をなしうるとしなければならない。

原因において違法な行為　大審院判決は，以上に続けて，Xには，Aを轢かないためにはBを轢殺する以外の方法があったから，「已ムヲ得スシテ衝突シタルモノニ非サル」としていた。そうだとすると，「荷車事件」は避難行為の補充性がないため緊急避難が成立していない事例であったということになる。しかし，「コンビニ設例」のような場合には補充性が満たされていることもあるであろう。その場合には，Aへの危難を招致する行為にB建造物損壊・C傷害について過失が認められるときには，その行為に（業務上）過失致傷（刑211条）を認めることはできる。「原因において違法な行為」の理論（平野・総論II 235頁）は，

第3節　正当防衛，緊急避難

このように，上記「コンビニ設例」でのC傷害という結果行為が合法であることを前提にして，初めて適用しうる理論であることに注意すべきである。

しかし，原因行為時に後の緊急避難である結果行為に関する過失が常に認められるわけではない（札幌高判昭45・8・20高刑集23巻3号547頁は，バスの運転手が，走り出してきた子どもとの衝突を避けるため急ブレーキを掛け，乗客に傷害を与えた事案につき，自招危難だとして緊急避難を否定した原判決を破棄して，過失なしとして無罪としている）。「コンビニ設例」においては，道路に面したコンビニ店破壊の結果については過失を肯定できるであろうが，道路交通者でないC傷害については，原因行為にXに予見可能性を認めることは困難であろう。

6　過剰避難

過剰防衛の要件と法的性格　刑法37条1項は，緊急避難が不可罰であるとする本文に続けて，「その程度を超えた行為は，情状により，その刑を減軽し，又は免除することができる」としている。この過剰避難は違法ではあるものの，緊急避難状況が存在することを考慮した違法減少事由であり，その法的性格は基本的には過剰防衛と同じだと考えられる。しかし，こちらでも，責任減少説的理解が通説のようである。

過剰防衛は「害の不均衡」の場合に成立するという（295頁）のも責任減少説の帰結である。しかし，自由になるために人を殺しても刑が減軽される（東京地判平8・6・26〔オウム真理教リンチ殺人事件〕）というのは，不当である。過剰避難の概念である「その程度を超えた」の「程度」が，「これによって生じた害が避けようとした害の程度を超えなかった場合」の「程度」と同じものを意味するという文理解釈がこれを支えているのかも知れない。だがこれは，過剰防衛が「防衛の程度を超えた」としている（刑36条2項）のと同じく，「避難の程度を超えた」の意味と考えなければならない。そうすると，補充性を逸脱した行為だけが過剰避難である（最判昭35・2・4〔関根橋事件第2次上告審判決〕はこれを否定するもののようであるが，この判決は危難の現在性を否定していたものであって，これは傍論にとどまる）。

誤想過剰避難　現在の危難の存在を誤信し，その危難が現実であったとし

ても避難行為が過剰であったという「誤想過剰避難」についても,「誤想過剰防衛」(289~290頁)と同じような問題がある。下級審の判例には誤想過剰避難も過剰避難として処断すべきだとするものがある(大阪簡判昭60・12・11判時1204号161頁・百選Ⅰ33・判プⅠ239〔他人から危害を加えられるものと誤信して,理髪店からハサミを持ち出した行為を窃盗罪(刑235条)の誤想過剰避難として刑を減軽〕,東京地判平9・12・12判時1632号152頁〔妻が本気で自殺すると思い,止めようとして転倒させ死亡させた行為を傷害致死罪(刑205条)の誤想過剰避難としたが,刑の減軽はしなかった〕)。

　だが,違法減少が存在しない誤想過剰防衛を過剰防衛として処断するのが妥当でないのと同じ理由で,このようにすることはできない。

第6章

責任阻却事由

第1節　責任と責任阻却事由

第1款　責任阻却事由

心理的責任論と規範的責任論　行為者が違法な行為に出た心理状態が非難可能なものであることを責任という。責任は，構成要件該当性，違法性に続く犯罪成立の要件である。

故意は犯罪事実を認識してそれを実現する心理であり，過失は，犯罪事実が発生する可能性があるにもかかわらずそれを認識しなかったという心理であるから，故意あるいは過失があれば責任が肯定されるのが通例である。いわゆる「心理的責任論」は，責任とは故意・過失につきると漠然と考えていた。だが，責任無能力の制度（刑39条・41条）が示しているように，故意・過失があっても，その意思を形成したことを非難することができない事情があるときには，責任を肯定することはできない。責任は非難可能性という規範的判断であり，故意・過失の存在につきるものではない。このような考え方を「規範的責任論」という。

規範的責任論によると，責任の原則的成立要件が故意・過失であり，責任無能力など，それを例外的に否定する事情が責任阻却事由ということになる。これは，違法性判断における構成要件該当性と違法阻却事由との関係とパラレルなものである。

301

第6章　責任阻却事由

弁識可能性・制御可能性　　行為者の意思形成過程を非難できないときには責任が阻却されるが，第1にそれは，行為者がその行為が違法であることを意識することが不可能だった場合である。第2に，それが可能であった場合でも，その意識に従って自己の行為を制御し合法な行為を選択することが不可能であった場合，すなわち適法行為の期待可能性の不存在の場合である。違法性の意識の可能性を「弁識可能性」，適法行為の期待可能性を「制御可能性」という。弁識可能性・制御可能性は故意・過失の構成要素ではなく，責任非難の要素であり，その不存在は責任阻却事由である（164 頁参照）。

　以上のことを認める明文の法律の規定はなく，弁識不可能性，制御不可能性は，明文の規定のない，超法規的責任阻却事由である。また，最高裁判例には，違法の意識の不可能，期待不可能を理由とした無罪判決は，まだ存在していない。他方，責任能力については，「心神喪失者の行為は，罰しない」（刑39条1項），「14歳に満たない者の行為は，罰しない」（刑40条）という明文の規定がある。判例は古くから，「心神喪失」を，精神の障害によって違法性の意識を持つ能力（弁識能力），あるいは，その弁識に従って行動する能力（制御能力）のいずれかを欠く状態と理解している（大判昭6・12・3刑集10巻682頁〔草刈り鎌事件，判プⅠ240〕）。すなわち，心神喪失とは，精神の障害のために，違法性の意識の可能性，あるいは適法行為の期待可能性のいずれかが欠けていると見られる場合である。これに対して，「責任年齢」に関する規定（刑41条）は，14歳未満の者には，弁識能力・制御能力の有無を個別的に検討することなく，一律に責任阻却とするものである。

第2款　責任概念

自由意思・制御能力と責任　　責任は行為の非難可能性である。

　責任は人間が自由意思を持つ存在であることを前提とするという考え方は，現在でも一般的であるように思われる。古典的な表現では，責任は非難可能性であるから行為者が自由意思により犯罪を選択したときに肯定できる，責任は「自由意思の濫用」である（小野・総論136頁）。これによれば，制御能力は自由意思能力にほかならないということになる。

第1節　責任と責任阻却事由

　しかし、人間は動物やICロボットと本質的に異なっていて、因果律から最終的に自由であり、「決定されつつ決定する」存在であるといえるとは思われない。また、このような考え方によるなら、具体的行為が「行為者がその自由意思によって決定したもの」であることを、「疑わしきは被告人の利益に」の原則に従って確定しなければ、責任も犯罪の成立も認められないことになる（以上については、平野龍一・刑法の基礎3～30頁）。「通常人なら他行為可能性が肯定できる」状態が責任であるといわれることもあるが、「通常人」がそうなら行為者本人もそうであるということにはならない。

　ある事態が因果的に決定されていることは、それに対する価値判断を不可能とするものではない。たとえば自然の景観が長年にわたる地球上の因果的変化によって作られたものであるとしても、その美しさを否定する理由とはならない。人の外見、性格がDNAによって決定されていたとても、その人についての評価が変わるわけではない。自分の命を犠牲にして隣人を救った人間の行動が、彼の素因、社会環境によって決定され、必然であったとしても、我々は彼を称える。非難可能性としての責任についても、同じである。

　問題は抽象的な自由意思の存否ではなく、どのような事実によって意思が決定されているとき、これを不自由とし、制御能力が欠如するかである。後述するように（311～313頁）、心神喪失における制御能力は、行為者の意思決定が「精神の障害」によって決定されているか、「決定されている」というのはどのような事態を指すのかが大きな問題なのである。

　可罰的責任　刑法上の責任は、単なる倫理的非難可能性ではなく、刑罰による行為者の非難可能性である。刑法上の責任は、この意味では、行為者の刑罰適応性である。

　刑罰の目的は、一般予防、特別予防、規範的予防という刑罰の持つ機能を用いて犯罪を抑止することである（14～16頁）。責任は、行為者の心理状態が刑罰威嚇によってその犯罪行為を抑止しうる、すなわち一般予防効果の可能な性質でなければならない。行為後の行為者人格への刑罰の効果である特別予防、行為者以外の人々の犯罪抑止効果である規範的予防は、責任概念と直接に関わるものではない（責任概念を刑罰の犯罪抑止機能全体に対応させようとした町野朔・犯罪論

の展開Ⅰ20頁を改める）。

　しかし，実際に犯罪は行われていることからも理解できるように，刑罰の犯罪抑止効果には限界がある。さらに刑罰の持つ好ましくない副作用をも考慮するなら，刑罰の発動を自制しつつ，他の犯罪防止手段を考慮する刑罰消極主義がとられなければならない（22～24頁）。行為者の「責任年齢」を14歳とする刑法（40条）の態度も，このようなものである。刑法上の責任は「可罰的責任」である。

第2節　責任能力

第1款　刑法の責任能力制度

1　責任能力の概念

心理学的記述方法・生物学的記述方法・混合的記述方法　立法上，責任能力の規定方法には，心理的要素による「心理学的記述方法」，生物的要素による「生物学的記述方法」，両要素を併用する「混合的記述方法」の3種があるとされている。これによれば，「14歳に満たない者」の行為を不可罰とする刑法41条，さらに削除された旧40条（瘖唖者ノ行為ハ之ヲ罰セス又ハ其ノ刑ヲ減軽ス）は，生物学的記述方法によるものである。一般的な責任無能力・限定責任能力規定である刑法39条の「心神喪失者」「心神耗弱者」については，大審院判例（大判昭6・12・3〔草刈り鎌事件〕）以来，おそらくはドイツ刑法学の影響のもとで，一致して混合的方法によって理解されている。旧刑法78条が「知覚精神ノ喪失ニヨリテ是非ヲ弁別セサル者」という，弁識能力だけを考慮するものであったにせよ，一種の混合的記述方法を採用していたのに対して，現刑法39条が端的に「心神喪失者」としたところから見ると，立法者はここでも生物学的記述方法を採用したつもりであったのかも知れないが，後に，あまりにも不明確で，広範な解釈を可能とする概念に一律に依存してしまうことはできないと考えられたために，このように解釈されることになったのであろう。

　心理学的・生物学的・混合的記述方法は単なる「記述方法」でないのはもち

第2節　責任能力

ろん，責任無能力の判断基準でもなく，法律が採用する責任能力の「概念そのもの」である。

責任無能力制度廃止論　心神喪失・心神耗弱の概念を以上のように理解するなら，刑法39条は，弁識不能，制御不能が精神障害に起因する場合を責任阻却事由として規定していることになる。それ以外の理由による弁識不能（違法の意識の不可能性），制御不能（適法行為の期待不可能性）は超法規的責任阻却事由であり，以下のそれぞれの個所で述べるように，それらが認められる場合は極めて限定されている。これと比較するなら，刑法は精神障害者については「寛大に」責任阻却を認めているということになる。このようなことから，刑法39条は，精神障害者を不平等に寛大に扱うもので廃止すべきだという議論もある。

刑法上の責任は「可罰的責任」でなければならない。問題は，精神障害によって犯罪を行った者を，貧困のため，教育が不十分であったために犯罪を行った者と同じように処罰することが公平で，犯罪の抑止，犯罪者の処遇として効果的であるかである。もし，行為者の精神障害を考慮すべきでないというのなら，心神喪失・心神耗弱ばかりでなく，責任年齢未満による責任無能力，さらには，保護処分を優先する少年法も廃止すべきだということに向かうことになるが，これが悪平等で不公平なことは明らかだと思われる。

2　責任年齢

触法少年・犯罪少年　「14歳に満たない者の行為は，罰しない」（刑41条）。旧刑法（79条本文・80条1項本文）においては，これは12歳であり，12歳以上16歳未満の者については行為の「弁別能力」がない場合についてだけ処罰しないものとしていた。現刑法は，責任年齢を14歳に引き上げ，その年齢未満の行為者については一律に責任無能力としたのである。このような者であっても一般的には弁識能力・制御能力はあるといえるであろうが，刑法は，14歳未満の者は人格的に未成熟であり，その成長・発達の可能性があることを考慮し，処罰を差し控えるとともに，後は福祉的措置に委ねるもことしたのである。

現在は少年法が，これらの者を含めて，「少年」に対する福祉的措置を規定している。

第6章 責任阻却事由

　刑事責任年齢（満14年）に達していないが，その他の犯罪成立要件（構成要件該当性，違法性，故意・過失）を満たしている者を「触法少年」，14歳以上20歳未満の犯罪を行った者を「犯罪少年」という。少年法は，触法少年を，犯罪少年と同様に，家庭裁判所の審判に付し（少3条1項2号），保護処分を課しうるとしている（少24条）。触法少年は責任無能力でありこれを処罰することはできないから，家裁は検察官に触法少年を「逆送」することはできない（少20条）。

　少年法と犯罪少年　　少年法は，さらに，犯罪少年について保護処分優先主義を導入することによって，責任能力と刑罰との結びつきを大幅に限定した。すなわち，検察官は，捜査の結果，少年に犯罪の嫌疑があると判断したときには，当該少年を家庭裁判所に送致しなければならない（少42条1項本文）。これを「全件送致主義」といい，刑事訴訟法の起訴便宜主義（刑訴248条）の大きな例外である。家裁は，送致された少年について家庭裁判所調査官に命じるなどして法的・社会的調査を行い（少8条・9条。全件調査主義），審判を開き保護処分を決定する（少24条1項）。家裁が保護処分より刑事処分にすることを相当と認めるときには，事件を検察官に送致しなければならず（少20条。平成12〔2000〕年の改正により，この「逆送要件」は拡大されている），送致を受けた検察官は原則的に起訴が強制される（少45条5項）。こうして検察官によって起訴された場合であっても，裁判所は，事実審理の結果，少年の被告人を保護処分に付するのが相当であると認めるときは，事件を家庭裁判所に移送しなければならない（少55条）。

　少年に刑罰を言い渡すべきときにも，緩和された刑が言い渡される。すなわち，犯罪時に18歳未満の者を死刑に処すべきときは無期刑としなければならない（少51条1項。なお，児童の権利条約37条(a)は18歳未満の者に対する死刑を禁止している）。無期刑に処すべきときには，10年以上20年以下の有期の懲役・禁錮を科することができる（少51条2項。平成12〔2000〕年改正前は，無期刑からの緩和は必要的であった）。

3　「瘖唖者」規定の削除とその後

　聾唖者の責任能力　　刑法40条は1995（平成7）年の「刑法の平易化」（7頁参照）によって削除されたが，これは「瘖唖者ノ行為ハ之ヲ罰セス又ハ其刑ヲ減軽ス」

第 2 節　責任能力

としていた。漢字の「瘖」も「唖」も語能の欠如を意味するが，学説は，「瘖唖者」とは聴能と語能を先天的，あるいは幼少時に失った者と理解している（最決昭 28・5・29 刑集 7 巻 5 号 1192 頁は，単に「聴能，語能の両機能を欠損した者」としていた）。そうすると，「瘖唖」は聾唖(ろうあ)の一場合であることになる。「瘖唖」（聾唖）者は，その障害のために精神的発達が極めて困難であるために，責任無能力あるいは限定責任能力とされていると理解されていた。

　刑法が作られた明治時代以降の聾唖教育の発達普及によって，「瘖唖者」を一律に責任無能力・限定責任能力とすることは不合理であると思われるようになった。また，本条を存置することにより聾唖者に対する差別を助長することになる。このようなことから，本条は削除されたのである。

　本条削除後は，聾唖者の責任能力は，一般の責任無能力・限定責任能力概念である心神喪失・心神耗弱（刑 39 条）の枠内で考えなければならないことになった。実際に十分な聾唖教育を受けていない者が，そのための精神的未発達の状態で犯罪を行ったときに，心神喪失・心神耗弱の前提をなす「精神の障害」の概念はかなり広く理解されている（310～311 頁）とはいえ，このような精神状態も「精神の障害」に該当するといえるかには疑問がある（40 条削除後の行為につき，聾唖者の責任能力が刑法 39 条の下で問題とされた判例は報告されていないようである）。だが，聾唖者の責任能力は特別ではなく，一般人のそれと同じに理解しなければならないとするのが 40 条削除の趣旨であるのなら，この結論は受け入れなければならないであろう。

　聾唖者についての訴訟法的対応　　裁判所は，この問題を訴訟法的に対処しようとしている。

　「被告人が心神喪失の状態に在るときは，検察官及び弁護人の意見を聴き，決定で，その状態の続いている間公判手続を停止しなければならない」（刑訴 314 条 1 項本文）。ここでいう「心神喪失」とは刑法 39 条のそれとは異なり，訴訟能力を意味する。最高裁は，「耳も聞こえず，言葉も話せず，手話も会得しておらず，文字もほとんど分からないため，通訳人の通訳を介しても，被告人に対して黙秘権を告知することは不可能であり，また，法廷で行われている各訴訟行為の内容を正確に伝達することも困難で，被告人自身，現在置かれている立場

を理解しているかどうかも疑問である」聾唖者については，公判手続を停止すべきだとした（最決平7・2・28刑集49巻2号481頁〔岡山事件上告審決定〕）。他方，「手話通訳を介することにより，刑事手続において自己の置かれている立場をある程度正確に理解して，自己の利益を防御するために相当に的確な状況判断をすることができるし，それに必要な限りにおいて，各訴訟行為の内容についても概ね正確に伝達を受けることができる」被告人については，公判手続を停止すべきでないとした（最決平10・3・12刑集52巻2号17頁）。

　このような行為者については公訴提起自体が許されないとして，裁判所は「公訴提起の手続がその規定に違反したため無効である」（刑訴338条4号）として公訴棄却することも考えられる。最高裁の「岡山事件」決定は，このような場合にも直ちに公訴棄却すべきではなく，「原則として」公判手続の停止で対応すべきだとしている。だがその後，最高裁は，公判手続停止中の被告人に訴訟能力回復の見込みがないときには，後発的に公訴を棄却する事情が生じたものとして，公訴を棄却すべきだとした（統合失調症に多発性脳梗塞を併発した被告人について，最判平28・12・19刑集70巻8号865頁）。そうすると，公訴提起の時点で，訴訟能力がなく，その回復の見込みがないことが明らかなときには，公訴を棄却することになろう。岡山事件の第一審判決は，聴覚・言語に障害があり，文字を読むことも手話もできない被告人については「訴追の利益を欠く」として，刑訴法の同条項により公訴棄却すべきだとしたが（岡山地判昭62・11・12刑集49巻2号506頁），控訴審は公判手続の停止で対応すべきだとし，最高裁もそれを支持した（最決平7・2・28〔岡山事件上告審決定〕）。しかし，その事件の具体的事案からするなら，第一審が結論的に妥当ではなかったかと思われる。

第2款　心神喪失・心神耗弱

1　比較法的に見た特色

限定責任能力としての「心神耗弱」　「責任年齢」（刑41条）以外の責任無能力が「心神喪失」（刑39条1項）である。心神喪失は日本刑法の一般的責任（無）能力規定であるが，比較法的に見て特色があるものである。

　刑法は，責任無能力事由である心神喪失（刑39条1項）とともに，限定責任能

第2節 責任能力

力事由である「心神耗弱」を規定している。すなわち，心神耗弱者の行為は処罰されるが，刑が必要的に減軽される（刑39条2項）。このように，心神耗弱という限定責任能力事由を認め，しかも刑の必要的減軽を規定している立法例は多くはない。刑法40条も，瘖唖者について，責任無能力あるいは限定責任能力としていたが，すでにみたように同条は削除されている。

心神耗弱が認められれば，死刑を言い渡すべき場合においても無期懲役などに刑が減軽されなくてはならない（刑68条1号）。心神耗弱は，死刑が存置されている日本において死刑回避のための重要な手段であり，このため，大量殺人事件などの犯人について心神耗弱を認めるべきかが，大きな問題となるのである。

制御能力　　大審院以来，判例は，心神喪失・心神耗弱を混合的記述方法によって理解している。──「心神喪失とは，精神の障害によって事物の理非・善悪を弁識する能力がないか，または，この弁識に従って行動する能力のない状態，心神耗弱とは，精神の障害がそのような能力を欠如する程度ではないが，著しく減退した状態」である（大判昭6・12・3〔草刈り鎌事件〕。現代文に書き改めて引用した）。

心神喪失・心神耗弱に関するこのような解釈は，責任能力における心理学的要素として，弁識能力，すなわち違法の意識の可能性だけでなく，制御能力，すなわち適法行為の期待可能性までも必要としているものであるが，これも立法例としては必ずしも一般的ではない。イギリスのマクノートン・ルール（M'Naghten rule, 1843）は後者を不要とし，日本の旧刑法78条（1870年）も「知覚精神ノ喪失ニヨリテ是非ヲ弁別セサル者」としていた。制御能力は，行為者はそのように行為しないことができたか，彼には自由があったかを問うものであり，その判断には困難さを伴うとともに，刑事責任は意思の自由を前提にするかという基本的問題にまで至るものである。日本の刑法学における自由意思論争は，心神喪失の概念と密接に関係していたのである。

学説には，精神障害により人格の核心が侵されている場合には「制御主体」が欠如するものとして直ちに心神喪失を認めるべきである，「制御主体」が存在するときだけ個別的な弁識能力・制御能力を問題にすべきである，とするもの

がある（安田拓人・刑事責任能力の本質とその判断 104～133 頁）。これは部分的に生物学的記述方法を採用することにより，困難な制御能力存否の判断を回避しようとするものであるが，どのような場合が「制御主体」不存在となるのか明確ではない。また，このような考え方によれば，心神喪失の概念が二分されたばかりでなく，心神耗弱は「制御主体」が存在する場合であり心神喪失と構造上異なる概念だということになってしまう。

2 精神の障害と弁識・制御能力

精神の障害　心神喪失・心神耗弱の第 1 の要件である生物学的要素は「精神の障害」（草刈り鎌事件大審院判決では「精神ノ障礙」）である。諸外国では，どの範囲の精神障害について責任無能力を認めるべきかが，しばしば問題となってきた。例えば現在のドイツ刑法 20 条（精神の障害による責任無能力）は，「病的な精神障害，深い意識障害，または，知的障害そのほかの重度の精神の変質（Abartigkeit）」に限定しているが，これは議論の末，精神病質，神経症，異常衝動なども「重度の精神の変質」として，責任無能力になりうることを肯定したものである。

しかし，日本の判例は，これまで「精神の障害」を定義したことはないし，具体的な精神症状を「精神の障害」に当たらないとしたものもない。何らかの精神の異常――統合失調症・躁鬱のような「精神病」から，アルコール中毒・覚せい剤中毒のような「中毒性精神病」，知的障害・精神病質・広汎性発達障害・クラインフェルター症候群のような「人格障害」，情動行為・祈祷性精神病・解離性同一性障害・PTSD・マインドコントロールのような「神経症」まで――が主張されたとき，裁判所は，これらを「精神の障害」に該当しないとするのではなく，心理的要素の検討に入ることによって心神喪失・心神耗弱の判断をしている（大コンメンタールⅢ 435～481 頁〔島田総一郎＝馬場嘉郎〕参照）。

違法性の意識の不可能性，適法行為の期待不可能性という責任阻却が実際に認められる事例はきわめて限られているので，「精神の障害」の範囲を広く理解する実務の態度は，これらを心神喪失・心神耗弱として処理しようとするものでもあり，妥当なものと思われる。他方，これによって，心神喪失・心神耗弱の具体的判断においては，心理学的要素の役割が実際上極めて大きくなってい

第 2 節　責 任 能 力

ることに留意すべきである。

弁識能力の意義　実務上，弁識能力と制御能力とは一括して検討されるのが通例だが，両者は区別されなければならない。

大審院判例（草刈り鎌事件）は，弁識能力を「事物の理非・善悪」を弁別する能力とするが，学説は，行為の反倫理性ではなく，その違法性を認識しうる能力でなければならないとしている。

行為者は，精神の障害があっても，行為の違法性を認識しているか，認識しうるのが通例であり，弁識能力を肯定することにそれほどの困難はない。被害妄想から自分が嫌がらせを受けていると信じて殺人を行う者には，それが違法だという意識は十分にあることになる（最判平 27・5・25 判時 2265 号 123 頁〔本家筋殺人事件〕の事案参照）。トーリー党に迫害されているという妄想から，ピール首相と誤認して（客体の錯誤）その秘書を射殺した犯人（ダニエル・マクノートン）は，後にマクノートン・ルールと呼ばれることになる責任能力の判断基準の下では無罪となっているが（1843 年），弁識能力はあったと解釈するのが自然であろう。これに対して，「霊界の元警察官」の声が聞こえ自分の物を持ってきてくれと頼まれたので，他人の家に入り革ベルトを持ち出そうとし，制止しようとした家人を，元警察官を殺したやくざだと思い，これに暴行・傷害を加えた事後強盗致傷罪（刑 240 条・238 条・235 条）の事例（最決平 20・6・18〔霊界会話事件〕），あるいは，日本を救うためには蜂須賀小六の子孫である自分が大阪城内の中国「兵馬俑(へいばよう)展」を阻止する必要があると信じて武官俑を破壊した器物損壊罪（刑 261 条）の事例（大阪地判昭 59・10・31 判時 1143 号 159 頁は，特に弁識能力に言及することなく心神喪失としている）においては弁識能力が否定されることになろう。

制御能力の意義とその認定　これに対して，制御能力の有無は自由意思能力の存否を問題にするものであるところに，根本的な問題がある。

制御能力は，抽象的な自由意思能力ではなく，行為者の意思が「精神の障害」によって決定されていないことである。決定されていたとは，精神の障害がなければ行為者は犯罪を行わなかったであろうということではなく，それが行為者の意思決定を支配したということである。具体的には，行為が，行為者人格ではなく精神障害に由来すると理解されるときには，精神障害が行為者の意思

を決定したということであり，心神喪失とすべきことになる。行為者人格との連続性が部分的には認められるときには心神耗弱，精神障害の存在にもかかわらず，行為者人格に由来するとみられるときには完全責任能力とすべきである。このようにして，制御能力の有無・程度は，行為と行為者人格との連続性で判断されることになる（司法研修所・難解な法律概念と裁判員裁判〔司法研究報告書第61輯1号〕38頁参照）。

そうすると，精神障害の行為への影響がどのようなものであれば，行為と行為者人格との連続性が否定され，あるいは限定されることになるかが，さらに問題となる。

判例は，①行為が幻覚・妄想の直接の影響下で行われたときには心神喪失（最判平20・4・25刑集62巻5号1559頁〔二重見当識事件，判ブⅠ243〕参照），②幻覚・妄想の直接の影響下にはなかったが精神障害の影響下にあったと認められるときには心神耗弱（大判昭6・12・3〔草刈り鎌事件〕，最判昭53・3・24刑集32巻2号408頁〔元自衛官事件第1次上告審判決，百選Ⅰ34・判ブⅠ244〕，最決昭59・7・3刑集38巻7号2783頁〔元自衛官事件第2次上告審決定，判ブⅠ242〕，最判平21・12・8刑集63巻11号2829頁〔サバイバルナイフ事件，百選Ⅰ35〕。以上の判例はいずれも統合失調症に関するものである），③精神障害の影響によるものではないときには完全責任能力としている（最判平27・5・25〔本家筋殺人事件〕。「妄想性障害」に関する事例。原審までの死刑の判断を支持した）。

このような考え方に対しては，精神障害の行為に関する影響は精神医学的には確定することが困難なため，精神障害の影響が過小評価される傾向があるという批判がある。古くは，アメリカのダラム・ルール（Durham v. United States, 214 F.2d 862（D.C. Cir. 1954））は，「行為が精神病（mental disease）の所産（product）」である以上責任無能力である」とした。しかしこれによって，精神科医が精神病と診断さえすれば責任無能力になってしまう，刑事裁判が精神科医による裁判になっているという批判を招き，このルールは放棄されてしまった。また日本でも，ドイツ司法精神医学の「コンベンツィオン」（Konvention）を参考にして，発病期あるいは寛解期である場合を例外として，医学的な意味での「精神病」であれば，心理学的要素の検討をせずに「無条件で」心神喪失とすべきだとい

第2節　責任能力

う見解が主張された（平野・総論Ⅱ200頁）。しかしこれも，おそらく，鑑定人の判断に依存して心神喪失の範囲をあまりにも広く認めすぎる結果になるということから，わが国の実務が採用するところとはならなかった。

精神鑑定の「拘束力」　心神喪失・心神耗弱の判断において，しばしば「精神鑑定の拘束力」が問題にされるが，法律判断と事実認定とは区別されなければならない。

裁判所は鑑定人（刑訴165条。ほとんどの場合精神科医である）の鑑定に基づき，心神喪失・心神耗弱の判断を行う。心神喪失・心神耗弱は法律概念であるから，鑑定人が「心神喪失」あるいは「心神耗弱」という参考意見を示したとしても，裁判所はそれに従うべきことにはならない（最決昭59・7・3〔元自衛官事件第2次上告審決定〕，最判平21・12・8〔サバイバルナイフ事件〕，最判平27・5・25〔本家筋殺人事件〕）。心神喪失・心神耗弱を構成する生物学的要素・心理学的要素についても同じであり，鑑定人の弁識能力・制御能力存否についての意見が裁判所を拘束するわけではない（最決昭58・9・13判時1100号156頁〔幻聴窃盗事件上告審決定〕参照。その控訴審判決〔札幌高判昭58・4・19判タ496号169頁〕は，仮に覚せい剤中毒による幻聴があったとしても，それは鑑定人のいうような制御能力を著しく減退させるものではなかったとしていた）。

だが，法概念ではない精神状態に関する鑑定に関してはこれと同じではない。

鑑定人は，専門家として行為者の精神状態に関して事実を裁判所に報告する専門家であり，裁判所がそれを排斥するには合理的な理由がなければならない。最高裁は，「鑑定人の公正さや能力に疑いが生じたり，鑑定の前提条件に問題があったりするなど，これを採用し得ない合理的な事情が認められるのでない限り，その意見を十分に尊重して認定すべきもの」であるとして妄想の支配下にあったとする鑑定を排斥し，心神耗弱とした原判決を破棄差し戻した（最判平20・4・25〔二重見当識事件〕）。差し戻し後の控訴審は，鑑定を排斥する理由を明示したうえで，再度，心神耗弱とした（東京高判平21・5・25高刑集62巻2号1頁〔二重見当識事件差戻後控訴審判決〕）。その後最高裁は，妄想の程度，行為者の人格，犯行に至る経緯を考慮して，行為者の妄想性障害がその「判断能力」に著しい障害をもたらしたという鑑定部分は採用しないことも許されるとした（最判平27・

5・25〔本家筋殺人事件〕)。

3 原因において自由な行為

原因行為と結果行為，構成要件モデルと例外モデル　飲酒などの行為（原因行為）により心神喪失あるいは心神耗弱になり，その状態で犯罪を行った（結果行為）ときに，行為者に完全な責任を認めることができるか，できるとしたらどのような要件が必要か。これが「原因において自由な行為」(actio libera in causa の翻訳) の問題である。結論からいえば，原因行為が犯罪成立要件を満たしているときにはこれを肯定することができる。

最初に問題なのは，責任を問われるべき行為は原因行為，結果行為のいずれなのか，故意・過失はどちらの行為について論じられるべきかである。

外国法には，自招酩酊は責任無能力にはならないとしているものがある。日本の民法 (713条) も「精神上の障害により自己の行為の責任を弁識する能力を欠く状態にある間に他人に損害を加えた者は，その賠償の責任を負わない。ただし，故意又は過失によって一時的にその状態を招いたときは，この限りでない」としている。刑法の学説でも，有責に心神喪失・心神耗弱状態を招いた行為者には，責任主義の観点から，結果行為における責任無能力・限定責任能力状態を考慮する必要はないという「例外モデル」(「責任モデル」とも称される) が主張されている。これによれば，飲み屋で過度に飲酒し（原因行為），心神喪失の状態になり，居合わせた客と喧嘩になり，そこで初めて殺意が生じて彼を殺したときには殺人罪 (刑199条) が成立する。このように，例外モデルにおいては帰責の対象は結果行為である。

しかし，責任無能力の状態でなされた意思決定を非難することはできない。心神喪失・心神耗弱の状態を招いたことに責任があれば，結果行為のときの意思決定についても責任があるということにはならない。責任能力は行為のときに存在しなければならない。やはり，完全責任能力の状態にある原因行為が，構成要件に該当する「正犯行為」といえるときに (98～99頁・375～377頁参照)，これを帰責の対象とすべきである。このような考え方を「構成要件モデル」という。両モデルを併用する見解もあるが (山口・総論274～277頁)，行為と責任の同

第2節 責任能力

時存在の原則の肯定と否定とを，平和的に共存させることは不可能である。

　最高裁も含めて，日本の判例は構成要件モデルを前提としている。例えば，病的酩酊のため心神喪失となった状態での殺人（結果行為）は不可罰であるが，多量に飲酒した（原因行為）ときに，酩酊状態で他人に危害を加えることについて予見可能であれば過失致死罪の責任を負い（最大判昭26・1・17刑集5巻1号20頁〔病的酩酊事件，百選Ⅰ37・判プⅠ257〕。特に，斎藤悠輔裁判官の意見参照），覚せい剤による幻覚・妄想状態で行った殺人（結果行為）は心神喪失として不可罰であるが，覚せい剤注射（原因行為）のときに暴行の未必の故意があったときには傷害致死の責任を負い（名古屋高判昭31・4・19高刑集9巻5号411頁〔ヒロポン中毒事件〕），病的酩酊状態で刃物を突き付けて行った強盗（結果行為）は不可罰であるが，凶器を用いて暴行脅迫を加えるかもしれないことを認容しながら飲酒した行為（原因行為）は示凶器暴行・脅迫罪（暴力1条，刑208条・222条1項）になる（大阪地判昭51・3・4判時822号109頁〔牛刀事件，百選Ⅰ38・判プⅠ253〕参照）。

　原因において自由な行為と間接正犯　　帰責の対象となる原因行為は，構成要件に該当する行為，すなわち正犯行為でなければならない。しかし，それは未遂犯の成立要件である実行行為（刑43条）ではない。実行の着手は構成要件的結果が生じる高度の危険性があるときに認められるものであるから（335～338頁），原因において自由な行為においては，それは飲酒という原因行為においてではなく，心神喪失の状態で殺意をもって人に切りつけるという結果行為のときに存在する。例外モデルの論者は，しばしば，構成要件モデルは原因行為を実行行為としていると非難するが，そうではない。また，構成要件モデルを前提にしながら，人を殺すつもりで飲酒したが寝てしまったときに殺人未遂を認めるのは無理だから，故意犯については原因において自由な行為は認められない，というものではない。原因において自由な行為においても正犯概念と実行概念とは区別されなければならない（平野・研究Ⅱ(1)129頁）。

　構成要件モデルにおいては，原因において自由な行為は間接正犯（387～389頁）として理解される。しかし，通例の間接正犯においては行為者が利用するのは他人の行為であり，その錯誤を利用したり，その意思を抑圧するなどして他人を利用したときでなければ正犯性を認めることはできないが，自分の結果行為

を用いる原因において自由な行為においては，自己の意思能力の喪失・限定を招致することによって結果行為を支配したときに，原因行為の正犯性を肯定することができる。結果行為が心神喪失であったときばかりでなく，心神耗弱であったときにも認めることができる（最決昭43・2・27刑集22巻2号67頁〔バーニューポート事件，百選Ⅰ39・判プⅠ249〕）。

　また，結果行為には意思が存在せず，あるいはその意思内容が原因行為における意思と異なっていたとしても，原因行為が結果行為を支配し，原因行為における意思が結果行為によって実現したのであれば，原因において自由な行為を肯定することができる（町野朔「『原因において自由な行為』の整理・整頓」松尾古稀（上）360頁の見解を改める）。乳児に添い寝しながら授乳していたところ寝てしまい，乳房でこれを窒息死させてしまったときには，睡眠中の意思は存在しなかったとしても過失致死の責任を負う（大判昭2・10・16刑集6巻413頁）。原因行為時に人の死について過失があれば故意殺人の結果について過失致死罪の（最大判昭26・1・17〔病的酩酊事件〕），暴行の未必の故意があったときには殺人の結果について傷害致死罪の（名古屋高判昭31・4・19〔ヒロポン中毒事件〕），示凶器暴行・脅迫罪（暴力1条，刑208条・222条1項）の未必の故意があったときには凶器を突き付けて行った強盗の結果について同罪の（大阪地判昭51・3・4〔牛刀事件〕），それぞれ原因において自由な行為が成立する。もっとも，原因行為時に，結果行為による構成要件実現について，具体的な故意・過失が存在しなければならない。上例において，原因行為に，致死行為，示凶器暴行・脅迫に対する故意・過失を認めた判例の結論には，議論の余地がある。

　結果行為において新たに故意（殺人，強盗）が生じたときに原因行為の因果性に疑問を持つ見解がある（平野・総論Ⅱ303〜304頁，山口・総論276頁）。確かに，第1の行為の後に新たな意思決定による行為が行われ，それが直接結果を招致したときには，第1の行為と結果の間の因果関係は否定されるが（145〜146頁），原因において自由な行為における結果行為は，心神喪失・心神耗弱の状態で行われているのであり，完全責任能力者による主体的な意思決定とは異なっているのである。

　二重の責任　　原因行為の正犯性は，自分を心神喪失・心神耗弱の状態に陥れ，

第2節　責任能力

その意思能力を限定し，犯意を固定し，犯罪から引き返すことを困難にすることである。従って，生じた結果について責任を肯定するためには，原因行為において結果に対する故意・過失が存在することに加えて，原因行為の正犯性の認識・認識可能性が必要であるから，原因行為によって心神喪失・心神耗弱を招致することの認識・認識可能性が必要である。これを「二重の責任」，故意の原因において自由な行為においては「二重の故意」という。強盗をする前に飲んだものにアルコールが入っていたことを知らなかったという場合ばかりでなく，寒いので体を温めるために，あるいは，勇気づけのためにアルコールを飲んだが，意外にも心神喪失・心神耗弱の状態になり強盗を行ったという場合にも，強盗罪の完全な責任を問うことはできない。これに対して，「例外モデル」によれば，有責に心神喪失・心神耗弱状態を招けば十分なのであるから，以上のように，過失によって酩酊してしまったときでも，強盗罪の成立を認めることになろう。

　以上とは異なり，心神喪失・心神耗弱の状態を招くまでもなく原因行為に正犯性が認められる場合には，二重の責任は必要ではない。この「非本来的な原因において自由な行為」においては，完全責任能力の状態で行われた「原因行為」が精神の障害を招致する必要がないから，その認識・認識可能性も必要でないからである。実行の途中に心神耗弱・心神喪失になった場合がその典型であり，行為者には自分がその状態になることの認識がなくても，自分の実行行為を認識している以上正犯性の認識もあり，発生した結果に対して責任を負う（連続した刺突行為の最中に心神耗弱を認めるべき情動朦朧状態となった場合について東京高判昭54・5・15判時937号123頁・判プⅠ254〔殺人罪〕，暴行を加えている最中，その前の飲酒の影響により責任能力に問題のある状態になった場合について大阪地判昭58・3・18判時1086号158頁〔傷害致死罪〕，暴行開始の前から飲酒していたことによって，途中から複雑酩酊により心神耗弱状態になった場合について長崎地判平4・1・14判時1415号142頁・百選Ⅰ36・判プⅠ255〔傷害致死罪〕）。

　実行行為には至らないが，構成要件の実現に近い行為であれば正犯性を認めることができる。例えば凶器を携えて被害者の部屋に侵入しただけでは，まだ殺人罪の実行の着手とはいえないとしても，その直後にてんかんの発作を起こ

し心神喪失となり，殺人行為を行ったときには，殺人罪の責任を負う。最高裁が，バーで飲酒した際，そばに駐車してある自動車を酒酔い運転するつもりであったときには，心神耗弱の状態での酒酔い運転に「刑法39条2項を適用して刑の減軽をすべきではない」としたのは（最決昭43・2・27〔バーニューポート事件〕），この意味で妥当である。他方，この事案について，一審以来，酒酔い運転後の心神耗弱状態での恐喝罪（刑249条1項）に原因において自由な行為の理論を適用しなかったのも，飲酒行為が恐喝の正犯行為ではなく，「二重の故意」も存在しなかったのであるから，当然のことである。

第3節　違法性の錯誤

第1款　違法性の認識と責任

1　法律の錯誤による免責

違法性の錯誤と責任主義　前節第2款（心神喪失・心神耗弱）で述べたように，自分の行為が違法であることを知りえなかったために犯罪を行った場合，それが精神の障害による場合には弁識不能として心神喪失とされる。このように，違法性の認識不能が精神の障害によるときには責任無能力として免責されるというのは，日本以外の刑法でも確立している原則である。しかし，精神障害以外の理由によって行為の違法性を認識しえなかったときには免責されることはないというのも，日本に限らず多くの国の法原則であった。英米法の法諺「法の不知は恕せず」は，国民は法律を知りこれに従う義務があり，個人の認識によって法の妥当性を否定することは認められないという考えによる。

　しかし，行為者が法律を知らなかったことについて相当の理由があり，非難できないときにまで，行為者を処罰することは，やはり責任主義に反する。刑法（38条3項但書）は「情状により」刑の減軽だけを認めるが，非難可能性が肯定できないときについては，それにとどまらず超法規的な責任阻却事由を認めるべきであると考えられる。

　大審院・最高裁は，刑法38条3項を援用して違法性の錯誤は故意を阻却しな

第3節　違法性の錯誤

いとしていたが（大判大 7・2・6 刑録 24 輯 38 頁，大判大 13・8・5 刑集 3 巻 611 頁〔石油暴利販売事件〕，最大判昭 23・7・14〔メチルアルコール・メタノール事件〕など），戦後の判例には違法性の錯誤を理由として無罪としたものも出るようになった（高裁の判例として，例えば逮捕致傷罪〔刑 221 条・220 条〕について東京高判昭 27・12・26 高刑集 5 巻 13 号 2645 頁〔こんにゃく玉事件，判ブⅠ 256〕，わいせつ図画公然陳列罪〔刑 175 条 1 項 1 文〕につき東京高判昭 44・9・17 高刑集 22 巻 4 号 595 頁〔「黒い雪」事件，判ブⅠ 261〕，独禁法違反につき東京高判昭 55・9・26 高刑集 33 巻 5 号 359 頁〔石油カルテル生産調整事件，判ブⅠ 262〕）。最高裁も，違法性の認識を欠いたことについて相当の理由があるときには免責されるという考え方を否定しないようになっている（最判昭 53・6・29 刑集 32 巻 4 号 967 頁〔羽田空港事件第 2 次上告審判決，判ブⅠ 258〕，最決昭 62・7・16 刑集 41 巻 5 号 237 頁〔百円札模造事件，百選Ⅰ 48・判ブⅠ 260〕）。

責任説と故意説　違法性の錯誤が故意の問題かについては，見解の対立がある。これについては，すでに「意味の認識」との関係で述べたところである（187～188 頁）。違法性の認識は故意の要素ではなく，責任の要素だという考え方を責任説といい，その中でも，誤想防衛などの違法阻却事由の錯誤も構成要件該当行為が許されないことを知らなかったという点においては，違法性の錯誤と同じ「禁止の錯誤」であり，それは故意を阻却しないとするのが「厳格責任説」である。そして，違法阻却事由の不存在も犯罪事実なのであるから，その誤信は故意を阻却するという「制限責任説」が妥当であることもすでに述べたことである。

　これに対して，違法性の認識は故意の要素だとする考え方を故意説という。故意説は，犯罪行為とは法秩序の違反であるから，法秩序の違反である違法性の認識こそ，故意の内容でなければならないというものである。故意説の中でも，違法性の現実的認識がなければ故意を肯定できないとする考え方を「厳格故意説」，潜在的な認識で足りるとする考え方を「制限故意説」という。ドイツの制限故意説が，確信犯，常習犯などの例外的な場合において潜在的故意を肯定しようとしていたのに対して，日本の制限故意説は，より広く，違法性の錯誤の回避可能性があるときに故意を肯定するから，免責の範囲についての結論は責任説と異ならない。違法性の錯誤が回避不可能であったことを理由として

刑事責任を否定した判例は，いずれも，文言的には制限故意説を採用している（東京高判昭27・12・26〔こんにゃく玉事件〕，東京高判昭44・9・17〔「黒い雪」事件〕，東京高判昭55・9・26〔石油カルテル生産調整事件〕）。

だが，違法性は犯罪を構成する事実に対する法的な評価であり，前者は故意の対象であるが，後者はそうではない。故意説は，国家的命令の違反こそが犯罪の実体であるという法実証主義的な犯罪観を前提とするものであるが，犯罪の実体は犯罪事実であり，法秩序はそれに対する国の側が行う評価に過ぎない。

刑法38条3項と違法性の認識　刑法（38条3項）は「法律を知らなかったとしても，そのことによって，罪を犯す意思がなかったとすることはできない。ただし，情状により，その刑を減軽することができる」としている。責任説によるなら，本文は違法性の錯誤は「罪を犯す意思」(故意)とは無関係であるから故意を阻却しないという趣旨を確認したものであり，但書は違法性の錯誤によって責任非難が減少している場合に刑の減軽を認めたものである。責任非難が不可能な場合には，但書の延長線上に超法規的な責任阻却事由を認めることになる（福田・総論210頁〔厳格責任説〕，平野・総論Ⅱ266頁〔制限責任説〕参照）。

違法性の認識を故意の内容とする故意説の論者は，本条にいう「法律」とは違法性ではなく，法律の条文のことであり，この条項は違法性の錯誤と無関係であるとしている（小野・総論149頁〔厳格故意説〕，団藤・総論314頁〔制限故意説〕参照）。しかし，但書が，条文を知らなかったという，一般人であれば通常であることを理由として刑を減軽することを認めた条項であるとは思われない。最高裁も，「具体的な刑罰法令の規定」の不知は違法性の錯誤ではないとしている（最判昭32・10・18刑集12巻10号2663頁〔関根橋事件第1次上告審判決，百選Ⅰ49・判プⅠ257〕）。厳格故意説も制限故意説も，故意説は現在の刑法の条文には適合しない学説である。

2　認識対象としての「違法性」

刑法違反の認識　行為者に行為の違法性を認識する可能性があるときに，行為者が違法な行為に出たことを非難することができる。この非難可能性は刑法上の責任を基礎づけるものであるから，認識・認識可能性の対象となる「違

第3節　違法性の錯誤

法性」も「可罰的な刑法違反」でなければならない。刑法上の違法性は可罰的違法にほかならないから（248～250頁），これを端的に「刑法違反」というべきであろう（高山佳奈子・故意と違法性の意識297頁は，「刑法的禁止ないし評価規範違反の認識」とする）。このような認識があれば行為者の完全な刑事責任が肯定され，認識がない場合には情状によって刑が減軽され（刑38条3項但書），認識が不可能であれば責任が阻却される（超法規的責任阻却事由）。

　それは単なる反倫理性の認識では足りない。例えば，上官から命令されて無政府主義者の子どもを殺害した憲兵隊員は，子どもまで殺すことは道徳的に許されないと思っていたとしても，直ちに違法性の意識があることにはならない（第一師団軍法会議判大12・12・8新聞2195号7頁〔甘粕事件軍法会議判決〕の事案参照。同判決は行為者の故意を否定し，無罪を言い渡している）。厳格故意説の論者は違法性の認識の意味を反倫理性と理解し，自然犯においてはこの意味での違法性の認識があるのは当然であるから，違法性の錯誤は故意を阻却するとしても不都合はないと考えていた。また，法定犯には違法性の意識が必要だが，自然犯については不要だとする見解（牧野英一・日本刑法上巻〔重訂版〕217～218頁）も，認識の対象である違法性を反社会性と理解し，自然犯を行う行為者にはこれがあるのが当然であるという前提に立っているのであり，実質的には厳格故意説と同様の結論を導き出そうとするものであった。

　民法違反，行政法違反などの認識でも十分ではない。例えば，読んでからすぐに売り場に戻すつもりでコンビニから週刊誌を持ち出す行為も窃盗（刑235条）に該当するという刑法の解釈をとるとき，このような行為は不可罰な「使用窃盗」であって犯罪にはならないと思っていた行為者には，本に対する他人の占有権侵害という民法上違法な行為の認識はあるが，刑法違反の認識はないから，違法性の認識はなく，刑法38条3項但書が適用される。

　また，行為が刑罰法規に形式的に包摂されうることを認識していても，刑法違反の認識がないこともある。東京都の公安条例は無許可のデモの指導者を処罰しているが，「無許可ではあつても比較的平穏な集団示威運動が法律上許されないものであるとまでは考えなかつた」被告人には刑法違反の認識がない（東京高判昭51・6・1高刑集29巻2号301頁〔羽田空港事件第2次控訴審判決〕は，被告人の違

法性の錯誤には相当の理由があったとして無罪を言い渡している。最判昭 53・6・29〔羽田空港事件第 2 次上告審判決〕は本判決には事実誤認があるとしてこれを破棄したが，原判決の刑法違反の認識を違法性の認識とする考え方を否定していない）。また，地公法によって処罰されるあおり等は，合法な争議行為に通常随伴する以上のものでなければならないとした判例（最大判昭 44・4・2〔都教組事件〕）が変更され，それも処罰されるべきだとした場合（最判平 8・11・18〔岩教組事件第 2 次上告審判決〕），旧判例を信頼して行為した者には違法性の錯誤があることになる（この判決における河合伸一裁判官の補足意見。なお，40～41 頁参照）。

可罰性の認識　さらに，刑法上の責任は，刑罰威嚇によって犯罪行為を抑止しうるような行為者の心理状態，すなわち一般予防効果の可能な心理状態でなければならないのであるから（303 頁），違法性の認識には，刑法違反の認識だけでなく，可罰性の認識も必要とすべきだと思われる。例えば，当該示威運動が平穏とはいえないものであることを認識しつつ，それでも処罰の対象ではないと思っていたとしたら，やはり違法性の認識に欠けるのである。しかし，最高裁は反対のようである（最判昭 53・6・29〔羽田空港事件第 2 次上告審判決〕）。

可罰性の認識は実際に処罰されることの認識ではない。完全犯罪だから自分が犯人だとわからないだろう，警察官を買収したから大丈夫だ，などと思っていても可罰性の認識は存在する。

著しい法定刑の錯誤も，それが著しい場合は違法性の錯誤とし，情状による刑の減軽（刑 38 条 3 項）を認めるべきである。器物損壊罪（刑 261 条）にも親族相盗例（刑 244 条）の適用があり，刑が免除されると信じて父親の自動車を損壊した場合がこのような場合である。最高裁は，ダイナマイトによって吊り橋を爆破することが「死刑又ハ無期若クハ 7 年以上ノ懲役又ハ禁錮」に処される（爆発 1 条）ことを知らず，罰金程度で済むと思っていた場合にも，これは法律の錯誤ではないとしているが（最判昭 32・10・18〔関根橋事件第 1 次上告審判決〕），行為者をこの過酷な法定刑の枠内で処断することは，責任主義に反すると思われる。

学説には，違法性の認識可能性を責任の要件とするのは市民の自由を保障するためであり，市民が評価規範としての違法性を認識しうるだけでそれは保障されているのであるから，その法律効果である可罰性の認識は不要であるとす

第3節　違法性の錯誤

るものがある（高山佳奈子・故意と違法性の意識262〜327頁）。しかし，違法性の認識可能性は刑罰的責任非難を可能にするものであるから，法律効果としての刑罰の認識可能性を除外してしまうことはできない。また，このような考え方によるなら，論者の支持する刑法違反の認識も不要で，一般的違法の認識だけでも十分としなければならないであろう。順法的に行動する市民の自由は，一般的違法の認識可能性で保障されるからである。

第2款　認識不能の判断

法を知る義務と法令の公布　精神障害によって違法性の認識が不可能であるときには，心神喪失として刑法（39条1項）によって一律に責任が否定される。しかし，それ以外の理由により認識が不可能であるときには，そうではない。行為者には自分に適用される法を知りこれを順守する義務があるのであり，自己の行為が違法であることを知らなかったという理由によって免責されるのは，国が法律を周知させる行為を怠ったときである。

かつて大審院は，法令が公布されたことを知ることのできない状態であったときにも，法律の不知に過ぎないから故意は否定できないとし（大判大13・8・5〔石油暴利販売事件。関東大震災後の混乱〕），最高裁も，国民の閲読可能時点を問題にすることなく，公布日に行われた行為を公布即日施行の法令によって処罰することも問題ないとしていた（最判昭26・1・30刑集5巻2号374頁）。後に最高裁は，官報の最初の閲読可能な時点をもって法令の公布時点としたが（最大判昭33・10・15刑集12巻14号3313頁），これは，国民の法律を知る義務の始期をここに求めたものだが（同事件における入江俊郎裁判官の補足意見参照），公布後に法令の周知を行っていないときには，免責を認める余地もあると思われる。

また，日本国内に入国したばかりの外国人が，本国にはない取締法規に違反した場合には，錯誤の回避不能を認めるべき場合もあろう。条例についても問題が生じる。迷惑電話をする行為が処罰されているA県の居住者に，それが処罰されていないB県の住民がストーカー的な電話をした場合には，結果地であるA県の条例が適用されるが（高松高判昭61・12・2〔迷惑電話事件〕。79頁参照），行為時の状況からB県の住民もA県の条例を知ることが可能であったかが問題と

なる。アメリカにおいても，連邦最高裁は，重罪の前科がある者が5日以上市内に滞在するときには登録する義務があり，不登録者は処罰されるという珍しい内容の市条例について，行為者がそのような義務を知りうる可能性がなかったときには，処罰はデュープロセスに反するとしたことがあった（Lambert v. California, 355 U. S. 225 (1957)）。

行政機関の指導　法令の運用を担当する行政庁が行為の合法性を認め，行為者がそれを信用した場合には，違法性の認識は不可能とすべきである。戦後の判例にはこれを認めないものもあったが（名古屋高判昭24・9・27高刑判特3号42頁〔昭和22年勅令1号に違反しない合法な行為であるという検察庁の回答を信じていたとき〕，札幌高函館支判昭28・7・7高刑判特32号83頁〔警察官の指示を受けて火薬類を自宅に貯蔵したときと旧火薬取締法違反〕），この趣旨を認めたものもある（大阪高判昭31・11・28判時99号27頁，高知地判昭43・4・3判時517号89頁）。これは，国の機関の判断を信用した行為者には，違法性の認識が不可能であったという判断によるものであるが，「不可能」という判断の背後には，「国民を誤導した国は国民を処罰する権利を失う」という意味でのデュープロセス的考慮が背後にある。

　東京高裁は，石油連盟会長らが，会員である石油精製会社に原油処理量を割り当てることによって競争の実質的制限を行ったが（現在の独禁89条1項2号・8条1号），旧・通産省がそれまで旧・石油業法に基づいて行ってきた生産制限的な指導のために，精製業者の間には石油連盟の生産調整はこれに従っているものであるという意識があったとして，行為の違法性を認識しなかったことについて相当の理由があるとした（東京高判昭55・9・26〔石油カルテル生産調整事件〕）。他方，石油製品元売り業者が行ったガソリンなどの石油製品の値上げ額に関する価格協定は，旧・通産省の承認を期待して行われたものではあるが，その行政指導に従ったものではなかったとして，違法性の意識の存在を肯定している（東京高判昭55・9・26高刑集33巻5号511頁〔石油カルテル価格協定事件第1審判決〕。最判昭59・2・24刑集38巻4号1287頁〔石油カルテル価格協定事件上告審判決〕は，これを支持するとともに，適法な行政指導に従った価格協定は独禁法違反の違法性を阻却するという）。

　他方，片面に百円札とほぼ同様のものを印刷したサービス券を作るにあたって，知り合いの警察官から「通貨及証券模造取締法」のことを教えられたが，

第4節　適法行為の期待可能性

それ以上に特別の注意を受けることがなかったため，そのまま「銀行紙幣ニ紛ハシキ外観ヲ有スルモノヲ製造」(通貨模造1条)した場合，違法性の意識を欠いたことに「相当の理由がある」とはいえないとした最高裁判例もある(最決昭62・7・16〔百円札模造事件〕)。

最高裁判例　行為を不可罰とする最高裁判例を信頼して行動したときも，違法性の認識不能を認めるべきである。しかし，地公法違反のあおり行為を限定した最高裁判例(最大判昭44・4・2〔都教組事件〕)の後，国公法違反のあおり行為の限定解釈を放棄する最高裁判例(最大判昭48・4・25〔全農林事件〕)が出ているときには，前者の判例も変更されることが予想されるから，違法性の錯誤の相当性を認めることはできない(最判平8・11・18〔岩教組事件第2次上告審判決〕における河合伸一裁判官の補足意見)。

「映倫」の審査を受けて公開された映画に関しては，それまで16年にわたってわいせつ図画公然陳列罪(刑175条1項1文)として公訴が提起されたことがなかったのであるから，そのような映画の制作者，映画の配給者としては，「もはや刑法上の処罰を受けることはあるまいと考えたとしても無理からぬことであ〔る〕」として違法性の錯誤につき相当の理由があるとした判例(東京高判昭44・9・17〔「黒い雪」事件〕)があるが，捜査当局が抑制的であったことは行為の不可罰性を認めていたということではないのであるから，これは不当である(行為者にはわいせつ性の認識を欠くとして故意の阻却を認めるべきであったと思われる)。

第4節　適法行為の期待可能性

第1款　期待可能性の理論と規範的責任論の発展

暴れ馬事件と第五柏島丸事件　規範的責任論は，責任は故意・過失という心理の存在に尽きるものではない，それは非難可能性という規範的判断であるというものである。これは，行為が行為者に適法な行為を期待することのできない状況で行われたときには，結果の予見可能性があっても過失責任を問うことが

第6章 責任阻却事由

できないという 19 世紀末の「暴れ馬事件」というドイツ判例（RGSt 30, 25（1897））から始まっている。この事案は次のようなものであった。――手綱を尻尾で絡み取り御者の制御を不能にしてしまうという性質の悪い馬があり，雇い主からその馬車への乗務を命じられた御者が，それを拒否すると解雇され，「パンを失う」結果となるので，やむなく乗務したところ，案の定，その馬のせいで馬車は暴走し，通行人 1 名が傷害を受けたという事案である。ドイツ帝国裁判所は，結果発生の予見可能性はあったとしても，このような状況下では，御者に乗務しないことを要求することはできないとして，過失傷害罪について無罪とした。

ドイツ刑法学は，この判例から，故意・過失があったとしても適法行為の期待可能性がないときには，責任を問うことができないという「期待可能性の理論」を発展させた。

日本では，1930 年代始めの「第五柏島丸事件」があった。

定員の 5 倍の数の乗客を乗せた瀬戸内海の小型連絡船が沈没して 27 名が死亡し，7 名が傷害を受けた。原審は船長に禁錮 6 月の実刑を言い渡したが（業務上過失往来致死傷罪〔刑旧 129 条 2 項〕と業務上過失致死傷罪〔刑旧 211 条〕の観念的競合として，後者の刑で処断している），大審院は，おびただしい数の職工が呉市海軍工廠の出勤時刻に遅れないようにと，制止を聞かずに乗り込み，警察官も定時出航だけを気にしてこれを注意せず，船主も定員以上の乗客を乗せなければ採算がとれないとして，これまでも定員超過の運航を励行していたという事実を認定し，被告だけの責任として厳罰を加えることには「大ニ考慮ノ餘地アリ」として，原判決を破棄して罰金刑を言い渡した（大判昭 8・11・21 刑集 12 巻 2072 頁・判プⅠ264）。日本の刑法学は，本判決を引用しながら，期待可能性の理論を積極的に受け入れた（特に，佐伯（千）著作集Ⅲ 1～520 頁）。

期待可能性の理論と規範的責任論　ドイツでは期待可能の理論が確立した後，行為の違法性の認識可能性は，故意の要素ではなく，責任の規範的要素だという，本書も採用する「責任説」が登場し，これによって，責任の規範的要素は違法性の認識の可能性，適法行為の期待可能性というふたつの要素からなるとされるようになった。そうすると，精神障害による弁識不能・制御不能を規定する責任阻却の特則が心神喪失（刑 39 条 1 項）という責任無能力規定であり，こ

第4節　適法行為の期待可能性

れ以外の外部的事情による制御不能に関するのが期待不可能性，同じく回避不能な違法性の錯誤に関するのが違法性の認識の不可能性であり，後２者は，ともに，日本法では超法規的責任阻却事由ということになる。

第２款　期待可能性の理論の射程

1　違法性の意識の可能性と適法行為の期待可能性

超法規的責任阻却事由　違法性の認識の不能を責任阻却事由として認めることには法秩序を弛緩させるという消極的な議論があるが，適法行為の期待不能については，より一層消極的な見解が多い。そもそも責任無能力においても，制御不能をその理由として認める立法例は少なく，むしろ，マクノートン・ルールのように弁識不能だけを責任無能力の理由とする立法例が主流である。精神障害者でない者についてまで，違法性の認識の不可能性ばかりでなく，適法行為の期待可能性がないことを理由として免責を認めるなら，「違法とはわかっていたが，仕方なかった」といえば処罰を免れてしまうのではないかという危惧が，一層強まるからである。

戦後の下級審判例には，期待可能性がないとする無罪判決がいくつか現れていた。最高裁は，期待可能性の理論は明文の根拠がなくても認められる超法規的責任阻却事由であるが，最高裁としてはこれを肯定も否定もしないとし，期待不可能性を理由とする原審の無罪判決を，別の理由によって維持した（最判昭31・12・11〔三友炭鉱事件。違法な業務妨害とはいえないとした〕，最判昭33・7・10刑集12巻11号2471頁・百選Ⅰ61・判プⅠ265。旧失業保険法違反の構成要件該当性を否定）。しかしその後，期待可能性の理論による下級審の無罪判決は稀となり，最高裁も取り上げることはなくなっている。これは，違法性の錯誤は免責しないという態度から出発した最高裁が，その後の下級審判例を踏まえて判例変更の機会をうかがっていることと，対照的ともいえる。

2　期待可能性の構造

期待不可能の理由　行為者が，精神障害ではない，行為の外部にある事情によって違法行為を行った場合にも，行為者の刑事責任を否定するのが期待可能

性の理論であり，その基本的な正当性を否定することはできない。しかし，「期待可能性がなかったから無罪」というだけでは足りないのであって，どのような外部的事由が，以上のような意味での期待可能性を否定するのかを示さなければならない。最高裁判所が，「一般に労働組合の白熱化した争議中においては組合員が興奮し勢の赴くところある程度の暴行沙汰は往往起り勝ちのことである」などの理由によって期待可能性がないとした原審の無罪判決を，理由不備として破棄したことがあったのは（最判昭33・11・4刑集12巻15号3439頁），この意味で当然のことである。

期待可能性の問題は，①行為者にその違法行為の制御を不能とし，適法行為の期待不能をもたらす外部的事由の範囲と，②それがどの程度の強制力を持ったときに期待不能とすべきかという期待可能性の基準に分けて検討しなければならない。

外部的事由の意義　最初に問題になるのは，制御不能をもたらす外部的事由の範囲である。

刑法は，自己隠避，自己証拠偽造のように構成要件から除外している場合（刑103条・104条参照）以外では，適法行為の期待可能性が乏しい場合については刑の免除（親族相隠〔刑105条〕）あるいは軽い法定刑を規定する（自己逃走〔刑97条〕）にとどめている。このようなことを考慮するなら，行為者に適法行為を期待することが困難な状況一般は，責任を阻却する理由とはならない。第五柏島丸事件の船長が転覆しそうな連絡船を出航させた行為，暴れ馬事件の御者が事故を起こしそうな馬が曳く場所を運行させた行為，いずれについても刑事責任は肯定されるべきである。

責任を阻却するような外部的事由の典型は，旧刑法（75条）の規定していたような抗拒不能の強制，回避不能の危難であろう。生命・身体・貞操に対する危険がないときでも恐怖・驚愕・興奮・狼狽のあまり不法侵入者等を殺傷した場合を不可罰とする盗犯等防止法の規定（1条2項）は，抗拒不能の強制の一例である（もっとも，最判昭42・5・26〔コンクリート土間事件〕は誤想防衛の場合に限られるとしている）。

期待可能性の基準　次の問題は，このような外部的事由がどの程度の強制

第4節　適法行為の期待可能性

力を持ったときに期待不能を認めるべきかである。学説は、これを「期待可能性の標準」によって決すべきだとし、本人標準説、一般人標準説、折衷説（基本的には本人を標準とするが、本人の能力が一般人以上であるときには一般人を標準とする）が対立してきた。

　しかし、期待可能性の有無は、行為者の心理状態によって一律に決められるべきものではなく、本人の主観的能力を考慮しながら、行為へと強制する外部的事由の種類、忌避されるべき犯罪行為の類型を考慮して決せられるべきものである（平野・総論Ⅱ 278 頁）。社会はまったく不可能なことを市民に期待することはできないが、かなりの困難な状況があっても、それに抗して重大な法益を侵害しないように行動することを期待する権利を持つ。期待する国家の立場で期待可能性の有無を決定するという「国家標準説」（佐伯（千）・著作集Ⅲ 224〜260 頁）は、この趣旨である。

　覚せい剤事犯の内偵者が怪しまれ、ピストルを突き付けられたので、言われたとおりに覚せい剤を自分に注射したときには期待可能性を否定すべきであろう（東京高判平 24・12・18〔内偵者事件〕は緊急避難を認める）。しかし、宗教団体の信者が、身体を拘束された状態で他の信者たちに取り囲まれ、「教祖」から、一緒に捕まった仲間を殺さなければ被告人も殺すといわれて殺人を実行した事案において、裁判所は、「期待可能性の理論の安易な適用は刑法の規範力を無力化してしまう」「被告人に対し、殺害行為に出ないことを期待することは可能であったと認められる」としている（東京地判平 8・6・26〔オウム真理教リンチ殺人事件〕。過剰避難〔刑 37 条 1 項但書〕として、執行猶予付きの有罪判決）。

第7章

未遂，予備・陰謀

第1節　犯罪の成立を拡張する事由

基本構成要件と修正された構成要件　行為が，犯罪構成要件に該当しなければ犯罪は成立しない。人を殺さなければ殺人罪（刑199条）は成立しないし，人の住居に侵入しなければ住居侵入罪（刑130条）は成立しない。

構成要件該当性がない場合の一つは，構成要件該当の結果が生じなかった場合である。刺身包丁を突き刺そうとしたがかわされてしまったとき，ドライバーで窓ガラスを壊してマンションの一室に入ろうとしたが警察官に見つかってしまったとき，殺人罪，住居侵入罪は成立しない。

さらに，犯罪遂行の態様が構成要件の前提とする行為類型に該当しない場合にも犯罪は成立しない。Xが，Yに頼んで人を殺してもらったとき，人の住居に入ってもらったとき，殺人行為，住居侵入行為を行ったYには殺人罪，住居侵入罪が成立するが，Xには成立しない。Yに頼まれて刺身包丁，ドライバーを準備してやって，Yがそれを使って人を殺し，あるいは住居に侵入しても同じである。

未完成犯罪と共犯　構成要件該当性がない場合についても，特別の構成要件が用意されていて，行為がそれに該当すれば処罰される。これには，殺人未遂・予備など，基本構成要件該当の結果が生じなかった場合に関する未完成犯罪と，教唆・幇助など，構成要件に該当しない行為に関する共犯の場合がある。刑法199条（殺人罪），130条（住居侵入罪）など，刑法各本条の構成要件を「基本

構成要件」，後者の特別の構成要件を「修正された構成要件」という。

　未遂等の未完成犯罪と共犯に関する修正された構成要件は，基本構成要件との関係では，犯罪の成立を拡張する事由である。本章（第7章）は未遂等を，次章（第8章）は共犯を取り扱う。

第2節　未遂犯と予備・陰謀罪

第1款　未遂犯の意義

未遂犯の処罰　　未遂犯が処罰されるのは，それを処罰する明文の規定（刑203条・243条など）がある場合である（刑44条）。刑法（43条本文）は，未遂犯は「犯罪の実行に着手してこれを遂げなかった」場合であるとしているから，「実行の着手」がすべての未遂犯の（修正された）構成要件に共通の要件ということになる。

　未遂犯の刑は，必要的ではなく裁量的に減軽されるにとどまる（刑43条本文。旧刑法142条・143条では必要的減軽であった）。相当因果関係説を採用して殺人未遂のみを認めた戦前の判例には，減軽せず死刑を言い渡したものもある（東京控判昭8・2・28〔浜口首相暗殺事件控訴審判決〕，大判昭8・11・6刑集12巻1471頁〔浜口首相暗殺事件上告審判決〕）。これに対して，「自己の意思により犯罪を中止したとき」である中止犯（中止未遂）では，刑は必要的に減免される（刑43条但書）。中止犯については，第4款で検討する。

未遂犯が存在しない犯罪　　未遂犯を処罰する規定がないところでは未遂は処罰されない。未遂が処罰されていない主な犯罪としては，同意堕胎罪，遺棄罪，逮捕監禁罪，横領罪（刑29章・30章・31章・38章参照）などがある。

　刑法各本条は「第〇条の未遂は，罰する」と規定しているが，「第〇条」が複数の犯罪類型を規定している場合，その中には未遂犯が存在しえないものもある。「犯罪の実行に着手してこれを遂げなかった」場合が未遂であるから（刑43条本文），未遂は故意犯についてだけ観念しうるというのが現行法の趣旨である。従って，殺意のない場合にも成立する強盗致死罪（刑240条後段），傷害の故意の

ない場合にも成立する強盗致傷罪（刑240条前段）については，死傷結果の不発生を理由として「第240条の罪の未遂」（刑243条）は考えられないことになる。これに対して殺意のある場合である強盗殺人罪（刑240条後段）については，被害者が死亡しなかったときにその未遂が成立する（大判昭4・5・16刑集8巻251頁・百選Ⅱ45）。傷害の故意のある強盗傷害罪（刑240条前段）についても同じに解すべきだと思われるが，通説はこれを否定し，傷害の故意があっても傷害結果が発生しなかった場合は，強盗罪（刑236条）だけを認めれば足りとする。そうすると「240条前段の罪の未遂罪」は存在しないことになるが，それは盗犯等防止法（4条）の明文に反することになろう（注釈刑法Ⅰ704～705頁〔和田俊憲〕）。

なお，刑法240条の犯罪すべて（強盗殺人罪・強盗致死罪・強盗傷害罪・強盗致傷罪）について，財物・利益を取得しなかったときにもその未遂を認めるべきだと思われるが，判例は反対である（強盗致傷〔刑240条前段〕について最判昭23・6・12刑集2巻7号676頁）。また，刑法241条前段の強盗強姦罪の未遂も強姦未遂の場合だけだと理解されている。強盗強姦犯人が殺意をもって被害者を殺したときには，241条後段の強盗強姦致死罪ではなく，強盗強姦罪（刑241条前段）と強盗殺人罪（刑240条後段）との観念的競合（刑54条1項前段）であるとされているから（強姦未遂の事例についての最判昭33・6・24刑集12巻10号2301頁参照），強盗強姦致死罪（刑241条後段）の未遂は存在しないことになる。

不作為の行為犯である不退去罪（130条後段）については未遂（刑132条）は考えられないという見解が有力である。しかし，退去要請を受けた行為者が，退去するために合理的に必要な時間が経過するまでは既遂にはならないと考えるべきであろう。たとえば，広大な邸宅内で退去要請を受けたが退去の意思を示さないので邸宅外に「つまみ出された」ときには，不退去罪の既遂ではなく未遂である。

既遂犯の成否が未遂犯に関係する場合　「犯罪の実行に着手してこれを遂げなかった」場合が未遂犯とされている（刑43条本文）。しかし，基本構成要件該当の結果が発生したときも，「犯罪の実行」の有無，未遂犯の成否が問題になることがある。

そのうちの一つが，結果的加重犯の基本犯が未遂犯でも足りるとされている

第2節　未遂犯と予備・陰謀罪

場合である。例えば，強制わいせつ等致死傷罪（刑181条）は，強制わいせつ・強制性交の未遂罪から死傷結果が生じた場合にも成立するとされているから（刑181条。なお151頁参照），強制性交目的で被害者をダンプカーに引きずり込む行為が強制性交罪（刑177条）の実行の着手であるなら，その際に傷害結果が生じていれば同罪が成立する（最決昭45・7・28〔ダンプカー事件〕）。また，強盗致死傷罪（刑240条）の「強盗」は，強盗未遂罪でも足りると解されていて，事後強盗罪（刑238条）の未遂は窃盗未遂の場合に成立するから（最判昭24・7・9刑集3巻8号1188頁〔墓地強姦事件，判プⅠ302〕など），店舗に侵入し，現金のありそうな方向に進んだ段階で窃盗の実行の着手を認めるべきだとされるときには，そこで家人に発見され，これを殺傷したときには同罪が成立する（最決昭40・3・9〔電気店強盗事件〕）。

　最後の行為によって結果を発生させるつもりで，その準備のための行為に出たところ，予期に反してそこから結果が発生してしまった場合，最高裁は，準備行為が発生した結果を内容とする犯罪の実行の着手であるときにはその犯罪の既遂（殺人罪とする最決平16・3・22〔クロロホルム事件〕），予備にとどまるときには既遂犯は成立しない（覚せい剤営利目的輸入予備罪，旧・禁制品輸入予備罪のみとする最判平20・3・4〔覚せい剤漂着事件〕）とする。この最高裁判例によるなら，これは，未遂犯の成否が既遂犯の成否に関係するもう一つの場合ということになる（152～153頁参照）。

第2款　実行の着手

1　実行行為の概念

未遂犯と正犯における「実行」　　犯罪の「実行の着手」（刑43条本文）が，未遂犯の（修正された）構成要件である。「実行」がなければその「着手」もありえないから，実行行為の存否が未遂犯の成否を画することになる。刑法は正犯と教唆犯・幇助犯とを限界付けるものとして，同じ「実行」ということばを用いているため（刑60～62条），かつては，未遂犯における実行が正犯行為であるという理解が一般的であった。しかし正犯行為は犯罪実現に主要な役割を果たす行為であり（98～99頁・376～377頁），犯罪実現の危険である未遂犯とは異なる。判

例も，未遂犯の「実行」の存在しない予備罪についても「共同して犯罪を実行」する共同正犯（刑60条）を認める（最決昭37・11・8刑集16巻11号1522頁〔青酸ソーダ事件，百選Ⅰ81・判プⅠ335〕，東京高判平10・6・4判時1650号155頁〔サリン・プラント事件〕。いずれも殺人予備罪の共同正犯〔刑201条・60条〕を認める）。

　両者の「実行」を同一と理解する前提に立ち，さらにそれは構成要件該当行為であるというのが，かつての通説だった「形式的客観説」（団藤・総論354頁など）である。それは，未遂犯の修正された構成要件は基本構成要件から既遂結果を除いたものであり，実行行為とは構成要件該当行為であるというものである。

　形式的客観説は，かつての「主観説」が「犯意の飛躍的表動」（宮本英脩），犯罪意思の確定を示す「遂行的行動」（牧野英一）などを実行の着手であるとしたために，これは法的安定性を極めて危うくするものだとして主張されたものであった。

　しかし，正犯行為と未遂行為とを同じに考える必要性はない。基本構成要件の保護法益に対する危険があるときには，構成要件該当行為が存在していなくても未遂犯の成立を認めるべきである。たとえば，財物を移転する目的での占有侵害が窃盗罪（刑235条）の構成要件該当行為であるが，それ以前の物色行為の場合はもちろん，金品がありそうな簞笥，レジの方向に向かったときにも窃盗未遂を認めるべきである（それぞれ，最判昭23・4・17刑集2巻4号399頁，大判昭9・10・19刑集13巻1473頁，最決昭40・3・9〔電気店強盗事件〕）。被害者宅を訪問して警察官を装って現金の交付を求めることを計画して，すでに特殊詐欺の被害にあっていた被害者に，これ以上の被害を防ぐために銀行から現金を下ろしておく方がいい，後から警察官が行くから待っているようにいうことは，「現金の交付を求める文言を述べていないとしても，詐欺罪の実行の着手があったと認められる」（最判平30・3・22刑集72巻1号82頁〔警察官なりすまし事件。警察官を装った被告人が被害者自宅付近で逮捕されたときに詐欺未遂罪を認める〕。なお，山口厚裁判官の補足意見参照）。姦淫のために被害者をダンプカーの中に引きずり込む行為は，被害者の抵抗を抑圧するための暴行・脅迫という強姦罪（刑旧177条）の構成要件該当行為ではないが，同罪の未遂を認めるべきである（最決昭45・7・28〔ダンプカー

第 2 節　未遂犯と予備・陰謀罪

事件〕)。

構成要件該当行為と実行の着手　既遂結果発生の危険性を考慮しない形式的客観説によれば，構成要件の一部が存在すれば実行の着手が認められるため，不当に早く未遂犯の成立を認めてしまうことにもなる。たとえば自殺関与罪 (刑 202 条前段) においては，自殺の教唆・幇助行為が行われれば，本人が笑ってそれに取り合わなかったとしても同罪の未遂 (刑 203 条) を認めることになろう。しかし，構成要件該当行為の一部が行われた場合にも，既遂結果発生の危険が生じていた場合でなければ未遂犯を認めるべきではない。最高裁は，脱走のためドライバー様の小さな金属棒を用いて拘置所の房壁を損壊したが，その芯部に木の間柱があり，十分な大きさの穴を開けることができなかったという事案につき，「拘禁場の損壊」を手段とする加重逃走罪の未遂 (刑 102 条・98 条) を認めたが (最判昭 54・12・25 刑集 33 巻 7 号 1105 頁)，「逃走」の客観的危険が生じていたといえるかについて疑問がないわけではない。

作為義務を負う者の不作為は構成要件に該当する。従って形式的客観説によるなら，作為義務者が作為義務を履行することが可能な時点で直ちに実行の着手が認められることになるが，不作為によって結果発生の危険が生じたときでなければ実行の着手を認めるべきではない。たとえば，親が嬰児に食事を与えず放置した時点で，ただちに殺人未遂になるわけではない。不作為犯の実行の着手時期も作為犯と同じに考えなければならない。

予備・未遂，不能犯　以上のように，本款の「実行の着手」で問題にするのは，予備と未遂との限界という「犯罪の段階的現象形式」についてである。他方，おもちゃのゴム・ナイフを本物と思い，被害者の胸に突き刺したというような「不能犯」の場合，殺人未遂はもとより，殺人予備も成立しない。不能犯と未遂犯との限界付けも，当該行為が実行の着手といえるかの問題であり，不能犯論も基本構成要件実現の危険の存否という観点から検討されなければならない。

不能犯は，次の第 3 款で検討する。

2　危険の招致と実行の着手

最高裁判例と実質的客観説　未遂犯の処罰根拠は基本構成要件実現の危険であり，基本構成要件実現の危険が生じたときに未遂犯の修正された構成要件が存在する。このような考え方を「実質的客観説」という。既遂犯においては既遂結果の発生がその結果であり，未遂犯においては既遂結果が実現する危険が結果である（山口厚・危険犯の研究 110 頁・150～174 頁）。

最高裁は，「強姦に至る客観的な危険性」（最決昭 45・7・28〔ダンプカー事件〕），「殺人に至る客観的な危険性」（最決平 16・3・22〔クロロホルム事件〕），外国行の「航空機に積載する〔関税法 111 条 3 項・1 項 1 号の無許可輸出罪の既遂時期と解されている〕に至る客観的な危険性」（最判平 26・11・7 刑集 68 巻 9 号 963 頁）の存在を理由として，それぞれの犯罪の実行の着手を認める一方，「瀬どり」によって覚せい剤を密輸入する計画において，密輸船に覚せい剤を海上に投下させただけでは「覚せい剤が陸揚げされる〔保税地域等を経由しない場合の密輸入罪の既遂時期と解されている〕客観的な危険性が発生したとはいえない」として，営利目的覚せい剤輸入罪・禁制品輸入罪の未遂を否定している（最判平 20・3・4〔覚せい剤漂着事件〕。なお，上陸審査を受ける直前で国外退去を命じられ通関線を突破する〔保税地域等を経由する密輸入罪の既遂時期と解されている〕ことを断念したときに禁制品輸入罪の未遂を認めた最決平 11・9・28 刑集 53 巻 7 号 621 頁・判プ I 279 参照）。最高裁も，基本的には実質的客観説であると思われる。

間接正犯の実行の着手　このような危険の発生は未遂犯における結果であり，それは，間接正犯の場合など，行為者の行為後ある程度の時間を経てから生じることもある。これは，毒物を飲まされた被害者が数日経って死亡した場合に初めて殺人既遂が成立するのと同じ関係にある。「行為」という用語は「行為＋結果」の意味で用いられることもあり，「実行」についても危険発生の結果を含んで理解することは，文理的にも不当ではない。

実行行為を正犯行為と同一視する形式的客観説によれば，正犯行為があれば直ちに実行の着手を認めることになり，間接正犯においては，行為者が間接正犯行為を終えたときに実行の着手があることになってしまう。例えば，被害者を殺すために，毒物を混入させた砂糖の小包を被害者宛てに郵送に付したとき

第2節　未遂犯と予備・陰謀罪

（郵便局職員を利用した間接正犯），毒入りジュースを特定の人に拾得・飲用させて殺すつもりで被害者らが日常通行する農道の道端に置いたとき（被害者自身を利用した間接正犯），いずれもその時点で，ただちに殺人未遂を認めるべきことになる。だが，殺人罪の実行の着手は人の死の客観的危険が生じたときに認めるべきであり，郵便局で小包がなくなってしまったとき，農道のジュース缶が突風で飛ばされてしまったときにも殺人未遂が成立しているというのは不当である。大審院は，毒入り砂糖が相手のところに到着して食用できる状態になった段階で殺人未遂を認め（大判大7・11・16刑録24輯1352頁・百選Ⅰ65・判プⅠ280。被害者は実際には食べなかったため未遂にとどまった），下級審判例は毒入りジュースを農道に置いた行為を殺人予備（刑201条・199条）としている（宇都宮地判昭40・12・9〔毒入りジュース事件〕。宇都宮地方裁判所は，抽象的法定的符合説の立場から，実際に毒入りジュースを拾って飲んで死亡した人たちについて殺人既遂を認め，これを殺人予備との観念的競合とした。201頁参照）。

行為者の計画　実行行為としての危険は，行為者の計画を考慮して判断しなければならない場合がある。レジのある方向に向かう行為が電気店の見学のつもりではなく，現金を盗る目的であったとき（最決昭40・3・9〔電気店強盗事件〕参照），現金を交付させる目的で，預金を下ろしておくようにいって，被害者の自宅まで出かけたとき（最判平30・3・22〔警察官なりすまし事件〕），女性をダンプカーの中に引きずり込む行為が強引にドライブに誘う目的ではなく，ダンプカーの中で強姦する目的であったとき（最決昭45・7・28〔ダンプカー事件〕参照），それぞれ窃盗，詐欺，強姦の危険が高まる。この意味で，「行為意思」は未遂犯における主観的違法要素である（153頁）。これは，危険性の判断において，まだ実現されていない行為者の計画を判断資料に加えることが許されるということである。

問題は，行為計画がどの段階に至ったとき実行の着手を肯定すべきかである。

最高裁は，被害者を事故にみせかけて殺害し，その生命保険金を詐取するという目的で，被害者を襲ってクロロホルムで昏倒させ（第1行為），2kmほど離れた近くの工業港まで運び，被害者をその車の運転席に乗せて海中に転落させた（第2行為）という事案について，①第1行為が第2行為を確実かつ容易に行う

ために必要不可欠なものであったこと，②第1行為に成功した場合，それ以降の殺害計画を遂行する上で障害となるような特段の事情が存しなかったこと，③第1行為と第2行為との間の時間的場所的近接性があったことなどを挙げ，第1行為は第2行為にとって「密接な行為」であるとして，第1行為の時点に殺人罪の実行の着手を認めた（最決平 16・3・22〔クロロホルム事件〕。被害者の死亡原因が第1行為によるものであったとしても，殺人既遂の成立が妨げられないという。前出 207 頁参照）。

下級審の判例も，以前から，準備のための行為と結果発生行為との密接性を最高裁判例①〜③のような基準で考えてきたように思われる（名古屋地判昭 44・6・25 判時 589 号 95 頁〔昏倒させる行為に殺人未遂を認める〕，大阪地判昭 57・4・6 判タ 447 号 221 頁〔寝袋に入れる行為に殺人未遂を否定する〕，広島地判昭 49・4・3〔プロパンガス事件〕・横浜地判昭 58・7・20〔最後の一服事件。いずれも，散布したガソリン等に点火する前に引火して住宅の焼損結果が生じたとき現住建造物放火罪（刑 108 条）既遂を認める〕）。

第3款　不能犯

1　不能犯の概念

「不能犯」の不可罰性　喧嘩になり，そばにあったおもちゃのゴム・ナイフを本物と思って相手の胸に突き立てたというような場合，行為者としては結果を発生させるための行為を行ったつもりであったが，客観的には結果が発生する危険は存在しないのであり，暴行罪（刑 208 条）になることはあっても，殺人未遂罪（刑 203 条・199 条）としてはもちろん，殺人予備罪（刑 201 条・199 条）としても処罰されることはない。このような行為を「不能犯」という。これは殺人未遂にならない行為であるから，不可罰な不能犯は「実行の着手」が存在しない行為であり，構成要件該当結果発生の危険が肯定できない場合である。不能犯論は「裏返しの未遂犯論」である。

「行為者の認識によれば」構成要件の実現を直接的に始める行為を未遂と定義するドイツ刑法（22 条）では，「不能犯」（untauglicher Versuch）はすべて可罰的な未遂犯であり，この議論は無意味とされている。かつての日本でも，実行の着手に関する「主観説」は，不能犯について同趣旨のものであった。日本の主

第2節　未遂犯と予備・陰謀罪

観説は，未遂犯の処罰根拠は行為者の危険性であるという立場から，すべての不能犯は未遂犯として可罰的であるとし，ただ，臆病者で犯罪者としての危険性が存在しない「迷信犯」は例外であるとしていた。主観説は，不能犯論においては「抽象的危険性説」と呼ばれている。

不能犯の不可罰性を前提とする日本では，未遂としては不可罰な不能犯と，可罰的な未遂犯との限界付けが問題になるのである。

不能犯と幻覚犯　「幻覚犯」は不能犯とは区別されなければならない。たとえば，刑法（176条・177条）では，13歳以上の女性とその同意の上関係しても強制わいせつ罪・強制性交罪（176条・177条）にはならないが（監護者がその影響力に乗じたときは監護者性交罪〔刑179条2項〕，金品の提供，威圧などがあったときには，児童買春罪〔児童買春4条〕，児童淫行罪〔児福60条1号・34条1項6号〕が成立することはある。児童淫行罪が成立する場合については，最決平28・6・21刑集70巻5号369頁〔高校非常勤講師事件〕参照），行為者は相手の女性が13歳である事実を認識しながら，14歳未満であれば犯罪になると誤信していたというような場合を幻覚犯という。ここでは，行為者には犯罪事実の認識である故意が存在しないのであり，不能犯の場合のように構成要件実現の危険を問題にするまでもなく，未遂犯は成立しない。行為者が，12歳の相手を13歳だと誤認し，さらに，13歳の相手と合意の上関係しても処罰されると思っていた「二重の錯誤」のときでも，強制わいせつ罪・強制性交罪の構成要件該当性はあるが，行為者は13歳未満の相手と関係するという故意がない以上，やはり幻覚犯である。

「法的不能」は幻覚犯ではない。たとえば，飲み屋から帰るときに，高価に見えた傘をほかの客のものと思って持って帰ってきたが，それは自分の傘だったというような場合は，行為者には窃盗罪（刑235条）における「他人性」という構成要件該当事実の認識があるのだから，窃盗の故意は存在するのであり，不能犯の問題となる（おそらくは不能犯とすることになろう）。

2　未遂犯と不能犯

結果発生の危険と不能犯　不能犯は，結果発生の危険が存在せず実行の着手が存在しない場合であるから，実行の着手の基準である危険概念と同一のも

のが未遂犯と不能犯とを分かつ基準となる。

　拳銃を被害者に向けて発砲したときに殺人未遂が成立し，弾丸が外れたところで不能犯になるのではないように，結果発生の危険が生じた段階で未遂犯が成立し，それは事後的に変更されるものではない。この点で問題になったのは最高裁判例の事例である。被告人は，雇主の一家をみな殺しにする目的で，準備されていた炊飯釜に青酸カリを入れたが，翌朝炊き上がった飯は黄色になり臭気を放ち，家人が一口食べたとき，異様な臭いと味がし，喉を刺すような刺激を感じたので，それ以上食べるのをやめたという事案について，最高裁は，「何人もこれを食べることは絶対にないと断定することは実験則上これを肯認し得ない」として，不能犯の主張を退けた（最判昭24・1・20刑集3巻1号47頁〔炊飯釜事件〕）。もし，青酸カリを投入した段階で殺人の実行の着手が認められれば不能犯の問題は起こらないが（平野・総論Ⅱ329頁参照），実行の着手は炊き上がって食用に供された段階で問題にすべきだとするなら，その時点での結果発生の危険性を検討しなければならない。最高裁は，食べることは絶対にないとはいえないとしたが，実際は一人が一口食べているので，この危険性を肯定できた事案である。

　行為の危険性と経験則　　未遂犯における危険は，事態がそのまま進行したら結果発生に至る高度の蓋然性である。その判断は経験則に従って行われる「客観的事後予測」である。

　非合理な法則は経験則とすることはできない。「丑の刻参り」「ブードゥーの黒魔術」のような迷信犯は殺人未遂にならないことは明らかだが，非科学的な因果法則も経験則とすることはできない。殺すつもりで汁鍋に「硫黄粉末5匁〔18.75g〕」を入れたが，被害者は苦しんだだけで死ななかったという事実について，大審院はこの方法では「殺害の結果を惹起すること絶対に不能」であるとして傷害罪だけを認めた（大判大6・9・10刑録23輯999頁〔硫黄殺人事件，判プⅠ283〕）。硫黄で人が死ぬことはあると思っている人はいるかも知れないが，大審院もこれを経験則とすべきではないとしたのである。結果発生の危険性は，人々の感覚，危惧感によって判断されるわけではない。

　「硫黄殺人事件」と同様に，原材料が真正でなかった場合には覚せい剤製造の

第 2 節　未遂犯と予備・陰謀罪

「危険は絶対に存在しない」としてその未遂罪を否定した判例もある（東京高判昭 37・4・24 高刑集 15 巻 4 号 210 頁）。一方，その行為が単独では結果を発生させないが，他の事情と相俟って結果が発生する危険性があるときには，未遂犯を肯定することができる。空気を注射して人を殺そうと思ったら大量の空気を注射しなければならないから，30～40cc の空気を 2 回続けて被害者に注射した行為は不能犯であるという主張に対して，最高裁は「静脈内に注射された空気の量が致死量以下であっても被注射者の身体的条件その他の事情の如何によっては死の結果発生の危険が絶対にないとはいえない」とした（最判昭 37・3・23 刑集 16 巻 3 号 305 頁〔空気注射事件，百選 I 66・判ブ I 287〕）。しかし，被害者の心肺・脳の疾患を具体的に認定することなしに，「危険が絶対にないとはいえない」ということだけで，未遂犯を肯定するに足りる危険を認めることはできない。これに対して，都市ガスを吸引しても一酸化炭素中毒により死亡することはないが，それを長期漏出させることによって空気中のガス濃度が上昇すれば電気器具，衣類の静電気によってガス爆発事故が発生する可能性があり，さらに室内の酸素濃度が低下して酸素欠乏症となり，窒息死の危険もあるとして，都市ガスを密閉した室内に漏出させた行為は不能犯ではなく，殺人未遂とした判例（岐阜地判昭 62・10・15 判タ 654 号 261 頁・百選 I 68・判ブ I 290）は妥当である。

3　危険性判断のための仮定的事実

事実の範囲，絶対的不能・相対的不能　　実行の着手の存否，従って不能犯を画するのが結果発生の客観的危険性である。

未遂犯は「犯罪の実行に着手してこれを遂げなかった」（刑 43 条本文）場合，すなわち，結果が発生しなかった場合である。例外的に，結果的加重犯の基本犯が未遂犯である場合，「早すぎた結果惹起」の場合の結果招致行為が問題になる場合については，結果の発生があるときでも未遂犯の成否が問題になるが（332～333 頁），その場合でも結果発生を捨象（棚上げ）したうえで実行の着手を問題にするのであり，原理的には同じである。結果の不発生を前提として結果発生の危険性を判断するのであるから，事実が現実とは異なりどのようであったら結果が発生したであろうかという，仮定的な因果経過を問題にすることにな

る（山口厚・危険犯の研究165頁）。たとえば，「クロロホルム事件」においては現実にはまだ実現していない被害者の海中投棄，「天然ガス事件」においては現実には生じなかったガス爆発あるいは酸素欠乏の事実を，それぞれ判断のための事実に加えることによって殺人未遂が肯定されている。このように，ある仮定的事実を判断のための事実にすべて加えるなら被害者の死の危険は問題なく肯定され，すべて加えないなら危険は存在せず不能犯ということになる。どのような事実を仮定することが許されるかが，未遂犯と不能犯とを分かつものである。

　大審院，最高裁の判例（大判大6・9・10〔硫黄殺人事件〕，最判昭24・1・20〔炊飯釜事件〕，最判昭37・3・23〔空気注射事件〕）には，結果の発生が「絶対的不能」の場合が不能犯，「相対的不能」にとどまるときが未遂犯であるというものがあり，下級審の判例にもこの考え方によっていると思われるものがある。しかし，何を事実に加えるかを決めることなしに，絶対・相対を判断することはできない。「硫黄殺人事件」でも，被害者が衰弱していた高齢者であるなら，硫黄であっても死の危険が肯定されるかもしれない。

　具体的危険説　「一般人の立場から見て結果発生の危険性があると思われる場合」には，不能犯ではなく未遂犯であるという「具体的危険説」は，行為者が認識し一般人の立場から見ても危険と思われる事実を仮定する見解である。例えば戸棚から青酸カリのびんを取って被害者の飲み物に入れたつもりであったが，それは，そのびんのとなりに置いてあった氷砂糖であったような場合には，青酸カリを混入したことを仮定することが許されるから，不能犯ではなく殺人未遂が成立する（平野・総論Ⅱ 325～330頁参照）。

　判例の中にはこの趣旨に理解されるものもある。警察官と格闘になり，その腰に装着されていた拳銃を奪いその脇腹に当てて引鉄を引いたが，警察官が実弾を装填することを忘れていたため弾丸が出なかったという事案について，「苟しくも殺害の目的で，これを人に向けて発射するためその引鉄を引く行為は，その殺害の結果を発生する可能性を有するものであって実害を生ずる危険がある」として殺人未遂であるとしたもの（福岡高判昭28・11・10高刑判特26号58頁〔空ピストル事件，判プⅠ 289〕），被害者に日本刀で切り付けたがその寸前に被害者は死亡していたという事案について，「単に被告人が加害当時被害者の生存を信

第2節 未遂犯と予備・陰謀罪

じていたという丈けでなく，一般人も亦当時その死亡を知り得なかつたであろうこと，従って又被告人の加害行為により被害者が死亡するであろうとの危険を感ずるであろうことはいづれも極めて当然」であるとして，殺人未遂罪が成立するとしたもの（広島高判昭36・7・10〔死体殺人未遂事件〕）である。

最高裁判例には，「爆弾の構造上，性質上の危険性と導火線に点火して投げつける行為の危険性の両面から」判断すべきだとして，手製爆弾の導火線に欠陥があったため機動隊員に投げつけたが爆発しなかったとしても爆発物使用罪（爆発1条）が成立するとしたものがある（最判昭51・3・16刑集30巻2号146頁・判プⅠ284）。本判例は，直接には，爆発物取締罰則の「使用」についてであり，殺人未遂が問題になったものではない。しかし，旧陸軍の「九一式曳火手榴弾」の安全栓を外して投げつけたが，これは，長いこと地中に埋められていたため，導火線が湿気を吸収して変質して爆発しなかったという，類似した事案について，「本来の手榴弾としての構造を失つている以上，人力で投げたりした位では，これを爆発させることができないものである」として，殺人未遂罪，爆発物使用罪の両者を否定した古い高裁判例（東京高判昭29・6・16高刑集7巻7号1053頁〔陸軍手榴弾事件〕）があることを考えると，本判例は，最高裁も具体的危険説に同調的になっていることを窺わしめるものである。

修正された具体的危険説　だが，具体的危険説には問題がないわけではない。

たしかに，危険性判断に当たっては，行為計画のように行為者の主観を考慮すべき場合はある。しかし，ナイフは本物である，飲み物に入れているのは青酸カリである，拳銃には弾丸が入っている，被害者はまだ生きている，などと行為者が認識していたことは，行為計画のようにそれが実行されれば危険がある場合とは異なり，被害者の死の危険を高めるものではない。さらに，「一般人」の抱く危険感を行為の危険性の判断基準とすることはできないことは，判断基準となる「経験則」のところで述べたところである。

仮定が許容される範囲は行為者あるいは一般人の認識によってではなく，そのような事実がありえた客観的な蓋然性によって決められなければならない。スナイパーの拳銃の銃口がわずかにずれていたため弾丸が外れたという場合に，狙いが正確だった可能性が高かったから殺人未遂を認めるように，空の拳銃に

弾丸が入っていた可能性が高かったといえるときに，不能犯ではなく未遂犯を認めるのである。このような考え方を「修正された具体的危険説」という（山口厚・危険犯の研究164～167頁。これは現在では一般的な考え方だと思われる）。

主体の不能　不能犯が問題となる事例は，結果不発生の原因がどこにあったかによって，主体の不能，客体の不能，方法の不能に分けられる。だがどの類型についても，どのような事実を仮定することが許容されるかが問題であり，原理的に相違があるわけではない。

主体の不能は，たとえば，背任罪（刑247条）における「他人のためにその事務を処理する者」（事務処理者）でないのにそうだと信じていた場合のように，行為者が身分を持たないにもかかわらず持っていると思って行為した場合である。この例に限らず，非身分者が身分を有していた可能性が高い事例を考えることは困難ではあり，未遂犯が成立することはないであろう。しかし，構成的身分（407～408頁）は構成要件の本質的部分であるとして，主体の不能はすべて不能犯で不可罰であるとする見解（団藤・総論165頁）もあるが，根拠はないと思われる。

身分犯としてしばしば問題にされるのは公務員収賄罪の未遂であるが，現在の刑法は収賄未遂を処罰せず，公務員の賄賂の要求・約束を収賄と同じように処罰している（刑197条1項）。公務員でない者のこれらの行為は不可罰である。

客体の不能　就寝中のAを殺すつもりで布団の上から機関銃を乱射したが，Aは事前に襲撃を察知し，布団の下に丸めた毛布を入れておいたというような「客体の不能」の事例においては，殺人未遂罪が成立することがある。大審院は，強盗の目的で通行人を襲ったが被害者は懐中物を所持していなかった場合に「通行人カ懐中物ヲ所持スルカ如キハ普通豫想シ得ヘキ事實ナレハ」として強盗未遂罪を（大判大3・7・24刑録20輯1546頁・判プⅠ291］），最高裁は，XはVに虚偽を告げて現金をだましとろうとしたが，警察に相談したVが空の荷物を発送したため騙取の目的を遂げなかった場合に，詐欺未遂罪を認めている（最決平29・12・11刑集71巻10号535頁〔だまされたふり作戦事件〕）。さらに，広島高裁は，日本刀で攻撃を加えた直前に被害者が死亡していた場合に殺人未遂罪を認めている（広島高判昭36・7・10〔死体殺人未遂事件〕）。これに対しては，すでに死亡して存

第 2 節 未遂犯と予備・陰謀罪

在していない人を保護の客体とすることはできない，空布団の事例において被害者が布団の中にいたことを仮定できるのは，被害者が存在していたからであるとして，これに反対する見解もある（山口厚・危険犯の研究 168 頁参照）。しかし，被害者が生存していたことを仮定することが許されないという理由はない。

客体が存在していた可能性が存在し，それを仮定することができるかは，客観的・合理的に判断されなければならない。想像妊娠（偽妊娠）の女性に不同意堕胎を行おうとしたときには不能犯であり，同罪の未遂犯（刑 215 条 2 項・1 項）は成立しないとすべきであろう。しかし，胎児がすでに死亡していたときには不同意堕胎未遂罪は決して成立しないとまですることはできないであろう（大判昭 2・6・17 刑集 6 巻 208 頁は，業務上堕胎罪〔刑 214 条第 1 文〕について胎児が死亡していたときには堕胎の対象とはならないとするが，同罪の未遂は処罰されていないのであるから，これは傍論にとどまる）。

規制薬物やけん銃の密輸入や，その後の違法取引を捜査するため，規制物品を他の合法な物にすりかえたうえで「クリーン・コントロールド・デリバリー」が行われることがある。この場合，すり替えられたことを知らずにこれを輸出入した者に密輸入・密輸出罪の未遂が，運搬した運び屋に所持罪等の未遂が成立するかは問題である。もし不能犯であるとするなら，犯罪は存在せず，その捜査もできないことになる。法律は，「規制薬物として」，「けん銃等として」交付を受けた物品の輸出入，取引を独立の犯罪として処罰している（麻薬特 8 条，銃刀所持 31 条の 17）。これは，不能犯の問題に立ち入ることなく，クリーン・コントロールド・デリバリーにおいても犯罪捜査が可能であることを確定させたものである（古田佑紀・麻薬特例法〔大コンメンタール I 薬物五法〕47～49 頁参照）。

方法の不能　「方法の不能」とは，犯罪が未遂に終わったのは，その手段に原因があった場合である。判例の多くの事案はこれに属する（大判大 6・9・10〔硫黄殺人事件。不能犯とする〕，最判昭 24・1・20〔炊飯釜事件〕，最判昭 37・3・23〔空気注射事件〕，福岡高判昭 28・11・10〔空ピストル事件〕，東京高判昭 29・6・16〔陸軍手榴弾事件。不能犯とする〕）。

そのほか，最高裁は，薬品の使用料が半分以下であったため覚せい剤の製造に失敗した場合には，不能犯ではなく，覚せい剤製造未遂罪（現在の覚せい剤 41

条）が成立するとしたが（最決昭 35・10・18 刑集 14 巻 12 号 1559 頁，判ブ I 288），東京高裁は，原材料がフェニルメチルプロパンあるいはフェニルメチルアミノプロパンを含んでいなかった場合について，「結果発生の危険は絶対に存しない」として覚せい剤製造未遂罪を否定している（東京高判昭 37・4・24 高刑集 15 巻 4 号 210 頁〔覚せい剤偽原料事件，判ブ I 285〕）。また，拾得した小切手に裏書きして支払いを求めたが紛失届が出ていたため騙取の目的を遂げなかったが，その小切手は，銀行または支払人の取引先以外の者に対しては支払うことができない「一般線引き小切手」（小切 38 条 1 項）であったため，東京地裁は「支払人を欺罔することが定型的に不能」であるとして詐欺未遂罪（刑 250 条・246 条 1 項）を否定している（東京地判昭 47・11・7 刑月 4 巻 11 号 1817 頁・判ブ I 286）。

　方法の不能の事例で不能犯とした判例は，「絶対的不能・相対的不能」の考え方によるものと思われるが，「修正された具体的危険説」によってもおおむね是認できるものであろう。もっとも，「覚せい剤偽原料事件」では真正の材料によって覚せい剤製造に成功した場合もあったのであり，失敗した事例でも真正な材料が用いられた客観的可能性の程度によって，覚せい剤製造未遂罪が成立することもあると思われる。

第 4 款　中　止　犯

1　中止犯の構造とその法的性格

中止行為と中止犯　「自己の意思により犯罪を中止したとき」（刑 43 条但書）を中止犯（中止未遂）という。例えば，殺意をもって被害者をナイフで刺し傷害を与えたが，被害者に命乞いされたために攻撃を止め，手当てをしたために被害者は死なずに済んだという場合である。中止犯と区別して，自己の意思によらずに犯行が未遂に終わったときを障害未遂という。障害未遂の場合には刑が裁量的に減軽されるだけであるが（刑 43 本文），中止犯のときには刑の減軽は義務的であり，場合によっては刑の免除もある。

　中止犯は未遂犯の一種というのではなく，成立した未遂犯に中止行為が加わったものである。上例では，行為者がナイフで突き刺した時点で殺人未遂が成立し，その後の行為者の結果防止のための中止行為が加わることによって中

第2節　未遂犯と予備・陰謀罪

止犯が成立する。中止犯の解釈問題は中止行為の問題であり，中止行為の前に成立している殺人未遂の問題ではない。

違法減少説と責任減少説　「中止犯の法的性格」については「政策説」と「法律説」とが対立しているといわれていた。しかし政策のない刑事立法はありえないのであり，中止犯も何らかの刑事政策に基づいている。問題はその内容であり，それによって中止行為の法的性格の理解も異なってくるのである。両説の対立が存在するのではない。

行為者が後悔して犯行を中止したことに「報いる」ことによって，これを奨励することにしたのが中止犯規定だというのが「報奨説」である。刑法が，「罪を犯した者が捜査機関に発覚する前に自首したときは，その刑を減軽することができる」（刑42条1項）としているのは，自首行為が犯罪捜査への協力であるとともに，行為者の改悛の情を示すものであることを考慮したものだと理解されているが，報奨説によれば，中止犯規定はこれと同趣旨のものだということになる。報奨説を一貫するなら，中止行為は，行為者の非難可能性を事後的に減少させる行為であるという「責任減少説」に至ることになる。責任減少説によれば，中止犯の成立のために重要なのは非難可能性を減少させる中止行為者の内面であり，中止行為の客観面は責任減少を徴表する意味しかないことになる。

だが，刑法が，実行の着手の後，すなわち未遂犯の成立後に中止行為が行われたときに刑を必要的に減軽または免除することにしたのは，既遂結果の発生を防止し，法益を保護するという目的によるものと理解すべきである。中止行為によって「刑を科さない」（straflos）とするドイツ刑法では，これは未遂犯人に「引き返すための金の橋（goldene Brücke zum Rückzuge）をかけること」だといわれるが（フランツ・フォン・リストの刑事政策説），刑の減軽・免除しか認めない日本の刑法でも「土橋」くらいの意味はある。被拐取者の解放による刑の必要的減軽の規定（刑228条の2）は，「身代金目的の誘拐罪がはなはだ危険な犯罪であって被拐取者の殺害される事例も少なくないことにかんがみ，犯人が自発的，積極的に被拐取者を解放した場合にはその刑を必要的に減軽することにして，犯人に犯罪からの後退の道を与え被拐取者の一刻も早い解放を促して，右のよう

347

な不幸な事態の発生をできるだけ防止しようとする趣旨に出たものである」(最決昭54・6・26刑集33巻4号364頁・判ブⅡ99）が，中止犯規定はこれと同じ目的を未遂犯一般において追求するものである。このように理解するなら，中止行為は結果発生を防止するためにその危険を取り除く行為であるという「違法減少説」をとることになる。これは，法益侵害の危険を未遂犯の処罰根拠とすることに対応した中止犯論である（清水一成「中止未遂における『自己ノ意思ニ因リ』の意義」上法29巻2・3号165頁）。

中止犯の共犯　中止行為は以上のような違法減少行為であるから，未遂の共犯者が共犯者の一人の中止行為に加功したときには，他の共犯者にも連帯的にその効果が及び，彼にも中止犯が成立する。X・Yが放火しようとしてガソリンをまいて火をつけたが，Xがバケツの水をかけて消火に成功した場合において，Yがバケツに水を入れてXに運んできたとき，あるいはXに消火を指示したときには，Yは，Xとともに放火罪の中止犯である。これに対して，YがXの消火行為に何ら関係しなかった場合には中止犯は成立しない（東京地判昭40・4・28下刑集7巻4号766頁〔丹沢山中殺人未遂事件。殺人の実行者の中止行為は，現場に行かなかった他の殺人の共謀者に影響しないとする〕。なお，大判大2・11・18刑録19輯1212頁〔脇差事件，判ブⅠ373頁〕も，傍論としてこの趣旨を述べる）。

かつては，中止犯の効果は一身専属的であり，中止行為者に中止犯が成立しても共犯者は中止犯にはならないという見解が一般的であったが，これは，中止犯が，未遂犯と中止行為の二つの行為から構成されているということを看過したか，中止行為が責任減少行為だという理解に基づくものである。

2　中止行為

不作為による中止と作為による中止　中止行為は不作為で足りる場合がある。たとえば，日本刀で被害者に切りつけたが，軽傷にとどまった場合，行為者がそれ以上の攻撃を止めたときには，殺人罪の中止犯が成立する。行為者がさらに斬りつけることによる殺人の危険は客観的に存在していたのであり，攻撃を止めるという行為者の不作為がその危険を除去し，結果発生を防止したからである。判例にも不作為による中止を認めたものがある（東京高判昭51・7・14判時

第2節　未遂犯と予備・陰謀罪

834号106頁〔日本刀事件，判プⅠ293/372〕，東京高判昭62・7・16判時1247号140頁〔牛刀事件，百選Ⅰ70・判プⅠ294〕，青森地弘前支判平18・11・16判タ1279号345頁，名古屋高判平19・2・16判タ1247号342頁。いずれも殺人の中止犯を認めた）。

これに対して，未遂行為によって生じた傷害のため，被害者をそのまま放置すれば死に至る危険性があるようなときには，医師の手当てを受けさせるなどの結果防止のための作為による中止行為が必要である（東京地判昭40・4・28〔丹沢山中殺人未遂事件。中止犯を肯定〕，大阪高判昭44・10・17判タ244号290頁〔証拠隠滅事件，判プⅠ299。中止犯を否定〕，福岡高判平11・9・7判時1691号156頁〔中止犯を否定〕。いずれも殺人の中止犯の成否に関するもの）。

実行行為が終了していない「着手未遂」においては中止は不作為で足りるが，それが終了している「実行未遂」においては作為が必要であるとする見解もある（判例にも，大判昭12・12・24刑集16巻1728頁〔ただし，傍論である〕，東京地判昭40・4・28〔丹沢山中殺人未遂事件〕，東京高判昭51・7・14〔日本刀事件〕，東京高判昭62・7・16〔牛刀事件〕）。しかし，いつ作為による中止行為が必要かは，そのまま放置すれば結果発生に至る危険性の存在によって判断しなければならないのであり，それが存在するときが実行未遂だというのなら，あえて着手未遂・実行未遂の概念をここで用いる必要はない。

他人の協力による中止行為　中止行為は結果発生を防止する行為であり，行為者が医師など他人の協力によって中止行為を行ったときでも中止犯は成立する（隣人を呼び消火してもらった場合について大判大15・12・14新聞2661号15頁・判プⅠ296〔放火の中止犯〕，救急車を呼ぶなどの措置をとった場合について東京地判昭37・3・17下刑集4巻3・4号224頁・判プⅠ298・東京地判昭40・12・10下刑集7巻12号2200頁・横浜地川崎支判昭52・9・19刑月9巻9・10号739頁〔以上いずれも殺人の中止犯〕）。しかし，他人の協力が行為者の依頼などによって行われたものでないときには，行為者の中止行為は存在せず，中止犯は成立しない。人家に放火しようとして媒介物（物置）に火をつけたあと，後悔して消火しようとしたがうまくいかず，気が付いて駆け付けたその家屋の住民が消火したという場合（大判昭4・9・17刑集8巻446頁〔麻縄事件〕）などがそうである。

判例は，他人の協力を得た場合には，行為者自らが中止行為をしたのと同じ

ように評価されることが必要だとする（大判昭4・9・17〔麻縄事件〕，大判昭12・6・25刑集16巻998頁〔よろしく頼む事件，判ブⅠ297〕など）。行為者の依頼がきっかけとなって他人の協力があっただけでは足りない（大判昭12・6・25〔よろしく頼む事件。枯れ木の束などに火をつけたが怖くなり，隣家の住民に「放火したのでよろしく頼む」などと叫びながら走り去った場合に，現住建造物放火罪（刑108条）の中止犯を否定〕）。しかし，医師への連絡，119番通報だけでは自ら中止行為を行ったものと同視することができないとする判例もある（東京高判昭25・11・9高刑判特15号23頁〔青酸カリ心中事件。自殺関与罪（刑203条）の中止犯を否定〕，東京高判平13・4・9高検速（平13年）50頁・百選Ⅰ71〔現住建造物放火罪（刑108条）の中止犯を否定〕）。これが，他人任せの行為者の態度が無責任で，真摯性に欠けるからということであるなら，疑問がある（353頁参照）。

結果の発生と中止犯　未遂行為が既遂結果発生に至ることを中止行為によって防止するのが中止犯であるから，中止行為にもかかわらず既遂結果が発生してしまったときには中止犯とはならない（共犯者の現場からの立ち去りについて最判昭24・12・17刑集3巻12号2028頁〔仏心事件，百選Ⅰ97・判ブⅠ371〕）。大審院の判例には，結果が発生した場合には中止犯とならないとしつつも，傍論で中止行為が不十分であることを付け加えたものがあるが（大判昭13・4・19刑集17巻336頁。行為者は，被害者に渡した「胃腸薬」は実は毒物であることを告白して返してもらう「真摯なる態度」をとるべきであったという），これは，結果防止のための真摯な努力があれば，結果が発生しても中止犯を認めるべきだとまでするものではないであろう。

学説には責任減少説を一貫させて，真摯な中止行為があれば，それが成功せずに結果が発生してしまったときでも中止犯を認めるべきだという見解もあった。違法減少説の立場からも，結果発生防止に向けた中止行為は政策的に推奨されるべきである以上，既遂結果が発生しても中止犯を認めるということは考えられる。しかし，刑法は，未遂犯の刑の特則として中止犯を規定しているのであるから，これは現行法の下では困難な解釈である。

もっとも，被害者に手当てを受けさせた医師が考えられないような医療過誤をおかしたため被害者が死亡したというような場合には，実行行為と結果との

第 2 節 未遂犯と予備・陰謀罪

間の相当因果関係が欠如し既遂犯が成立していないから，中止犯が成立しうる。上記の「仏心事件」においては，強盗犯人Xが財物を受け取らずに，他の共犯者Yに「帰ろう」といってその場を立ち去ったことにより共犯関係の解消を認めるべきだとしたら，Xはその後のYの財物取得に対して刑責を負うものではないから，Xには強盗既遂は認められないことになり，中止犯が認められる余地が出てくる（共犯からの離脱については，423〜426頁参照）。

結果発生の危険　スナイパーが，猛烈なスピードで疾走する自動車の中の要人を狙撃したが外してしまい，自動車はそのまま走り去ってしまったというような，既遂結果が発生しないことが確定したときには除去すべき危険がなくなっているから，中止犯の成立の余地はない。この場合，当該狙撃行為によって発生した危険が問題なのであり，スナイパーが次の機会をうかがっていることは，殺人未遂についての中止犯の成否とは無関係である。

実行の着手を基礎づける結果発生の危険性は行為者の計画を考慮に入れて判断されるから（337〜338頁），中止行為の可能性の限界である既遂結果発生の危険も行為者の目的との関係で判断される。スナイパーが狙撃しようとしてライフルの引き金を引こうとしたが，目標が人違いであることが分かったとき，金員を恐喝しようとした相手が「1銭も持っていない」といったとき（名古屋高判昭26・2・24高刑判特27号28頁），宝石窃盗グループが，手に取った指輪がガラスの偽物だと分かったとき，石鹸（当時は貴重であった）を盗もうとして探し回ったが発見できなかったとき（大判昭21・11・27刑集25巻55頁），行為者の計画を考慮に入れるなら結果発生の危険は消失したことになり，中止犯の成立の余地はないことになる（町野朔「中止犯における『止メタ』の意義」Law School 7 号 106頁の見解を改める）。

中止行為と結果の不発生　被害者に毒物を飲ましたが苦しみだしたので，行為者が彼を病院に運ぶなどの中止行為を行い被害者は死ななかったが，それは毒物が致死量に足りていなかったためであり，行為者の中止行為が意味を持ったためではなかったという場合においても，中止犯を肯定する見解が一般的である（東京高判昭25・11・9〔青酸カリ心中事件〕も傍論としてではあるが，これを認める）。改正刑法草案（24条2項）は，「行為者が結果の発生を防止するに足りる

努力をしたとき」にも中止犯としている。責任減少説からは，結果発生防止のための真摯な努力があれば中止行為が認められるとされ，違法減少説からは，中止行為が危険を消滅させれば十分であるとされるのである。

これに対して，中止犯としての「褒賞」を与えるべきなのは中止行為者が結果の発生を防止したときに限られるべきだとして，中止行為にもかかわらず結果が発生してしまったときと同じく，中止行為によって結果が防止されたという関係が認められないときにも中止犯を否定すべきだという見解もある（注釈刑法Ⅰ 683～684 頁〔和田俊憲〕，山口・総論 298 頁）。しかし，未遂犯の行為者に結果発生を防止するため行為を奨励するのが中止犯の政策である。現行法では既遂結果の発生はこの政策の限界であるが，その限界内であれば中止犯を認めるべきである。この意味では，中止行為と既遂結果発生の危険消滅との因果関係があれば，中止犯を認めるべきことになる。

中止行為の真摯性　行為者による結果発生の危険を除去する行為があれば中止行為を肯定すべきであるが，責任減少説によると，行為者の責任の減少を徴表する要素として，中止行為に真摯性を要求することになる。判例にも，他人の助けを借りて結果を防止した行為者の態度が不誠実であることから，行為者自身の行為と同視しうる中止行為を肯定することができないとしたものがある（350 頁参照）。さらに，被害者を自分の運転する車で病院に運んだが，途中で凶器を川に投棄し，被害者に自分が犯人であることについての口止めをし，被害者の友人，親族にも犯人は誰かわからないと虚偽を言い，治療費を負担することを約束しなかったという行為者の態度を挙げて，「未だ以て結果発生防止のため被告人が真摯な努力をしたものと認めるに足りない」として，殺人の中止犯を認めなかったものもある（大阪高判昭 44・10・17〔証拠隠滅事件〕）。

しかし，態度は悪くても，あるいは卑怯であっても，「引き返すための橋」を渡れば中止行為を肯定すべきであって，これは過当な要求であると言わざるを得ない。

3　中止行為の任意性

中止動機の倫理性　「自己の意思により犯罪を中止したとき」に中止犯が成

第2節　未遂犯と予備・陰謀罪

立する（刑43条但書）。中止行為が「自己の意思」によることを「任意性」という。

中止行為について責任減少説をとるときには，任意性についても，反省・悔悟などの倫理的非難可能性を減少させる中止動機を要求することになる。わが国の判例は，言葉の上では中止動機の倫理性を要求しているが，犯罪遂行にとって外部的障害が大きかったと認められた場合には中止動機の倫理性を否定することによって任意性を否認し，小さかったときにはそれを肯定することによって任意性を認めるというものであり，任意性の判断において中止動機の倫理性の役割は絶対的ではない（判例の分析については，注釈刑法Ⅰ 693～698頁〔和田俊憲〕）。

最高裁は，行為者が強姦を中止したのは電車の前照灯に照らされた被害者の出血に「驚愕」したことによるのであり，「反省悔悟」によるのではないとして中止犯を否定し（最判昭24・7・9〔墓地強姦事件〕。事案は強姦未遂行為によって被害者を死亡させた事案であり，強姦未遂致死罪〔刑旧181条2項・177条〕の未遂罪，従ってその中止犯も存在しないからこの判断は傍論である），中止したのは被害者である母親の流血・痛苦に「驚愕恐怖」したためであり，行為者の「良心の回復又は悔悟の念」によるものではないとして殺人の中止犯を否定した（最決昭32・9・10刑集11巻9号2202頁・判プⅠ303）。しかし，その後の下級審判例には，反省・悔悟までの倫理的動機でなくても任意性を肯定し（東京高判昭51・7・14〔日本刀事件〕は，被害者の「息の根を止めてしまうのはしのびない」と思い，止めを刺さなかった場合），あるいは，反省・悔悟を広く認める（福岡高判昭61・3・6高刑集39巻1号1頁・百選Ⅰ69・判プⅠ305は，被害者の口内からの流血に驚愕すると同時に「大変なことをした」と思ったのであるから，これには「本件犯行に対する反省，悔悟の情が込められている」として中止行為の任意性を認める）。

中止の任意性と障害未遂　　中止行為による結果発生（正確にはその危険）の防止が中止犯の特典の根拠だとする違法減少説によるなら，中止行為によって結果発生が防止されることが必要なのであり，中止動機は必ずしも倫理的である必要はない。

「することはできるが，しようとは思わない」場合には中止行為の任意性があり，「しようとは思うが，できない」場合には任意性がないとする「フランク〔ドイツの刑法学者〕の公式」は，犯罪結果が行為者によって防止されさえすれば，行

為者に「引き返すための金の橋」をかけた政策目的が実現されたとするものであり、基本的に妥当と考えられる。しかし、物理的に犯罪実行の可能性が残されている以上、常に、中止の任意性があるとすることはできない。たとえば、監視員の存在に気づき万引きしようとした商品を棚に戻したとき、人がやってくるのに気づき拳銃の引き金を引くのを止めてその場から立ち去ったとき、犯行の発覚の恐れがあったとき（大判昭12・9・21刑集16巻1303頁・判プⅠ300]、最判昭24・10・18集刑14号223頁）にも、「することはできるが、しようとは思わない」場合であるとはいえるが、以上のような場合は行為者の犯行が失敗したということであり、障害未遂であり、中止行為の任意性は問題にはならない。

　任意性を自由意思と理解する「主観説」は、中止意思が行為者の自発的な意思によってではなく、外部的事情によって生じた場合には任意性がないとする。古い大審院判例（大判昭11・3・6刑集16巻272頁・判プⅠ300）は、「外部的障碍の原因存せざるに拘らず内部的原因に由り」中止した場合が中止犯であるとする。これによれば「頓に悔悟」した場合（大判昭2・7・4裁判例2巻刑17頁参照）にだけ任意性が肯定され、「意外の障碍」による中止の場合には常に否定されることになろう（大判大正2・11・18〔脇差事件〕、大判昭4・9・17〔麻縄事件〕参照）。しかし、外部的事情によらずに内部から突然に中止意思が生じることはありえない。問題は、行為者によって中止の理由と認識された事情が一般に犯罪の遂行を挫折させるものであり、刑法が引き返すためにわざわざ橋を架ける必要のなかったものかである。

　「客観説」は、一般人の立場からは中止の強制とならないような事情によって中止したときには、行為者の犯罪性の減少を意味するものであるから任意性を肯定すべきであるとするものであり、基本的に妥当と思われる。これは、行為者が合法の世界に帰還する意思であるときには中止は任意であり、犯罪者としての合理性に従ったときにはそうではないという見解（ロクシンの「刑罰目的説」）と同じではない。中止犯の特典は、行為者が犯罪から「足を洗った」ことに対するものではなく、実行者が自分で犯罪の完成を防止したことに対する報酬だからである。「フランクの公式」にいう「しようとは思うができない」場合として任意性が否定されるべき基準は、一般人であり、犯罪者ではない。

第3節　予備罪と陰謀罪，テロ等準備罪

第1款　予　備　罪

未遂以前の行為の処罰　刑法は，未遂以前の段階にある行為についてはかなり限定的に，予備，陰謀罪などとして処罰してきたが，2017年には「テロリズム集団その他の組織的犯罪集団による実行準備行為を伴う重大犯罪遂行の計画」(組織犯罪6条の2。テロ等準備罪)が新設された。

従属予備罪の要件　「第199条の罪を犯す目的で，その予備をした」ときに殺人予備罪が成立するが(刑201条)，このように，基本犯を実行するための「予備」一般を処罰する予備罪の類型を「従属予備罪」という。殺人予備罪以外で刑法典に規定されている従属予備罪としては，身代金誘拐予備罪(刑228条の3)，強盗予備罪(刑237条)，放火予備罪(刑113条)，内乱予備罪(刑78条)，外患予備罪(刑88条)がある。私戦行為そのものは処罰されていないから，私戦予備罪(刑93条)はこの意味での従属予備罪ではないが，「私戦」の概念に従属する予備罪である。

　従属予備罪においては，予備行為は基本構成要件を実現する目的での行為とされているだけであり，法文上はそれ以上の限定はない。しかし，既遂構成要件が実現される危険の存在が「実行の着手」の要件であるように，「予備」は実行の着手に至る危険でなければならない(東京高判昭42・6・5高刑集20巻3号351頁〔三無事件控訴審判決。政治目的での殺人予備罪・騒乱予備罪〔破防39条・40条1号〕に関する〕は，「近く，所期の目的の達成を目指す実行着手の域にまで至りうる程度に危険性が具体化しているか」を基準とすべきだとし，その原審は，「その犯罪の実行に著手しようと思えばいつでもそれを利用して実行に著手しうる程度の準備が整えられたとき」としていた〔東京地判昭39・5・30下刑集6巻5・6号694頁(三無事件第1審判決)〕。本判決は最決昭45・7・2刑集24巻7号412頁〔三無事件上告審決定〕により確定している)。このような危険が存在する以上，装備・凶器の準備などの「有形予備(物的予備)」ばかりでなく，具体的な計画の立案，現場の下見などの「無形予備」も予備たりうる。しかし，

無形予備だけで予備罪の成立を認めた判例は見当たらないようである。

自己予備と他人予備　従属予備罪は自ら既遂構成要件を実現する目的で準備を行う「自己予備」に限られ，他人の犯罪のために準備を行う「他人予備」は含まれないという見解もある。これによるなら，殺人を実行しようとする他人に凶器等を提供する行為は，殺人予備罪（刑201条・199条）の共同正犯ではなく，その幇助犯にとどまることになろうが，「○○の罪を犯す目的で」という文言を「自分で○○の罪を犯す目的で」と理解すべき実質的な理由があるとは思われない。判例も，このような限定を認めていない（最決昭37・11・8〔青酸ソーダ事件〕，東京高判平10・6・4〔サリン・プラント事件〕）。

従属予備罪と中止犯　従属予備罪については，そのほとんどについて，情状により（殺人予備〔刑201条但書〕，放火予備〔刑113条但書〕），あるいは自首により（身の代金目的略取等予備〔刑228条の3但書〕，内乱予備〔刑80条〕，私戦予備〔刑93条但書〕），刑の免除を認められているが，強盗予備（刑237条），外患誘致予備（刑88条）についてはそうではない。学説においては，実行の着手があれば中止犯として刑が免除されうるのに，それ以前の予備についてこれを認めないのは均衡を失するとして，予備罪についても中止犯規定の準用を認めるべきだという意見が有力である。最高裁は「予備は既遂になっている」という理由で，強盗予備について中止犯を認めない（最判昭24・5・17集刑10号177頁，最大判昭29・1・20刑集8巻1号41頁，百選Ⅰ72）。

　犯罪実現の危険性が未遂犯の場合より小さい予備罪については，あえて「引き返すための橋」を架けるのではなく，個別的な刑の減軽・免除の措置で対応しようというのが立法の趣旨であると思われる。予備罪すべてについて橋を延長するという，それに反する解釈をあえて行う理由はないと思われる。

独立予備罪　従属予備罪とは異なり，基本構成要件実現のための準備行為を具体的に限定しているものを「独立予備罪」という。たとえば，「通貨偽造等準備罪」（刑153条）は通貨偽造等の「用に供する目的で，器械又は原料を準備」する行為，「支払用カード電磁的記録不正作出準備罪」（刑163条の3）は支払用カード電磁的記録不正作出の用に供する目的での「電磁的記録の情報」の「取得」「提供」「保管」の各行為である。取得・保管についてはその「未遂」も処

第3節　予備罪と陰謀罪，テロ等準備罪

罰されている（刑163条の5）。これらの独立予備罪は他人予備を含むこと，中止犯規定の準用がないことについては，反対の見解はないと思われる。

独立予備罪のほとんどは有形予備であるが，ここでも，具体的な準備行為が行われただけでは足りず，従属予備罪と同様に実行の着手に至る危険が生じることが必要である。

第2款　陰　謀　罪

陰謀罪の成立要件　内乱・外患・私戦という政治的犯罪については，その予備とともに陰謀も処罰されている（刑78条・88条・93条）。さらに，自由民権運動の爆弾テロ対策として作られた爆発物取締罰則（1880年）は爆発物使用の脅迫・教唆・煽動・共謀を処罰し（爆発4条），戦後の政治的大衆運動の激化に対応しようとした破壊活動防止法（1952年）は，内乱・外患等のせん動・教唆等（38条1項・2項）だけでなく，政治目的での殺人・強盗・放火・往来危険・騒乱等の陰謀・教唆・せん動（39条・40条）を処罰している。以上の「教唆」は，教唆された者が実行に出ないでも成立する「独立教唆」であり（破防41条参照。なお，402〜403頁参照），陰謀を含めていずれも予備以前の行為を処罰するものである。

陰謀は複数人の合意によって成立し，それ以上の準備のための行為は必要ないとされている。最高裁は，予備は犯罪を「実行するための具体的な準備をすること」であり，陰謀は「その実行のための具体的な協議をすること」としている（破防法に関する最決昭45・7・2〔三無事件上告審決定〕。このように解すれば刑罰法規は漠然不明確ではないとする）。しかし，陰謀が「実行のための具体的な協議」でなければならない以上，それは単なる当事者間の意思の疎通，合意では足りない。「三無事件」第1審判決（東京地判昭39・5・30）は，「その目的とする犯罪が，すでに単なる研究討議の対象としての域を脱し，きわめて近い将来に実行に移され，または移されうるような緊迫した情況にあるとき」に陰謀が認められるとしていた。

第7章　未遂，予備・陰謀

第3款　テロ等準備罪

組織犯罪処罰法の改正とテロ等準備罪　「テロリズム集団その他の組織的犯罪集団による実行準備行為を伴う重大犯罪遂行の計画」，いわゆる「テロ等準備罪」は，2017年の組織犯罪処罰法改正によって追加されたものである。改正前の同法は，殺人・略取誘拐・犯人蔵匿等が「団体の活動として，当該行為を実行するための組織」により行われたときを加重処罰する（組織犯罪3〜7条）ほか，「不法収益等」による事業支配（同9条），「犯罪収益等」の隠匿・収受等（同10条・11条）を処罰し，「犯罪収益等」の没収・追徴（同13条〜16条）などを規定していた。しかし，「近年における犯罪の国際化及び組織化の状況に鑑み，並びに国際的な組織犯罪の防止に関する国際連合条約〔国際組織犯罪防止条約〕の締結に伴い，テロリズム集団その他の組織的犯罪集団による実行準備行為を伴う重大犯罪遂行の計画等の行為についての処罰規定，犯罪収益規制に関する規定その他所要の規定を整備する必要がある」（政府の法律案提出理由）ことから，証人等買収罪（同7条の2）とともに，テロ等準備罪（同6条の2）が新設されたのである。

共謀罪とテロ等準備罪　以前の法律案における「組織的な犯罪の共謀」，いわゆる「共謀罪」は，犯罪の「遂行を共謀した」だけで処罰されるものであった。「共謀」は，陰謀と同様，具体的であれば当事者間の意思の合致で足りるものである。しかし，成立したテロ等準備罪は，「その計画をした者のいずれかによりその計画に基づき資金又は物品の手配，関係場所の下見その他の計画をした犯罪を実行するための準備行為が行われた」ことを要件としている（組織犯罪6条の2第1項柱書）。これは，共謀者のうちの誰かの実行が共謀共同正犯の要件とされている（378〜379頁）のと同じ関係にある。英米の共謀罪（conspiracy）における「明瞭な行為」（overt act）が行為者の犯意（mens rea）を徴表するものと考えられているのとは異なり，準備行為は犯罪の実行に至る危険性のある行為であり，テロ等準備罪の客観的要件である。この限りでは，同罪は，旧治安維持法（大正14年法律第46号）の国体の変革・私有財産制度の否認を目的とした結社罪（1条），その協議罪（2条），あるいは，破防法の政治的主義を推進する目的での殺人・放火等の陰謀・独立教唆・せん動（破防39条・40条）と同じではない。

358

第3節　予備罪と陰謀罪，テロ等準備罪

組織犯罪の防止と市民生活　　むしろ問題なのは，本罪の範囲があまりにも広いものであり（組織犯罪6条の2第1項各号・別表4），市民の日常生活が広く，捜査の関心事となりうることである。

　現実のテロ集団，犯罪集団は，日本で伝統的な暴力団が明確な組織を持ち，社会的にほぼ公然と活動してきたのとは異なり，潜行性・密行性を本質とし，犯罪集団の活動も非定型的である。このようなことから，テロを含めた組織犯罪の取り締まりには，処罰のための広い網を必要とすることも理解しうるところである。しかし，本罪の新設によるテロなどの犯罪防止の可能性と，市民生活への捜査機関の介入の可能性を考量するときには，今回の立法の妥当性には問題が残る。国際組織犯罪防止条約を締結することが必要だとしても，わが国にすでに存在する重大犯罪の予備等は，組織的犯罪者集団の行為を補足するのに十分であり，新たな立法措置（条約5条1項）として，テロ等準備罪を作ることまで必要ではなかったのではないかと思われる。

第8章

共　　犯

第1節　共犯と共犯行為

第1款　共犯の概念

1　共犯と構成要件の修正

正犯・共犯，減縮的共犯概念・減縮的正犯概念，拡張的正犯概念　われわれが一般的にイメージする殺人は，Xが拳銃を発砲してVを撃ち殺すというようなものである。これは刑法199条の構成要件に該当する行為であり，殺人罪の直接正犯である。医師Xが，事情を知らない看護師Aに毒物の入った注射器を渡し，患者Vに注射させて殺させたというような，他人を犯罪実行の道具として用いる場合を間接正犯という。直接正犯・間接正犯は，共犯と区別する意味で単独犯と呼ばれる。

他方，日本の刑法は，複数の者が協働して犯罪を行った場合について，共同正犯（60条），教唆犯（61条），幇助犯（従犯）（62条）を規定している。これらを「広義の共犯」といい，教唆犯・幇助犯を「狭義の共犯」という。XがVを殺すようにYに依頼する行為，Vを殺そうとしているYのために拳銃を提供する行為は，いずれも殺人罪（199条）の構成要件に該当しないが，それぞれ教唆犯，幇助犯という修正された構成要件に該当して処罰される。Yは殺人の正犯，Xは殺人の教唆犯，幇助犯である。すでに検討したように，未遂犯は既遂犯の基本構成要件との関係では犯罪拡張事由であり，修正された構成要件に該当する

第1節　共犯と共犯行為

行為であるが（330頁），狭義の共犯は，これとは違った意味で，基本構成要件の修正形式であり，犯罪の拡張事由である。

　X・Yが一緒にVに向かって発砲し殺害したときは，殺人の共同正犯である。X・Yそれぞれの行為は殺人の正犯行為であるから，刑法60条はこの意味では構成要件の修正形式を規定するものではない。しかし，Xの弾丸が当たりYの弾丸がそれた場合でも，YはXとともに殺人既遂の責任を負い，いずれの弾丸が当たったか不明なときにもX・Yはともに殺人既遂である。帰責範囲を既遂結果にまで延長している点においては，刑法60条も構成要件の修正形式であるということができる。

　日本の刑法は，共同正犯，教唆犯，幇助犯のいずれにも該当しない犯罪の関与は，共犯としては処罰されないという「減縮的共犯概念」を前提としている。また，構成要件に該当する行為だけを間接正犯とする「減縮的正犯概念」を採用している。関与行為が共犯として処罰されないときにはすべて間接正犯として処罰されるというのが「拡張的正犯概念」であるが，これは日本の刑法が前提としないところである。以上のように，日本の刑法は，正犯としても共犯としても処罰されない関与行為，「処罰の間隙」が存在することを前提としている。

　同時犯　X・YがVに向かって発砲し殺害したが，両者の間に意思の疎通がないときには共犯は成立せず，単独犯が競合した場合にすぎない。これを同時犯という。同時犯の場合，弾丸の当たったXは殺人既遂，命中しなかったYは未遂にとどまる。どちらの弾丸が命中したのかわからないときには，双方とも未遂である。

　刑法は，暴行の同時犯について「共犯の例による」としている（刑207条）。この規定は，暴行と傷害結果との間の因果関係の推定規定であり，行為者が傷害についての責任を免れるためには，因果関係が存在しないことを立証しなければならない（最決平28・3・24〔支払いトラブル事件〕）。本条は共犯関係の推定規定ではないから，共犯関係不存在の立証をしても責任を免れることはない（137～138頁参照）。

　減縮的正犯概念・減縮的共犯概念の実際　以上のように，日本の刑法は，犯罪行為への関与行為をすべて同じように扱う（このような立法を「統一的正犯体系」と

いう) のではなく，関与行為を正犯と共犯とに区別したうえで，行為が基本構成要件に該当するときには正犯として (減縮的正犯概念)，関与行為が，教唆犯・幇助犯という修正された構成要件に該当するときには共犯として (減縮的共犯概念)，処罰する。

しかし判例は，刑法 60 条の共同正犯には，上例のように X と Y が実行した場合，すなわち「実行共同正犯」だけでなく，X と Y とが共謀し，Y によって犯罪が実行されたときのような「共謀共同正犯」の場合も含まれるとしている。その結果，X の行為が教唆犯・幇助犯の要件を満たしている場合であっても，実行者 Y との共同正犯とされるのがむしろ通例であり，共謀共同正犯が成立しない場合にのみ教唆犯・幇助犯が成立しうることになる。実際にも，共犯の事例はほとんど共同正犯として処理されていて，幇助犯が成立する場合はごくわずかで，教唆犯が認められる場合はさらに稀である。かつての学説は共謀共同正犯に反対していたが，現在ではこれを是認し，それを妥当な範囲に限定しようとしている。

以上のようなことから，共同正犯と教唆犯・幇助犯との区別の実際を理解するためには，まず共同正犯の範囲を検討することが必要である。本節 (共犯と共犯行為) では，共犯行為全体に関する第 1 款・第 2 款に続いて，第 3 款で正犯，第 4 款で教唆犯・幇助犯を検討することにする。

2 犯罪への関与

共犯と不作為犯 不作為による共犯も可能であるが，作為義務のない不作為者には共犯は成立しない。作為義務は，すでに危険にさらされている法益の救助を，限定された範囲の行為者に刑法的に命ずべき場合に存在するものであるから (113 頁)，正犯が作為犯であるときにも，あるいは作為義務に違反した不作為犯であるときにも，作為義務のない不作為関与者に，正犯の違法が連帯し共犯が成立するということはない (町野朔「『釧路せっかん死事件』について」三井古稀 307〜309 頁の見解を改める)。親 X が殺意をもって自分の子ども V を放置し，その友人 Y がそれを止めなかったような場合 (不作為による不作為に対する共犯)，Y には X への法的期待がそのまま妥当するものではなく，独自の作為義務が肯定で

第1節　共犯と共犯行為

きなければYは共犯として処罰されることはない。これに対して，YがXにネグレクトを教唆し，あるいはXと遊興するなどしてXのネグレクトをともに行うような，作為による共犯行為が存在するときには，作為義務のないYも教唆犯，幇助犯あるいは共同正犯として処罰される。

このように考えるなら，作為義務を負う者を「保障人」というとしても（116～117頁），それを65条1項の連帯する「身分」（407～408頁）とすべきではないことになる。

判例は，特に児童虐待事件で，作為義務者による不作為による共同正犯を肯定する。両親が意思を通じて長女を餓死させ（不作為の共同），さらに，三女に対する母親の暴行を父親が制止せずこれを死亡させた場合（作為に対する不作為の共犯）について，両親について2つの殺人の共謀共同正犯を肯定したもの（大阪高判平13・6・21〔幼女連続虐待事件a。母親に関する〕，大阪高判平13・9・21裁判所ウェブサイト〔幼女連続虐待死事件b。父親に関する〕），母親Xが，同居中の男性Yによる自分の子どもへの虐待を制止しなかった場合に，Xの不作為犯とYの作為犯との殺人罪の共同正犯を認めたもの（広島高判平17・4・19〔広島せっかん死事件〕），ネグレクト死させた実母と同居していた男性に殺人罪の共謀共同正犯を認めたもの（広島高岡山支判平17・8・10裁判所ウェブサイト，さいたま地判平18・5・10裁判所ウェブサイト），などである。

他方，不作為による関与が共謀によるものと認められなかった場合には，大審院以来，判例は幇助犯とするが，これらはいずれも片面的共犯であったか，その可能性があった事例である（投票の代行を黙認した「選挙長」に不作為による投票関渉罪幇助を認めた大判昭3・3・9刑集7巻172頁〔町会議員選挙事件，判プⅠ350〕，実子への虐待を黙認した札幌高判平12・3・16〔釧路せっかん死事件〕，現場を離れて正犯者の殺害行為を阻止しなかった大阪高判昭62・10・2判タ675号246頁・判プⅠ391）。片面的共犯の共犯性を否定する場合には，不作為の関与に正犯性が認められる場合には同時犯，そうでない場合には不可罰とすべきことになる（415～416頁）。

事後従犯と共罰的事後行為への共犯　犯罪行為への関与が共犯である。犯罪終了後に関与する行為は「事後従犯」と呼ばれることがあるが，犯罪の共犯ではない。犯罪終了後の関与は，犯人蔵匿・証拠隠滅罪等（刑103条・104条），盗品

第8章 共　　犯

等譲り受け罪等（刑256条），それぞれ独立の犯罪として処罰されることはある。共犯成立の時間的限界は犯罪の終了であるが，状態犯と継続犯の区別が，この関係でも問題となる（128頁）。

　行為者自身が，犯罪終了後に，その犯罪に関連して行う行為で処罰されないものは「不可罰的事後行為」といわれる。たとえば，行為者が他人の財物を窃取した後これを損壊する行為，他人の物を横領した後これをさらに横領する行為は，窃盗罪（刑235条）のほかに器物損壊罪（刑261条），もう一つの横領罪（刑252条1項・253条）として，処罰されることはない。最高裁も，盗品等買受犯人，窃盗犯人が盗品を運搬しても盗品等運搬罪（刑256条2項）として処罰されることはないとする（最判昭24・10・1刑集3巻10号1629頁〔挙銃貸与事件，判ブⅠ403〕，最決昭35・12・22刑集14巻14号2193頁）。これらの後行行為は可罰的な犯罪行為ではあるが，先行行為の処罰に吸収され「吸収一罪」として処理されるからである。しかし，強盗犯人に拳銃を貸与し，強盗によって得た物を買い受けたときには，盗品等買受罪は強盗の幇助に吸収されるものではない（最判昭24・10・1〔拳銃貸与事件。強盗幇助と併合罪になるとする〕）。不可罰とされる後行行為は，むしろ「共罰的事後行為」というべきである。

　最高裁は，抵当権を設定する方法によって他人の土地を横領した後，その土地を売却する行為も横領罪を構成するから，これを起訴することもできるとしている（最大判平15・4・23刑集57巻4号467頁・百選Ⅰ68・判ブⅡ357。これは，最判昭31・6・26刑集10巻6号874頁〔代物弁済事件，判ブⅡ342〕を変更したものである。最高裁は，2つの横領罪の罪数関係については判断を留保している）。

　共罰的事後行為は犯罪を構成するのであるから，それに対する共犯も成立する。従って，窃盗後の損壊だけに関与した者には器物損壊罪の，第2の横領行為に関与した者は横領罪の，それぞれ共犯が成立することになる。

　最高裁は，窃盗犯人の盗品運搬行為に関与した行為を盗品等運搬罪（刑256条2項。当時は臓物運搬罪）の正犯とした（最決昭35・12・22刑集14巻14号2193頁）。この事案は，窃盗犯人がトラックに盗品等を積んで運搬し，行為者はタクシーに乗って同行したというものであり，行為者は，実質的には窃盗犯人の行う盗品等運搬の共犯であったものである。

第 1 節　共犯と共犯行為

3　必要的共犯

必要的共犯の概念　基本構成要件が実現されるために複数の行為が必須であるとき，慣例的に，そのような構成要件のことを「必要的共犯」，このような行為を「必要的共犯行為」という。これと対比させて，一般の構成要件に関する共犯を「任意的共犯」という。必要的共犯においては共犯の成立が限定されるが，問題なのは，不可罰な必要的共犯行為の範囲，不可罰とされる理由である。

必要的共犯の典型は，頒布行為と頒布を受ける行為とが向かい合っているわいせつ物頒布罪（刑 175 条）のような「対向犯」である。内乱罪（刑 77 条），騒乱罪（刑 106 条）などの構成要件は，複数の関与者が同方向の行為によって犯罪を実行することを内容とするものであり，「並行犯」（多衆犯，集団犯）と呼ばれるが，これも必要的共犯である。対向犯とは異なり，並行犯においては，すべての構成要件行為が存在しなければ当該構成要件が実現しないわけではない。たとえば，暴動が組織的であることを要する内乱罪においては首謀者（刑 77 条 1 号）の存在は必要的であろうが，「烏合の衆」によっても成立する騒乱罪においては首謀者（刑 106 条 1 号）の行為がなくても，率先助勢者，不和随行者の行為があれば成立しうる（いわゆる「首なし」騒乱罪）。

違法・責任・構成要件と必要的共犯行為　収賄を処罰するが贈賄を処罰していなかった旧刑法（284 条〜286 条）において，大審院は，収賄の「必要的加担行為」である贈賄を収賄の教唆・幇助としては処罰しないのが刑法の「精神」であるとして，贈賄行為を不可罰とした（大判明 37・5・5 刑録 10 輯 955 頁）。刑法は，現在，贈賄を処罰するために独立の構成要件を置いている（刑 198 条）。このように，実定刑法においては，他の必要的共犯行為の共犯として処罰されることのない必要的共犯行為が存在するのであり，これを処罰するには特別の構成要件が必要である。修正された（共犯の）構成要件の適用が必要的共犯行為について除外されるのは，基本構成要件に表れた立法者の意思によるものである。

学説においては，以上の結論を，具体的な構成要件に対応して，違法・責任・構成要件の観点から理解すべきだとする見解が有力である（特に，平野・総論 II 378〜379 頁，平野・研究 II(1) 190 頁。現在ではほとんどの見解がこれを支持している）。し

かし，必要的共犯行為には違法あるいは責任がないから処罰されないというのではなく，基本構成要件の趣旨から，これに共犯規定が適用されないというものである。現在，贈賄が処罰されていることからも明らかなように，必要的共犯行為には違法・責任という処罰されるべき犯罪の実質があることが多い。必要的共犯が基本構成要件行為の共犯として処罰されない理由は，それが，違法あるいは責任を理由としたものであるにせよ，立法者の意思によって修正された構成要件の適用から除外されているということなのであり，「構成要件」の段階で理解されるべきである（団藤・総論 431～434 頁）。

必要的共犯を犯罪要素の欠如と結びつけようとする見解からは，逆に，違法あるいは責任のない行為であることを理由として必要的共犯とすべきだと主張されることがある。たとえば，嘱託殺人罪（刑 202 条）は自己の殺害の依頼とこれに応じた殺人を内容とする必要的共犯であり，依頼者は，嘱託殺人未遂（刑 203 条・202 条）として処罰されることはないが，論者は，これは，依頼者が被害者であり違法性が欠如しているところにその理由があるとし，同意傷害が傷害罪として処罰される場合にも，自傷行為の依頼が傷害罪（刑 204 条）の共犯として処罰されないのも同じだとする。

しかし，傷害罪の構成要件が対向犯類型の必要的共犯でないことは明らかであり，自傷行為の依頼者が処罰されないのは，それが自損行為であるからである。被殺者が同意殺・自殺教唆・自殺幇助の（未遂罪の）共犯として処罰されないのも，同じ理由である。また，犯人蔵匿罪（刑 103 条），証拠隠滅罪（刑 104 条）の構成要件は，犯人の依頼あるいは協力を必要としているわけではないから，必要的共犯ではない。大審院・最高裁の判例とは異なり，犯人自身によるこれらの犯罪の教唆・幇助は処罰されるべきではないが，その理由は必要的共犯だからというのではなく，共犯者における責任の個別性の原則からである（411～412 頁）。

必要的共犯行為と共犯規定　必要的共犯行為は，他の必要的共犯行為の共犯とはならない。非弁活動罪（弁護 77 条 3 号・72 条）は必要的共犯であり，依頼者が弁護士でない者に法律事務の取扱いを依頼する行為はその共犯として処罰されない（最判昭 43・12・24 刑集 22 巻 13 号 1625 頁〔示談交渉事件，百選Ⅰ 98・判ブⅠ 308〕）。

第1節　共犯と共犯行為

　無資格診療罪（医師31条1項1号・17条）も同様であり，非医師に自分の診療を依頼する行為は不可罰である。守秘義務者の秘密漏示と，漏示された秘密の入手は，秘密漏示罪（刑134条など）における必要的共犯行為であり，秘密漏示を依頼した者が同罪の共犯として処罰されることはない（平野・総論Ⅱ 379頁は，依頼行為の違法性を否定する理由はないとして，これに反対する）。例えば，家庭裁判所から鑑定を命じられた精神科医から鑑定資料・鑑定書を入手したジャーナリスト，出版社の社員は医師の秘密漏示罪（刑134条1項）の共犯として処罰されない（医師に秘密漏示罪を認めた最決平24・2・13刑集66巻4号405頁〔「僕はパパを殺すことに決めた」事件〕の事案参照）。

　これらの行為は共犯としては不可罰であるが，上例の贈賄罪（刑198条）のように，これを別個に処罰するものもある。国家公務員に依頼して秘密を入手したジャーナリストは，国家公務員秘密漏示罪（国公109条12号・100条1項）の共犯としてではなく，特別の犯罪である秘密漏示そそのかし罪（国公111条・109条12号。「特定秘密」についての同様の罰則として特定秘密保護25条1項・23条1項。なお，これらは自己に対する秘密漏示のそそのかしだけに限られているわけではない）として処罰されている（最判昭53・5・31〔外務省秘密漏洩事件〕参照）。わいせつ物頒布罪（刑175条1項）は必要的共犯であるが，児童ポルノの所持は処罰されているため（児童買春7条1項），児童ポルノの購入は同罪として処罰されることになる。

　並行犯においては，当該行為が行われれば直ちにその行為の基本構成要件該当性が認められる。たとえば付和随行はその構成要件該当行為（刑77条1項3号，106条3号）として処罰されるのであり，暴動指揮（刑77条1項2号，106条2号）の共同正犯として処罰されるということではない。この意味において，並行犯においても，必要的共犯行為は他の必要的共犯行為の共犯とはならないことは同じである。

　並行犯とおけるのと同じように，同一の目的で行われる複数の異なった行為を内容とする必要的共犯の場合においても，行為者相互の間に共犯規定が適用されることはない。預金等不当契約取締法は，「預金者」が裏金利などの利益を得る目的で，「特定の第三者」と通じて，預金を担保にすることなく金融機関に預金し（導入預金），「特定の第三者」に融資させる行為を処罰している（預金者導

入預金罪。預金4条1号・2条1項)。この構成要件においては「特定の第三者」の行為を必要としているから，その行為は必要的共犯行為であり，「特定の第三者」は「預金者」の共犯として処罰されることはない。

同法はさらに，このような導入預金の「媒介者」(金融機関に預金等をすることについて媒介をする者)が「特定の第三者と通じ，又は自己のために」，「預金者」に導入預金をさせ，「特定の第三者若しくは自己に対し」融資させる行為を処罰している(媒介者導入預金罪。同4条1号・2条2項)。最高裁は，「特定の第三者……はその者が自ら預金等をすることについて媒介をする場合を除いて，これを処罰しない趣旨であると解すべきであって，預金者又は媒介者と特定の第三者が通じたことの内容が，一般的にはこれらの者との共謀，教唆又は幇助にあたると解される場合であっても，預金者又は媒介者の共犯として処罰しない趣旨であると解しなければならない」として，「媒介者」と通じて融資を受けた「特定の第三者」を「媒介者」の共同正犯として処罰することはできないとした(最判昭51・3・18刑集30巻2号212頁)。しかし媒介者導入預金罪は，「媒介者」が「特定の第三者」と通じることなく自分自身に融資を受けることによっても成立するのであり，「特定の第三者」の行為は，2項犯罪等(刑236条2項・246条2項・246条の2〜249条)における「他人」の行為と同様，必要的共犯行為ではないのであり，最高裁の結論は不当であると思われる(平野・研究Ⅱ(1)197〜198頁参照)。

必要的共犯行為ではない共犯行為 必要的共犯において共犯規定の適用が排除されるのは，以上のような必要的共犯行為についてであり，それ以外の関与行為については共犯規定の適用はある。

並行犯の外部から関与する行為についても共犯規定の適用がある。例えば，騒乱罪における付和随行(刑106条3号)の教唆は処罰される。判例も，並行犯である凶器準備集合罪(刑208条の2第1項)，共同危険行為罪(道交117条の3・68条)について，集団外の行為者について共犯としての処罰は妨げられないとしている(いずれも共謀共同正犯を認めたものであるが，凶器準備集合罪について東京高判昭49・7・31高刑集27巻4号328頁，東京地判昭63・3・17判時1284号149頁。共同危険行為罪について東京家決昭55・6・18家月33巻5号122頁，大阪地判昭55・8・27刑月12巻8号794頁)。反対の見解も有力であるが，それは「必要的共犯」であれば一律に共犯

第1節　共犯と共犯行為

規定の適用が排除されるという誤解によるものだと思われる。

　これは対向犯においても同じである。贈賄者でない者が収賄（刑197条1項）を教唆した場合，わいせつ写真集を提供してその販売（刑175条1項）を幇助した場合は，それぞれの犯罪の共犯として処罰される。また，不正手段による補助金の受交付・交付の双方を処罰している法律において，不正受交付（補助金29条1項）に関与した者はその共犯として処罰される（最判昭52・3・16刑集31巻2号80頁〔沖縄県間接補助金事件〕。団藤重光裁判官の補足意見は，不正受交付の共同も必要的共犯の場合であるが，不可罰の限度を超えているとして処罰を免れないとしている。この論理もすぐ次に述べるように不当である）。

　必要的関与を超える行為　　必要的共犯行為は一律に不可罰なのではなく，執拗な働きかけなど，立法者の想定した範囲を超えた関与は共犯としての処罰を免れないという考え方が一般的である（「必要な加担行為」〔佐伯（千）・著作集Ⅱ358～380頁〕，「当然に定型的に予想される範囲」〔団藤・総論432～433頁。最判昭52・3・16〔沖縄県間接補助金事件〕における同裁判官の補足意見〕，「概念的に当然必要とされる対向的関与行為」〔西田・総論379頁〕など）。必要的共犯の根拠を，違法・責任ではなく，例外的に構成要件に求めざるを得ない場合には，立法者の意思を根拠として，必要不可欠な行為だけが不可罰であるという見解もある（平野・研究Ⅱ(1)190～196頁，山口・総論357頁）。これらは，立法者は基本構成要件の実現に必要な範囲において関与行為を不可罰としたのであり，それを超過する関与は依然として可罰的としなければならないという考え方に基づいている。最高裁も，法律事務の依頼が非弁活動罪（弁護77条3号・72条）の教唆犯として処罰されることはないとした際に，このような行為は，非弁活動の「成立するについて当然予想され，むしろそのために欠くことができない関与行為」であることを理由としている（最判昭43・12・24〔示談交渉事件〕）。さらに，児童淫行の相手方となる行為は「児童に淫行をさせる行為」（児福34条1項6号）の共犯として処罰されることはないのが原則であるという理解のもとで，この最高裁判例を引用して，児童の紹介を依頼してその児童と淫行する行為は「法が予想した関与行為を超える」として教唆犯を認めたものもある（東京高判昭58・9・22高刑集36巻3号271頁。現在は，児童に「事実上の影響力を及ぼして」淫行する行為は同罪の正犯として処罰されるとい

うのが最高裁の判例である。最決平28・6・21〔高校非常勤講師事件〕)。

しかし，立法者が必要的共犯行為に共犯規定を適用しないとした以上，立法者はそれを処罰する場合には独立の処罰規定を設けるべきである。実際にも，ジャーナリスト，出版社の社員が，医師に対してかなり執拗に秘密の開示を迫った場合でも（これはジャーナリストとして当然の行為である)，これらの者の刑事責任は問われていない（最決平24・2・13〔「僕はパパを殺すことに決めた」事件〕の事案参照)。

4　共犯行為の限定

「中立的行為」による共犯　必要的共犯のような事情がない以上，関与行為が共同正犯，教唆犯，幇助犯という共犯行為であれば処罰される。

外見的には通常の販売行為など，日常的・通常的な「中立的行為」は共犯，特に幇助犯として処罰されることはなく，処罰のためには行為についての一定の限定が必要であるという学説がある。しかし，強盗などの犯罪に使われることの具体的な認識がありながら，コンビニ店員が粘着テープ，紐，ハサミ，ドライバーなどを販売したときに共犯の成立を否定する理由はない。限定説は，片面的幇助を肯定するとともに，共犯の故意についても，販売した物品が強盗などが行われるかもしれないという抽象的な認識で足りるという，いずれも問題のある前提に立っている。

最高裁も，ファイル共有ソフトのインターネット上での提供について，幇助の故意の問題であるとした（最決平23・12・19刑集65巻9号1380頁〔ウィニー事件，百選Ⅰ87〕)。事案は，Xはファイル共有ソフト「Winny（ウィニー)」を開発しインターネット上で無料公開したところ，A・Bはそれを自分のパソコンにダウンロードし，その自動公衆通信機能を利用して，Aがゲームソフトを，Bが映画を，それぞれのコンピューターにアクセスしてきた不特定多数の者に自動配信した，というものである。A・Bには，著作権（公衆送信権）侵害罪（旧・著作119条1号・17条1項・23条1項。現在は法定刑が引き上げられている。著作119条1項参照）が成立する（Bについて京都地判平16・11・30判時1879号153頁参照)。Xは同罪の幇助（刑62条1項）で起訴され，1審はXを有罪としたが，控訴審は「価値中立のソフトをインターネット上で提供することが，正犯の実行行為を容易ならしめ

第1節　共犯と共犯行為

たといえるためには，ソフトの提供者が不特定多数の者のうちには違法行為をする者が出る可能性・蓋然性があると認識し，認容しているだけでは足りず，それ以上に，ソフトを違法行為の用途のみに又はこれを主要な用途として使用させるようにインターネット上で勧めてソフトを提供する場合に幇助犯が成立すると解すべきである」とし，無罪を言い渡した。最高裁は，このような限定には根拠がないとしたうえで，「かかるソフトの提供行為について，幇助犯が成立するためには，一般的可能性を超える具体的な侵害利用状況が必要であり，また，そのことを提供者においても認識，認容していることを要する」し，Xには「幇助犯の故意を欠く」として，無罪判決を維持した（大谷剛彦裁判官の反対意見は，事実関係からはこのような故意は認められるとする）。

経済活動と共犯　犯罪行為への関与が社会生活上許容される範囲の経済活動にとどまるときには，不可罰とすべきである。軽油引取税の納付義務者が税金を納めず軽油を安く販売した場合，それを購入した者が税金不納付であることを知っていたとしても，「単なる取引当事者」にとどまっているときには，不納入罪（現在の地税144条の19・144条の18第1号）の共犯として処罰されることはない（熊本地判平6・3・15判時1514号169頁）。社会生活上是認しうる行為は構成要件に該当しないことはすでに述べたところであるが（249～250頁），共犯の修正された構成要件にも同じことが当てはまるのである。ここでは犯罪への関与は適法であり，犯罪とそれへの関与との間に「違法の相対性」が存在していることになるが，その理由は関与行為が，修正された構成要件に該当しない点にある。

多く問題となるのは，横領，背任などの財産犯への関与である。

二重売買と横領の共犯　最高裁は，二重譲渡であることを知りながら，債務者から不動産を代物弁済として取得し不動産登記を終了した債権者は，「代物弁済という民法上の原因によって本件不動産所有権を適法に取得したのであつて，……〔債務者〕の横領行為とは法律上別個独立の関係である」として，債権者に横領罪（刑252条1項）の共同正犯は成立しないとした（最判昭31・6・26〔代物弁済事件〕）。一方，高裁判例には，A所有の山林が，登記簿上Bの名義であることを奇貨として，Bの相続人Cに，強引に，自分に対して売らせたうえ登記

名義を取得する行為は,「経済取引上許容されうる範囲,手段を逸脱した刑法上違法な所為」であり,横領罪の共同正犯が成立するとしたものがある(福岡高判昭 47・11・22 刑月 4 巻 11 号 1803 頁・百選Ⅱ 64・判ブⅡ 343)。二重売買の買主が不動産登記を経た場合であっても,彼が「背信的悪意者」(最判昭 36・4・27 民集 15 巻 4 号 901 頁など)であり,民法 177 条にもかかわらず所有権者が登記を備えた者に依然として対抗しうるような場合には,是認しうる経済活動の範囲を超えている場合であり,横領罪の共犯の構成要件該当性を肯定することができるであろう。

不正融資と背任の共犯　　事務処理者がその任務に違反して不正融資等を行った場合,融資等を受けた者に背任罪(刑 247 条)の共犯が成立するかというのも,同じ問題である。

背任の共犯としての故意がなければ,融資を受ける者は共犯にはならない。彼には,不正融資を行う者が事務処理者がその任務に違反して,図利・加害目的をもって行為していることの認識が必要である。最高裁は,倒産の危機にあったレストラン経営者 X が銀行頭取 Y に懇願して,「みなし金あつかい」による無担保の不正貸付を受けたという事案につき,X には,Y の行為がその任務に違反していることの認識が欠如していたとして,Y との特別背任罪(旧商 486 条 1 項)の共同正犯を否定した原判決を支持し(最判昭 40・3・16 集刑 155 号 67 頁),A 銀行の代表取締役頭取 X が,B 信用保証協会の理事 Y 等に要求して,事実上倒産した C 社に対して A 銀行が有していた債権を B 協会に代位弁済させたという事案について,X が Y らの任務違反性を認識していたとは認められないとして,原審の有罪判決を破棄している(最判平 16・9・10 刑集 58 巻 6 号 524 頁〔北國銀行事件,判ブⅡ 379〕)。

融資を受ける者ができるだけ自分に有利になるように交渉することは当然のことであり,それをもってただちに不当な関与行為という訳ではない(北國銀行事件差戻後控訴審判決〔名古屋高判平 17・10・28 高検速(平 17)号 285 頁〕参照)。問題は,どのような行為が許容範囲を超えているかである。

最高裁は,迂回融資の方法により実質無担保で高額な継続的融資を行わせた場合,融資担当者に,社会通念上許されないような方法を用いることなどはなかったとしても,融資に応じざるを得ない状況にあることを利用しつつ,迂回

第 1 節　共犯と共犯行為

融資の手順を採ることに協力するなどしたときには，特別背任罪の共同正犯が成立するとした（最決平 15・2・18 刑集 57 巻 2 号 161 頁〔住専事件，百選Ⅱ 73・判プⅡ 378〕）。本判例の後に，最高裁が融資等を受ける者に特別背任罪の共同正犯を認めた事例はすべて，経済活動として許される範囲を逸脱していたと思われる場合である（資金的に相互に強い依存関係にあることを利用しつつ，偽造の鑑定評価書を差し入れるなどの方法により，不当に高額で絵画を買い取らせた事例〔最決平 17・10・7 刑集 59 巻 8 号 1108 頁・イトマン事件〕，ゴルフ場経営会社の債務圧縮を内容とする実現不能の「再生スキーム」を提案し，融資の担保となる物件の担保価値を大幅に水増しした不動産鑑定書を作らせるなどした事例〔最決平 20・5・19 刑集 62 巻 2 号 1623 頁・石川銀行事件・判プⅡ 380〕）。

第 2 款　共犯の故意

1　共犯と故意

共犯の主観的要件　共犯の故意は共犯の客観的側面に対応したものでなければならないから，正犯者の行為について具体的な認識が必要である。これは，特に客観的要件が広い幇助犯について問題となる（398～399 頁）。

また，正犯概念についての主観説（377 頁）の立場からは，共謀共同正犯，間接正犯については，故意だけではなく「正犯意思」が必要だと主張されることもある。しかし，行為者の客観的行為によってではなく，その意思によって「行為支配」が生じることはない。

本款では，共犯すべてに共通の故意の問題を検討する。

アジャン・プロヴォカトゥール　身分を隠した警察官 X が Y を逮捕するために，Y に窃盗を教唆し，Y が窃盗に着手したところを警察官 A に逮捕させるというアジャン・プロヴォカトゥール（agent provocateur. 唆す警察官）の設例において，有力な見解は，共犯の故意も正犯の故意と同じでなければならないとして，既遂故意のない X に窃盗の教唆犯は成立しないとする（西田・総論 339 頁，山口・総論 335 頁）。しかし，未遂犯の修正された客観的構成要件は結果発生の危険であり，実行者に既遂故意が必要であるというのは，既遂結果に至らしめるために行為に出る（たとえば，窃取する目的で財物に手を伸ばす）意思が危険性を基礎づけるものとして必要であるという意味においてである（160 頁・337～338 頁）。実行

に出ない共犯者においては，実行者がこのような意味での既遂の意思を有していることの認識があれば，彼にも未遂犯の構成要件該当事実の認識に欠けることはない。

2　共犯の錯誤

共犯の過剰　　共犯者の錯誤も，基本的には一般の錯誤と同じである。

共犯者の故意を超過した過剰結果が生じた場合，共犯者はその故意の範囲の犯罪が成立する。例えば，暴行・傷害の意思で被害者のところに押しかけたが，そのうちの一人が殺意を持って被害者を刺殺した場合には，他の共同正犯者は傷害致死罪（刑205条）の責任を負う（最決昭54・4・13〔暴カバー事件〕）。「全員に殺人罪が成立し刑が傷害致死罪のそれによる」というのではない（197頁・403～405頁参照）。

共犯類型間の錯誤　　共犯の類型についての錯誤がある場合には，軽い類型の共犯が成立する。

医師Xが，患者Aを殺害するつもりで，看護師Yに毒物入りの注射を渡し，Vに注射することを依頼したという事例において，Xは，Yは自分の意図を察知して注射してくれると思っていたが，Yは何も気づかず注射したという場合は殺人の教唆の意思で間接正犯の結果が生じた場合であり，逆に，Xは，Yは何も知らずにVに注射すると思っていたが，YはXの意図を察知して注射した場合には，間接正犯の意思で教唆の結果が生じた場合である。両者の場合とも殺人の教唆が成立する。前者においては，Yは犯意を惹起されておらず教唆犯の修正された構成要件は充足されていない。後者においては，教唆結果は実現されているが，Xには教唆の意思はない。しかし，主観と客観とが不法・責任の範囲で合致している範囲で犯罪の成立が認められるのである（197～198頁）。

方法の錯誤・客体の錯誤　　Xが，殺し屋Yに病院に入院中のAを殺すことを教唆し，YはAの病室に入りベッドの上にいたAに向かって発砲したが，弾丸が外れてその場にいた看護師Vに当たりVが死亡したという実行者の方法の錯誤の場合，構成要件的に符合する限り故意を阻却しないという判例の抽象的法定的符合説によるなら，Xにも殺人教唆を肯定することになろう（教唆者の錯

誤についての最判昭25・7・11〔ゴットン師事件〕。ただしこれは傍論である。421頁参照）。しかし，具体的法定的符合説によるなら，X・Yともに殺人の故意を肯定することはできない。

　他方，病室にいたのはAではなくVであったが，YはVをAと思いこれを射殺したという場合，Yの錯誤は客体の錯誤であり，具体的法定的符合説によってもYの故意は肯定しうるが，Xにとっては方法の錯誤であるから故意を肯定することはできないという見解もある（西田・総論230〜231頁）。また，Xが「Aのいるのは病院のα号室である」といってYにA殺害を依頼したが，Aの病室は変更になっていてα号室にいたのはVだったという場合には，Xの意思内容は「α号室にいる人」を殺すことであり，Xには方法の錯誤は存在せず，具体的符合説によっても故意を肯定できるが，Xが単に「Aを殺せ」と指示し，Yが病室を間違えてVをAと思って殺したときには，Xにとっては方法の錯誤であり，故意を阻却するという見解もある（平野・総論II 387〜388頁，山口・総論362頁）。

　しかし，方法の錯誤が故意を阻却するのは，実行者に客体を侵害する意思が欠如するためである（202〜204頁）。実行者Yが客体を侵害する意思を有し，依頼者XがYがそのような意思を持っていることを認識し，その認識した通りに犯罪が行われている以上，その客体がAではなくVであったことは，Xの故意を阻却するものではない。要するに，実行者の客体の錯誤は共犯者にとっても客体の錯誤である。以上は，教唆・幇助ばかりでなく，共同正犯においても同じである。

第3款　共同正犯，間接正犯

1　正犯の概念

正犯と実行　正犯には，直接単独正犯（Xが拳銃を発砲してVを殺した）以外に，共同正犯（XとYが共同してVを撃ち殺した），間接正犯（Xが毒薬の入った注射器を，そのことを知らない看護師Aに渡しVを殺害した）がある。直接単独正犯は殺人罪（刑199条）の基本構成要件に該当する行為であるから，共同正犯行為も間接正犯行為もそのようなものであるということになる。すなわち，すべての正犯に共通

の「正犯行為」とは基本構成要件該当行為である。

かつての「客観説」は，正犯行為は未遂犯（刑43条本文）の要件である実行行為と同じであると考えていた。これによれば，殺人の間接正犯においては看護師に注射器を渡す医師の行為が正犯行為であるばかりでなく，この時点で実行行為があり未遂も成立するとすることになる（335頁参照）。また，共謀共同正犯には実行行為は存在しないので，共同正犯とすることはできないのであり，共謀共同正犯は認めるべきではないことになる。

しかし，繰り返し述べたように，正犯行為は未遂犯における「実行」と同じではない。刑法は「2人以上共同して犯罪を実行した者」を共同正犯（60条），「人を教唆して犯罪を実行させた者」を教唆犯（61条1項）としているが，ここでの「実行」は正犯行為のことであり，未遂犯の要件である「実行」の着手とは異なる。実際，最高裁は実行行為のない予備罪の共同正犯を認めている（最決昭37・11・8〔青酸ソーダ事件〕。殺人予備罪〔刑201条〕の共同正犯）。

正犯と「行為支配」　　古い「客観説」とは逆に，その犯罪は自分の犯罪であるという意識，あるいはその犯罪から利益を得る意思などの「正犯意思」を正犯性の基準であるとする「主観説」もある。だが，基本構成要件該当行為である正犯行為を決定するのに，このような行為者の主観によるのは妥当ではない。正犯性を肯定する判例は行為者が「自己の犯罪」と認識していたことをあげることがあるが，いずれも，実際には行為の客観面も考慮している（たとえば，東京高判平28・9・7判時2349号83頁）。

基本構成要件に該当する行為を正犯行為と考えるならば，共同正犯行為は，客観的に見て，構成要件該当事実の実現に支配的に関与する行為であり，他の共犯行為は従属的に関与する行為であるということになる（団藤・総論373頁，西田・総論328頁など。なお，最決昭57・7・16刑集36巻6号695頁〔大麻密輸入事件，百選Ｉ77・判プＩ343〕における団藤重光裁判官の補足意見参照）。このような「行為支配説」はドイツの通説的見解であり，日本でも学説上の支持を増やしている。ここでいう「行為」とは犯罪行為のことであり，「支配」されなければならないのは構成要件の実現であり，他人の行為ではない。また，「行為支配」は直接正犯，間接正犯，共同正犯に共通する概念であり，間接正犯についてだけのものではな

第1節　共犯と共犯行為

い。行為支配の概念は正犯性の基準というよりはその指導形象であり，これに依りながら，共同正犯，間接正犯における正犯概念を検討しなければならない。

2　自手犯

自手犯の意義　学説には「自手犯」という犯罪類型の存在を認め，そこでは「自分の手で」，すなわち直接自己の身体を用いて構成要件を実現しなければ構成要件の支配が存在せず，従って正犯とはならないというものがある。ドイツでは，性犯罪など，かなり広い範囲について自手犯を認めるが，日本では，住居侵入罪（刑130条），窃視罪（軽犯1条23号）など，正犯行為と法益の侵害・危殆が密接に結びついている行為犯（115頁）についてだけ自手犯を肯定する見解が有力である（平野・総論Ⅱ363頁，山口・総論45頁）。

自手犯による正犯性の限定は正犯の範囲を限定するものであるから，間接正犯ばかりでなく共同正犯にも妥当することになる。従って，もし住居侵入罪，窃視罪が自手犯だとするなら，XがYに，「Vがお前を待っている」とだましてVの住居に入らせたとき，「部屋の中にパンダがいる」といってVのいる浴室を覗かせたとき，Xには住居侵入罪，窃視罪の間接正犯は成立せず，XとYが共謀し，YがVの住居に侵入し，あるいは浴室にいるVを覗いたたときには，Xはこれらの罪の共同正犯ではなく，その教唆犯あるいは幇助犯にとどまることになる。

だが，すでに述べたように，実行行為でなくても，構成要件の実現を支配した行為も正犯行為になる。結果の発生に直接結びついているYの行為だけが正犯行為たりうるということはない。上述の見解は，犯罪を「体感」しなければ正犯とはなりえない犯罪類型があり，それを自主犯と考えているのかもしれないが，そのようにする理由は存在しないと思われる。住居に侵入したり，浴室を覗いたりしたのが馬ではなく，Yという人間である以上，Xは法益侵害の結果を招致したばかりでなく，それを内容とする構成要件の実現を支配した者でもある。

判例と自手犯　大審院は，団体として認められた定員を超過したため有効な乗車券を持っていないことになった乗客が，自分は有効な乗車運賃を払って

いると思っていた場合，そのような乗客がいることを知りながら，その乗車を認めた責任者には不正乗車罪（鉄営29条1号）が成立するとしている（大判明42・11・15刑録15輯1580頁）。これによれば，有効な乗車券を持っている者とそうでない者とが，意思を通じたうえで一緒に乗車したときには，両者に不正乗車罪の共同正犯も成立することになる。また，最高裁は，自分が運転していない車両についても自動車危険運転致死傷罪の共同正犯を認める（最決平30・10・23刑集72巻5号471頁〔砂川赤信号無視事件〕）。

他方，戦後の下級審の判例には，原動機付自転車の免許しかない者に，原付自転車の排気量を超える自動二輪車を原付自転車だと偽って販売し，これに無免許運転させた行為について，道交法の無免許運転罪は自手犯であるとして，その間接正犯は成立しないとして不可罰だとしたものがある（岡山簡判昭44・3・25刑月1巻3号310頁）。これが実際に自手犯を認めた唯一の判例である。

3 共同正犯

実行共同正犯と共謀共同正犯 数人が共同して「犯罪を実行」することが共同正犯であるが（刑60条），すでに述べたように，ここでの「実行」は，日本刀で斬りかかるというような実行行為（刑43条本文）とは異なる正犯行為である。しばしば「共同正犯は一部実行，全部責任である」といわれるが，この場合の「実行」を実行行為と考えているとするなら，これは正確ではない。また，「全部責任」であるのは教唆でも幇助でも同じであるから，これも正確ではない。

共同正犯も正犯であり，行為者が構成要件実現を支配したかという観点からその正犯行為の外延が決定されなければならない。行為支配説は，共同正犯は，関与者が他の関与者とともに，構成要件の実現について重要な役割を果たすという「機能的行為支配」であるとする。教唆も幇助も犯罪遂行における役割分担であるが，共同正犯はその中でも「重要な役割」を分担することであるとされるのである。正犯と教唆・幇助との差は量的なものである。

改正刑法草案（27条）は，「2人以上共同して実行した者は，みな正犯とする」（1項）として現行法を維持するとともに，「2人以上で犯罪の実行を謀議し，共謀者の或る者が共同の意思に基づいてこれを実行したときは，他の共謀者もま

第1節　共犯と共犯行為

た正犯とする」(2項) としていた。現在では，このように共同正犯を「実行共同正犯」と「共謀共同正犯」とに分ける見解が一般的である。だが，「謀議」のない場合には，実行行為が共同正犯の絶対的要件というわけではない。また，「謀議」参加者は常に共同正犯になるという訳でもない。この意味では，改正刑法草案の法文は不適切である。

　以下では，構成要件実現における「重要な役割」を，実行行為あるいはそれに準ずる行為と，それ以外の犯罪計画の形成とに分け，前者を「実行共同正犯」，後者を「共謀共同正犯」と呼ぶことにする。

　実行共同正犯：実行行為に準じる行為による共同正犯　未遂行為の意味での「実行」をともに行った者は共同正犯である。別々の車両で移動中のX・Yが意思を通じたうえで，それぞれ時速100kmを超える猛スピードで赤色信号を無視して交差点に進入し，Xが，青信号に従い走行してきたVほか4名の同乗する自動車に衝突し，Yが，車外に放り出された1名を轢くなどしてVほか3人を死亡させ1名に重傷を与えた場合，X・Yは「共同して危険運転行為を行った」ものとして，4人全員に対する危険運転致死傷罪（自動車運転致死傷2条5号）の共同正犯が成立する（最決平30・10・23〔砂川赤信号無視事件〕。原審までは共謀共同正犯としていた）。

　実行行為を行わなかったが，それに準じる行為をともに行った者も共同正犯である。Xは日本刀，Yは拳銃をそれぞれ持ってVのところに押しかけ，出てきたVに対してYが発砲したとき（殺人未遂），Xは殺人の実行行為を行ってはいないが，殺人行為に「密接且つ必要な行為」を行ったものとして共同正犯が成立する（大判昭6・7・8刑集10巻312頁）。学生集団の先頭にいた者のうち6名が機動隊員らに対し角材等で暴行を加えた場合，その6名とともに先頭にいた者全員に公務執行妨害罪（刑95条1項）の共同正犯が認められる（最判昭52・5・6刑集31巻3号544頁〔飯田橋事件上告審判決〕，およびその差戻後控訴審判決である東京高判昭55・2・4刑事裁判資料246号455頁参照）。喧嘩になった現場でXが小刀をYに渡しYが被害者を刺殺したとき，Xも傷害致死罪（刑205条）の共同正犯である（東京高判昭40・6・7東高刑時報16巻6号49頁）。このような場合を「現場共謀」あるいは「黙示の共謀」による共謀共同正犯とする見解もあるが，ここでは相互了解

以上の共謀は存在しないのであり，これを「共謀共同正犯」と呼ぶことは妥当ではない。

下級審の判例には，主観説的考え方の下で，正犯意思の欠如を理由として，実行行為を分担した者を共同正犯ではなく幇助犯としたものがあるが（横浜地川崎支判昭51・11・25判時842号127頁〔判プI 347。覚せい剤譲渡罪〕，大津地判昭53・12・26判時942号145頁〔覚せい剤使用罪〕，福岡地判昭59・8・30判時1152号182頁・百選I 78〔強盗殺人未遂〕。なお，後者の事件の他の共犯者についての最決昭61・11・18刑集40巻7号523頁〔博多覚せい剤事件，百選II 39・判プII 248〕参照），不当である。

共謀共同正犯：犯罪計画の形成による共同正犯　犯罪計画の形成も犯罪実現についての重要な役割の担当であり，この意味での「共謀者」「謀議者」も共同正犯者とすべきである。

共犯者による謀議が行われ，謀議参加者の一部がそれに基づいて犯罪を実行したときには，実行を行わなかった謀議参加者も共同正犯としての責任を負うという共謀共同正犯理論は大審院時代に確立し（特に，すべての犯罪について共謀共同正犯が認められるとした大連判昭11・5・28刑集15巻11号715頁〔大森ギャング事件，判プI 339〕），最高裁に引き継がれ（最大判昭33・5・28刑集12巻8号1718頁〔練馬事件，百選I 75・判プI 340〕），現在は確立した判例理論となっている。かつて共謀共同正犯の根拠とされたのは，共犯者が共同意思の下で一心同体となっているという後述の「共同意思主体説」であった。しかし，意思合致は，片面的共犯でない以上，すべての共犯について共通のものであり，共謀共同正犯を共同正犯とする理由とはなりえないものである。また，これによると，単なる謀議参加者，あるいは謀議の存在を知らされていたに過ぎない者も共同正犯となってしまう。

共同正犯行為である共謀は単なる意思連絡，犯意の共有ではない。たとえば，X・Yは，アルコールの影響により正常な運転が困難な状態にあるZが運転することを許可し，同乗したまま運転を黙認し続け，Zが死傷事故を起こした場合には，X・Yには危険運転致死傷罪（当時の刑208条の2第1項前段。現在は自動車運転致死傷2条1号）の幇助が成立するにとどまる（最決平25・4・15刑集67巻4号437頁〔熊谷危険運転事件〕）。強盗殺人の被害者の遺体を運搬したが，強盗殺人計画に協力することを承諾したに過ぎないときには，強盗殺人の共謀共同正犯で

第1節　共犯と共犯行為

はなく，幇助犯である（東京高判平25・5・28高刑集66巻2号1頁）。

順次共謀　共謀によって実行者による構成要件の実現が支配されたときに，共謀者の正犯性が肯定される。その共謀に基づいて別のメンバーによる共謀が別の時間，別の場所で行われたときも，最初の共謀参加者は共謀共同正犯となる。この意味で，共謀共同正犯における共謀は「順次共謀」でも足りる（最大判昭33・5・28〔練馬事件〕は，10名の行為者が5個の順次共謀により警察官を襲撃することになり，7名が実行したというものである）。Pから大麻密輸入を持ちかけられたXがQを運び屋としてPに引き合わせ，PはRにタイでの買い付け役を依頼し，タイに派遣されたQ・Rが大麻を日本に密輸入したときには，Xは営利目的大麻密輸入罪（大麻4条1号・24条2号）の「謀議を遂げた」ものである（最決昭57・7・16〔大麻密輸入事件〕）。

順次共謀も共謀であるというのは以上のような意味であり，複数の共謀が全体で一個の共謀を形成し，すべての共謀者が共同正犯としての責任を免れないというような，共同意思主体説的な理解によるものではない。各謀議の参加者は，その共謀行為に基づいて正犯としての責任を負うものである（なお，422〜423頁参照）。

以上のような明示的な連絡行為がないときにも，段階的に共謀が成立し「黙示の共謀」が認められる場合もある。特別の指示がなくても，「スワット」（ボディガード）が拳銃を所持して暴力団組長Xと行動をともにしながら警護するのが通例となってきていた場合においては，Xはスワット5名の拳銃とこれに適合する実包の不法所持罪（銃刀所持31条の3第2項・同条1項・3条1項）の共謀共同正犯が成立する（最決平15・5・1刑集57巻5号507頁〔スワット事件，百選Ⅰ76・判プⅠ341〕。なお，同様の暴力団組長の拳銃不法所持の共謀共同正犯を認めた最決平17・11・29集刑288号543頁〔大阪ヒルトンa事件〕，最判平21・10・19判時2063号155頁〔大阪ヒルトンb1事件〕，最決平27・3・3 LEX/DB 25506118〔大阪ヒルトンb2事件〕）。この場合，最高裁が摘示したような状況によって，不法所持罪の黙示の共謀が事前に存在していたのであり，「具体的な謀議行為」は存在しないがXに正犯意思があるために共謀共同正犯が成立する（スワット事件における深澤武久裁判官の補足意見）というわけではない。また，現場共謀が存在したわけでもない（百選Ⅰ〔第6版〕76〔町

野朔〕を以上のような趣旨に補足する）。

客観的謀議説と主観的謀議説　共謀は，拳銃を発砲する，日本刀を持って押しかける，実行者に現場で小刀を渡すなどの実行行為あるいはそれに準じる行為と同じく，共同正犯における正犯行為であり，行為者がこれを行ったことが証明されなければならない。謀議の場にいるなどして，共謀の存在を知っていただけでは共謀共同正犯は成立しない。最高裁は，「『共謀』または『謀議』は，共謀共同正犯における『罪となるべき事実』にほかならないから，これを認めるためには厳格な証明によらなければならないこというまでもない」とし（最大判昭33・5・28〔練馬事件〕），汽車転覆等致死罪（刑126条3項）の共謀共同正犯が問題になった「松川事件」では，連絡謀議の証明がなされていないとして原審までの有罪判決が破棄されている（最大判昭34・8・10刑集13巻9号1419頁〔松川事件第1次上告審判決〕。共謀，実行のいずれについても証明がなされていないとした最判昭38・9・12刑集17巻7号661頁〔同第2次上告審判決〕によって，無罪判決が確定している）。「スワット事件」のような「黙示的共謀」についても，このような事情に変わりはない。ここでも，組長が直接指示しなくてもスワットらが自発的に警護のための拳銃を所持することとなった経緯が証明されなくてはならないのであり（最決平15・5・1〔スワット事件〕，最判平21・10・19〔大阪ヒルトンｂ１事件〕の判示参照），「謀議なき共謀共同正犯」があるわけではない。

　共謀共同正犯における共謀についてのこのような考え方を「客観的謀議説」という。これに対して，主観的な意思の合致が共謀であるとする「主観的謀議説」においては，「共同意思はただ存在が確認されればよいのであり，その成立の過程は問題ではない」と主張される（最大判昭34・8・10〔松川事件第1次上告審判決〕における田中耕太郎裁判官の反対意見）。しかし，このような「共同意思」は狭義の共犯も含めてすべての共犯の成立に共通の要件に過ぎない（415〜416頁）。このような主観的謀議説は，共謀共同正犯の成立範囲を，教唆行為・幇助行為の存在しないところまで拡大し，犯罪関与者を一網打尽にする道具となりかねない。

共謀共同正犯と未必の故意　未必の故意であっても共謀共同正犯は成立する（廃棄物不法投棄罪〔廃棄物32条1号・25条1項8号・16条。行為時の条文〕について最決

第1節 共犯と共犯行為

平19・11・14〔硫酸ピッチ事件〕参照）。正犯概念についての主観説からは，未必の故意は積極的に犯罪を実行する意思ではなく正犯者意思とはいえないとして，共謀共同正犯は成立しないということになるかもしれない。最高裁は，部下が自分を警護するため拳銃等を携行していることを「概括的とはいえ確定的に認識していた」こととしていたが（最決平15・5・1〔スワット事件〕，最決平17・11・29〔大阪ヒルトンa事件〕，最判平21・10・19〔大阪ヒルトンb1事件〕），それは意図・確知という確定的故意が必要だという趣旨ではなく，組長には，護衛者が拳銃を携行していることの認識は蓋然的であっても，意思の確定があり，故意にかけるところはない（175～176頁参照）という意味に理解すべきである。

要するに，単独犯の場合と同じく，未必の故意も共犯の故意として十分なのであり，共謀共同正犯においても，同じである。

4　過失の共同正犯

過失と共犯，過失競合と過失同時犯　　過失犯にも共犯は認められるか，共同正犯，教唆犯，幇助犯は過失行為にもありうるかには，いくつかの問題がある。

判例は，最高裁時代になってから過失の共同正犯を認め（過失有毒飲食物販売罪〔旧有毒飲食物取締令4条1項後段・1条1項〕について最判昭28・1・23刑集7巻1号30頁〔メタノール共同販売事件，判プI351〕），近時には，最高裁は，「共犯の1人に対してした公訴の提起による時効の停止は，他の共犯に対してその効力を有する」という刑事訴訟法（254条2項）の規定との関係で，業務上過失致死罪（刑211条前段）の共同正犯が存在することを前提としている（最決平28・7・12刑集70巻6号411頁〔明石市歩道橋事件〕。結論として共同正犯の成立を否定）。その間，下級審の判例には過失の共同正犯を認めるものがいくつかある。他方，過失の教唆・幇助を認める判例はないようである。

かつての学説では，「犯罪共同説」（399～402頁）から，犯意の共同のありえない過失犯においては共同正犯もありえないという見解が有力であった。だが，これは共犯は故意犯であることを前提とした議論であり，論点先取論法（petitio principii）の典型である。現在では，過失共同正犯を認めることは不当な処罰範囲の拡張に至るとして，過失共同正犯は過失同時犯に解消されるべきだとす

るものもある（西田・総論382〜384頁，井田・総論476頁など。これが，上記の刑訴法245条2項との関係でも共同正犯を否定する趣旨かは明らかでない）。しかし，共犯は犯罪行為の共同であり，過失犯にも共同正犯（刑60条）を一律に否定する理由はない。問題は，その適用の要件である。

　過失による教唆，幇助には刑法の各規定（61条・62条）は適用されず，不可罰とすべきである。これは，故意犯処罰の原則（38条1項）が共犯規定にも及ぶ（山口厚「過失共同正犯再考」西田典之先生献呈論文集157頁）という理由からではなく，過失によって犯罪を誘発・助長する行為のすべてを処罰することは不当であるという理由から，61条・62条から過失による行為は除かれると解釈されるからである。従って，結果的加重犯に対する教唆・幇助は，単純な過失結果の誘発・助長ではないから，結果的加重犯における加重結果について過失を必要としたとしても，これを認めることができる。

　複数の過失行為が競合して結果の発生に至ったような場合，過失共同正犯が成立しないときには，過失同時正犯が認められない以上，不可罰である。事故現場から遠い安全管理者の過失責任を追及する「管理・監督過失」（237〜242頁）においても，これらの行為の正犯性が必要である。結果に対する予見可能性があれば，行為者には過失同時犯の責任を問いうるから，過失共同正犯の議論には実益がない（前田・総論370頁）ということでもなければ，過失犯においては拡張的正犯概念（360〜361頁）が妥当するというわけでもない。

　意思連絡　判例には，傍論ではあるが，過失共同正犯には行為者間の意思連絡は必要ではないとしたものがあるが（越谷簡判昭51・10・25判時846号128頁・判プⅠ359），過失共同正犯も共犯であるから，故意共同正犯と同じように，行為者が相手の具体的行為を了解し，意思連絡があることが必要であり，過失によってその行為を認識していなかったというだけでは足りない。共同作業における連絡の不徹底，組織体のコンプライアンスの不備，管理・監督過失の場合すべてにおいて，過失共同正犯が成立するものではない。

　過失有毒飲食物販売罪について共同正犯が認められた事例においては，2人の共同経営者が意思連絡のうえ販売行為を行っていたというものである（最判昭28・1・23〔メタノール共同販売事件〕）。また，主治医Aが患者Vに血液凝固防止剤

第 1 節　共犯と共犯行為

を注射するよう看護師 X に指示し，X が消毒液の入った別の注射器を取り違えて V の床頭台の上に置き，看護師 Y がこれをそのまま V に点滴静脈注射したため V を死亡させた場合について，X・Y に業務上過失致死罪（刑 211 条前段）の共同正犯の成立が認められているが（東京地判平 12・12・27 判時 1771 号 168 頁〔都立広尾病院事件，判プ I 360〕），ここでも，X・Y が，それぞれの相手の行為について認識していたものである。

過失正犯行為の共同　過失共同正犯が成立するためには，これも故意共同正犯と同じように，過失正犯行為の共同がなければならない。過失正犯行為が存在しないときには，不可罰な過失教唆・幇助が存在するに過ぎない。

結果を発生させた具体的な過失行為が作為犯である場合において，判例が過失共同正犯を肯定した事例は，皆で一個の瓦礫を持ち上げて階下に投棄したような，いわば行為者らが「力を合わせて」その過失行為を共同した場合である（最判昭 28・1・23〔メタノール共同販売事件。共同経営者の販売行為〕，佐世保簡略令昭 36・8・3 下刑集 3 巻 7・8 号 816 頁〔判プ I 353。2 人が無免で観光船の操作を分担して運転し，衝突・座礁させこれを破壊した事例。刑 129 条 1 項後段〕，名古屋高判昭 61・9・30 高刑集 39 巻 4 号 371 頁〔判プ I 355。共同の溶接行為で失火。刑 117 条の 2 前段〕，東京地判平 12・12・27〔都立広尾病院事件。注射液の準備とそれを用いた注射行為〕）。

たとえば，工事現場で片付けをしていた作業員 X・Y がそれぞれ廃材を地上に投棄し，そのうちの一つが通行人 V に当たって傷害した場合，ハンター X・Y が藪の中で動いていた V を熊と思い一緒に発砲して，そのうちの一発が命中して死亡させたような場合にも，過失共同正犯は認められる。X・Y のいずれの行為（投棄，発砲）によって結果が発生した場合，あるいは，いずれの行為によるか確定できない場合でも，X・Y は発生した結果に対して責任を負う。学説には，ここでは共同した危険行為がないとして，過失共同正犯を否定するものがあるが（山口厚「過失共同正犯再考」前掲 169 頁），ここでも過失正犯行為が存在するのであり，その正犯性について故意の共同正犯の場合と異なって考える理由はない。

共同過失行為が存在しない場合には，過失共同正犯は成立しない。屋根葺き替え工事の現場での 3 人の作業員がそれぞれ喫煙し，そのうちの誰かの吸い殻

あるいは飛び火によって建造物が焼損された場合には，葺き替え工事の共同は存在するが，共同しての喫煙が存在すると見られない以上，重過失失火罪（刑117条の2後段）の共同正犯が成立するということはできない（秋田地判昭40・3・31下刑集7巻3号536頁〔秋田市庁舎事件，判プⅠ357〕）。

不作為による過失行為への協働，「共同義務の共同違反」について　結果を発生させた過失行為が作為であった場合，これを防止すべき作為義務を負う者が過失によってこれを怠ったときには，過失不作為犯と過失作為犯との共同正犯となる。工事現場での作業員の喫煙から出火したという上の例において，工事責任者に作業員による失火を防止する義務が認められるときには，工事責任者と作業員との重過失失火罪の共同正犯が成立する（秋田地判昭40・3・31〔秋田市庁舎事件〕は工事責任者について同罪の成立を認めたが，共同正犯とはしていない）。また，担当医Xが看護師Yに麻酔注射を指示し，Yが注射液を取り違えて注射しVを死亡させた場合，XにYの注射を監督する責任を肯定するときには，X・Yは業務上過失致死罪（刑211条前段）の共同正犯である（広島高判昭32・7・20高刑裁特4巻追録696頁・判プⅠ358はこれを否定し，過失同時犯とするが，その理由は明らかでない）。

過失作為犯の共同正犯が具体的な過失行為を共同した場合であるように，過失不作為犯の共同正犯は行うべき作為が同じである場合であるから，作為義務の内容が共通である場合に成立することになる。しばしば，過失共同正犯は「共同義務の共同違反」「共同の注意義務の共同違反」であると言われるが，それはこのような過失不作為犯同士の共同正犯について当てはまるものであり，過失作為犯同士，過失作為犯と過失不作為犯ついては当てはまるものではない。

具体的には，共同で煮炊きした2個の素焼きコンロについて「過熱発火を防止する措置」をとる義務（名古屋高判昭31・10・22高刑裁特3巻21号1007頁。失火罪〔刑216条1項〕），列車接近を確認する踏切担当者2人（本番・合番）の義務（京都地判昭40・5・10下刑集7巻5号855頁〔判プⅠ354，業務上過失致死罪〔刑211条前段〕），それぞれが作業に使用したトーチランプ2個の消火義務（東京地判平4・1・23判時1419号133頁・百選Ⅰ80・判プⅠ356〔業務上失火罪。刑117条の2・116条1項〕）が，このような共同義務である。

しかし，花火大会が行われた公園と最寄り駅とを結ぶ歩道橋で多数の見物客

第 1 節　共犯と共犯行為

が折り重なって転倒して死傷者が発生した場合，現場において配下の警察官を指揮するなどして見物客の安全を確保すべき警察署地域官 X の義務と，警察署において X を指揮監督する警察署長を補佐する警察署副署長 Y の義務とは共同のものであったということはできない（最決平 28・7・12〔明石市歩道橋事件〕は，X・Y の業務上過失致死罪の共同正犯を否定し，X に対する公訴提起による公訴時効停止の効果〔刑訴 254 条 2 項〕は Y に及ばないとして，Y に対する免訴判決〔刑訴 337 条 4 号〕を支持した）。

5　間接正犯

意思支配による正犯　　他人を道具として利用して犯罪を実現する行為を間接正犯という。正犯行為は「行為支配」を指導形象とする概念であり，その中でも間接正犯は道具である他人の「意思を支配する」（意思支配）ことにより犯罪実現を支配する正犯類型である。

間接正犯においては，直接犯罪を実行していない背後者が正犯であるとされるために，かつては，未遂犯における実行行為者（刑 43 条本文）が正犯者であるという考え方から，共謀共同正犯とともに間接正犯も否定する学説もあった。しかし，すでに繰り返し述べてきたように，正犯行為は実行行為とは異なる。古い最高裁判例には，間接正犯を「実行正犯」と表現したものがあるが（最判昭 25・7・6 刑集 4 巻 7 号 1178 頁〔ヤミ米運搬事件，判プ I 332〕），現在ではこれは不適当な表現である。

また，刑事未成年者の行為を利用したときに，直ちに間接正犯を認めた古い判例（大判明 32・3・14 刑録 5 輯 64 頁，大判明 37・12・20 刑録 10 輯 2415 頁〔以上は旧刑法のもとでのもの〕，仙台高判昭 27・9・27 高刑判特 22 号 178 頁，広島高松江支判昭 29・12・13 高刑集 7 巻 12 号 1781 頁）もあった。これは，責任無能力者の行為には共犯は成立しないという後述の極端従属性説（405 頁）を前提に，拡張的正犯概念をとったものと理解されている。しかし，共犯の成否と間接正犯の存否が逆対応するわけではない。間接正犯は，正犯行為が存在するときに肯定されるのであり，教唆犯・幇助犯が成立しているときにも，そうでないときにも間接正犯が成立しうることは，共謀共同正犯の場合と同じである。

第 8 章　共　　犯

意思支配の類型　最高裁は，Xが，12 歳の養女Aが逆らうときにはその顔面にタバコの火を押しつけたり，ドライバーで顔をこすったりして，自己の意のままに従わせ，窃盗を行わせた行為は，「自己の日頃の言動に畏怖し意思を抑圧されている同女を利用して右各窃盗を行つたと認められるのであるから，たとえ所論のように同女が是非善悪の判断能力を有する者であつたとしても，被告人については本件各窃盗の間接正犯が成立する」としている（最決昭 58・9・21 刑集 37 巻 7 号 1070 頁〔四国お遍路事件，百選Ⅰ74・判ブⅠ328〕）。意思支配は，マインドコントロールのような方法でも可能である。難病治療を標榜するXは，1 型糖尿病の 7 歳の男児Vの両親A・Bから，その治療を依頼され，Vを救うためにはXを信じてその指導に従う以外にはない，主治医の指示に従ってはならないと母親Aに信じ込ませ，インスリンの投与を中止させ，結局Vを死亡させたという事案について，Aを利用した殺人罪（刑 199 条）の間接正犯が成立する（東京高判平 30・4・26 裁判所ウェブサイト〔1 型糖尿病事件〕）。

組織的に上司の指揮命令に従わざるを得ない部下においては，以上のような強力な意思制圧は存在しなくても，意思支配を肯定しうる。たとえば，有害物質の排出を行ったのは工場の従業員であっても，それを指示した工場の責任者には排出罪（公害 2 条 1 項・3 条 1 項）が成立する。最高裁は，会社の使用人にトラックで米を運搬させた運送会社の代表取締役は，使用人を「自己の手足として米を自ら運搬輸送した」のであり，使用人が「その情を知ると否とにかかわらず」，米の「輸送」を構成要件としている旧・食糧管理法違反の罪の「実行正犯」であるとした（最判昭 25・7・6〔ヤミ米運搬事件〕）。先ほど述べたように「実行正犯」というのは適切ではないが，代表取締役を正犯とした結論は妥当である。

錯誤を利用する意思支配もある。たとえば，医師が，注射器には毒が入っていることを隠して看護師に渡し，注射された患者が死亡したような場合には，殺人罪（刑 199 条）の間接正犯である。自分が所有者であると偽り，他人のドラグラインを屑鉄業者に売渡し，屑鉄業者にこれを解体・搬出させた行為は窃盗罪（刑 235 条）の間接正犯である（最決昭 31・7・3 刑集 6 巻 2 号 275 頁・判ブⅠ330）。

意思支配が肯定できないときには間接正犯は成立しないが，他の形式の共犯の要件を満たしているときには，それによって処罰される。母親Xが，嫌がる

第 1 節　共犯と共犯行為

長男 A（12 歳 10 か月，中学 1 年生）に，覆面，エアガンなどを準備し，自分の勤務先のスナックの女性経営者から強盗することを命じ実行させたという事案について，最高裁は「A には是非弁別の能力があり，被告人〔X〕の指示命令は A の意思を抑圧するに足る程度のものではなく，A は自らの意思により本件強盗の実行を決意した上，臨機応変に対処して本件強盗を完遂した」として，X には強盗罪（刑 236 条 1 項）の間接正犯ではなく，A との共同正犯であるとした（最決平 13・10・25 刑集 55 巻 6 号 519 頁〔母子強盗事件，判プⅠ 329〕）。また，前掲の，V へのインスリン投与を止めさせた X について，東京高裁は，V の母 A との関係では A を利用した殺人罪の間接正犯認めたが，X のいうことについて半信半疑であったが結局は X のいうところに従った父 B との関係では，X の殺人罪と B の保護責任者遺棄致死罪（刑 219 条・218 条）との共謀共同正犯が後者の範囲で成立するとされた（東京高判平 30・4・26〔1 型糖尿病事件〕。共犯の罪名については，403〜405 頁参照）。

身分犯と間接正犯　たとえば，収賄罪（刑 197 条〜197 条の 4）は公務員という身分を有する者だけが犯しうる。身分のない者が身分者を利用してこのような「身分犯」を行うことは可能か，非公務員 X が公務員 A を欺罔して賄賂を受け取らせたら，X に収賄罪は成立するかが問題とされる。

平成 29 年（2017 年）の改正前の刑法（177 条・178 条 2 項）は「女子」を姦淫する行為を強姦罪としていた。最高裁は，同罪は「男性」という身分によって構成される犯罪であり，刑法 65 条 1 項を適用することによって，女性と男性による強姦罪の共同正犯を肯定している（最決昭 40・3・30 刑集 19 巻 2 号 125 頁〔男性は身分事件，判プⅠ 383〕）。最高裁は，「身分のない者も，身分のある者の行為を利用することによって，強姦罪の保護法益を侵害することができる」ことをその理由としている。そうだとすると，女性 X が，男性 Y に，被害女性 V が Y をベッドの中で待っていると虚偽を告げ，だまされた A が V を姦淫したときにも，法益侵害性を肯定しうるから，刑法 65 条 1 項を準用して X に刑法改正前の強姦罪・準強姦罪を認めるべきであることになろう。なお，現在の強制性交罪・準強制性交罪（177 条・178 条 2 項）は，被害者を女性に限定していないので，ここではこのような問題は起こらない。

第 8 章 共　　犯

　非身分者が身分者を利用した場合であっても，その身分犯における法益の侵害・危殆が存在しない場合には，非身分者による間接正犯は成立しない。たとえば，公務員Aの友人Xが，Aの職務に関係する業者Yと共謀のうえ，ゴルフコンペで優勝した友人の公務員Aに，自分からのお祝いだといって，Y社制のゴルフセットを届けた場合，賄賂性の認識のないAの職務の廉潔性は損なわれる危険性はないのだから，X・Yに収賄罪（刑197条1項）の間接正犯は成立しない。Xが電車内にいた警察官Aに，会社員Vが今Bに痴漢をしていると虚偽をいいVを現行犯逮捕させたときにも，Xには特別公務員職権濫用罪（刑194条）は成立せず，Aの適法行為を利用した逮捕監禁罪（刑220条）の間接正犯が成立しうるに過ぎない（393頁参照）。

　虚偽公文書作成罪（刑156条）の間接正犯については問題がある。判例は，公文書の起案を担当する公務員が虚偽を記載した文書を作成し，それを真実と誤信した文書の発行責任者に署名・押印させた場合について同罪の間接正犯を認めている（大判昭11・2・14刑集15巻113頁，大判昭15・4・2刑集19巻181頁，最判昭32・10・4刑集11巻10号2464頁・百選II 91・判ブII 467）。しかし，最高裁は，非公務員による虚偽公文書作成罪の間接正犯は公正証書原本不実記載罪（刑157条）に該当しない以上不可罰であるともしている（最判昭27・12・25刑集6巻12号1387頁・判ブII 466）。ここでは内容虚偽の公文書が作成されており，それによって文書の内容の真実性に関する人々の信頼という法益侵害性は存在しているが，公務所内部における公文書作成の過程に外部から介入することによって，結果的に内容虚偽の公文書を作出する行為は虚偽公文書作成罪の間接正犯とはならない，公正証書原本不実記載罪に該当しない場合以外は不可罰であるという限定解釈が行われていることになる。従って，同罪の間接正犯の主体は，「住宅現場審査報告書事件」のように当該文書の作成を担当している公務員に限られることになる。公務員であるだけでは虚偽公文書作成罪の間接正犯の主体としては十分でないが，作成権限を持つ公務員に限られるものではない。これは，他の構成要件との関係で，間接正犯の主体が限定されている例である。

　被害者を利用した間接正犯　　XがVを誘導して掘っておいた穴に陥落させ傷害を与えた場合には，Xには傷害罪（刑204条）が成立する。このように，被害

第1節　共犯と共犯行為

者を欺罔して結果を生じさせたときには，被害者を利用した間接正犯が成立する。

　殺人罪（刑199条）についても同様である。例えば，知的障害者に生き返ると信じさせて縊死させた場合（大判昭8・4・19刑集12巻471頁〔生命保険金詐取事件，判プI 165〕），「通常の意思能力もなく，自殺の何たるかを理解しない」強度の統合失調症の被害者に首を吊らせ，縊死させた場合（最決昭27・2・21刑集6巻2号21頁〔加持祈祷師治療事件，判プI 164〕），酩酊した被害者に暴行を加えたうえ，堤防上に連行し，脅しながら護岸際まで追いつめ，さらに木材で殴りかかる態度を示すなどして，逃げ場を失った同人を川に転落させ，溺死させた場合（最決昭59・3・27刑集38巻5号2064頁〔新左近川事件〕），保険金を詐取する目的で，被害者に激しい暴行・脅迫を加え，被害者は自殺する意思はなかったが，いわれた通りにするしかないという精神状態に陥り，連れてこられた岸壁から車ごと海に飛び込んだ場合（最決平16・1・20刑集58巻1号1頁〔偽装結婚事件，百選I 73・判プI 334・判プII 4。被害者は車中から脱出して死を免れ，殺人未遂にとどまった〕），などがそうである。

　問題は，以上と異なり，被害者に自傷・自殺意思があったときにも，被害者自身を利用した間接正犯が成立するかである。

　法益はその帰属者に対しては保護されていないので，被害者の承諾による行為は処罰されないのが原則であり，それに加功する行為も基本的には不可罰である。だが，被害者の承諾があっても，それが行為者の強制あるいは欺罔によって生じた場合にはそれは「無効」であり，被害者を利用した間接正犯が成立する。刑法は後見的配慮から，自殺意思が無効であるとはいえないときにも同意殺・自殺関与を処罰している（刑202条）。また，同意傷害は一定の範囲で傷害罪（刑204条）として処罰されると解されている（259～260頁）。しかし，被害者の承諾が無効であるときには，端的に殺人罪，傷害罪が成立する。たとえば，激しい暴行・脅迫を加え，「今日だけは命を助けてやる。そのかわり指を詰めろ，歯でかんで詰めろ」といって被害者に指を食い切らせた暴力団員には，傷害罪が成立する（鹿児島地判昭59・5・31〔指詰め事件〕）。14,5歳の少年に対し，窃盗の自白を強要するため，「盗んでいないなら，焼火箸をすごいても火傷しないからす

ごけ」等と申向けて，少年に火傷を負わせても，その「意思決定の自由」を失わせてはいないから傷害罪は成立しないとし，強要罪（刑223条1項）のみを認めた判例（福岡高宮崎支判昭29・4・23高刑判特26号127頁］）には疑問がある。

問題となるのは，被害者を利用した殺人の間接正犯と，同意殺・自殺関与との限界である。すでに見たように，死ぬ意思がない被害者を欺罔・強制して死に追いやった行為者には殺人罪の間接正犯が成立するが（大判昭8・4・19〔生命保険金詐取事件〕，最決昭27・2・21〔加持祈祷師治療事件〕，最決昭59・3・27〔新左近川事件〕，最決平16・1・20〔偽装結婚事件〕），被害者に死ぬ意思があるときにも，背後者に意思支配があり，正犯性が肯定できるときには殺人罪の間接正犯を認めるべきだと思われる。妻（被害者）の不貞を疑い，連日のように激しい暴行・虐待を加え，姦通の事実を認め自殺することを記載した書面を書かせ，遂に自殺せしめたという事案について，被害者の自由意思は失われていないとして，殺人罪ではなく自殺教唆罪（刑202条）が成立するという下級審判例もあったが（広島高判昭29・6・30高刑集7巻6号944頁・判ブⅡ3），自由意思が失われていないときにも意思支配は存在しうるのであり，この判例には疑問がある（町野朔「被害者の承諾」判例刑法研究2違法性187〜189頁の見解を改める）。

他方，最高裁は，心中をしようと言い出した被害者に対して，追死する意思がないのにあるかのように装い，青化ソーダを与えて嚥下させたという事案について，「その決意は真意に添わない重大な瑕疵ある意思であることが明らかである」として，自殺関与罪ではなく殺人罪を認めた（最判昭33・11・21刑集12巻15号3519頁・百選Ⅱ1・判ブⅠ169・判ブⅡ2）。すなわち，被害者の自殺意思を無効として自殺関与罪（刑202条）を否定するとともに，行為者に被害者に対する行為支配を認めて殺人罪（刑199条）を肯定しているのであるが，こちらには逆の意味で疑問がある。

適法行為と間接正犯　「適法行為を利用した間接正犯」も存在する。被害者を利用した間接正犯においては，道具である被害者の自傷・自殺行為は違法ではないから，この一例である。「住宅現場審査報告書事件」においては，部下に欺罔されて内容虚偽の公文書に押印した上司の公務員の行為は適法である。それ以外の公務員の行為を利用した間接正犯も存在する。大審院は，Xが，Vに

第1節　共犯と共犯行為

は阿片密輸出入の嫌疑があると虚偽を告げて、Vを北京の警察署員に留置させた事例に、逮捕監禁罪（刑220条）を認めた（大判昭14・11・4刑集18巻497頁）。

合法に行為する者が、道具として利用されたといえるかが問題となった事例もある。Xが航空貨物に大麻を隠匿し、そのことを知らない通関業者による輸入申告、続いて配送業者による引取りによってこれを保税地域から国内に持ち込んだ場合には、「輸入してはならない貨物」（旧、禁制品）の輸入罪（関税109条1項）が成立する。最高裁は、税関検査によって大麻が発見され、コントロールド・デリバリー（麻薬特4条）が行われ、事情を知った通関業者・配送業者が警察に協力していたときにも、Xが「第三者の行為を自己の犯罪実現のための道具として利用したというに妨げない」として間接正犯を認めた（最決平9・10・30刑集51巻9号816頁・判ブⅠ333）。だが、違法薬物であることを知った業者らは、捜査当局の依頼に応じて捜査に協力するために運送業務を実行したのであり、そのような依頼がなければ通関・運送を行わなかったであろうから、業者はXの意思支配の下にないので、道具として利用されたとはいえないのではないかという疑いもある（コントロールド・デリバリー事件における遠藤光男裁判官の意見は、輸入罪は未遂にとどまるとする）。一方、司法当局の要請によってコントロールド・デリバリーとして輸入を許可した（麻薬特4条）税関長は、違法薬物を発見したときにも輸入を許可することになるので、その道具性に問題はない。

防衛行為者の道具性を肯定できるときには、正当防衛を利用した間接正犯も成立する。Vを殺すことを計画したXは、VにAを襲うように教唆し、Aには、Vの攻撃があるから準備しておくよう警告し、Xの計画通り、Aは襲ってきたVを正当防衛で殺したというのが教室設例である。XがVを殺すつもりで、事情を知らないAを連れてVのところに押しかけたところ、Vが先にAに攻撃を加えてきたのでAが正当防衛としてVを殺したというような場合には、AはXの道具として用いられたという関係がないから、XにはV殺人の間接正犯を肯定することができない（同様の事例において、最高裁は、Xには侵害の急迫性が認められないから殺人罪、侵害の急迫性を肯定できるAには殺人罪の過剰防衛が認められるとして、両者の共同正犯とした。最決平4・6・5〔アムール事件〕。これが不当であることについては、276〜277頁）。

第8章 共　　犯

違法の連帯性と「適法行為を利用した間接正犯」　「適法行為を利用した間接正犯」は，違法の連帯性の原則との関係で問題とされる（以下，町野朔「惹起説の整備・点検」内藤古稀119〜128頁，同「違法性の概念」刑法の争点33頁の見解を全面的に改める）。

　共犯は違法結果を惹起するから処罰されるという，共犯の処罰根拠における惹起説からは，実行者の違法性は共犯者に連帯するから制限従属性説が妥当し，違法身分は連帯することになる（405〜407頁）。この惹起説のテーゼを前提とするなら，適法行為を利用した間接正犯も，合法行為による結果の惹起であり，ありえないのではないかという疑問が生じる。そのため，学説には，適法行為の間接正犯を基本的に否定するもの（町野朔・前掲内藤古稀）のほか，最小従属性説が理論的には妥当であるとするもの（平野・総論Ⅱ358頁），違法の連帯性は間接正犯には妥当しないとするもの（林・総論423〜425頁），共同正犯にも妥当しないとするもの（山口・総論314〜315頁）などが生じた。

　だが，実行者の違法行為がある場合に，これと共犯関係にある者に実行者の違法結果の惹起に連帯させるのが，共犯における違法連帯である。適法行為を利用した間接正犯は，未成年者に犯罪を強制する行為のように，間接正犯を認めることが妥当ではあるが，教唆犯も成立しているような場合とは違い，およそ共犯関係が成立していない場合である。ここにおいては，間接正犯者の行為は結果へと直結する。適法に行動する行為者は，仕掛けられた爆弾，爆弾を投下するドローンと同じように，最終的な結果発生に至るまでの背後者の違法行為の一部に過ぎない。

　大審院は，Ｘが堕胎手術を始めたところ妊婦が「緊急危難」の状態になり，呼ばれた医師Ａが胎児を排出させ妊婦の生命を救助した場合，ＸはＡの「正当業務行為」を利用した堕胎罪（刑213条）の「間接正犯」であるとした（大判大10・5・7刑録27輯257頁・判プⅠ331）。ここでは，Ｘが最初からＡの行為を予定していたわけでも，Ａの行為を支配していたわけでもないから，Ａを道具とした間接正犯ではないが，Ｘの実行行為の開始が，因果の一こまであるＡの合法な行為を介して，違法結果を招致したのであり，堕胎罪の直接正犯である。殺人未遂行為が存在しない上掲の「アムール事件」におけるＸの場合とも異なっている。

第 1 節　共犯と共犯行為

第 4 款　教唆犯，幇助犯

1　教唆犯と幇助犯

教唆犯・幇助犯と正犯の存在　刑法は「人を教唆して犯罪を実行させた者」を教唆犯（61 条 1 項），「正犯を幇助(ほう)した者」を幇助犯（62 条 1 項）としている。刑法は，共犯行為としては教唆，幇助という言葉を用いているが，共犯の名称として教唆犯，幇助犯という名称を用いている訳ではなく，後者については「従犯」としている。

教唆犯・幇助犯は正犯の存在を前提とし，刑法は正犯のない教唆犯・幇助犯を認めない趣旨であることは，その文言からは明らかであるように思われる。かつては，間接正犯を認めない論者は，正犯が成立していなくても背後者は教唆犯・幇助犯として処罰しうるとしていた。しかし，構成要件該当事実が存在し，背後者が正犯としてそれを実現したときには，当該犯罪の間接正犯が成立するのであり，そうでない場合には不可罰とすべきである。すべての関与行為は教唆犯・幇助犯として処罰されるというような「拡張的共犯論」を支持する者は現在はいない。

教唆・幇助の処罰　教唆犯の刑は「正犯の刑」（刑 61 条 1 項），つまり刑罰法規の規定する法定刑で処罰される。幇助犯の刑は正犯の刑が減軽されたものとなり（刑 63 条），減軽は刑法の規定（68 条〜70 条）による。

侮辱罪（刑 231 条）のように拘留・科料だけで処罰されている犯罪の教唆・幇助は，「特別の規定」がない以上，処罰されない（刑 64 条）。軽犯罪法（3 条），「酒に酔つて公衆に迷惑をかける行為の防止等に関する法律」（4 条 3 項）は，拘留・科料のみによって処罰される犯罪を規定しているが，これらの教唆・幇助を「正犯に準ずる」としている。これは「特別の規定」である。

すでに述べたように（362 頁），共犯のほとんどは共同正犯として処理されているため，教唆犯，幇助犯として処罰されるのは共謀共同正犯が成立しない場合に限られている。幇助犯においては，多くは，共謀が認められない場合に認められることがある。近時では，運転者の危険運転に承諾を与え黙認し続けた同乗者に危険運転致死傷罪の幇助を認めた最高裁判例がある（最決平 25・4・15〔熊

谷危険運転事件〕）。さらに，実行者に犯意を惹起して犯罪を実行させた場合には，実行者との共謀共同正犯が原則となり，教唆犯の成立はさらに限られることになる。そのため，共謀共同正犯が判例上定着した後では，教唆犯は，犯人自身が正犯となることのできない犯人蔵匿罪・証拠隠滅罪（刑103条・104条）について認められることになる（犯人と実行者との間に証拠偽造についての共謀があったが，犯人を証拠偽造罪の共同正犯とすることができないと考えられたため，その教唆犯を認めた最決平18・11・21刑集60巻9号770頁〔K-1事件〕参照）。

2　教　唆

犯意の惹起　正犯者に「犯意」，すなわち故意を惹起することが教唆行為である。

故意とは特定の犯罪を犯す意思であり，「何か金になるものを持ってこい」ということは抽象的に窃盗を「勧奨」したことではあるが，窃盗の教唆とはいえないのであり，言われた相手が，これを「お前には誰も金を貸してくれる者はいないから，何か金になるものを盗んで売れ」という趣旨に理解し，窃盗を実行したとしても窃盗教唆は成立しない（大判大13・3・31刑集3巻256頁。なお，最判昭26・12・6刑集5巻13号2485頁・判ブⅠ325）。

すでに故意を持っていた者に助言することによってそれを強固にしたにとどまるときには，幇助にとどまる。未確定の意思は故意ではないから（174頁），実行をためらっている者に決意させることは教唆である（大判大6・5・25刑録23輯519頁・判ブⅠ326は，公文書偽造罪の刑事責任を問われないと助言した弁護士に幇助を認めた原判決を破棄している）。最高裁は，Xから脱税事件に関して相談を受けたYがXに証拠偽造の方法を提案し，Xがこれを承諾してYに実行を依頼したという事案について，Xは「犯罪を遂行しようというYの意思を確定させたものと認められる」として，Xに証拠偽造罪（刑104条）の教唆犯が成立するとした（最決平18・11・21〔K-1事件〕）。

被教唆者は教唆者の教唆行為を認識していることを要する。YがVを恨んでいることを知ったXが，Yのそばに拳銃を置いておき，それによって殺意を持ったYがVを殺したというような場合，Xには殺人教唆は成立しない。だが片面

第1節　共犯と共犯行為

的共犯（415～416頁）を肯定するなら，このような片面的教唆についても教唆犯の成立を否定する理由はないだろう。

間接教唆　「教唆者を教唆した者」すなわち間接教唆も教唆犯として扱われる（刑61条2項）。大審院は，間接教唆も教唆犯とされているのだから，間接教唆者を教唆した再間接教唆者も教唆犯を教唆した者であり，さらにこれを教唆した再々間接教唆もおなじであるとする（大判大11・3・1刑集1巻99頁・判プⅠ316）。しかしこれは，間接教唆だけの可罰性を規定した刑法の趣旨に反する解釈である。これらの連鎖的教唆は，共謀共同正犯が成立する場合にだけ処罰すべきものである。

3　幇　　助

幇助行為，幇助の因果性　最高裁は「従犯は他人の犯罪に加功する意思をもつて，有形，無形の方法によりこれを幇助し，他人の犯罪を容易ならしむるもの」としている（最判昭24・10・1〔拳銃貸与事件〕）。作為義務者による不作為による幇助もありうる。このように幇助の客観面は極めて広範・無限定であるが，行為が犯行を容易ならしめるものと認められないときには幇助犯は認められない。大審院判例（大判大4・8・25刑録21輯1249頁・判プⅠ311）は，短刀の交付は一般的に強盗罪の実行を容易ならしめるものであるから，直ちに幇助行為とすることができるが，鳥打帽，足袋の交付については，それが犯行を容易にするものであったことの理由を示すことが必要であるとする。また，古い下級審判例ではあるが，塩まきは，「単に縁起のものであつてその行為が直ちに賭博開張図利行為を容易ならしめるもの」とは認められないとして，これに賭博開張図利罪（刑186条2項）の幇助を否定したものもある（名古屋地判昭33・8・27判時167号35頁・判プⅠ313）。「中立的行為による幇助」についても，特にこれ以上の限定があるわけではない（371～372頁）。

犯罪を促進する効果を持たなかった行為は幇助ではない。たとえば，殺人のために青酸ソーダを渡したが，実行者はそれを用いないで他の手段で殺人を実行した場合には，殺人幇助は成立しない（最決昭37・11・8〔青酸ソーダ事件〕参照。殺人予備罪〔刑201条〕の共同正犯が成立する）。強盗殺人（刑240条後段）の際の拳銃

音が外に漏れるのを防止するため，現場に予定されていた地下室の入り口などを目張りしたが，予定が変更され，強盗殺人は走行中の自動車内で行われたときには，「目張り行為」は幇助にはならず，実行者と被害者を乗せた自動車を，別の自動車に乗り追従した行為が実行者を「精神的に力づけた」ものとして同罪の幇助になる（東京高判平2・2・21判タ733号232頁〔板橋宝石商殺し事件，百選Ⅰ86・判プⅠ315〕）。Xが土地について不当に高い担保評価を行ったメモを作成して上司Yに提出したが，Yはこれでも担保割れとなることから，評価基準を不合理に変更し，担保価値を更に高くしたメモを作成し，それに基づいて不正貸し付けが行われたときには，Xには背任罪（刑247条）の幇助は成立しない（福岡高判平16・5・6高検速（平16）号198頁〔担保割れ事件〕）。

「担保割れ事件」判決，「板橋宝石商殺し事件」第1審判決は，これを幇助と犯罪結果との因果関係の問題と理解し，学説にもそのような見解が一般的である。しかし，共犯行為と結果発生の因果関係は，後述のように心理的因果性として理解されるべきである（412～414頁），行為が促進効果を持たなかったということは因果関係が存在しなかったということではなく，幇助が存在しなかったということである。「板橋宝石商殺し事件」控訴審判決も，1審判決とは異なり，「幇助の因果関係」という言葉を使っていない。

　幇助の故意　　最高裁は，幇助は「有形，無形の方法により…他人の犯罪を容易ならしむる」ことであるとする（最判昭24・10・1〔拳銃貸与事件〕，最決平25・4・15〔熊谷危険運転事件〕）。このように幇助の客観面はかなり広いものであるが，それでもこの客観面に対応する認識がないときには幇助の故意を認めることはできない。XがY等のところに薬品等を運搬し，Yがそれを用いて製造した爆発物を郵送した場合であっても，Xに，Yらが「具体的にいかなる危険な化合物を製造して人の殺害を行うのか」に関する認識がない以上，殺人幇助は成立しない（最決平29・12・25裁時1691号15頁）。また，Yらがインターネットからファイル共有ソフトをダウンロードし，それを用いてゲームソフト，映画を配信したという著作権法違反の事例において，最高裁は，ファイル共有ソフトをインターネット上で提供したXには，それが著作権法違反行為に利用されるという「一般的可能性を超える具体的な侵害利用状況」の認識がなければ幇助の故意

が肯定できないとした（最決平23・12・19〔ウィニー事件〕。370〜371頁参照）。

ウィニー事件最高裁判決も前提にしているように，具体的な実行者が誰になるかの認識がなくても幇助の故意は肯定できる（間接幇助に関する大判大14・2・20刑集4巻73頁，大判昭10・2・13刑集14巻83頁，最決昭44・7・17刑集23巻8号1061頁・百選I 84・判プI 317参照）。

間接幇助　「幇助の教唆」も幇助と同じように処断されるが（刑62条2項），「幇助の幇助」である間接幇助については，間接教唆の場合（刑61条2項）と異なり，規定がない。しかし，直接幇助者への幇助が，間接的であっても正犯の幇助と認められるときには，幇助犯の成立を否定する理由はないであろう（最決昭44・7・17〔わいせつフィルム貸し出し事件〕。得意先Aが，その取引先Bほかに見せるであろうことを認識しながら，Aの依頼に応じてわいせつ映画フィルムを貸したことについてわいせつ図画公然陳列罪〔刑175条2項〕の幇助を認めた。以前の大審院判例として，大判大14・2・20〔拳銃密輸出事件〕，大判昭10・2・13〔金地金密輸出事件〕）。

第2節　共犯の個別性と連帯性

第1款　共犯の従属性

1　行為共同説と犯罪共同説

行為共同説と共犯の独立性，犯罪共同説と共犯の従属性　共犯者の罪責は他の共犯者の行為とどのように関係するかというのが，共犯の従属性の問題であるが，これは日本では，「共犯をどのようなものと理解するか」という，きわめて抽象的な問題として議論されてきた。

「行為共同説」は，数人が行為を共同して犯罪を行うのが共犯であるとする。また，共犯の犯罪性は共犯自身のものであり（共犯固有犯罪性説），正犯の犯罪性によって生じるもの（犯罪借用説）ではない。——以上は基本的に当然のことのように思われる。

日本におけるこの理論の主導者（牧野英一）は，新派刑法学の立場から，行為

者の危険性を徴表する行為があれば直ちに処罰すべきであるという未遂犯に関する主観説（334頁）の強力な推進者であり，正犯者が行為に出なくても，自分のなすべき行為を終わっている共犯者にはすでに十分な犯罪性がある，教唆・幇助の行為が行われれば正犯者の行為を待たずに未遂犯が成立するという「共犯独立性説」を主張した。しかしこれは犯罪徴表説の帰結であり，行為共同説，共犯固有犯罪性説の論理から必然的に出てくるものではない。具体的にも，XがYに対して「Vを殺せ」といいさえすれば，Yが取り合わなくても殺人未遂になるという結論は不当であり，YがVを殺そうとしたときに，初めてXは殺人未遂になるとすべきである。

これに対して，「犯罪共同説」（小野清一郎）は「共犯従属性説」を主張した。犯罪共同説は，数人が1個の犯罪を共同して行うことが共犯であるとする。犯罪が存在しない以上共犯は成立しないのであり，Yによって殺人未遂が実現されていないときには，Xには従属すべき犯罪がないのであり，その共犯が成立することはありえない。

共犯従属性の意味　犯罪共同説による共犯の従属性に関する結論は妥当である。しかし，犯罪共同説は共犯者の罪責を1個の犯罪に従属させることによって，共犯固有犯罪性説を離れ，すべての点において共犯を連帯責任としてしまった。これは，共犯の処罰根拠についての可罰性借用説に至ることを意味する。1個の犯罪の共同実現が共犯であるとする以上，共犯者の行う犯罪も1個であり，それぞれの犯罪名も同一である（完全犯罪共同説）。犯罪の共同でなければならないから，正犯者が責任無能力者であり犯罪を行っていない以上，その共犯もあり得ないということになる（極端従属性説）。このように，共犯の連帯性を基本とする犯罪共同説は，行為共同説と正反対に，すべての面で共犯の連帯性，従属性を肯定するのである。

共犯固有犯罪性説が妥当である以上，共犯の従属性は，共犯者が正犯者の行為を介して実現した結果によって議論されることになる。そうすると従属性の問題は，共犯者は正犯者に犯罪の実行がなければ処罰されないかという「実行従属性」に加えて，正犯行為にどのような犯罪要素（構成要件該当性，違法性，責任）が存在すれば共犯は処罰されるかという「要素従属性」，共犯者間の罪名は共通

第2節　共犯の個別性と連帯性

でなければならないかという「罪名従属性」の三つの側面に区分されることになる（これは平野龍一の整理したものである。平野・総論Ⅱ 345～347 頁）。共犯の実行従属性は次項2，罪名従属性は3，要素従属性は次款で，順次検討する。

共同意思主体説について　共犯の従属性を基礎づけようとして主張されたもう一つの学説が，「共同意思主体説」（草野豹一郎）である。行為共同説は共犯は行為の共同によって行われるものとするが，共同意思主体説は，共犯は犯罪遂行の危険性を高めるものである（「夜一人で便所に行けない子どもでも，誰かがついていれば行ける」という比喩が用いられている）ということを根拠として，共犯者によって形成された共同意思によって行われるのが共犯であるという。共同意思主体説は，共犯の従属性，その全面的連帯性を説明するために，犯罪の主体は1個の共同意思だとするものであり，犯罪共同説以上に，共犯を団体責任とするものである。

だが，共同意思主体説が注目されてきたのは，その共犯従属性の主張によってではなく，共謀共同正犯の基礎理論とされてきたことによる。「知能犯」に限らずすべての犯罪について共謀共同正犯があるとした大審院判決は，「凡ソ共同正犯ノ本質ハ二人以上ノ者一心同体ノ如ク互ニ相倚リ相援ケテ各自ノ犯意ヲ共同的ニ実現シ以テ特定ノ犯罪ヲ実行スルニ在リ」と述べ（大連判昭11・5・28〔大森ギャング事件〕），共謀共同正犯における客観的謀議説をとった最高裁も，「二人以上の者が，特定の犯罪を行うため，共同意思の下に一体となって互に他人の行為を利用し，各自の意思を実行に移すことを内容とする謀議をなし，よって犯罪を実行した」ことが共謀共同正犯であるとした（最大判昭33・5・28〔練馬事件〕）。

しかし，共同意思主体説は共犯の従属性を説明するための理論であり，共同意思の形成は共謀共同正犯の特別の理由となるものではない。共同意思主体説の論者も，共犯者の中で重要な行為を行った者だけが共謀共同正犯者となりうるとしていたのであり，共同意思主体説は，実は，共謀共同正犯の基礎理論ともなりえないものである。共謀共同正犯は，正犯概念の下でその成立要件が考えられなければならない。

共同正犯と共犯の従属性　共犯の従属性の議論は狭義の共犯（教唆犯・幇助犯）

には妥当するが，共同正犯には妥当しないという見解もある（山口・総論73頁・312～315頁・325頁）。これは，共同正犯は正犯であるから，犯罪結果に直接対峙する第1次的責任であり，教唆犯・幇助犯は，正犯を介して結果を発生させる第2次的責任であるという理解に基づく。これによると，共同正犯相互の間には要素従属性（論者は，教唆犯・幇助犯については違法従属を必要とする「制限従属性説」を支持している）は必要ないとされる。たとえば，XがVと口論になり，Vに「今から殺しに行くから待っていろ」といって，事情を知らないYを連れてVのところに押しかけたところ，Vが包丁を持って先にYに攻撃を加えてきたので，Yが正当防衛としてVを殺したというような場合（最決平4・6・5〔アムール事件〕参照），Xには正当防衛が成立せず殺人罪になるのは，このためであるという。また，Yの正当防衛を利用した殺人のように「適法行為を利用した間接正犯」が認められるのも，背後の間接正犯者の行為は実行行為の合法性に従属せず，結果に対して直接責任を負うからだとされる。

　しかし，実行者と共犯者との間に共犯関係がある場合には，共犯者の行為が実行者の行為を介して犯罪結果を生じさせる因果経過はひとつである。「四国お遍路事件」（間接正犯。388頁），「母子強盗事件」（共同正犯。389頁）において，正犯者Xの行為が違法なのはAの窃盗・強盗が違法だからである。これに対して，実行者Aの行為が合法なときにはXとの間に共犯は成立せず，Xの行為は因果経過の一こまに過ぎないAの行為を経由して直接的に違法結果に至るのである（394～395頁）。

　共犯の従属性は，狭義の共犯，共同正犯についても共通である。

2　実行従属性

共犯固有犯罪性説と実行従属性　共犯の犯罪性は，正犯者の犯罪性を借用することによってではなく，共犯者自身が行った行為に由来する。共犯独立性説は，自分のなすべき行為を終えている共犯者にはすでに固有の犯罪性がある，正犯者の行為がなければ教唆犯・幇助犯が成立しないという共犯従属性説は「条件付き犯罪」を認めるもので不当である，というものであった。だが，共犯行為が犯罪結果を招致しない以上，共犯の犯罪性も認められないのは当然である。

第2節　共犯の個別性と連帯性

犯罪結果が存在しなくても共犯の犯罪性が存在するという共犯独立性説は，犯罪性は行為者の主観にあるという不当な前提によらなければ認められない見解である。実行従属性は，共犯固有犯罪性説によるならむしろ当然のことである。

共犯独立性説は，不当に刑罰権の発動を早期化しているばかりでなく，立法者が特に必要と認めるときだけ，明文で独立教唆・幇助等を処罰している現行法の態度（破暴38～41条，特定秘密保護25条，組織犯罪6条の2など。なお，358～359頁参照）とも相容れないものである。現在では，共犯独立性説は，実行の着手における主観説と同様，日本の刑法学説史における遺跡のひとつになっている。

実行従属性と「実行行為」　犯罪共同説の主張者は，共同されるべき「犯罪」を構成要件該当行為とし，正犯が実行しなければならない行為は未遂行為に限られるとする。これは，未遂犯における実行行為（刑43条本文）を構成要件行為と理解しているためであり，犯罪共同説の論理からは，これも必然的な結論ではない。

実行従属性は正犯によって犯罪が実行されることなのであるから，犯罪であれば十分なのであって，未遂犯というような限定は存在しない。最高裁も殺人予備罪（刑201条）の共同正犯を認める（最決昭37・11・8〔青酸ソーダ事件〕）。教唆犯，幇助犯についての共犯も可能であるが，刑法は，間接教唆，幇助の教唆についてだけ明文で処罰している（刑61条2項，62条2項）から，これ以外の教唆・幇助を処罰しないのが刑法の趣旨と理解すべきである（397頁・399頁参照）。

3　罪名従属性

罪名独立性　犯罪共同説は，共犯を数名が「1個の犯罪」を行うこととするから，各共犯行為の罪名も1個の同じものであるという「完全罪名従属説」をとることになる。たとえば，Xの殺人に関与したYに傷害の故意しかなかったときには，X・Yには殺人罪（刑199条）の共同正犯が成立し，Yは刑法38条2項によって，傷害致死罪（刑205条）の刑の限度でのみ処罰されることになる。しかし，共犯者はそれぞれの実現した犯罪について責任を負うのであり，故意のないところに，抽象的にではあっても犯罪の成立を認め，罪名と刑とを分離することは不当である（198頁）。

第 8 章　共　　犯

　罪名従属性は共犯が処断されるべき罪名の問題であり，共犯の成立の問題ではない。完全罪名従属説，完全犯罪共同説では殺人罪と傷害致死罪との共同正犯は認められないから，Xが殺人の故意，Yは傷害の故意でVに発砲しこれを死亡させたが，X・Yどちらの弾丸が命中したかわからないときには，両者いずれに対してもVの死についての刑責を問うことができなくなる——というのではない。上述のように，完全犯罪従属性説をとったとしても，X・Yに殺人罪の共同正犯を認め，Yは傷害致死の刑だけで処断するという論理になるのであるから，このような問題は存在しない。

　他方，行為共同説からは「完全罪名独立性説」になる。たとえば，Xの殺人に関与したYに傷害の故意しかなかったときには，Xの殺人罪とYの傷害致死罪とが共犯になる。

　最高裁は早くから罪名の異なる共犯を認めていたが（最判昭 25・10・10〔匕首事件。殺人罪に対する傷害致死罪の幇助〕），後に，「構成要件が重なり合う限度で」軽い犯罪の共同正犯が成立するとした（最決昭 54・4・13〔暴力バー事件。殺人罪と傷害致死罪との共同正犯〕）。これは「部分的犯罪共同説」と呼ばれている。さらにその後には，構成要件の共通性に言及することなく軽い犯罪の「限度で」共同正犯が成立するとしている（最決平 17・7・4〔シャクティパット事件。不作為による殺人罪と保護責任者遺棄致死罪〔刑 219 条・218 条〕との共同正犯〕。同趣旨の判例として，東京高判平 30・4・26〔1 型糖尿病事件〕）。だが，共犯が成立するのは犯罪の軽い範囲であり，重い範囲については成立しないということが何を意味するのかは明らかでない。最高裁の考え方は，実質的には完全罪名独立性説であるといえよう。

　刑法 65 条と罪名従属性　　刑法 65 条は「犯人の身分によって構成すべき犯罪行為に加功したときは，身分のない者であっても，共犯とする」（1 項），「身分によって特に刑の軽重があるときは，身分のない者には通常の刑を科する」（2 項）としている。犯罪共同説の論者は，ここでも完全犯罪共同説を貫こうとして，構成的身分，加減的身分にかかわりなく，1 項によって非身分者には身分者と同じ犯罪の共犯が成立し，加減的身分に関する 2 項によって刑だけが非身分者のそれになるとする（団藤・総論 418 頁）。

　最高裁判所はこの立場のようである。古くは，業務者と非業務者が共同して

第2節　共犯の個別性と連帯性

横領した場合，非業務者については「刑法 65 条 1 項により同法 253 条に該当する業務上横領罪の共同正犯として論ずべきものである。しかし，同法 253 条は横領罪の犯人が業務上物を占有する場合において，とくに重い刑を科することを規定したものであるから，業務上物の占有者たる身分のない被告人両名に対しては同法 65 条 2 項により同法 252 条 1 項の通常の横領罪の刑を科すべきものである」とし（最判昭 32・11・19 刑集 11 巻 12 号 3073 頁〔学校建設資金横領事件，百選Ⅰ 92・判プⅠ 388〕），取締役等を主体とする特別背任罪（旧・商 486 条 1 項，現・会社 960 条 1 項）に関与した非身分者に特別背任罪の共同正犯を認め，65 条 2 項により背任罪（刑 247 条）の刑で処断するとした原判決をそのまま是認している（最決平 15・2・18〔住専事件〕，最決平 17・10・7〔イトマン事件〕，最決平 20・5・19〔石川銀行事件〕）。

しかしここでも，罪名と法定刑とは分離すべきではない。上例においては，非身分者には通常の横領罪，背任罪が成立するとすべきである。

第2款　違法の連帯性，責任の個別性

1　要素従属性

判例と学説　正犯にどのような犯罪要素があれば共同正犯を含む共犯が成立するかが，要素従属性の問題である。正犯の行為が構成要件に該当するだけで足りる（正当防衛行為についても共犯が成立する）というのが「最小従属性説」，違法性まで必要である（責任無能力者の行為についても成立する）というのが「制限従属性説」，責任まで必要であるというのが「極端従属性説」である。かつては，どのような従属性の「形式」を採用するかは立法政策の問題であると考えられていたが（そのため，「従属形式」と呼ばれていた），どのような従属形式に従って刑法を解釈するのが合理的かは，刑法理論の課題である。

刑事未成年者を利用した場合に直ちに間接正犯を認めていた大審院は（前出 387 頁），親族相隠を「罰せず」としていた旧法（刑旧 105 条。現在は免除にとどまる）を構成要件該当性阻却事由とした上で，犯人の妻に証拠隠滅を教唆した者は，証拠隠滅罪の教唆はもちろん，間接正犯としても処罰することができないとしていた（大判昭 9・11・26 刑集 13 巻 1598 頁）。これらの判例から，大審院は極端従属

性説をとっているともいわれていた。

　最高裁は，刑事未成年者（12歳10月の男児）との共謀共同正犯を認めている（最決平13・10・25〔母子強盗事件〕）ので，共同正犯については従属性の問題は起こらないとする学説（402頁）をとらない以上，最高裁も制限従属性説をとっているものと思われる。

　共犯の処罰根拠と要素従属性　　要素従属性の問題はどのような犯罪要素が備わったものを，「犯罪」として認めることができるかの問題であり，これは共犯の処罰根拠をどのように考えるかに関係する（平野・総論Ⅱ354～355頁。特に大越義久・共犯の処罰根拠参照）。

　犯罪の実質は法益侵害という違法要素であるという結果無価値論によるなら，共犯の処罰根拠は共犯者が正犯者の違法行為を惹起するところにある。これは違法共犯論と呼ばれるが，法益侵害の結果を招くところに共犯の処罰根拠があるとするものであり，本書では，直截に惹起説と呼ぶことにする。惹起説によれば，正犯者の行為は違法でなければならないが，非難可能性である責任は共犯行為に存在すれば足りるのであり，正犯行為に存在する必要はない。共犯者の行為から正犯者の行為を通じて法益侵害の結果に至る因果経過はひとつであるから「違法は連帯」する。しかし「責任は個別的」である。このようにして惹起説は制限従属性説に至る。適法行為を利用した間接正犯の存在を理由として，制限従属性説，惹起説の修正の必要性をいう学説もあるが，すでに述べたように，これは共犯の違法連帯が共犯でないところにも妥当するという理解に基づくもので，理由がない。

　共犯は正犯の違法行為を惹起することに処罰の根拠があるとする惹起説に対して，これと対照的に，共犯者は正犯者を罪責に陥らせ，犯罪者を作り出すから処罰されるのだというのが「責任共犯論」である。責任共犯論は極端従属性説に至ることになる。行為共同説の先にあるものが惹起説・違法共犯論であるとするなら，犯罪共同説の淵源は責任共犯論であるということになろう。

　違法減少事由の連帯　　違法は連帯するから，正犯の違法減少事由は共犯にも連帯的に働く。過剰防衛規定（刑36条2項）は違法減少事由であるから（284頁），正犯者の過剰防衛の共犯者も過剰防衛規定の適用がある。Ⅴに襲われた

第2節　共犯の個別性と連帯性

X・Yが共同して防衛しようとして，Xが過剰な防衛行為を行いVを死亡させた場合において，Yがそれを共同して行ったときには，X・Yには傷害致死罪が成立し過剰防衛規定が適用される。

最高裁は，Vから攻撃があった場合について「侵害の急迫性」が否定されるべきXが，事情を知らないYを連れてVのところに赴いたところ，VがYを一方的に攻撃してきたのでYがVを殺してしまったというような場合，Yに過剰防衛を認めるべきにもXには過剰防衛は認められないという（最決平4・6・5〔アムール事件〕）。しかし，Vの侵害はYに対するものであり，Xに対するものではないのであり，Yの過剰防衛はXに連帯すべきである（なお，276頁参照）。

親族相盗についての刑の必要的免除等は，「親族でない共犯」については適用しないとされている（刑244条3項）。親族の所有物についてはそれを盗むことについての誘惑が強く，またそれについての罪悪感も乏しい。そうだとするなら刑の免除は責任減少事由であり，責任の個別性からは，非親族の共犯については適用されないというのが，この趣旨であることになる。これに対して，親族間では財物について共有状態にあり，親族相盗はこれを根拠とするものだという違法減少説もある。これによるときにも，共有関係という一身的事情が存在しない非親族については違法の減少が認められないのは当然ということになる。

2　共犯と身分

構成的身分・違法身分，加減的身分・責任身分　刑法は，連帯する身分（刑65条1項），連帯せず個別的に働く身分（同条2項）を規定している。「違法は連帯し責任は個別化する」のであるから，1項の身分は違法性に関係する違法身分，2項の身分は責任に関係する責任身分ということになる（西田・総論402頁）。一般的には，第1項の身分はそれがあることによって初めて処罰されるものであるので「構成的身分」，第2項の身分は非身分者の犯罪についての刑を加重・減軽するものであるので「加減的身分」と呼ばれている（「真正身分・不真正身分」という用語が用いられることもある）。しかし，違法身分であれば刑を加重・減軽している場合であっても1項を適用すべきであり，責任身分であれば2項を適用すべ

きことになる。本書は，端的に，1項の身分を「違法身分」，2項の身分を「責任身分」ということにするが，以上の理解を前提としながら，混乱させることのない場合には，構成的身分・加減的身分ということもある。

　65条1項は共同正犯には適用されないという見解もある。たとえば，公務員Xと非公務員Yが共同してXの職務に関して賄賂を収受した場合においても，Yは収賄罪（刑197条1項）の共同正犯ではなく，その教唆あるいは幇助にとどまるというのである（団藤・総論420頁など）。これは，非身分者は正犯行為をなしえない，非公務員は収賄をなしえないというとするものであるが，正犯行為は構成要件の実現を支配することであり，非身分者の身体の動きそのものではない。判例もこのような考え方をとっていない。大審院は「法律により宣誓した証人」を構成的身分とする偽証罪（刑169条）について共謀共同正犯を認め（大判昭9・11・20刑集13巻1514頁），最高裁も，改正前の刑法（177条・178条2項）について女性と男性による強姦罪の共同正犯を肯定している（最決昭40・3・30〔男性は身分事件〕）。

　違法身分，責任身分　　問題となる身分犯を検討する。

　(1)　公務員犯罪における公務員という身分は，公務の廉潔性の侵害に関係した違法身分である。特別公務員職権濫用罪（刑194条），特別公務員暴行陵虐罪（刑195条）は，形式的には，それぞれ，逮捕監禁罪（刑220条），暴行罪（刑208条）の加重規定であるが，非公務員が特別公務員のこれらの犯罪に加担したときには，刑法65条1項を適用すべきであり，2項を適用して逮捕監禁罪，暴行罪とすべきものではない。従って，非公務員が公務員職権濫用罪（刑193条）に共犯として加功したときには，65条1項が適用され，同罪として処罰される。

　(2)　保護責任者による遺棄罪（刑218条）においては，非身分者による遺棄罪（刑217条）が加重処罰されると同時に，要保護者の不保護が処罰されている。形式的な身分犯の解釈によるなら，保護責任者の「遺棄」に関与した非身分者は65条2項により単純遺棄罪として処罰されるが，その「不保護」に関与したときには1項により保護責任者遺棄罪として重く処罰されるという不均衡が生じる。しかし，保護責任が作為義務のひとつであるとすれば，これは違法身分であり，保護責任者の遺棄，不保護のいずれに関与しようとも，65条1項によっ

第 2 節　共犯の個別性と連帯性

て保護責任者遺棄罪が成立することになる。これに対して保護責任の存在は行為者の非難可能性を高めるものであり,「保護責任者」は責任身分であるとするなら, 同条 2 項が適用されることになる。その場合には, 保護責任者の遺棄に関与した非身分者は単純遺棄罪となるが, 不保護に関与したときには, 2 項にいう「通常の刑」が規定された犯罪がないため, 不可罰という結論になってしまう。

(3)　常習賭博 (刑 186 条 1 項) を幇助した非常習者には 65 条 2 項を適用して通常の賭博罪 (刑 185 条) の幇助を認めるべきだというのが大審院判例である (大判大 2・3・18 刑録 19 輯 353 頁・判プ I 384)。これに対して, 常習性を責任の加重ではなく, 賭博を反復継続する危険性と理解するなら, 65 条 1 項を適用して, 非常習者にも常習賭博の幇助を認めるべきことになる。

(4)　占有を離れた他人の物の領得である遺失物横領罪 (刑 254 条), 委託され占有している物の領得である委託物横領罪 (刑 252 条), 業務者の行う業務上横領罪 (刑 253 条) は, 占有者, 業務者という身分によって段階的に刑が加重されている関係にある (最判昭 27・9・19 刑集 6 巻 8 号 1083 頁〔寄託金横領事件, 判プ I 380〕参照)。委託信任関係の侵害は独自の違法要素であるから, 非占有者が横領罪に関与したときには 65 条 1 項により委託物横領罪を認めるべきであって, 65 条 2 項によって占有離脱物横領罪になるわけではない。また, 業務性が加重された信任関係であると理解するなら, 業務上の受託は 1 項の身分であり, 非業務者が業務上横領罪に加功したときにも同罪を認めるべきことになる。これに対して, 業務性が行為の非難可能性を高める要素であるとするなら, 委託物横領罪として処断することになる。業務者と非業務者が共同して横領した場合について, 非業務者に 65 条 2 項を適用した最高裁判例 (最判昭 32・11・19〔学校建設資金横領事件〕) はこの趣旨に帰着する。最高裁は, 特別背任罪 (会社 960 条 1 項, 旧商 486 条 1 項) と背任罪 (刑 247 条) との関係についても同様に理解していると思われる (405 頁)。

(5)　妊娠中の女子による自己堕胎罪 (刑 212 条), 他人が行う同意堕胎罪 (刑 213 条前段), 医師等が行う業務堕胎罪 (刑 214 条前段) も, 順次刑が加重されている関係にある。大審院は, 医師と妊婦に堕胎を教唆した者には, 65 条 2 項を適

用して同意堕胎罪とすべきだとし（大判大 9・6・3 刑録 26 輯 382 頁・判プ I 385。妊婦への自己堕胎の教唆は吸収されるとする），妊婦と共謀して堕胎を行ったときには，65 条を援用することなく，妊婦には自己堕胎，共犯者には同意堕胎罪をみとめる（大判大 8・2・27 刑録 25 輯 261 頁）。しかし，自己堕胎を幇助した者には，やはり 65 条に言及することなく，自己堕胎罪の共犯としている（大判昭 10・2・7 刑集 14 巻 76 頁〔幇助犯〕，大判昭 15・10・14 刑集 19 巻 685 頁〔幇助犯〕）。妊婦という身分を責任減少身分とするなら，これにも 65 条 2 項を適用して，共同正犯・教唆犯・幇助犯のいずれであっても自己堕胎の関与者には同意堕胎を認めるべきである。他方，妊婦の自己堕胎は自傷としての違法減少事由と理解するなら，1 項を適用して自己堕胎罪を認めるべきことになる。

主観的要素　最高裁は「刑法 65 条にいわゆる身分は，男女の性別，内外国人の別，親族の関係，公務員たるの資格のような関係のみに限らず，総て一定の犯罪行為に関する犯人の人的関係である特殊の地位又は状態を指称する」という（最判昭 27・9・19〔寄託金横領事件〕）。継続的ではなく一時的な属性であってもよいから，目的などの主観的要素の存在も「身分」に該当する。

最高裁は 2 項の身分については，これを肯定する。営利目的麻薬輸入罪（麻薬 64 条 2 項）における「営利の目的」は「身分」であり，共同正犯者の 1 人が営利目的を持っていることを知っていたが自分たちはそれを持っていなかった他の共同正犯者については，65 条 2 項を適用して一般の麻薬輸入罪（麻薬 64 条 1 項）として処断すべきだとした（最判昭 42・3・7〔神戸麻薬輸入事件〕。なお，最決昭 57・6・28 刑集 36 巻 5 号 681 頁は，第三者に利得させる目的も営利目的に含まれるとする）。

薬物犯罪における営利の目的が，利益を図るという動機の非難可能性を意味するのであれば，これは心情要素であり，65 条 2 項の責任身分であるということになる。しかし，営利目的は反復・継続する意思を裏付ける主観的違法要素であるという理解によるなら，これは違法身分であり 1 項を適用すべきことになろう。

窃盗罪（刑 235 条）における不法領得の意思における排除意思，通貨偽造罪（刑 148 条 1 項）における行使の目的，営利誘拐罪（刑 252 条）における営利の目的は主観的違法要素であり（156 頁），1 項の違法身分である。したがって，正犯者に

第 2 節　共犯の個別性と連帯性

これらの意思があることを認識している共犯者には 65 条 1 項が適用され，その意思がなくても犯罪の成立を認めることになる。営利誘拐罪における営利の目的は刑法 65 条の身分ではないという大審院判例（大判大 14・1・28 刑集 4 巻 14 頁）の事案は，共同正犯者自身に営利の目的が存在し，営利誘拐罪が肯定された事案であり，身分に関する判示部分は傍論である。

消極的身分　たとえば虚偽診断書作成罪（刑 160 条）は，「医師」を構成的身分とする身分犯である。他方，無資格診療罪（医師 31 条 1 項 1 号・17 条）は，「医師でない者」が医業を行う身分犯である。このような「消極的身分」についても，共犯と身分の一般原則が適用される。もっとも，弁護士が名義貸しなどによって非弁護士と提携することは明示的に処罰されているので（弁護 77 条 1 号・27 条），それ以外の弁護士による非弁活動罪（弁護 77 条 3 号・72 条）の共犯は処罰されない趣旨と理解することは可能であろう。

医師が無資格診療罪の構成要件から除外されているのは，一般的に，医師の行う医業には危険性がないという理由からである。そうすると非医師という消極的身分は違法身分であり，医師が非医師に医業を行わせたときには医師は違法結果を惹起したものとして無資格診療罪の共犯として処罰される。判例もそれを認めるが，刑法 65 条 1 項を適用した判例はない（近時の例として最決平 9・9・30 刑集 51 巻 8 号 681 頁は，医師が非医師に，コンタクトレンズ処方のための検眼，テスト用コンタクトレンズの着脱を行わせた場合には，医師にも無資格診療罪の共同正犯が成立するとする）。しかし，「医師でない者」を主体とする無資格診療罪の構成要件に「医師である者」が該当することを明示するためには，同条項を適用しなければならないと思われる。

以上の場合とは異なり，消極的身分が違法身分でなく，責任身分である場合もある。犯人蔵匿罪（刑 103 条），証拠隠滅罪（刑 104 条）の構成要件は，犯人以外の者による犯人の蔵匿，犯人に関する証拠の偽造であり，犯人自身の行為は含まれていない。「犯人でない」という責任身分は連帯しないから，犯人自身がこれらの犯罪に関与したときには共犯として処罰されないと解すべきである（なお，最決昭 60・7・3 判時 1173 号 151 頁〔制限速度違反身代り事件〕における谷口正孝裁判官の反対意見参照）。判例は早くから，65 条 1 項を適用することはなく，犯人を教

唆・幇助として処罰するが（最高裁の判例として，最決昭 35・7・18 刑集 14 巻 9 号 1189 頁，最決昭 40・2・26 刑集 19 巻 1 号 59 頁・判プ II 503，最決昭 43・7・9 裁集 168 号 211 頁，最決昭 60・7・3 判時 1173 号 151 頁。以上いずれも犯人隠避に関する。証拠偽造については，最決昭 40・9・16 刑集 19 巻 6 号 679 頁，最決平 18・11・21〔K-1 事件〕），共同正犯として処罰したものはない。犯人が犯人蔵匿罪，証拠隠滅罪の構成要件から除外されていることがその理由なのであろうが，理論的には一貫しないものがある。

第3節　共犯の成立と消滅

第1款　共犯の因果関係

1　共犯関係と共犯の因果性

単独犯と共犯　共犯行為の範囲，共犯の連帯性に関する前節までの議論は，犯罪関与者の間に共犯関係が存在し，各自が発生した結果に対して責任を負うことを前提にしたものである。本章「共犯」の最後では，その共犯成立の要件を検討する。

惹起説が前提とするように，共犯は，単独犯と同じく違法結果を惹起するから処罰されるのであり，共犯行為と構成要件該当事実の発生との間に因果関係は必要である。しかし，共犯行為の因果関係は単独犯，同時犯のそれと同じではない。たとえば X・Y が V に発砲し，Y の弾丸だけが命中して V が死亡した場合，X・Y が共同正犯でなかったときには X は殺人未遂にとどまるが，共同正犯であったときには，X も殺人の責任を負う。刑法は，「それぞれの暴行による傷害の軽重を知ることができず，又はその傷害を生じさせた者を知ることができないときは，共同して実行した者でなくても，共犯の例による」として，傷害罪（刑 205 条）についての因果関係の推定規定（207 条）を置いているが（その結果，傷害致死罪〔刑 205 条〕における死亡結果ついても推定が及ぶことになる。137 頁参照），これは，共同正犯の因果関係が以上のようなものであることを前提としているからである。

共犯の因果関係が単独犯の場合と異なることは，上例のような実行共同正犯

第3節 共犯の成立と消滅

の場合ばかりでなく，共謀共同正犯などの他の形態の共同正犯，幇助犯の場合でもそうである。XがYにナイフを渡し，YはそれでVを殺そうとしたが失敗し，素手でVを絞殺したときにも，Xは殺人の共同正犯（刑60条）あるいは幇助犯（刑62条1項）の責任を負う。教唆犯（61条1項）の場合でも同じである。Yは前からVに恨みを持っていたが，Xは，Vが一人でYのところにやってくることを知り，この機会にVを殺すようにYに教唆し，Yが実行した場合において，Xに「背中を押されなくても」，前からVを恨んでいたYはその機会にVを殺したであろうと思われる場合にも，Xは殺人教唆の責任を負う。

このように，Xの行為とVの死との間には，通常の単独犯に要求されるのと同じ因果関係は必要ない。Xの行為（発砲，ナイフの供与，殺人の教唆）がYの行為（殺人）を介して結果（Vの死）に至ったとき，Xの行為と結果との間の因果関係が認められるのであり，共犯においては，単独犯より拡張された因果性が妥当しているのである。XとYとの間に共犯関係が存在することによって，Yの行為が促進される。共犯の因果性はこのような関係の存在によって，単独犯のそれを拡張したものであり，共犯の因果性は共犯関係の存在であるといってよい。

物理的因果関係と心理的因果関係　以上に対して，共犯の因果性は犯罪結果の促進であり，それは物理的因果関係，心理的因果関係のいずれでもよいという見解が一般的である（特に，平野・総論Ⅱ381頁，西田・総論341頁，林・総論377～380頁，山口・総論320～325頁）。この見解によると，例えば次のようになる（ただし，論者においては結論の細部についてまで完全に一致しているわけではない）。――X・YがVに発砲しYの弾丸だけが命中してVが死亡した場合，Xも共同正犯として殺人の責任を負うのは，XがYの心理に影響を及ぼして結果を促進したという心理的因果関係が存在するためである。XがYにナイフを渡したが，Yはそれを使わずに，別に持って行ったロープでVを絞殺したときには，Xの行為には物理的因果関係はないが，XはYにナイフを渡したことによってその犯意を強化し殺人行為を促進したから心理的因果関係が認められ，XはYの殺人の共犯になる。XがYにナイフを渡した後，自分はもう下りるといって離脱したときにも，Yがそれを用いて殺人を行ったときには物理的因果関係が認められるから共犯は認められる。Xがナイフを返してもらったときにも，XがYの犯罪を

支援したという心理的促進効果が持続しているときには，やはり共犯は成立する。――

　以上のような議論は，Xの共犯行為とYの行為との間の因果関係ではなく，直接に，Yの行為とVの死との間の因果関係を共犯の因果性としようとしたものと思われる（特に，山口・総論320頁参照）。しかし，共犯者Xが正犯者Yの行為を惹起し，Yの行為を介してVの死という結果を惹起したという因果関係が共犯の因果性であり，Yの行為を介しているという意味では間接的であるが，単独犯と同じ1本の因果である。共犯の因果性は共犯行為と正犯行為との間で論じられなければならない。

　このような，物理的・心理的促進効果のあることは共犯行為の要件であるが，共犯の因果性ではない（なお，396～398頁）。結果発生を促進する効果の有無によって共犯の因果関係を認めるなら，犯罪関与者の間の依存関係にかかわりなく片面的共犯の成立を認め，促進効果の残存を根拠として離脱者の責任を追及することになる。本書のような共犯の因果性に関する考え方によると，促進効果が立証できなければ共犯関係も否定せざるを得なくなるという批判もあるが（山口・総論321頁），これは共犯の因果性，従って共犯の成立の問題と共犯行為とを混同したものである。

2　共犯の成立と消滅

共犯の成立・消滅と共犯の因果性　行為者間に意思の合致があり，共犯が成立した後の共犯者の行為は他の共犯者に帰責される。意思の合致が解消され共犯関係が消滅したときには，その後の他の行為者の行為は共犯者に帰責されない。

　次款以降で，共犯の成立，共犯の消滅を，順次検討することにする。

第2款　共犯の成立

1　片面的共犯

判例と片面的共犯　片面的共犯とは次のような場合である。

　Xは，YがVに向かって発砲しているのを見て，Yに加勢するつもりで一方

第3節　共犯の成立と消滅

的にVに発砲した。Xの弾丸が外れ，VがYの弾丸によって死亡した場合，片面的共同正犯を肯定するならXも殺人の責任を負う。片面的共同正犯を否定するならXは殺人未遂にとどまる。VがXの弾丸によって死亡したときには，否定説，肯定説いずれによってもXは殺人，Yは殺人未遂である。

YがVの家に侵入し窃盗をする計画を知ったYの執事Xは，玄関のかぎを開けておき，そのことを知らないYはそこから侵入し窃盗を行った。片面的幇助を肯定する見解によれば，XはYの住居侵入・窃盗の幇助となり，否定する見解によれば幇助は成立しない。

YがVに恨みを持っていることを知っていたXは，テーブルの上に出刃包丁を置いておき，それを見たYは殺意を生じ，それでVを刺殺した。片面的教唆を認める見解によれば，Xには殺人の教唆が成立し，（片面的）幇助はこれに吸収される。否定する見解では成立しない。

判例は，片面的共同正犯を否定するが片面的幇助犯を肯定する。片面的教唆に関する判例はない。大審院は，共同正犯が成立するには行為者相互間に意思の連絡があることが必要であるとして，住居侵入・建造物損壊・器物損壊・脅迫・傷害の行われている現場に駆け付けて参加した者に共同正犯を認めた原判決を破棄したが（大判大11・2・25刑集1巻79頁〔殴り込み事件〕），幇助犯には共同犯行の認識は不要だとして，賭場に客を案内した行為が賭場の主催者（正犯者）の知らなかったところだとしても，賭博開張罪（刑186条2項）の幇助を肯定した（大判大14・1・22刑集3巻921頁・判ブⅠ349。そのほか，投票の代行を黙認した「選挙長」に不作為による投票関渉罪幇助を認めた大判昭3・3・9〔町会議員選挙事件〕参照）。戦後の下級審判例も片面的幇助を肯定する（東京高判昭38・3・28下刑集5巻3・4号192頁〔客を案内する行為を公然わいせつ罪（刑174条）の幇助とする〕，大阪地判昭43・11・16判タ233号195頁〔強盗致傷罪（刑240条）の幇助とする〕，東京地判昭63・7・27判時1300号153頁・百選Ⅰ85・判ブⅠ351〔拳銃密輸入（銃砲31条の2第2項・第1項・3条の4）の幇助〕）。

物理的促進効果と共犯の成立　　学説においては，心理的因果性のない片面的共犯にも，物理的因果性があるときには片面的共同正犯を含めてすべての片面的共犯が成立するという見解が有力である（平野・総論Ⅱ390～393頁，林・総論

389～391 頁，山口・総論 365～368 頁)。これによれば次のようになる。── Y が V に発砲しようとしているのを見て，X が一方的に Y に加勢するつもりで V に発砲し，V は Y の弾丸が命中して死亡したという設例においては，X の行為は物理的因果性がないから共同正犯は成立しない。片面的共同正犯を否定した大審院判例（大判大 11・2・25 刑集 1 巻 79 頁）の事案もこのような場合である。これに対して，V を強盗しようとしている Y に協力するつもりで，X が V から見える場所でけん銃を構えて V を脅迫したというような場合には，X には強盗の共同正犯が成立する。判例が片面的幇助を肯定した事例は，すべて物理的因果関係が肯定できる事例である。──

しかし，すでに述べたように，共犯の因果性は結果発生の促進効果ではなく，実行者の行為を促進することにより，間接的に結果発生を促進することである。行為者相互に意思の合致がなく，実行者の行為に影響を与えていない片面的加功に共犯の成立を認めることはできない。片面的共犯は，すべての共犯において否定されるべきである。単独犯としての因果性を有し，かつ，正犯性の認められる片面的共犯については同時正犯となるが，認められない場合は不可罰である。

2　承継的共犯

結果の承継　共犯者は自分が惹起した犯罪結果についてだけ帰責される。他人の犯罪行為の遂行中に事情を知って途中から関与する「承継的共犯」の場合においては，共犯関係成立後に，他の共犯者の惹起した結果についてだけ責任を負う。因果はさかのぼることはないから，それ以前の結果を承継することはない。

しかし，「共犯とは 1 個の犯罪を共同して行うことである」という犯罪共同説からは，承継的共犯者は一罪を構成する範囲でさかのぼって責任を負うとされてきた。

その典型である大審院判例（大判昭 13・11・18 刑集 17 巻 839 頁〔夫唱婦随事件，判プ I 361〕）は次のようなものである。X は，夫 Y が地下足袋を履き，ません（馬柵）棒を持って夜遅く出て行ったので，心配して後をつけたところ，V 宅から出

第3節　共犯の成立と消滅

てきたYから，金を盗るつもりでVを殺したので，お前も手伝えといわれ，やむなく，ろうそくを手に持ちYが金品をとるのを手伝った。原審が強盗罪（刑236条1項）の幇助を認めたのに対して，弁護人は，Xは自分の関与した範囲でしか責任を認めるべきでないとして窃盗罪（刑235条）の幇助とすべきだと主張した。大審院は，強盗殺人罪（刑240条後段）の一部である強取行為に加担した以上，Xには，強盗罪だけでなく，強盗殺人罪の幇助が成立するとした。戦後の下級審判例においては，「夫唱婦随事件」の強盗殺人罪のような単純一罪についてばかりでなく，継続的な傷害などの包括一罪についても，一罪の範囲で遡って責任を認める判例が相次いで現れた。

しかし，近時の最高裁判例はこのような考え方を否定した（最決平24・11・6刑集66巻12号1281頁〔伊予・松山連続暴行事件，百選Ⅰ82〕）。事案は，Yらが場所を変えてVらに継続的に暴行・傷害を加え，Yから知らせを受けて第2現場にやってきたグループのリーダー格のXが，Yらと共謀のうえ，さらにVらに暴行・傷害を加えたというものであり，1・2審は，継続的な行為が傷害罪（刑204条）として「一罪性」を持つ範囲で，Xは共同正犯の責任を負うとしたが，最高裁は，「被告人は，共謀加担前にYらが既に生じさせていた傷害結果については，被告人の共謀及びそれに基づく行為がこれと因果関係を有することはないから，傷害罪の共同正犯としての責任を負うことはなく，共謀加担後の傷害を引き起こすに足りる暴行によってVらの傷害の発生に寄与したことについてのみ，傷害罪の共同正犯としての責任を負うと解するのが相当である」とした。

効果の承継　他方，承継的共犯者が先行者の生じさせた状態を利用したときには，それを構成要件要素とする犯罪について共犯を肯定することができるという見解もあり（平野・総論Ⅱ383頁以来のものであり，「中間説」と呼ばれることもある）。判例にもこれに従ったものがあった。Y等が恐喝目的でVに暴行・傷害を加え畏怖させていたところ，たまたま現場にやってきたXは，Y等の依頼を受けてVの義父から現金の交付を受けた。裁判所は，Xは傷害結果に何ら寄与してはいないから傷害罪（刑204条）の承継的共犯は成立しないが，畏怖状態にあることを認識・認容して金員受領行為に加担しことは恐喝罪（刑249条1項）の実現に協力したと評価することができるとして，同罪の幇助を肯定した（横

浜地判昭 56・7・17 判時 1011 号 142 頁・判プ I 369）。最高裁も，「伊予・松山連続暴行事件」の後に，同趣旨と思われる判断を示した。Y から依頼を受け，Y によって欺罔された V から現金の交付を受けようとした「受け子」X は，「本件詐欺を完遂する上で本件欺罔行為と一体のものとして予定されていた本件受領行為に関与している」以上，詐欺未遂罪の共同正犯としての責任を負うとしたのである（最決平 29・12・11〔だまされたふり作戦事件〕。詐欺に気づいた V と警察の「作戦」によって，V から受取先に送られた荷物の中には現金がなかったため，詐欺は未遂にとどまった）。最高裁は，その後も受け子には詐欺罪の共謀共同正犯が成立するとしている（最判平 30・12・11〔受け子事件 I〕，最判平 30・12・14〔受け子事件 II〕）。

このような考え方は，法益侵害の結果ではない構成要件要素については因果的に惹起する必要はないということを実質的な根拠とするものであろう（注釈刑法 I 868 頁〔島田聡一郎〕）。また，欺罔行為に関与した「掛け子」は詐欺罪の共犯になるが，「だまされたふり作戦事件」にみられるような「受け子」や「出し子」に犯罪の成立を認めないと，特殊詐欺事件における捜査は困難になるという考慮もあろう。

しかし，他人によってもたらされた被害者の状況を利用する行為を犯罪とするのは，準強制わいせつ・準強制性交罪（刑 178 条）のような刑法に明文の規定があるときに限られる。判例も，先行者の強姦行為によって抵抗できなくなった被害者を後に参加した行為者が姦淫したときには，旧・強姦罪（刑 177 条前段）ではなく，旧・準強姦罪（刑 178 条 2 項・177 条前段）が成立するとしている（広島高判昭 34・2・27 高刑集 12 巻 1 号 326 頁〔バス停事件〕）。中間説は現行法の趣旨に反すると思われる。

因果関係の証明　承継的共犯者の責任は共犯成立前の結果にさかのぼらないとすると，被害者に生じた傷害結果が共犯成立後に生じたことが証明できないときには，承継的共犯者に責任を負わせることができないことになる（強姦被害者に生じた致傷結果がいつ生じたか不明であるときに，途中から強姦に参加した者に準強姦罪だけを認めた広島高判昭 34・2・27〔バス停事件〕参照）。

「松山・伊予暴行継続事件」の最高裁判例においては，承継的共犯者は「共謀加担後の傷害を引き起こすに足りる暴行によって V らの傷害の発生に寄与した

第 3 節　共犯の成立と消滅

こと」についても責任を負うとしている。これは共犯成立前に生じた傷害を，共犯成立後の行為者が悪化させたことを認定できるときには新たに傷害を発生させたものとして帰責しうるというものであり，それに寄与したことは共犯成立後に行われた暴行の態様によって証明しうるというものであるが，これも必ずしも容易ではない（最決平 24・11・6 における千葉勝美裁判官の補足意見参照）。

　承継的共犯行為と他の共犯者の先行行為との間の共犯関係を肯定することはできないが，傷害結果が生じたのが共犯成立後であることが明らかでない場合には，「それぞれの暴行による傷害の軽重を知ることができない」場合にあたり，同時傷害の特例（刑 206 条）を適用しうる（東京高判平 27・11・10 東高刑時報 66 巻 1〜12 号 103 頁）。しかし，同時傷害の特例は傷害罪（刑 204 条）およびその結果的加重犯である傷害致死罪（刑 205 条）についてだけであり，強制性交致傷罪（刑 181 条），強盗致傷罪（刑 240 条前段）のような結果的加重犯には適用されない（仙台高判昭 33・3・13 高刑集 11 巻 4 号 137 頁〔強姦致傷罪について〕，東京地判昭 36・3・30 判時 264 号 35 頁〔強盗致傷罪について〕）。

　身分犯と承継的共犯　「窃盗が…暴行又は脅迫をしたとき」という事後強盗罪（刑 238 条）は，窃盗犯人を主体とする真正身分犯であり，窃盗犯人 Y を追ってきた V に対して，Y の友人 X が事情を知って，共謀の上，逮捕を免れる目的で暴行を加え傷害したときには，刑法 65 条 1 項により，窃盗犯人の身分のない X も事後強盗致傷罪（刑 238 条・240 条前段）の共同正犯となるという判例がある（大阪高判昭 62・7・17 判時 1253 号 141 頁〔サイドリングマスコット事件，百選Ⅰ 93・判プⅡ 256〕。これに従うものとして名古屋地判岡崎支判平 30・2・26 LEX/DB25560117）。この判例の前には，65 条 1 項を適用した後さらに同条 2 項を適用して（このような犯罪共同説については 405 頁参照），結局傷害罪の共同正犯として処断した判例もあった（新潟地判昭 42・12・5 下刑集 9 巻 12 号 1548 頁，東京地判昭 60・3・19 判時 1172 号 155 頁）。以上の 4 判例の事案においては，X が加わった後の X・Y の共同暴行によって V に傷害が生じた事例である。しかし，X に 65 条 1 項を適用することによって，X は，Y の行った窃盗から後の結果についても責任を負うことになるから，X が介入する前の Y の暴行から傷害の結果が生じたとしても，X はそれについての責任を負うことになる。そのうちでも，65 条 2 項の適用を認めない考え方に

よると，窃盗と傷害の両方について責任を認めて事後強盗致傷罪が，65条2項の適用を認める考え方によっても傷害の結果については責任を負い傷害罪が，それぞれ成立することになる。要するに，窃盗犯人を65条1項の「身分」とすることは，介入前の先行者の生じさせた結果についてもさかのぼって責任を認める承継的共犯と同じ結論を認めることになるのである。

しかし，「窃盗…」は窃盗罪と暴行・脅迫罪の結合犯である事後強盗罪の構成要件を記述するために使われた技術的表現であり，刑法65条1項の「身分」ではない。同条項の趣旨は，共犯者は他人の行為については責任を負わなければならないというものではない。もし，この判例のような形式的な「身分」の理解によるなら，誘拐犯Yが後から身代金を要求するときにそれに関与したXには身代金要求罪（刑225条の2第2項）の，強盗犯Yの殺人に関与したXには強盗殺人罪（刑240条後段）の，強盗犯Yの強姦に関与したXには強盗強制性交罪（刑241条1項）の，それぞれ共犯が成立することになってしまう。

なお，財物の騙取あるいは奪取後の被害者に対する暴行は，財物の返還ないしは買主が支払うべきものとされていたその代金の支払を免れるという財産上不法の利益を得るためになされたものとして，強盗罪（刑236条2項）が成立するという最高裁判例（最決昭61・11・18〔博多覚せい剤事件〕）。もっともその妥当性については問題がある。谷口正孝裁判官の「意見」参照）に従うなら，「サイドリングマスコット事件」（大阪高判昭62・7・17）では，直接に強盗罪を認めるべきことになる。

第3款　共犯の消滅

1　合意の範囲

共犯の成立，共犯の故意，共犯行為　共犯の「因果関係」を否定した古い最高裁の判例は，次のようなものであった（最判昭25・7・11〔ゴットン師事件〕）。

XがYにV₁宅への住居侵入・窃盗を教唆し，Yは他の共犯者3人を伴いV₁のところに赴いたが母屋には入れなかった。Yは犯行を断念して帰ろうとしたが，共犯者たちは，自分たちは「ゴットン師」であるからただでは帰れない，Yは外で待っていろ，などと言い，隣のV₂電気店に入り強盗を行った。原審はXに住居侵入・窃盗の教唆を認めたが，最高裁は，Xの故意は符合している住

第3節　共犯の成立と消滅

居侵入・窃盗の範囲で存在するが，YらのV$_2$における犯行は，Xの教唆にもとづくものではなく，新たな「決意」に基づいているのであり，Xの教唆とYの住居侵入・強盗との間に「因果関係」があるとすることには疑問があるとして，これを破棄した。

共犯者間の意思連絡によって共犯は成立するが，実行者の行為が他の共犯者との合意の範囲を超えたときには，共犯関係が存在しなくなる。最高裁判例はこの趣旨に理解できる。この判例にも表れているように，共犯の成立の問題である合意の範囲の問題と，共犯の故意の問題とは異なる次元の問題である。

また，これは共犯行為の存在の問題とも異なる。たとえば，Xは，YからVを殺すための青酸カリの入手を依頼され，それをYに提供したが，Yは実際にはそれを用いず，Vに睡眠薬を飲ませて絞扼し殺害した場合において，XにはV殺害の故意もあり，Yによる殺害行為の実行についての合意もあるが，青酸カリの提供はYの実行行為を促進する効果を持たなかったから，Xには殺人罪の共犯は成立せず，殺人予備罪（刑201条）の共同正犯が成立するのみである（最決昭37・11・8〔青酸ソーダ事件〕）。共犯の因果性を犯罪実行の物理的・心理的促進と考える立場によるなら，これは因果性が否定される例ということになろうが，すでに述べたように，共犯の因果性，従って共犯の成立は共犯者間の意思の合致によって生じるのであり，促進効果は共犯行為の内容である。

なお，X・Yら数名が正当防衛としてVに対して暴行を加え，Vは攻撃をやめたが，YらはVを追いかけ傷害を与え，これを（量的）過剰防衛とみるべき場合において，合法行為である正当防衛の合意は共犯の合意ではないから，XがYらの過剰防衛行為について責任を負うのは，それについて新たに合意があったときに限られる（最高裁は「新たな共謀」が必要だとする。最判平6・12・6〔歓送会事件〕）。

共謀共同正犯の範囲　　共謀共同正犯における「共謀の範囲」あるいは「共謀の射程」は，当該共謀が実行者による構成要件の実現を支配したものだったかの問題である。これは，実行された住居侵入・窃盗が教唆の結果ではないときには教唆者の責任が否定される（最判昭25・7・11〔ゴットン師事件〕）のと同じ関係にある。たとえば，判例に現れた事例には次のようなものがある。組長などを

第8章　共　　犯

務める暴力団首領Xが舎弟YとVらを拉致することを共謀し，Yは他の共犯者と共謀してこれを実行しようとしたが失敗したので，さらに共謀のうえ，Vの居室を襲い，Vほか1名を殺害した。原審は，Xには最初の共謀のときにV殺害の故意があるとして，これに殺人罪の共謀共同正犯を認めたが，東京高裁は，これを破棄し，無罪を言い渡した（東京高判昭60・9・30刑月17巻9号804頁）。東京高裁は，このような順次共謀の場合には，それらが「内容的に同一性，連続性を有し，全体として一個の共謀とみなし得ることが必要である」としている。しかし，順次共謀が共同正犯であるのは，Xの参加した共謀が，その後のYらの共謀があっても，なお実行行為を支配したといえるかなのであり，本件では否定されるべきであったからである。東京高裁のように「全体として一個の共謀」といえるかを問題にするのは，共同意思主体説的な共謀共同正犯論（380頁）を前提にするものである。

　このように考えると，そのほかの判例も妥当な結論に達していると思われる。たとえば，合宿所から「新人迎え」の依頼を受けて，家庭内暴力を繰り返すVをその自宅から合宿所まで拉致し合宿所に監禁させたXは，合宿所の監禁およびそれに付随して生じた傷害結果については監禁致傷罪（刑221条・220条）の共謀共同正犯の責任を負うが，合宿所から逃げ出そうとしたVに対して合宿所のスタッフYらが加えた傷害結果についてはそうではない（名古屋高判昭59・9・11判時1152号178頁〔戸塚ヨットスクール事件〕）。これらの判例においては，他の共謀者が発生させた結果についての共謀者の故意が肯定できる場合にも共謀共同正犯の成立が否定されている（東京高判昭58・7・13高刑集36巻2号866頁〔渋谷暴動事件。過激派集団に属するXらが「機動隊員殱滅」などの機関誌の発行，アジ演説を行っていたとしても，巡査殺害の共謀とは認められない〕，東京地判平7・10・9判時1598号155頁〔X・Y・Zが昏睡強盗〔刑239条〕を共謀してVに睡眠薬入りの酒を飲ませたが，完全に眠らせることができなかったので，Y・ZがVに暴行して傷害を加えたとき，Xには強盗致傷罪（刑240条前段・236条1項）の共謀共同正犯は成立しない。しかし，Xは，Y・Zの生じさせた犯行抑圧状態を利用したとして強盗罪の承継的共犯を認めている。この問題については，417〜418頁参照）。

422

第3節　共犯の成立と消滅

2　共犯の離脱と中止犯

共犯の中止犯　共犯にも中止犯はあるが，その問題と共犯の離脱の問題とは区別されなければならない。たとえば，X・YがV宅に侵入して刃物を突き付けて脅迫し金銭を要求したところ，Vの妻が差し出した金銭が少額だったので，Xは貧しいVに同情して，それを受け取らずに，Yに「帰ろう」といって外に出たが，Yはそのままそれを受け取った場合（最判昭24・12・17〔仏心事件〕参照），Xが強盗既遂になるか，強盗未遂にとどまるかの問題は共犯の離脱の問題であり，未遂にとどまる場合に，Xに中止犯（刑43条但）が成立するかが次に問題となる。

離脱の問題は実行の着手の前後を問わず存在する。「仏心事件」のように実行の着手後の離脱が問題になり，それが認められたときには強盗未遂の中止犯が，V宅への侵入前にXが帰ってしまったような場合には，離脱が認められ予備罪としての処罰が問題になるときには，予備罪についても中止犯規定の準用を認めるかが問題になるのである（356頁参照）。

しかし，古い大審院・最高裁の判例は離脱と中止犯とを区別せず，共犯者が他の共犯者の実行を止めなかった以上，離脱したとしても責任を免れないとしていたため（大判大12・7・2刑集2巻610頁・判プⅠ370〔恐喝に着手したが離脱して金銭を受領しなかった〕，大判昭10・6・20刑集14巻722頁〔賭場の準備をしたが以後の賭博場開帳の行為を行わなかった〕，最判昭24・12・17〔仏心事件〕），しばらくの間議論の混乱があった。

共犯の因果性と離脱　「仏心事件」において離脱したXが強盗既遂の責任を負うかは，Yの現金取得についてXに共犯が成立しているかによる。これは，Yの行為についてXの共犯が存続しているかの問題である。もし，Xがいつの間にかいなくなり，YがXの離脱を認識していなかったようなときには，Yは依然としてXの行為に対する支持があると思っていたのであるから，心理的相互支援としての共犯関係の継続を肯定しうる。しかし，「仏心事件」では，YはXの離脱を認識していたのであるから，X・Yの間のそのような心理的関係は消滅しているのであり，XはYの行為について共犯者として責任を負うこともなく，強盗既遂は成立しない。大審院の判例の事案においても，他の共犯者が

第8章　共　　犯

離脱のあったことを認識しながら実行を継続したのであれば，そのようにすべきである。

　戦後の下級審判例には，共犯者の1人が離脱したことを他の共犯者が認識した場合には，その後の他の共犯者による犯罪の実行は，以前の共謀に基づくものとは言えないとするものが多数を占めていた。たとえば，実行の着手前に離脱した場合に窃盗について無罪としたもの（東京高判昭25・9・14高刑集3巻3号407頁・判プⅠ374），強盗先を教え，さらに他の共犯者らと現場に行き匕首を研ぐなどの準備もしたが，後悔して現場から1人で立ち去り，他の共犯者たちはそのことを認識したうえで強盗を継続したという場合に「黙示」の離脱を認め，強盗予備のみで処罰したもの（福岡高判昭28・1・12高刑集6巻1号1頁〔峠の店強盗事件，判プⅠ375〕。原審は強盗教唆としていた），Xが他の共犯者とともに廃車証明書を偽造する目的で県知事署名のある証明書用紙を多数印刷したが，それ以後連絡を絶ち，共犯者らもそれを諒承し，それを用いて偽造の廃車証明書（公文書）を作成したという事例において，Xに公文書偽造罪（刑155条1項）の成立を否定し，無罪としたもの（東京地判昭31・6・30新聞19号13頁〔廃車証明書偽造事件〕），強姦の着手前に離脱した共犯者は残った1人が実行した強姦について共同正犯は成立しないとして無罪としたもの（大阪高判昭41・6・24高刑集19巻4号375頁），などである。これらは，以上の意味で妥当なものであったと思われる。

　だが，初めて明確に共犯の離脱と共犯の中止犯の問題とを区別した学説は，共犯の因果性を共犯行為の促進効果と理解する立場（413～414頁）から，離脱者は自分の行為の犯罪促進効果を解消させなければ共犯としての責任を免れないとした（平野・総論Ⅱ383～386頁。「仏心事件」については離脱を認める）。その直後，これに従ったとみられる判例も現れた。事案は，暴力団員の若頭の地位にあったXが対立する暴力団員の殺害の共謀を主導したが，現場に赴いた者が躊躇していることから，ひとまず計画を断念して引き上げることを指示したにもかかわらず，共犯者らは改めて共謀したうえ2名の者が殺人を実行したというものである。松江地方裁判所は，「共謀関係の離脱といいうるためには，自己と他の共謀者との共謀関係を完全に解消することが必要」であり，Xは「共謀関係がなかつた状態に復元させなければ，共謀関係の解消がなされたとはいえない」と

第3節　共犯の成立と消滅

して，Xは殺人の予備ではなく既遂の責任を負うとした（松江地判昭51・11・2刑月8巻11・12号495頁・判プI 376）。学説はさらに，離脱者は，その影響力を心理的・物理的いずれの側面においても解消させなければ，共犯としての責任を免れないのであるから，このような事情が認められないにもかかわらず離脱を認めた上記の「峠の店強盗事件」「廃車証明書偽造事件」の判例は「寛大に過ぎる」とする（西田典之「共犯と中止」同『共犯理論の展開』240頁）。

最高裁と共犯の離脱　近時の最高裁判所の判例はこのような学説を受け入れたもののように思える。

X・Yは，Yの自宅内において酒癖の悪いVに激しい暴行を加えた。その後，Xは「おれ，帰る」とだけ言ってYのところから退去したが，Yは，ほどなくして，Vの言動に再び激昂して，その顔を木刀で突くなどの暴行を加えた。Vは，Y宅において「甲状軟骨左上角骨折に基づく頸部圧迫等により窒息死」したが，死の結果がXが帰る前にX・Yが加えた暴行によって生じたものか，その後のYの暴行によって生じたものかは不明であった。最高裁判所は，「Xが帰った時点では，Yにおいてなお制裁を加えるおそれが消滅していなかったのに，Xにおいて格別これを防止する措置を講ずることなく，成り行きに任せて現場を去ったに過ぎないのであるから，Yとの間の当初の共犯関係が右の時点で解消したということはできず，その後のYの暴行も右の共謀に基づくものと認めるのが相当である」とし，Xにも傷害致死罪（刑205条）が成立するとした（最決平1・6・26刑集43巻6号567頁・百選I 96・判プI 377）。

最高裁は，さらに，次のような事例において，共犯から撤退した者も，自分の行為によって開始された因果の流れを，具体的な行為によって遮断しない以上，以後の共犯者の行為についての責任を免れないことを確認した。

Xら8人の者はV宅での強盗を共謀し，Yら2名がまずV宅に侵入し他の共犯者の侵入口を確保しようとしていたが，付近に人が集まってきたために，外にいた見張り役Zが，やめて出てきた方がいい，と中のYに電話をかけ，Yが，もう少し待っていろというのに対して，Zは「危ないから待てない。先に帰る」と伝えて，一方的に電話を切り，X・Zら3人の共犯者はXの運転する車で現場から立ち去った。中からいったん出てきたYらは，3人がいなくなったこと

を認識したが，残っていた3人とV宅に侵入し強盗傷人を行った。最高裁は，Xは「格別それ以後の犯行を防止する措置を講ずることなく」離脱したにすぎない，「残された共犯者らが被告人の離脱をその後知るに至ったという事情があったとしても，当初の共謀関係が解消したということはできず，その後の共犯者らの強盗も当初の共謀に基づいて行われたものと認めるのが相当である」として，Xに強盗致傷罪の共謀共同正犯を認めた（最決平21・6・30刑集63巻5号475頁・百選Ⅰ94）。

　最高裁は，近時の学説の支持を受けながら，他の共謀者の金員の強取を「阻止せず放任した以上」強盗既遂の責任を免れないとした「仏心事件」判決を，離脱の要件として再確認したともいえる。だが，共犯関係を成立させる共犯の因果性とは共犯者間の犯行についての合意であり，共犯行為の要件である犯罪行為に対する促進効果とは別の問題である。実質的に見ても，最初の共犯行為が生じさせた因果性を心理的・物理的にも除去しない以上，離脱者は責任を負うというのは，あまりにも過酷な結論である。これによるならば，計画した家での窃盗を断念し，別の家で窃盗したという事案（最判昭25・7・11〔ゴットン師事件〕）においても，最初の窃盗の教唆は実際に行われた窃盗に対する動因となっているのであり，その心理的促進効果が存在するものとして，責任を免れないものとなるだろう。

事項索引

〔あ行〕

アジャン・プロヴォカトゥール　373
あてはめの錯誤　190
暴れ馬事件　326
安楽死　264
医業類似行為　63
医　師　236
意識的過剰　184
意思支配による正犯　387
意思支配の類型　388
意思責任としての過失　208
意思責任の原則　161
意思説　168
意思連絡　384
委託物横領罪　409
一故意犯説　202
一罪の間の法の変更　42
一事不再理　85
著しい法定刑の錯誤　322
遺失物横領罪　409
一身的刑罰阻却・減少事由　163
一般的正当行為　245
一般予防　18, 140
意　図　169
委任命令の改廃　69
違法一元論　248
違法減少事由の連帯　406
違法減少説　284, 347
違法行為　293
違法性　90
　——の意識　187
　——の錯誤　186, 318
　——の認識　319, 320
　——の認識不能　325

違法責任減少説　285
違法（性）阻却事由　243, 245
違法阻却事由としての緊急避難　290
違法多元論　248
違法な不作為　280
違法の連帯性　394
違法身分　408
違法要素　96
意味の認識　187
医療過誤事件　229
医療観察法　11, 165
　——における「他害行為」　101
　——の「対象行為」　165
因果関係　114, 129
　——の錯誤　206
　——の断絶　131
　——の中断　131
　——の認識　205
因果的行為論　100
因果の環　226
因果法則の証明　137
淫行処罰条例　35
「淫行」の処罰　53
インターネット犯罪　79
インフォームド・コンセント　261
陰謀罪　355, 357
ウェーバーの概括的故意の理論　145
営業秘密　10
営利の目的　411
営利目的麻薬輸入罪　410
延命医療　265
　——の差し控え　266
横領の共犯　371
遅すぎた結果の発生　144, 207

427

事項索引

〔か行〕

害の著しい不均衡　271
外貨偽造法　51
概括的故意　144, 173
解釈の明確性　59
改正刑法草案　6, 9
海賊行為　82
害の均衡　272, 295
外部的事由の範囲　328
書かれざる構成要件要素　93
確　知　169
拡張解釈　59, 60
拡張的正犯概念　361
確定的故意　170
確定的故意（直接的故意）　169
加減的身分　407
加持祈祷　185
過　失　97, 208, 301
　　――の共同正犯　383
　　――の標準　228
過失競合　383
過失共同正犯　383
過失行為　213
　　――の併存　217
過失作為犯　239
過失推定説　162
過失正犯行為の共同　385
過失責任　217
過失相殺　234
過失同時犯　383
過失犯　163, 383
　　――の構造　211
過失不作為犯　109, 216, 239
　　――における作為義務　215
過失併存説　217
加重結果発生の直接性　152
加重処罰　51

過剰避難　296, 299
過剰防衛　284
　　――における刑の減免根拠　284
家族の同意　267
過度に広範な刑罰法規　45
可罰性の認識　322
可罰的違法　245, 253
可罰的違法性　95, 244
　　――の理論　248
可罰的責任　303
間接教唆　397
間接正犯　360, 387, 392
　　――の実行の着手　336
　　身分犯と――　389
間接的安楽死　265
間接幇助　399
完全罪名従属説　403
完全罪名独立性説　404
完全責任能力　312
監督過失　237
　　――における作為義務　239
管理過失　237
管理・監督過失　384
危惧感説　224
偽計による監禁罪　255
危険源監督義務　117
危険の「現実化」　142
危険の招致　336
危険の引き受け　251, 262
　　――による違法阻却　263
危険を防止する業務　223
旗国主義　76
記述的構成要件要素　93
既遂故意　160
既遂構成要件の構造　153
既遂犯の成否が未遂犯に関係する場合　332
偽造罪　155

428

事項索引

起訴便宜主義　306
期待可能性の標準　329
期待可能性の理論　326
期待不可能の理由　327
危難の現在性　293
危難の対象　292
機能説　117
規範的構成要件要素　93
規範的責任論　301, 325
規範的予防　19
規範防衛論　16
基本構成要件　330
基本犯　149
欺罔による住居侵入　255
客体の錯誤　191, 202, 374
客体の不能　344
客観主義　26
客観責任　161
客観的解釈　57
客観的処罰条件　163
客観的犯罪　197
客観的謀議説　382
旧過失論　211
旧刑法　5
吸収一罪　364
救助行為の撤回　110
救助行為の妨害　110
急迫不正の侵害に対して　280
旧派刑法学　25
教育刑　15
凶器準備集合罪　156
狭義の共犯　360
教唆行為　396
教唆犯　360, 395
　　――の刑　395
教唆・幇助の処罰　395
行政機関の指導　324
行政刑法　4

強制性交　255
強制わいせつ　255
強制わいせつ罪　159
共同意思主体説　380, 401
共同加害の目的　156
共同義務の共同違反　386
共同正犯　360, 362, 378
共罰的事後行為　364
共　犯　128, 330, 360
　　――の因果性　423
　　――の過剰　374
　　――の結果　80
　　――の故意　373, 420
　　――の従属性　399, 401
　　――の処罰根拠と要素従属性　406
　　――の成立　420
　　――の中止犯　423
　　――の離脱　423, 424
　　中立的行為による――　370
共犯規定　366
共犯行為　43, 98, 420
　　――の因果関係　412
共犯固有犯罪性説　399, 402
共犯者の錯誤　374
共犯従属性　400
共犯従属性説　400, 402
共犯独立性説　400, 402
共犯と身分　155
共犯における違法連帯　394
共犯類型間の錯誤　374
共　謀　380
共謀共同正犯　362, 379, 380, 401
　　――の範囲　422
共謀共同正犯理論　380
共謀罪　358
業務者　409
業務上横領罪　409
業務上過失　218, 219, 220

429

事項索引

業務上の特別義務者の緊急避難　291
業務堕胎罪　410
業務の職務性　221
虚偽告訴罪等の故意　169
虚偽診断書作成罪　411
虚偽の陳述　158
極端従属性説　400, 405
緊急行為　245
緊急避難　245, 268, 290
偶然防衛　279
具体的危険説　342
　　修正された——　343
具体的危険犯　121
具体的事実の錯誤　191
具体的符合説　200
具体的法定的符合説　201, 202
「首なし」騒乱罪　365
クリーン・ハンドの法理　234
経験則　129
傾向犯　159
経済活動と共犯　371
刑事管轄権　77
形式犯　120
刑事責任年齢　306
刑事訴訟法の改正　38
刑執行の減免　85
刑事立法権　33
継続犯　124
刑の一部執行猶予　8
刑の算入主義　85
刑の適用　66
刑の廃止　68
刑の変更　66
刑　罰　4, 14
刑罰個別化論　25
刑罰消極主義　22
刑罰積極主義　22
刑罰目的説　354

刑罰論　4
刑　法　3
　　——の解釈　29, 56
　　——の人的適用範囲　75
　　——の適用　65
　　——の場所的適用範囲　72
　　——の平易化　7
刑法違反の認識　320
刑法解釈学　12
刑法改正　6
刑法学派の争い　19
刑法総論　3
刑法適用法の国際法化　74
刑法65条と罪名従属性　404
結　果　129
　　——の惹起　131
　　——の予見可能性　224, 228, 240
結果回避義務　214
結果地　79
結果的加重犯　149, 162, 178
　　——に対する教唆・幇助　384
　　故意ある——　179
結果発生と中止犯　350
結果発生の危険性　351
結果発生の危険と不能犯　339
結果無価値論　17, 245
結果を目的とする犯罪　157
原因において違法な行為　298
　　——の理論　278
原因において作為である不作為　110
原因において自由な行為　314
　　——と間接正犯　315
厳格責任説　180
幻覚犯　339
喧嘩と正当防衛　274
現行刑法　5
現行犯逮捕　252
現在の危難　292

事項索引

現実的同意　257
限時法　68
減縮的共犯概念　361
減縮的正犯概念　361
限定解釈　45, 59, 62, 64
権利行為　270
故　意　97, 164, 166, 301
　　事後の――　127
故意犯　163, 197
　　――の成立　192
故意犯処罰の原則　384
行　為　98
　　――の危険性　222
　　――の危険性と経験則　340
　　――の客体　120
行為意思　337
行為共同説　399, 404
行為刑法の原則　53
行為支配　376
行為支配説　378
行為者自身の故意行為の介入　145
行為者の計画　337
行為者の交通法規違反　233
行為責任の原則　99
合意の範囲　421
行為無価値論　16
公害事件の因果関係　136
広義の共犯　360
公共的法益　270
攻撃が招いた侵害　276
攻撃的緊急避難　295
合憲的限定解釈　63, 64
行使の目的　155
構成的身分　407
構成要件　90, 92, 96
　　――の違法推定機能　94
　　――の修正　198
　　修正された――　330

　　開かれた――　94
構成要件モデル　314
構成要件概念の機能　92
構成要件該当行為　335
　　――の違法性　247
構成要件該当性阻却事由　244, 254
構成要件該当の結果　227
構成要件的因果経路　150
構成要件的故意　166
構成要件的状況　122
構成要件的符合説　193
公訴時効　124
　　――の延長　39
公訴棄却　65
交通事犯　7
交通法規違反　234
公的な権利保護と正当防衛　273
公平正義の観念　297
合法行為　293
合法則的条件説　130
公務員　408
　　――の争議行為　253
国外犯　82
国外犯処罰規定　82
国際協同主義　83
国際協同の原則　73
国際刑事裁判所　73
国際刑事司法共助　74
国際刑法　73
国内犯　81
国民保護主義　83
個人的法益　270
誤想過剰避難　299
誤想過剰防衛　184, 289
誤想正当行為　180
誤想防衛　180
国会立法の原則　63
国家自己保護の原則　72

431

事項索引

国家正当防衛　271
国家忠誠主義　83
国家秘密　11
国家標準説　329
国家保護主義　83
コメディカルの監督責任　236

〔さ行〕

罪刑均衡の原則　24, 49
罪刑専断主義　21
罪刑法定主義　21, 28, 92, 107, 245
財産刑　15
財産犯　195
罪質符合説　194
最小従属性説　405
罪　数　128
サイバー犯罪　8
罪名従属性　401, 403
罪名独立性　403
作為義務　106, 113, 115, 214
作為に対する不作為の共犯　363
作為による中止　348
作為による不作為犯　110
作為の容易性　114
錯　誤　176
　　──の回避不能　323
　　動機の──　203
　　法律の──　318
錯誤論　176
殺人罪　119
差別的な法定刑　51
猿払事件判決　32
残虐な刑罰　49
死　刑　49
自己決定権　261
事後従犯　363
自己堕胎罪　409
事後法　41

　　──の遡及　68
自己予備　356
時際刑法　66
自殺関与　392
事実の変化　70
自手犯　377
自招危難　297
自招の正当防衛状況　278
自然災害　292
自然死　265
死体遺棄罪　126
　　──と遺棄罪　196
　　──と傷害罪　196
実現意思　174
実　行　333
実行共同正犯　362, 378, 379
実行従属性　400, 402
　　──と「実行行為」　403
実行の着手　331, 333, 335
実行未遂　349
執行猶予　37
実質的意味の刑法　5
実質的客観説　336
実質犯　120
実体的デュー・プロセス　28
質的過剰　288
児童買春禁止法　35
児童虐待　172
児童虐待事件　363
自動車運転過失致死傷　220
自動車運転致死傷処罰法　220
社会生活上の地位　223
社会的行為論　100
自由意思　302
重過失　218
自由刑　15
修正された結果説　78
従属予備罪　355

432

事項索引

──と中止犯　356
集団犯　365
従　犯　395
終末期医療　267
主観主義　26
主観的違法要素　155
主観的解釈　57
主観的構成要件要素　154
主観的犯罪　197
主観的謀議説　382
縮小解釈　59
取材源秘匿の権利　246
主体の不能　344
受忍義務のある危険　297
準強制性交　255
準強制わいせつ　255
順次共謀　381
消極的構成要件要素の理論　96
消極的属人主義　83
消極的身分　411
承継的共犯　416
承継的共犯行為　419
承継的共犯者　417
　──の責任　418
条件関係　130
　──の証明　135
　──の認識　205
条件説　139
条件付き故意　175
常習賭博　409
状態犯　124, 125
条約による国外犯処罰　84
条　例　33
嘱託殺人罪　366
触法少年　306
処罰意思の放棄・変更　71
処罰条件　122, 177
処罰の間隙　361

白地刑罰法規　31, 69
侵害の急迫性　273, 282
　──の否認　275
侵害の継続性と過剰防衛　289
侵害犯　121
人格的行為論　100
新過失論　212
親権者の懲戒権　246
真実性の錯誤　181
心神耗弱　308, 309, 312
心神喪失　302, 308, 309, 312
真正身分　407
親族相盗例の錯誤　182
身体性　100
新派刑法学　25
信頼の原則　231
心理的因果関係　413
心理的責任論　301
推定的同意　257
　──の要件　258
数故意犯説　201
制御可能性　302
制御能力　302, 309, 311
制限従属性説　405
制限責任説　186
政治的犯罪　357
精神鑑定の「拘束力」　313
精神の障害　310
正当業務行為　250
正当行為　250
正当防衛　181, 201, 245, 268, 270
　──権が否認される範囲　277
　──後の過剰防衛　285
　──状況の誤想　289
　──の意思　279
　──のための緊急避難　269
　──を利用した間接正犯　393
正　犯　375

433

正犯行為　98, 333, 375
性犯罪　9
正犯と「行為支配」　376
成文法主義　30
生命に対して危険な防衛行為　288
政　令　30
世界主義　84
責　任　90, 161, 301
責任減少説　284, 347
責任故意　166
責任主義　25, 54, 161, 318
責任説　326
責任阻却事由　164, 243, 301
　　──の錯誤　182
責任阻却的緊急避難　291
責任年齢　302
責任能力　167
　　──の規定方法　304
責任身分　408
責任無能力制度廃止論　305
責任要素　96
積極的安楽死　264
積極的一般予防論　16
積極的加害意思　274, 280
積極的属人主義　83
絶対的応報刑論　15
絶対的不定期刑　47
絶対的不定刑　47
絶対的不能　341
絶対的法定刑　48
全農林事件判決　58
占有者　409
争議権の保障　63
相対的応報刑論　16
相対的不定期刑　48
相対的不定刑　48
相対的不能　341
相対的法定刑　48

相当因果関係の認識　205
相当因果関係説　139
相当因果関係論　140
相当性の誤想　289
相当性の判断基準　142
相当性の判断基盤　141
遡及処罰　127
　　──の禁止　36
即成犯　124
属地主義　75
組織犯罪処罰法　358
組織犯罪の防止　359
訴訟障害　65, 163
尊厳死　265
尊属傷害致死　51

〔た行〕

体系的解釈　56
対向犯　365
第五柏島丸事件　326
第三者の行為の介入　147
代替的行為の付け加え　133
対物防衛　269, 281
代理処罰　81
択一的競合　132
択一的故意　174
打撃の錯誤　191
多衆犯　365
他人の協力による中止行為　349
他人予備　356
単独犯　360
チーム医療　235, 236
着手未遂　349
注意義務　209, 214
　　──の加重　220
注意義務違反　209
中止行為　346, 348
　　──と結果の不発生　351

事項索引

　　──の真摯性　352
　　──の任意性　352
中止動機　353
中止犯（中止未遂）　331, 346
　　──の共犯　348
抽象的危険犯　121
　　──における危険　121
抽象的事実の錯誤　191, 198
抽象的符合説　192
抽象的法定的符合説　200, 201
超法規的違法阻却事由　246, 302, 321, 327
直接正犯　360
治療行為　260
治療処分　11
追及効　68
付け加え禁止説　134
付け加えできる行為　134
罪となるべき事実と過失行為　213
適正処罰の原則　52
適法行為　392
「適法」行為の事後的処罰　37
適法行為を利用した間接正犯　392, 394
テロ等準備罪　12, 358
電気窃盗事件　57
同意意思の表示と認識　256
同意殺　392
同意殺人　264
同意傷害　259, 366, 391
同意堕胎罪　409
同一の機会　138
同意の違法阻却　259
動機説　69, 168
同時傷害　137
同時代的解釈　57
同時犯　361
盗犯等防止法　328
　　──の正当防衛　286

　　──の特則　283
逃亡犯罪人引渡法　74
徳島市公安条例事件判決　34, 46
特定委任　32
特定秘密　11
特別刑法　3
特別の規定　210
特別予防　19
独立教唆　357
独立予備罪　81, 356
閉ざされた構成要件　94
取締法規違反と過失　214

〔な行〕

二重処罰　85
二重の故意　317
二重の責任　317
二重売買　371
日本国の領域　76
任意的共犯　365
認識ある過失　170, 219
認識説　168
後の行為を目的とする犯罪　155

〔は行〕

排他的支配領域性説　116
破壊活動防止法　357
爆発物取締罰則　357
早すぎた結果の発生　152, 207
犯意　396
　　──の惹起　396
犯罪　4
　　──の客体　120
　　──の段階的現象形式　335
　　──の抑止　14
犯罪各論　89
犯罪共同説　383, 400, 403
犯罪計画　380

435

事項索引

犯罪事実　176
犯罪借用説　399
犯罪少年　306
犯罪地　77, 80
犯罪徴表説　400
犯罪論　4, 89
　　——の体系　90
反対解釈　59, 60
判例の変更　40
被害軽微による構成要件該当性阻却　249
被害者自身を利用した間接正犯　337
被害者なき犯罪　54
被害者の行為の介入　146
被害者の承諾　183, 391
被害者の同意　55, 245, 254
被害者を利用した間接正犯　390
引き受け過失　229
必要的関与を超える行為　369
必要的共犯　365
必要的共犯行為　365, 366
　　——ではない共犯行為　368
人の行為　292
避難行為の補充性　296
非本来的な原因において自由な行為　317
秘密保護　10
表現犯　158
表示犯　158
開かれた刑罰法規　94
不可罰的事後行為　364
不均衡な刑罰の禁止　50
福岡県青少年条例事件判決　46, 59
不敬の行為　159
不作為　105
　　——による過失行為への協働　386
　　——による共犯　362
　　——による殺人罪　108

　　——による中止　348
　　——による不作為に対する共犯　362
　　——の共同　363
不作為義務　106
不真正不作為犯　106, 107
不真正身分　407
不正アクセス　10
不正融資と背任の共犯　372
物理的因果関係　413
不動産侵奪罪　126
不能犯　338
部分的犯罪共同説　404
不法・責任の認識　185
不法・責任符合説　194
不法責任類型　96, 97
不法内容の認識　188
不法領得の意思　156
不明確の故に無効の理論　43
フランクの公式　353
分業と信頼の原則　235
文理解釈　56
並行犯　365, 367
弁識可能性　302
弁識能力　302, 311
片面的共同正犯　415
片面的共犯　363, 414
片面的幇助　370
片面的幇助犯　415
防衛行為の相当性　286
法　益　120
法確証の利益　270
放火罪　118
包括一罪　67
包括的同意　257
謀　議　379
防御的緊急避難　295
法　源　30
法源説　115, 117

436

事項索引

幇　助　396
　　——の因果性　397
　　——の教唆　399
　　——の故意　370, 398
　　——の幇助　399
報奨説　347
幇助行為　397
幇助犯　360, 395
　　——の刑　395
法人の刑事責任　104
法人の犯罪能力　102
法定刑を引き上げ　8
法定的具体的符合説　227
法定的符合説　193, 200
法の衝突　74
法の遡及　40
方法の錯誤　181, 191, 200, 202, 374
方法の不能　345
法律主義　32
法律的事実の錯誤　188
法律による委任　30
法律の変化　70
法令行為　250
法令適合性　252
法令による違法阻却　251
法令の公布　323
法を知る義務　323
保護観察　37
保護処分優先主義　306
保護責任者　408
保護責任者遺棄致死罪　108
補充性　272
補充法令の変更　70
保障人　106, 113, 363
保障人説　117
母体保護法　251
没収・追徴　10
没収の根拠条文　199

ホテル・ニュージャパン事件　237

〔ま行〕

未確定的故意　175
未完成犯罪　330
未遂犯　160, 331
　　——が存在しない犯罪　331
　　——における危険　340
未遂・予備からの結果の発生　152
未遂・予備の結果　80
未必の故意　170
　　共謀共同正犯と——　382
身　分　155
身分犯と承継的共犯　419
民法の正当防衛・緊急避難　269
無意識的過剰　289
無意識的過剰防衛　183
無期懲役刑　49
無形偽造　195
無形予備　355
無免許運転　220
迷信犯　339
名誉棄損罪　126
命　令　30
黙示的共謀　381, 382
目的的行為論　100
目的論的解釈　57

〔や行〕

薬害エイズ厚生省ルート事件　117
薬物犯罪　195
やむを得ずにした行為　284, 286
有意性　100
優越利益　270
　　——の原理による違法阻却　245
　　——の選択　260
誘拐罪における目的　156
有形偽造　195

有形予備（物的予備）　355
有罪判決後の刑の変更・廃止　67
有利な事後法の遡及　67
許された危険　212, 232
要素従属性　401, 405
要保護性の考量　295
預金等不当契約取締法　367
抑止刑論　16
予見可能性　217
　　——の対象　225
予見義務　209
予　備　355
予備罪　355
　　——の共同正犯　376

〔ら行〕

利益欠缺の原理による違法阻却　245
立法者意思　57
リビングウィル　267
量的過剰　288
量的過剰防衛　288
両罰規定　102, 162
両罰規定における過失推定説　103
類推解釈　59
類推解釈の禁止　60
例外モデル　314
歴史的解釈　57
聾唖者の責任能力　306
論理的結合説　130

判例索引

〔大審院〕

大判明 32・3・14 刑録 5 輯 64 頁……387
大判明 36・5・21 刑録 9 輯 874 頁〔電気窃盗事件〕……57, 60
大判明 37・2・1 刑録 16 輯 122 頁……246
大判明 37・5・5 刑録 10 輯 955 頁……365
大判明 37・12・20 刑録 10 輯 2415 頁……387
大判明 41・12・17 刑録 14 輯 1111 頁……67
大判明 41・12・21 刑録 14 輯 1150 頁……66
大判明 42・3・12 刑録 15 輯 237 頁……200
大判明 42・4・16 刑録 15 輯 452 頁……56
大判明 42・10・19 刑録 15 輯 1420 頁……251
大判明 42・11・1 刑録 15 輯 1498 頁……42
大判明 42・11・15 刑録 15 輯 1580 頁……378
大判明 42・12・3 刑録 15 輯 1725 頁……42
大判明 43・1・24 新聞 622 号 18 頁……66
大判明 43・4・28 刑録 16 輯 760 頁〔戯言事件〕……183, 194
大判明 43・5・7 刑録 16 輯 877 頁……42
大判明 43・10・11 刑録 16 輯 1620 頁〔一厘事件〕……249, 250
大判明 44・6・16 刑録 17 輯 1202 頁〔ゴーベン号事件〕……81
大判明 44・6・23 刑録 17 輯 1311 頁……42
大判明 44・6・23 刑録 17 輯 1252 頁……43
大判明 44・10・31 刑録 17 輯 1824 頁……158
大判大 1・11・25 刑録 18 輯 1421 頁……250
大判大 1・11・28 刑録 18 輯 1445 頁……195
大判大 2・3・18 刑録 19 輯 353 頁……409
大判大 2・11・18 刑録 19 輯 1212 頁〔脇差事件〕……348, 354
大判大 3・7・24 刑録 20 輯 1546 頁……344
大判大 3・10・2 刑録 20 輯 1764 頁〔千代川堤防事件〕……269
大判大 4・2・10 刑録 21 輯 90 頁〔もらい子事件〕……109, 119
大判大 4・8・25 刑録 21 輯 1249 頁……397
大判大 6・5・25 刑録 23 輯 519 頁……396
大判大 6・9・10 刑録 23 輯 999 頁〔硫黄殺人事件〕……340, 342, 345
大連判大 6・12・14 刑録 23 輯 1362 頁……200
大判大 7・2・6 刑録 24 輯 38 頁……319

判例索引

大判大 7・5・17 刑録 24 輯 593 頁……210
大判大 7・7・5 刑録 24 輯 909 頁……42
大判大 7・11・16 刑録 24 輯 1352 頁……337
大判大 7・11・30 刑録 24 輯 1461 頁〔山崎川事件〕……145, 152
大判大 7・12・18 刑録 24 輯 1558 頁〔燃え木尻事件〕……108, 114, 118
大判大 8・2・27 刑録 25 輯 261 頁……410
大判大 9・3・29 刑録 26 輯 211 頁……195
大判大 9・6・3 刑録 26 輯 382 頁……410
大判大 10・3・25 刑録 27 輯 187 頁〔外国使臣従者事件〕……66, 75
大判大 10・5・7 刑録 27 輯 257 頁……394
大判大 11・2・25 刑集 1 巻 79 頁……416
大判大 11・3・1 刑集 1 巻 99 頁……397
大判大 11・5・9 刑集 1 巻 313 頁……200
大判大 11・12・22 刑集 1 巻 815 頁……179
大判大 12・3・23 刑集 2 巻 254 頁……145
大判大 12・4・30 刑集 2 巻 378 頁〔砂抹吸引事件〕……145, 153, 207
大判大 12・5・26 刑集 2 巻 458 頁……149
大判大 12・7・2 刑集 2 巻 610 頁……423
大判大 12・7・14 刑集 2 巻 658 頁……146
大判大 13・12・12 刑集 3 巻 867 頁〔荷車事件〕……298
大判大 13・3・14 刑集 3 巻 258 頁……112
大判大 13・3・31 刑集 3 巻 256 頁……396
大判大 13・4・25 刑集 3 巻 364 頁〔ムササビ・モマ事件〕……190
大判大 13・8・5 刑集 3 巻 611 頁〔石油暴利販売事件〕……319, 323
大判大 14・1・22 刑集 3 巻 921 頁……415
大判大 14・1・28 刑集 4 巻 14 頁……411
大判大 14・2・20 刑集 4 巻 73 頁……399
大判大 14・6・9 刑集 4 巻 378 頁〔タヌキ・ムジナ事件〕……190
大判大 14・12・1 刑集 4 巻 688 頁……176
大判大 15・2・22 刑集 5 巻 97 頁……190
大判大 15・7・3 刑集 5 巻 395 頁……200
大判大 15・10・25 判例拾遺(1)刑 87 頁……119
大判大 15・12・14 新聞 2661 号 15 頁……349
大判昭 2・6・8 評論 11 巻刑法 276 頁……200
大判昭 2・6・17 刑集 6 巻 208 頁……345
大判昭 2・7・4 裁判例 2 巻刑 17 頁……354
大判昭 2・9・9 刑集 6 巻 342 頁……146
大判昭 2・10・16 刑集 6 巻 413 頁……316

判例索引

大判昭 3・3・9 刑集 7 巻 172 頁〔町会議員選挙事件〕……363, 415
大判昭 3・6・19 新聞 2891 号 14 頁……272
大判昭 4・4・11 新聞 3006 号 15 頁……133
大判昭 4・5・16 刑集 8 巻 251 頁……332
大判昭 4・6・17 刑集 8 巻 357 頁……77, 82
大判昭 4・9・17 刑集 8 巻 446 頁〔麻縄事件〕……350, 354
大判昭 4・12・24 刑集 8 巻 688 頁……128
大判昭 5・10・25 刑集 9 巻 761 頁〔脳震盪事件〕……147, 152
大判昭 6・7・2 刑集 10 巻 303 頁……178
大判昭 6・7・8 刑集 10 巻 312 頁……379
大判昭 6・9・14 刑集 10 巻 440 頁……200
大判昭 6・10・28 評論 21 巻諸法 69 頁……189
大判昭 6・11・26 刑集 10 巻 634 頁……42
大判昭 6・12・3 刑集 10 巻 682 頁〔草刈り鎌事件〕……302, 304, 309, 311, 312
大判昭 6・12・21 刑集 10 巻 803 頁……59
大判昭 7・1・25 刑集 11 巻 8 頁……274
大判昭 7・3・7 刑集 17 巻 277 頁……291
大判昭 7・3・10 刑集 11 巻 288 頁……158
大判昭 7・3・24 刑集 11 巻 296 頁……189
大判昭 7・7・21 刑集 11 巻 1123 頁……77, 82
大判昭 8・2・14 刑集 12 巻 114 頁……157
大判昭 8・4・19 刑集 12 巻 471 頁〔生命保険金詐取事件〕……391, 392
大判昭 8・6・5 刑集 12 巻 736 頁……62
大判昭 8・8・30 刑集 12 巻 1454 頁……201
大判昭 8・9・27 刑集 12 巻 1654 頁……280
大判昭 8・11・6 刑集 12 巻 1471 頁〔浜口首相暗殺事件上告審判決〕……331
大判昭 8・11・21 刑集 12 巻 2072 頁〔第五柏島丸事件〕……326
大判昭 8・11・30 刑集 12 巻 2160 頁〔古川堀板堰事件〕……292, 295
大判昭 9・1・31 刑集 13 巻 28 頁……67
大判昭 9・2・13 刑集 13 巻 84 頁〔ラムネ瓶事件〕……171, 210
大判昭 9・10・19 刑集 13 巻 1473 頁……334
大判昭 9・11・20 刑集 13 巻 1514 頁……408
大判昭 9・11・26 刑集 13 巻 1598 頁……406
大判昭 10・2・7 刑集 14 巻 76 頁……410
大判昭 10・2・13 刑集 14 巻 83 頁……399
大判昭 10・3・25 刑集 14 巻 339 頁……185
大判昭 10・6・20 刑集 14 巻 722 頁……423
大判昭 10・10・24 刑集 14 巻 1267 頁〔五一五事件〕……158

判例索引

大判昭 10・11・25 刑集 14 巻 1217 頁……102
大判昭 11・2・14 刑集 15 巻 113 頁……390
大判昭 11・3・6 刑集 16 巻 272 頁……354
大連判昭 11・5・28 刑集 15 巻 11 号 715 頁〔大森ギャング事件〕……380, 401
大判昭 11・11・6 新聞 4084 号 14 頁……42
大判昭 11・12・7 刑集 15 巻 1561 頁〔女性人夫事件〕……275, 280
大判昭 12・2・27 刑集 16 巻 140 頁……169
大判昭 12・6・25 刑集 16 巻 998 頁〔よろしく頼む事件〕……349
大判昭 12・9・10 刑集 16 巻 1251 頁……138
大判昭 12・9・21 刑集 16 巻 1303 頁……354
大判昭 12・11・6 裁判例 (11) 刑 87 頁〔セッター犬事件〕……281, 292, 296
大判昭 12・12・2 刑集 16 巻 1530 頁……82
大判昭 12・12・24 刑集 16 巻 1728 頁……349
大判昭 13・3・11 刑集 17 巻 237 頁〔神棚ろうそく事件〕……108, 118
大判昭 13・4・19 刑集 17 巻 336 頁……350
大判昭 13・11・18 刑集 17 巻 839 頁〔夫唱婦随事件〕……416
大判昭 14・11・4 刑集 18 巻 497 頁……393
大判昭 15・4・2 刑集 19 巻 181 頁……390
大判昭 15・8・22 刑集 19 巻 540 頁……61
大判昭 15・10・14 刑集 19 巻 685 頁……410
大判昭 16・3・15 刑集 20 巻 263 頁〔神兵隊事件〕……158, 271
大判昭 16・7・17 刑集 20 巻 25 頁……37
大判昭 18・3・29 刑集 22 巻 61 頁……103
大判昭 21・11・27 刑集 25 巻 55 頁……351
大連判昭 22・4・5 総判研刑 (25) 15 頁……69
大判昭 22・4・17 判例体系 30 巻 45 頁……86

〔控訴院〕

東京控判昭 8・2・28 新聞 3545 号 5 頁〔浜口首相暗殺事件控訴審判決〕……139

〔軍法会議〕

第一師団軍法会議判大 12・12・8 新聞 2195 号 7 頁〔甘粕事件軍法会議判決〕……321

〔朝鮮高等法院〕

朝鮮高等法院判大 9・3・22 新聞 1687 号 13 頁〔三一事件〕……158

〔最高裁判所〕

最大判昭 23・3・12 刑集 2 巻 3 号 191 頁〔死刑合憲判決〕……49, 50

判例索引

最判昭 23・3・16 刑集 2 巻 3 号 227 頁……171
最判昭 23・4・17 刑集 2 巻 4 号 399 頁……334
最判昭 23・5・1 刑集 2 巻 5 号 435 頁……195
最判昭 23・5・20 刑集 2 巻 5 号 489 頁……255
最判昭 23・6・8 集刑 2 号 329 頁〔ガソリンスタンド事件〕……219, 220
最判昭 23・6・12 刑集 2 巻 7 号 676 頁……332
最判昭 23・6・22 刑集 2 巻 7 号 694 頁……38
最大判昭 23・6・23 刑集 2 巻 7 号 777 頁〔選挙違反罰金事件〕……49, 50
最判昭 23・7・6 刑集 2 巻 8 号 785 頁……38
最大判昭 23・7・14 刑集 2 巻 8 号 889 頁〔メチルアルコール・メタノール事件〕……190, 319
最判昭 23・10・23 刑集 2 巻 11 号 1386 頁〔診断書偽造事件〕……193, 194, 197
最大判昭 23・11・10 刑集 2 巻 12 号 1660 頁ノ 1……38
最大判昭 23・12・15 刑集 2 巻 13 号 1783 頁……50
最判昭 24・1・20 刑集 3 巻 1 号 47 頁〔炊飯釜事件〕……340, 342, 345
最判昭 24・4・5 刑集 3 巻 4 号 421 頁〔斧・棒事件〕……184, 289
最判昭 24・5・17 集刑 10 号 177 頁……356
最大判昭 24・5・18 刑集 3 巻 6 号 772 頁〔隠匿物資事件〕……293, 296
最判昭 24・6・16 集刑 11 号 395 頁……200
最判昭 24・7・9 刑集 3 巻 8 号 1174 頁〔墓地強姦事件〕……333, 353
最大判昭 24・7・22 刑集 3 巻 8 号 1363 頁……255
最判昭 24・8・18 刑集 3 巻 9 号 1465 頁〔ゼネスト事件〕……271, 282, 294
最判昭 24・10・1 刑集 3 巻 10 号 1629 頁〔拳銃貸与事件〕……364, 397, 398
最判昭 24・10・18 集刑 14 号 223 頁……354
最判昭 24・12・17 刑集 3 巻 12 号 2028 頁〔仏心事件〕……350, 423, 424, 426
最大判昭 24・12・21 刑集 3 巻 12 号 2048 頁……49
最判昭 25・3・31 刑集 4 巻 3 号 469 頁……149
最判昭 25・4・11 集刑 17 号 87 頁……195
最判昭 25・7・6 刑集 4 巻 7 号 1178 頁〔ヤミ米運搬事件〕……387, 388
最判昭 25・7・11 刑集 4 巻 7 号 1261 頁〔ゴットン師事件〕……193, 200, 375, 420, 421, 426
最判昭 25・10・10 刑集 4 巻 10 号 1965 頁〔匕首事件〕……194, 404
最大判昭 25・10・11 刑集 4 巻 10 号 1972 頁……69
最大判昭 25・10・11 刑集 4 巻 10 号 2037 頁〔尊属傷害致死罪合憲判決〕……51
最判昭 25・10・20 刑集 4 巻 10 号 215 頁……112
最大判昭 25・10・25 刑集 4 巻 10 号 2126 頁〔尊属殺人罪合憲判決〕……50
最判昭 25・11・9 刑集 4 巻 11 号 2239 頁〔鍬事件〕……146, 152
最判昭 25・11・16 集刑 36 号 45 頁……259

判例索引

最大判昭 25・11・22 刑集 4 巻 11 号 2380 頁〔賭博開張図利罪合憲判決〕……55, 81
最大判昭 26・1・17 刑集 5 巻 1 号 20 頁〔病的酩酊事件〕……315, 316
最判昭 26・1・30 刑集 5 巻 2 号 374 頁……323
最判昭 26・3・22 刑集 5 巻 4 号 613 頁……70
最判昭 26・3・9 刑集 5 巻 4 号 500 頁……282
最判昭 26・6・7 刑集 5 巻 7 号 1236 頁……221
最判昭 26・7・10 刑集 5 巻 8 号 1411 頁……189
最判昭 26・7・13 刑集 5 巻 8 号 1437 頁……157
最判昭 26・8・17 刑集 5 巻 9 号 1789 頁……189
最判昭 26・9・20 刑集 5 巻 10 号 1937 頁〔徴税口論事件〕……137, 138, 150
最判昭 26・12・6 刑集 5 巻 13 号 2485 頁……396
最決昭 27・2・21 刑集 6 巻 2 号 21 頁〔加持祈祷師治療事件〕……391, 392
最判昭 27・9・19 刑集 6 巻 8 号 1083 頁〔寄託金横領事件〕……409, 410
最大判昭 27・12・24 刑集 6 巻 11 号 1346 頁……31
最判昭 27・12・25 刑集 6 巻 12 号 1387 頁……390
最判昭 27・12・25 刑集 6 巻 12 号 1442 頁……72
最判昭 28・1・23 刑集 7 巻 1 号 30 頁〔メタノール共同販売事件〕……383, 384, 385
最判昭 28・1・23 刑集 7 巻 1 号 46 頁……169
最判昭 28・3・5 刑集 7 巻 3 号 506 頁……210
最大判昭 28・4・8 刑集 7 巻 4 号 775 頁……31
最判昭 28・5・14 刑集 7 巻 5 号 1026 頁……125
最決昭 28・5・29 刑集 7 巻 5 号 1192 頁……307
最決昭 28・6・18 刑集 7 巻 6 号 1338 頁……125
最大判昭 28・7・22 刑集 7 巻 7 号 1621 頁……85
最判昭 28・12・22 刑集 7 巻 13 号 2608 頁……148
最判昭 28・12・25 刑集 7 巻 13 号 2671 頁〔狩勝トンネル事件第 1 次上告審判決〕……292, 294, 296
最大判昭 29・1・20 刑集 8 巻 1 号 41 頁……356
最決昭 29・4・1 集刑 94 号 49 頁……219
最判昭 29・12・23 刑集 8 巻 13 号 2288 頁……85
最大判昭 30・2・23 刑集 9 巻 2 号 344 頁……69
最判昭 30・2・24 刑集 9 巻 2 号 374 頁……85
最大判昭 30・4・6 刑集 9 巻 4 号 663 頁……49
最判昭 30・4・19 刑集 9 巻 5 号 855 頁……197
最大判昭 30・6・1 刑集 9 巻 7 号 1103 頁〔連合国人強盗殺人事件〕……40, 75, 85, 86
最大判昭 30・6・22 刑集 9 巻 8 号 1189 頁〔三鷹事件〕……151
最判昭 30・7・7 刑集 9 巻 9 号 1816 頁〔ドル紙幣偽造事件〕……51, 64
最判昭 30・10・18 刑集 9 巻 11 号 2263 頁……86

判例索引

最判昭 30・11・11 刑集 9 巻 12 号 2420 頁……249
最判昭 31・5・4 刑集 10 巻 5 号 633 頁……42
最判昭 31・6・26 刑集 10 巻 6 号 874 頁〔代物弁済事件〕……364, 371
最大判昭 31・6・27 刑集 10 巻 6 号 921 頁……62
最決昭 31・7・3 刑集 6 巻 2 号 275 頁……388
最決昭 31・8・22 刑集 10 巻 8 号 1237 頁……128
最判昭 31・10・25 刑集 10 巻 10 号 1455 頁……179
最判昭 31・12・11 刑集 10 巻 12 号 1605 頁〔三友炭坑事件〕……249, 327
最判昭 32・1・22 刑集 11 巻 1 号 31 頁〔銀座事件〕……274, 277
最判昭 32・2・26 刑集 11 巻 2 号 906 頁〔ショック死事件〕……54, 162
最大判昭 32・3・13 刑集 11 巻 3 号 997 頁〔チャタレイ事件〕……55, 188
最判昭 32・3・28 刑集 11 巻 3 号 1275 頁〔長沼温泉たばこ買い置き事件〕……95, 249
最判昭 32・3・28 刑集 11 巻 3 号 1825 頁……76
最判昭 32・8・1 刑集 11 巻 8 号 2065 頁……179
最決昭 32・8・20 刑集 11 巻 8 号 2090 頁……190
最決昭 32・9・10 刑集 11 巻 9 号 2202 頁……353
最大判昭 32・10・9 刑集 11 巻 10 号 2497 頁……69
最判昭 32・10・2 刑集 11 巻 10 号 2413 頁……190
最判昭 32・10・4 刑集 11 巻 10 号 2464 頁……390
最大判昭 32・10・9 刑集 11 巻 10 号 2509 頁……69
最判昭 32・10・18 刑集 12 巻 10 号 2663 頁〔関根橋事件第 1 次上告審判決〕……320, 322
最判昭 32・11・19 刑集 11 巻 12 号 3073 頁〔学校建設資金横領事件〕……405, 409
最大判昭 32・11・27 刑集 11 巻 12 号 3113 頁〔国際クラブ事件〕……54, 103, 162
最大判昭 32・12・28 刑集 11 巻 14 号 3461 頁……41
最大判昭 32・12・28 刑集 11 巻 14 号 3761 頁〔狩勝トンネル事件第 2 次上告審判決〕……43
最判昭 33・2・4 刑集 12 巻 2 号 109 頁……59
最決昭 33・2・24 刑集 12 巻 2 号 297 頁〔家庭内暴力事件〕……274, 275, 280
最決昭 33・3・19 刑集 12 巻 4 号 636 頁……255
最判昭 33・4・3 集刑 124 号 31 頁……252
最判昭 33・4・18 刑集 12 巻 6 号 1090 頁……222
最判昭 33・5・1 刑集 12 巻 7 号 1272 頁……31
最大判昭 33・5・28 刑集 12 巻 8 号 1718 頁〔練馬事件〕……380, 381, 401
最判昭 33・6・24 刑集 12 巻 10 号 2301 頁……332
最大判昭 33・7・9 刑集 12 巻 11 号 2407 頁……31
最判昭 33・7・10 刑集 12 巻 11 号 2471 頁……327
最判昭 33・7・25 刑集 12 巻 12 号 2746 頁……221

判例索引

最判昭 33・9・9 刑集 12 巻 13 号 2882 頁〔宿直職員事件〕……108, 114, 119
最判昭 33・9・19 刑集 12 巻 13 号 3047 頁〔納金スト事件Ⅰ〕……249
最判昭 33・9・19 刑集 12 巻 13 号 3127 頁〔納金スト事件Ⅱ〕……249
最大判昭 33・10・15 刑集 12 巻 14 号 3313 頁〔ヒロポン所持事件〕……41, 323
最判昭 33・11・21 刑集 12 巻 15 号 3519 頁……392
最判昭 33・11・4 刑集 12 巻 15 号 3439 頁……328
最判昭 34・2・5 刑集 13 巻 1 巻 1 号〔屋根鋏事件〕……285, 288
最判昭 34・6・30 刑集 13 巻 6 号 984 頁……155
最大判昭 34・8・10 刑集 13 巻 9 号 1419 頁〔松川事件第 1 次上告審判決〕……382
最大判昭 34・12・16 刑集 13 巻 13 号 3225 頁〔砂川事件〕……51
最大判昭 35・1・27 刑集 14 巻 1 号 33 頁〔HS 式無線高周波療法事件第 1 次上告審判決〕……63
最判昭 35・2・4 刑集 14 巻 1 号 61 頁〔関根橋事件第 2 次上告審判決〕……294, 296, 299
最決昭 35・4・15 刑集 14 巻 5 号 591 頁〔桜木町事件〕……148
最決昭 34・5・16 刑集 13 巻 5 号 713 頁……220
最決昭 35・7・18 刑集 14 巻 9 号 1189 頁……412
最大判昭 35・7・20 刑集 14 巻 9 号 1215 頁……71
最決昭 35・10・18 刑集 14 巻 12 号 1559 頁……346
最判昭 35・12・8 刑集 14 巻 13 号 1818 頁〔平事件〕……122
最決昭 35・12・22 刑集 14 巻 14 号 2193 頁……364
最判昭 36・2・16 民集 15 巻 2 号 244 頁〔東大病院輸血梅毒事件〕……230
最判昭 36・4・27 民集 15 巻 4 号 901 頁……372
最決昭 36・12・6 集刑 140 号 375 頁……45
最判昭 37・3・1 集刑 141 号 377 頁……219
最判昭 37・3・23 刑集 16 巻 3 号 305 頁〔空気注射事件〕……341, 342, 345
最大判昭 37・4・4 刑集 16 巻 4 号 345 頁……70
最判昭 37・5・2 刑集 16 巻 5 号 495 頁……220
最判昭 37・5・4 刑集 16 巻 5 号 510 頁……210
最大判昭 37・5・30 刑集 16 巻 5 号 577 頁〔大阪府売春取締条例事件〕……33
最決昭 37・7・17 集刑 143 号 415 頁〔有印公文書偽造事件〕……193, 195, 197
最判昭 37・9・18 判時 320 号 30 頁〔関根橋事件第 3 次上告審判決〕……50
最判昭 37・11・8 刑集 16 巻 11 号 1522 頁〔青酸ソーダ事件〕……334, 356, 376, 397, 403, 421
最決昭 37・11・21 刑集 16 巻 11 号 1570 頁……156
最大判昭 38・5・15 刑集 17 巻 4 号 302 頁……185
最大判昭 38・5・22 刑集 17 巻 4 号 370 頁〔ポポロ事件第 1 次上告審判決〕……244
最判昭 38・9・12 刑集 17 巻 7 号 661 頁〔松川事件第 2 次上告審判決〕……382

判例索引

最決昭 39・5・7 刑集 18 巻 4 号 136 頁〔無免許・酒酔い事件〕……219, 220

最決昭 39・5・7 刑集 18 巻 4 号 144 頁〔HS 式無線高周波療法事件第 2 次上告審決定〕……63

最判昭 39・8・4 判時 380 号 2 頁〔密入国事件〕……293, 294

最決昭 39・12・3 刑集 18 巻 10 号 698 頁〔舞鶴事件〕……244

最決昭 40・2・26 刑集 19 巻 1 号 59 頁……412

最決昭 40・3・9 刑集 19 巻 2 号 69 頁〔電気店強盗事件〕……151, 333, 337

最判昭 40・3・16 集刑 155 号 67 頁……372

最判昭 40・3・26 刑集 19 巻 2 号 83 頁〔江商株式会社事件〕……103, 162

最決昭 40・3・30 刑集 19 巻 2 号 125 頁〔男性は身分事件〕……389, 408

最決昭 40・4・21 刑集 19 巻 3 号 166 頁……219

最判昭 40・7・14 刑集 19 巻 5 号 525 頁……71

最決昭 40・9・16 刑集 19 巻 6 号 679 頁……412

最決昭 41・2・3 判時 438 号 6 頁〔農薬管理費不正受給事件〕……36, 43

最判昭 41・6・14 刑集 20 巻 5 号 449 頁〔保谷駅事件〕……231, 232, 233

最決昭 41・7・7 刑集 20 巻 6 号 554 頁〔散弾銃事件〕……184, 278, 289

最大判昭 41・10・26 刑集 20 巻 8 号 901 頁〔東京中郵事件〕……253

最判昭 41・12・20 刑集 20 巻 10 号 1212 頁……231

最判昭 42・3・7 刑集 21 巻 2 号 417 頁〔神戸麻薬輸入事件〕……155, 410

最決昭 42・5・19 刑集 21 巻 4 号 494 頁……39

最判昭 42・5・26 刑集 21 巻 4 号 710 頁〔コンクリート土間事件〕……283, 328

最判昭 42・10・13 刑集 21 巻 8 号 1097 頁……234

最決昭 42・10・24 刑集 28 巻 8 号 1116 頁〔米兵轢き逃げ事件〕……140, 143, 144

最決昭 42・11・2 刑集 21 巻 9 号 1179 頁〔コンクリートブロック塀事件〕……42, 126, 127

最決昭 43・2・27 刑集 22 巻 2 号 67 頁〔バーニューポート事件〕……316, 318

最決昭 43・7・9 裁集 168 号 211 頁……412

最判昭 43・7・16 刑集 22 巻 7 号 813 頁〔タクシー・原付衝突事件〕……234

最判昭 43・11・26 刑集 22 巻 12 号 1352 頁……219

最判昭 43・12・24 刑集 22 巻 13 号 1625 頁〔示談交渉事件〕……366, 369

最大判昭 44・4・2 刑集 23 巻 5 号 305 頁〔都教組事件〕……63, 253, 322, 325

最大判昭 44・4・2 刑集 23 巻 5 号 685 頁〔仙台全司法事件〕……63, 253

最大判昭 44・6・25 刑集 23 巻 7 号 975 頁……182

最判昭 44・7・7 刑集 23 巻 8 号 1033 頁……113

最決昭 44・7・17 刑集 23 巻 8 号 1061 頁……399

最大判昭 44・10・15 刑集 23 巻 10 号 1239 頁〔悪徳の栄え事件〕……55

最決昭 44・10・31 刑集 23 巻 10 号 1465 頁……122

最判昭 44・12・4 刑集 23 巻 12 号 1573 頁〔バンパー事件〕……286, 287, 288

判例索引

最判昭 45・1・29 刑集 24 巻 1 号 1 頁……159
最決昭 45・7・2 刑集 24 巻 7 号 412 頁〔三無事件上告審決定〕……355, 357
最決昭 45・7・28 刑集 24 巻 7 号 585 頁〔ダンプカー事件〕……151, 333, 334, 336, 337
最決昭 45・9・30 刑集 24 巻 10 号 1453 頁〔北島丸事件〕……82
最判昭 45・11・17 刑集 24 巻 12 号 1622 頁〔第 1 の優先道路事件〕……234
最判昭 45・12・22 判タ 261 号 265 頁〔第 2 の優先道路事件〕……234
最判昭 46・4・22 刑集 25 巻 3 号 451 頁〔第 2 の北島丸事件Ⅰ〕……82
最判昭 46・4・22 刑集 25 巻 3 号 492 頁〔第 2 の北島丸事件Ⅱ〕……82
最判昭 46・4・22 刑集 25 巻 3 号 530 頁〔横須賀線爆弾事件上告審判決〕……151
最判昭 46・6・17 刑集 25 巻 4 号 567 頁……150
最判昭 46・6・25 刑集 25 巻 4 号 655 頁……233
最決昭 46・9・22 刑集 25 巻 6 号 769 頁……152
最判昭 46・11・16 刑集 25 巻 8 号 996 頁〔くり小刀事件〕……275, 280, 282, 284
最判昭 47・3・9 刑集 26 巻 2 号 151 頁……50
最判昭 47・11・16 刑集 26 巻 9 号 538 頁……234
最大判昭 47・11・22 刑集 26 巻 9 号 554 頁〔川崎民商検査拒否事件〕……45
最判昭 48・3・15 刑集 27 巻 2 号 100 頁……113
最判昭 48・3・22 刑集 27 巻 2 号 167 頁〔ポポロ事件第 2 次上告審判決〕……244
最大判昭 48・4・4 刑集 27 巻 3 号 265 頁〔尊属殺人罪違憲判決〕……7, 52
最大判昭 48・4・25 刑集 27 巻 3 号 418 頁〔久留米駅事件〕……247, 254
最大判昭 48・4・25 刑集 27 巻 4 号 547 頁〔全農林事件〕……58, 63, 254, 325
最判昭 48・5・22 刑集 27 巻 5 号 1077 頁〔第 1 の黄色点滅信号事件〕……234
最決昭 48・9・6 集刑 190 号 67 頁……219, 220
最判昭 48・12・21 刑集 27 巻 11 号 1461 頁……113
最決昭 49・7・5 刑集 28 巻 5 号 194 頁……150
最判昭 49・9・26 刑集 28 巻 6 号 329 頁……52
最大判昭 49・11・6 刑集 28 巻 9 号 393 頁〔猿払事件〕……32, 49, 50
最決昭 50・2・10 刑集 29 巻 2 号 35 頁……113
最判昭 50・4・3 刑集 29 巻 4 号 111 頁……113
最判昭 50・4・3 刑集 29 巻 4 号 132 頁……252
最決昭 50・5・27 刑集 29 巻 5 号 348 頁……220
最決昭 50・6・12 刑集 29 巻 6 号 365 頁……128
最大判昭 50・9・10 刑集 29 巻 8 号 489 頁〔徳島市公安条例事件〕……34, 43, 44, 45
最判昭 50・11・28 刑集 29 巻 10 号 983 頁〔酒肴強要事件〕……275, 280
最判昭 51・3・16 刑集 30 巻 2 号 146 頁……343
最判昭 51・3・18 刑集 30 巻 2 号 212 頁〔信用組合導入預金事件〕……368
最判昭 51・4・30 刑集 30 巻 3 号 453 頁……61
最大判昭 51・5・21 刑集 30 巻 5 号 1178 頁〔岩教組事件〕……63

判例索引

最大判昭 51・9・22 刑集 30 巻 8 号 1640 頁……98
最判昭 52・3・16 刑集 31 巻 2 号 80 頁〔沖縄県間接補助金事件〕……369
最決昭 52・3・25 刑集 31 巻 2 号 96 頁……59
最大判昭 52・5・4 刑集 31 巻 3 号 182 頁〔名古屋中郵事件〕……248, 254
最判昭 52・5・6 刑集 31 巻 3 号 544 頁〔飯田橋事件上告審判決〕……379
最決昭 52・7・21 刑集 31 巻 4 号 747 頁〔内ゲバ事件〕……275, 277, 278, 279
最決昭 52・9・19 刑集 31 巻 5 号 1003 頁……178
最判昭 52・12・22 刑集 31 巻 7 号 1176 頁……81
最決昭 53・3・8 刑集 32 巻 2 号 268 頁……189
最決昭 53・3・22 刑集 32 巻 2 号 381 頁……146
最決昭 53・3・24 刑集 32 巻 2 号 408 頁〔元自衛官事件第 1 次上告審判決〕……312
最判昭 53・5・31 刑集 32 巻 3 号 457 頁〔外務省秘密漏洩事件〕……248, 251, 367
最判昭 53・6・29 刑集 32 巻 4 号 967 頁〔羽田空港事件第 2 次上告審判決〕……319, 322
最判昭 53・7・28 刑集 32 巻 5 号 1068 頁……202
最決昭 54・3・27 刑集 33 巻 2 号 140 頁〔麻薬・覚せい剤取り違え輸入事件〕……193, 196, 198
最決昭 54・4・13 刑集 33 巻 3 号 179 頁〔暴力バー事件〕……194, 374, 404
最決昭 54・6・26 刑集 33 巻 4 号 364 頁……348
最決昭 54・11・19 刑集 33 巻 7 号 28 頁〔有楽サウナ事件〕……225, 226
最決昭 54・12・25 刑集 33 巻 7 号 1105 頁……335
最決昭 55・4・18 刑集 34 巻 3 号 149 頁〔京都ふぐ中毒事件〕……227, 262
最決昭 55・11・13 刑集 34 巻 6 号 396 頁〔保険金詐欺事件〕……248, 259
最判昭 55・11・14 刑集 34 巻 6 号 409 頁……67
最決昭 55・12・9 刑集 34 巻 7 号 513 頁……122
最判昭 56・4・30 刑集 35 巻 3 号 135 頁……50
最決昭 56・12・21 刑集 35 巻 9 号 911 頁……175
最判昭 57・3・30 判時 1039 号 66 頁……230
最判昭 57・4・2 刑集 36 巻 4 号 503 頁……210
最決昭 57・5・25 判時 1046 号 15 頁〔千葉大チフス菌事件〕……136
最決昭 57・5・26 刑集 36 巻 5 号 609 頁〔NHK 長崎放送局事件〕……273, 281
最決昭 57・6・28 刑集 36 巻 5 号 681 頁……410
最決昭 57・7・16 刑集 36 巻 6 号 695 頁〔大麻密輸入事件〕……376, 381
最決昭 57・11・8 刑集 36 巻 11 号 879 頁……219
最決昭 58・3・11 刑集 37 巻 2 号 54 頁……104
最判昭 58・4・28 刑集 37 巻 3 号 215 頁……93
最決昭 58・9・13 判時 1100 号 156 頁〔幻聴窃盗事件上告審決定〕……313
最決昭 58・9・21 刑集 37 巻 7 号 1070 頁〔四国お遍路事件〕……388, 402

判例索引

最決昭 58・10・26 刑集 37 巻 8 号 1228 頁〔第三伸栄丸事件〕……77
最判昭 59・2・24 刑集 38 巻 4 号 1287 頁〔石油カルテル価格協定事件上告審判決〕……324
最判昭 59・3・6 刑集 38 巻 5 号 1961 頁……175
最決昭 59・3・27 刑集 38 巻 5 号 2064 頁〔新左近川事件〕……391, 392
最決昭 59・7・3 刑集 38 巻 7 号 2783 頁〔元自衛官事件第 2 次上告審決定〕……312, 313
最決昭 59・7・6 刑集 38 巻 8 号 2795 頁〔池転落事件〕……146, 152
最決昭 59・12・21 刑集 38 巻 12 号 3071 頁……122
最判昭 60・3・26 民集 39 巻 2 号 124 頁……230
最判昭 60・3・28 刑集 39 巻 2 号 75 頁……178
最決昭 60・4・30 刑集 39 巻 3 号 186 頁……233
最決昭 60・7・3 判時 1173 号 151 頁……411
最決昭 60・9・10 判時 1165 号 183 頁……55
最判昭 60・9・12 刑集 39 巻 6 号 275 頁〔鈴蘭事件〕……275, 280
最決昭 60・10・21 刑集 39 巻 6 号 362 頁〔ウレタンフォーム事件〕……221, 223
最大判昭 60・10・23 刑集 39 巻 6 号 413 頁〔福岡県青少年条例事件〕……35, 45, 46, 52, 53, 55, 57, 63
最決昭 61・6・9 刑集 40 巻 4 号 269 頁〔コカイン・覚せい剤取り違え所持事件〕……193, 194, 196, 198, 199
最決昭 61・6・24 刑集 40 巻 4 号 292 頁……250
最決昭 61・11・18 刑集 40 巻 7 号 523 頁〔博多覚せい剤事件上告審決定〕……380, 420
最決昭 62・3・26 刑集 41 巻 2 号 182 頁〔勘違い騎士道事件〕……184, 289
最決昭 62・7・16 刑集 41 巻 5 号 237 頁〔百円札模造事件〕……319, 325
最判昭 62・9・22 刑集 41 巻 6 号 255 頁……62
最決昭 63・1・19 刑集 42 巻 1 号 1 頁……109
最決昭 63・2・29 刑集 42 巻 2 号 314 頁〔熊本水俣病事件〕……124
最決昭 63・5・11 刑集 42 巻 5 号 807 頁……147
最判昭 63・10・27 刑集 42 巻 8 号 1109 頁〔日本アエロジル事件〕……62, 114, 229
最決平 1・3・14 刑集 43 巻 3 号 262 頁……228
最決平 1・6・26 刑集 43 巻 6 号 567 頁……425
最判平 1・7・18 刑集 43 巻 7 号 752 頁……189
最判平 1・11・13 刑集 43 巻 10 号 823 頁〔菜切り包丁事件〕……270, 287
最決平 1・12・15 刑集 43 巻 13 号 879 頁〔ホテル覚せい剤事件〕……109, 130, 135
最決平 2・2・9 判時 1341 号 157 頁〔覚せい剤ベスト事件上告審決定〕……187
最決平 2・6・28 刑集 44 巻 4 号 396 頁……50
最決平 2・11・16 刑集 44 巻 8 号 744 頁〔川治プリンスホテル事件〕……238, 239, 240, 241, 242

判例索引

最決平 2・11・20 刑集 44 巻 8 号 837 頁〔大阪南港事件〕……144, 147

最決平 2・11・29 刑集 44 巻 8 号 871 頁〔千日デパートビル事件〕……238, 239, 240, 242

最判平 3・11・14 刑集 45 巻 8 号 221 頁〔大洋デパート事件〕……114, 215, 217, 239, 240

最決平 4・6・5 刑集 460 巻 4 号 245 頁〔アムール事件〕……276, 278, 393, 402, 407

最判平 4・7・10 判時 1430 号 4 頁〔コザ十字路事件〕……133, 135

最決平 4・12・17 刑集 46 巻 9 号 683 頁……147

最決平 5・11・25 刑集 47 巻 9 号 242 頁〔ホテル・ニュージャパン事件〕……237, 238, 240, 241, 242

最決平 6・6・30 刑集 48 巻 4 号 21 頁……286

最判平 6・12・6 刑集 48 巻 8 号 509 頁〔歓送会事件〕……285, 288, 421

最決平 6・12・9 刑集 48 巻 8 号 576 頁……80

最決平 7・2・28 刑集 49 巻 2 号 481 頁〔岡山事件上告審決定〕……308

最判平 7・4・25 民集 49 巻 4 号 1163 頁……262

最決平 7・6・9 民集 49 巻 6 号 1499 頁……230

最決平 8・3・26 刑集 50 巻 4 号 460 頁……82

最判平 8・11・18 刑集 50 巻 10 号 745 頁〔岩教組事件第 2 次上告審判決〕……41, 254, 322, 325

最判平 8・11・23 刑集 50 巻 10 号 827 頁……66

最判平 9・6・16 刑集 51 巻 5 号 435 頁〔鉄パイプ事件〕……282, 285

最決平 9・9・30 刑集 51 巻 8 号 681 頁……411

最決平 9・10・30 刑集 51 巻 9 号 816 頁……393

最決平 10・3・12 刑集 52 巻 2 号 17 頁……308

最決平 11・9・28 刑集 53 巻 7 号 621 頁……336

最決平 11・12・9 刑集 53 巻 9 号 1117 頁……126

最判平 12・2・29 民集 54 巻 2 号 582 頁〔エホバの証人輸血拒否事件〕……261

最決平 12・12・15 刑集 54 巻 9 号 1049 頁……126

最決平 12・12・20 刑集 54 巻 9 号 1095 頁……226

最決平 13・2・7 刑集 55 巻 1 号 1 頁……215

最決平 13・10・25 刑集 55 巻 6 号 519 頁〔母子強盗事件〕……389, 402, 406

最判平 13・11・27 民集 55 巻 6 号 1154 頁……262

最判平 14・9・24 判時 1803 号 28 頁……262

最判平 15・1・24 判時 1806 号 157 頁〔第 2 の黄色点滅信号事件〕……133, 135

最決平 15・2・18 刑集 57 巻 2 号 161 頁〔住専事件〕……373, 405

最大判平 15・4・23 刑集 57 巻 4 号 467 頁……364

最決平 15・5・1 刑集 57 巻 5 号 507 頁〔スワット事件〕……381, 382, 383

最決平 15・7・16 刑集 57 巻 7 号 950 頁〔高速道路侵入事件〕……147, 152

最判平 15・12・11 刑集 57 巻 11 号 1147 頁……45
最決平 16・1・20 刑集 58 巻 1 号 1 頁〔偽装結婚事件〕……391, 392
最決平 16・2・17 刑集 58 巻 2 号 169 頁……147
最決平 16・3・22 刑集 58 巻 3 号 187 頁〔クロロホルム事件〕……153, 176, 207, 333, 336, 338
最判平 16・9・10 刑集 58 巻 6 号 524 頁……372
最決平 16・10・19 刑集 58 巻 7 号 645 頁……148
最決平 17・7・4 刑集 59 巻 6 号 403 頁〔シャクティパット事件〕……119, 195, 404
最決平 17・10・7 刑集 59 巻 8 号 1108 頁〔イトマン事件〕……373, 404
最決平 17・11・15 刑集 59 巻 9 号 1558 頁〔埼玉医大 VAC 療法事件〕……217, 238
最決平 17・11・29 集刑 288 号 543 頁〔大阪ヒルトン a 事件〕……381, 383
最決平 18・3・27 刑集 60 巻 3 号 382 頁〔トランク監禁事件〕……149, 152
最決平 18・10・3 民集 60 巻 8 号 2647 頁〔NHK 記者証言拒絶事件〕……247
最決平 18・10・10 刑集 60 巻 8 号 523 頁……67
最決平 18・11・21 刑集 60 巻 9 号 770 頁〔K-1 事件〕……396, 412
最決平 18・12・13 刑集 60 巻 10 号 857 頁……125
最決平 19・3・26 刑集 61 巻 2 号 131 頁……237
最決平 19・7・2 刑集 61 巻 5 号 379 頁……255
最判平 19・7・20 集刑 292 号 121 頁……173
最判平 19・9・18 刑集 61 巻 6 号 601 頁〔広島市暴走族条例事件〕……44, 45, 47
最決平 19・10・26 集刑 292 号 331 頁……173
最決平 19・11・14 刑集 61 巻 8 号 757 頁〔硫酸ピッチ事件〕……172, 382
最判平 20・2・15 集刑 293 号 79 頁……173
最決平 20・3・3 刑集 62 巻 4 号 567 頁〔薬害エイズ厚生省ルート事件〕……110, 118, 215
最判平 20・3・4 刑集 62 巻 3 号 123 頁〔覚せい剤漂着事件〕……153, 154, 333, 336
最決平 20・4・25 刑集 62 巻 5 号 1559 頁〔二重見当識事件〕……312, 313
最決平 20・5・19 刑集 62 巻 2 号 1623 頁〔石川銀行事件〕……373, 405
最決平 20・5・20 刑集 62 巻 6 号 1786 頁〔ラリアット事件〕……277, 278, 279
最決平 20・6・18 刑集 62 巻 6 号 1812 頁〔霊界会話事件〕……165, 311
最決平 20・6・25 刑集 62 巻 6 号 1859 頁……289
最決平 20・11・10 刑集 62 巻 10 号 2853 頁……44
最決平 21・2・24 刑集 63 巻 2 号 1 頁……285
最判平 21・3・26 刑集 63 巻 3 号 265 頁……95
最判平 21・4・28 民集 63 巻 4 号 904 頁……252
最決平 21・6・30 刑集 63 巻 5 号 475 頁……426
最判平 21・7・16 刑集 63 巻 6 号 711 頁〔立入禁止看板事件〕……271, 287
最判平 21・10・19 判時 2063 号 155 頁〔大阪ヒルトン b1 事件〕……381, 382, 383

判例索引

最決平 21・12・7 刑集 63 巻 11 号 1899 頁〔川崎協同病院事件〕……266, 267, 268
最判平 21・12・8 刑集 63 巻 11 号 2829 頁〔サバイバルナイフ事件〕……312, 313
最判平 21・12・10 集刑 299 号 565 頁……173
最決平 22・10・26 刑集 64 巻 7 号 1019 頁……142
最判平 23・11・18 集刑 305 号 1 頁……173
最判平 23・11・21 集刑 305 号 203 頁……173
最決平 23・12・19 刑集 65 巻 9 号 1380 頁〔ウィニー事件〕……370, 399
最決平 24・2・8 刑集 66 巻 4 号 200 頁〔ハブ破損事件〕……142, 215
最決平 24・2・13 刑集 66 巻 4 号 405 頁〔「僕はパパを殺すことに決めた」事件〕……367, 370
最決平 24・11・6 刑集 66 巻 12 号 1281 頁〔伊予・松山連続暴行事件〕……417, 418, 419
最決平 25・4・15 刑集 67 巻 4 号 437 頁〔熊谷危険運転事件〕……380, 396, 398
最判平 26・11・7 刑集 68 巻 9 号 963 頁〔ウナギ稚魚密輸出事件〕……336
最決平 26・11・25 刑集 68 巻 9 号 1053 頁……79
最決平 27・3・3 LEX/DB 25506118〔大阪ヒルトン b2 事件〕……381
最判平 27・5・25 判時 2265 号 123 頁〔本家筋殺人事件〕……311, 312, 313
最判平 27・12・3 刑集 69 巻 8 号 815 頁……39
最決平 28・3・24 刑集 70 巻 3 号 349 頁〔支払いトラブル事件〕……137, 138, 361
最決平 28・5・25 刑集 70 巻 5 号 117 頁……216
最決平 28・6・21 刑集 70 巻 5 号 369 頁〔高校非常勤講師事件〕……339, 370
最決平 28・7・12 刑集 70 巻 6 号 411 頁〔明石市歩道橋事件〕……383, 387
最決平 28・7・27 刑集 70 巻 6 号 571 頁……38
最判平 28・12・19 刑集 70 巻 8 号 865 頁……308
最決平 29・4・26 刑集 71 巻 4 号 275 頁〔ハンマー・包丁事件〕……273, 274, 275, 277, 278, 283
最決平 29・6・12 刑集 71 巻 5 号 315 頁〔JR 福知山線事件〕……216, 239, 240, 242
最大判平 29・11・29 刑集 71 巻 9 号 467 頁〔児童ポルノ撮影事件〕……160
最決平 29・12・11 刑集 71 巻 10 号 535 頁〔だまされたふり作戦事件〕……344, 418
最決平 29・12・18 刑集 71 巻 10 号 570 頁……12
最決平 29・12・25 裁時 1691 号 15 頁……398
最判平 30・3・19 刑集 72 巻 1 号 1 頁……177
最判平 30・3・22 刑集 72 巻 1 号 82 頁〔警察官なりすまし事件〕……334, 337
大阪高判平 30・9・25 判時 2406 号 72 頁……177
最決平 30・10・23 刑集 72 巻 5 号 471 頁〔砂川赤信号無視事件〕……378, 379
最判平 30・12・11 刑集 72 巻 6 号 672 頁〔受け子事件Ⅰ〕……171, 188, 418
最判平 30・12・14 刑集 72 巻 6 号 737 頁〔受け子事件Ⅱ〕……171, 188, 418

判例索引

〔高等裁判所〕

名古屋高判昭 24・9・27 高刑判特 3 号 42 頁……324
東京高判昭 25・9・14 高刑集 3 巻 3 号 407 頁……424
福岡高判昭 25・10・17 高刑集 3 巻 3 号 487 頁〔保管衣類事件〕……163, 183
東京高判昭 25・10・30 高刑判特 14 号 3 頁……201
東京高判昭 25・11・9 高刑判特 15 号 23 頁〔青酸カリ心中事件〕……350, 352
福岡高判昭 25・12・21 高刑集 3 巻 4 号 672 頁……222
名古屋高判昭 26・2・24 高刑判特 27 号 28 頁……351
札幌高函館支判昭 26・3・9 高刑判特 18 号 120 頁〔洗濯ソーダ事件〕……191, 194
仙台高判昭 27・9・27 刑判特 22 号 178 頁……387
東京高判昭 27・12・26 高刑集 5 巻 13 号 2645 頁〔こんにゃく玉事件〕……319, 320
福岡高判昭 28・1・12 高刑集 6 巻 1 号 1 頁〔峠の店強盗事件〕……424, 425
札幌高函館支判昭 28・2・18 高刑集 6 巻 1 号 128 頁……246
札幌高函館支判昭 28・7・7 高刑判特 32 号 83 頁……324
福岡高判昭 28・11・10 高刑判特 26 号 58 頁〔空ピストル事件〕……342, 345
大阪高判昭 29・4・20 高刑集 7 巻 3 号 422 頁……281
高松高判昭 29・4・20 高刑集 7 巻 6 号 823 頁……37
福岡高宮崎支判昭 29・4・23 高刑判特 26 号 127 頁……392
名古屋高判昭 29・5・25 高刑集 7 巻 7 号 1005 頁……37
東京高判昭 29・6・16 高刑集 7 巻 7 号 1053 頁〔陸軍手榴弾事件〕……343, 345
広島高判昭 29・6・30 高刑集 7 巻 6 号 944 頁……392
大阪高判昭 29・7・14 高刑裁特 1 巻 4 号 133 頁〔首絞め事件〕……184, 260
広島高松江支判昭 29・12・13 高刑集 7 巻 12 号 1781 頁……387
東京高判昭 30・4・19 高刑集 8 巻 4 号 505 頁〔毒入り日本酒事件〕……200, 203
高松高判昭 31・2・21 高刑裁特 3 巻 19 号 897 頁……201
名古屋高判昭 31・4・19 高刑集 9 巻 5 号 411 頁〔ヒロポン中毒事件〕……315, 316
大阪高判昭 31・5・1 高刑裁特 3 巻 9 号 457 頁……135
東京高判昭 31・9・27 高刑集 9 巻 9 号 1044 頁……156
高松高判昭 31・10・16 高刑裁特 3 巻 20 号 984 頁……165
名古屋高判昭 31・10・22 高刑判特 3 巻 21 号 1007 頁……386
東京高判昭 31・11・28 高刑集 9 巻 12 号 1251 頁……185
大阪高判昭 31・11・28 判時 99 号 27 頁……324
札幌高判昭 32・3・23 高刑集 10 巻 2 号 197 頁……196
名古屋高判昭 32・6・13 高刑裁特 4 巻 13 号 304 頁……222
広島高判昭 32・7・20 高刑裁特 4 巻追録 696 頁……386
東京高判昭 33・1・23 高刑裁特 5 巻 1 号 21 頁……194
仙台高判昭 33・3・13 高刑集 11 巻 4 号 137 頁……419

判例索引

名古屋地判昭 33・8・27 判時 167 号 35 頁……397
札幌高判昭 34・3・31 下刑集 15 巻 3 号 602 頁……219
広島高判昭 34・2・27 高刑集 12 巻 1 号 326 頁〔バス停事件〕……418
東京高判昭 34・12・17 高刑集 12 巻 10 号 1026 頁〔グレートデン事件〕……220
仙台高秋田支判昭 35・7・27 下刑集 2 巻 7・8 号 999 頁……149
広島高判昭 36・7・10 高刑集 14 巻 5 号 310 頁〔死体殺人未遂事件〕……196, 343, 344
東京高判昭 35・7・15 下刑集 2 巻 7・8 号 989 頁……195
東京高判昭 35・12・24 下刑集 2 巻 11・12 号 1365 頁……174
広島高判昭 36・8・25 高刑集 14 巻 13 号 333 頁……172
東京高判昭 37・4・24 高刑集 15 巻 4 号 210 頁〔覚せい剤偽原料事件〕……341
名古屋高判昭 37・12・22 高刑集 15 巻 9 号 674 頁……264
福岡高判昭 37・12・25 高刑集 15 巻 8 号 660 頁……220
東京高判昭 38・3・28 下刑集 5 巻 3・4 号 192 頁……415
東京高判昭 38・6・27 東高刑時報 14 巻 6 号 105 頁……201
東京高判昭 39・7・20 下刑集 6 巻 7・8 号 833 頁……271
東京高判昭 40・6・7 東高刑時報 16 巻 6 号 49 頁……379
大阪高判昭 40・6・7 下刑集 7 巻 6 号 1166 頁……260
高松高判昭 41・3・31 高刑集 19 巻 2 号 136 頁〔森永ドライミルク事件差戻控訴審判決〕……235
大阪高判昭 41・6・24 高刑集 19 巻 4 号 375 頁……424
大阪高判昭 42・1・18 判タ 208 号 206 頁……219
東京高判昭 42・5・26 下刑集 9 巻 5 号 609 頁……233
東京高判昭 42・6・5 高刑集 20 巻 3 号 351 頁〔三無事件控訴審判決〕……355
大阪高判昭 42・10・7 高刑集 20 巻 5 号 628 頁……233
大阪高判昭 43・3・12 高刑集 21 巻 2 号 126 頁……43
広島高判昭 44・2・27 判時 566 号 95 頁……219
大阪高判昭 44・5・20 刑月 1 巻 5 号 462 頁……145
東京高判昭 44・9・17 高刑集 22 巻 4 号 595 頁〔「黒い雪」事件〕……319, 320, 325
東京高判昭 44・9・29 高刑集 22 巻 4 号 672 頁……156
大阪高判昭 44・10・17 判タ 244 号 290 頁〔証拠隠滅事件〕……349, 352
東京高判昭 44・10・30 高刑集 22 巻 5 号 882 頁〔褥瘡事件〕……140, 149
東京高判昭 44・12・1 東高刑時報 20 巻 12 号 251 頁……136
大阪高判昭 45・6・16 刑月 2 巻 6 号 643 頁……225
札幌高判昭 45・7・14 高刑集 23 巻 3 号 479 頁……139
東京高判昭 45・8・11 高刑集 23 巻 3 号 524 頁〔横須賀線爆弾事件控訴審判決〕……179
札幌高判昭 45・8・20 高刑集 23 巻 3 号 547 頁……298
大阪高判昭 45・8・21 高刑集 23 巻 3 号 577 頁……233

判例索引

東京高判昭 45・10・2 高刑集 23 巻 4 号 640 頁……271
東京高判昭 45・11・11 高刑集 23 巻 4 号 759 頁〔ブルーボーイ事件〕……253, 259, 260
東京高判昭 45・11・26 判タ 263 号 355 頁……298
大阪高判昭 46・4・26 高刑集 24 巻 2 号 320 頁……156
東京高判昭 46・5・24 判タ 267 号 382 頁〔無免許運転事件〕……270, 297
高松高判昭 47・5・23 刑月 4 巻 5 号 940 頁……149
大阪高判昭 47・7・26 高刑集 25 巻 3 号 352 頁……233
福岡高判昭 47・11・22 刑月 4 巻 11 号 1803 頁……372
東京高判昭 47・11・30 刑月 4 巻 11 号 1807 頁……298
東京高判昭 48・5・30 刑月 5 巻 5 号 942 頁〔千葉大採血ミス事件控訴審判決〕……236
大阪高判昭 48・12・20 高刑集 26 巻 5 号 619 頁……35
東京高判昭 49・7・31 高刑集 27 巻 4 号 328 頁……368
高松高判昭 49・10・29 刑月 6 巻 10 号 1015 頁……233
東京高判昭 50・4・15 刑月 7 巻 4 号 480 頁……201
札幌高判昭 51・3・18 高刑集 29 巻 1 号 78 頁〔北大電気メス禍事件〕……225, 226, 236
東京高判昭 51・3・25 判タ 335 号 334 頁……223
大阪高判昭 51・5・25 刑月 8 巻 4・5 号 253 頁……225
東京高判昭 51・6・1 高刑集 29 巻 2 号 301 頁〔羽田空港事件第 2 次控訴審判決〕……321
東京高判昭 51・7・14 判時 834 号 106 頁〔日本刀事件〕……349, 353
大阪高判昭 51・11・19 刑月 8 巻 11・12 号 465 頁……77
大阪高判昭 52・5・30 高刑集 30 巻 2 号 242 頁……123
東京高判昭 52・11・29 東高刑時報 28 巻 11 号 143 頁……184
名古屋高判昭 53・3・9 刑月 10 巻 3 号 170 頁……223
大阪高判昭 53・7・28 高刑集 31 巻 2 号 118 頁……128
東京高判昭 53・11・15 判時 928 号 121 頁〔三角関係事件〕……194
広島高判昭 53・11・20 判時 922 号 110 頁……256
高松高判昭 53・11・22 高刑集 31 巻 3 号 294 頁……189
仙台高判昭 54・4・26 刑月 11 巻 4 号 307 頁……189
東京高判昭 54・5・15 判時 937 号 123 頁……317
東京高判昭 55・2・24 刑事裁判資料 246 号 455 頁〔飯田橋事件差戻後控訴審判決〕……379
福岡高判昭 55・7・24 判時 999 号 129 頁……271
東京高判昭 55・9・2 刑月 12 巻 9 号 823 頁……233
東京高判昭 55・9・26 高刑集 33 巻 5 号 359 頁〔石油カルテル生産調整事件〕……319, 320, 324
東京高判昭 55・9・26 高刑集 33 巻 5 号 511 頁〔石油カルテル価格協定事件第 1 審判決〕……324

判例索引

東京高判昭 56・1・27 刑月 13 巻 1・2 号 50 頁……256
東京高判昭 56・4・1 刑月 13 巻 4・5 号 341 頁……252
東京高判昭 57・8・10 刑月 14 巻 7・8 号 603 頁……219
福岡高判昭 57・9・6 高刑集 35 巻 2 号 85 頁〔水俣病事件控訴審判決〕……225, 226
広島高判昭 57・10・5 高刑速(昭 57)号 570 頁……233
東京高判昭 57・11・29 刑月 14 巻 11・12 号 804 頁……270
札幌高判昭 58・4・19 判タ 496 号 169 頁〔幻聴窃盗事件控訴審判決〕……313
東京高判昭 58・7・13 高刑集 36 巻 2 号 866 頁〔渋谷暴動事件〕……422
東京高判昭 58・9・22 高刑集 36 巻 3 号 271 頁……369
名古屋高判昭 59・2・28 刑月 16 巻 1・2 号 82 頁……224
東京高判昭 59・3・13 高刑速(昭 59)号 147 頁……233
名古屋高判昭 59・9・11 判時 1152 号 178 頁〔戸塚ヨットスクール事件〕……422
大阪高判昭 60・2・19 高刑集 38 巻 1 号 54 頁……71
東京高判昭 60・9・30 刑月 17 巻 9 号 804 頁……422
福岡高判昭 61・3・6 高刑集 39 巻 1 号 1 頁……353
名古屋高判昭 61・9・30 高刑集 39 巻 4 号 371 頁……385
札幌高判昭 61・3・24 高刑集 39 巻 1 号 8 頁……196
名古屋高判昭 61・4・8 刑月 18 巻 4 号 227 頁……234
東京高判昭 61・10・30 判時 1259 号 134 頁……137
高松高判昭 61・12・2 高刑集 29 巻 4 号 507 頁〔迷惑電話事件〕……79, 323
東京高判昭 62・7・16 判時 1247 号 140 頁〔牛刀事件〕……348, 349
大阪高判昭 62・7・17 判時 1253 号 141 頁〔サイドリングマスコット事件〕……419, 420
東京高判昭 62・7・30 高刑集 40 巻 3 号 738 頁……196
大阪高判昭 62・10・2 判タ 675 号 246 頁……363
福岡高判昭 62・12・8 判時 1265 号 157 頁……126
名古屋高判昭 63・2・19 高刑集 41 巻 1 号 75 頁……80
東京高判昭 63・5・31 判時 1277 号 166 頁……146
大阪高判昭 63・7・7 判タ 690 号 242 頁……233
東京高判平 1・7・31 東高刑時報 40 巻 5～8 号 29 頁……187
東京高判平 2・2・21 判タ 733 号 232 頁〔板橋宝石商殺し事件〕……398
東京高判平 9・8・4 高刑集 50 巻 2 号 130 頁……259
東京高判平 10・3・11 判時 1660 号 155 頁……252
東京高判平 10・6・4 判時 1650 号 155 頁〔サリン・プラント事件〕……334, 356
大阪高判平 10・6・24 高刑集 51 巻 2 号 116 頁……296, 297
福岡高判平 11・9・7 判時 1691 号 156 頁……349
東京高判平 11・1・29 東高刑時報 50 巻 1～12 号 6 頁……117
東京高判平 11・9・27 高刑時報 50 巻 1～12 号 93 頁……256

判例索引

札幌高判平 12・3・16 判時 1711 号 170 頁〔釧路せっかん死事件〕……114, 363
東京高判平 12・6・13 東高刑時報 51 巻 1 ～ 12 号 76 頁……220
東京高判平 13・2・20 判時 1756 号 162 頁……153
東京高判平 13・4・9 高検速(平 13)50 頁……350
大阪高判平 13・6・21 判タ 1085 号 292 頁〔幼女連続虐待死事件 a〕……172, 363
大阪高判平 13・9・21 裁判所ウェブサイト〔幼女連続虐待死事件 b〕……363
広島高松江支判平 13・10・17 判時 1766 号 152 頁……297
大阪高判平 14・9・4 判タ 1114 号 293 頁〔タイマン事件〕……181, 201, 269, 288
東京高判平 15・9・29 東高刑時報 54 巻 1 ～ 12 号 67 頁……256
名古屋高判平 15・10・15 裁判所ウェブサイト……172
大阪高判平 16・4・22 高刑集 57 巻 2 号 1 頁……126
福岡高判平 16・5・6 高検速(平 16)198 頁……398
広島高判平 17・3・17 高刑速(平 17)307 頁……172
広島高判平 17・4・19 高刑速(平 17)312 頁〔広島せっかん死事件〕……173, 363
広島高岡山支判平 17・8・10 裁判所ウェブサイト……363
名古屋高判平 17・10・28 高検速(平 17)号 285 頁〔北國銀行事件差戻後控訴審判決〕……372
名古屋高判平 19・2・16 判タ 1247 号 342 頁……349
名古屋高判平 19・5・29 高検速(平 19)号 375 頁……259
札幌高判平 19・11・13 刑弁 58 号 198 頁〔母子共謀事件〕……282, 294
東京高判平 20・3・10 判タ 1269 号 324 頁〔ケモノ事件〕……165, 167, 185, 311
東京高判平 21・5・25 高刑集 62 巻 2 号 1 頁〔二重見当識事件差戻後控訴審判決〕……313
福岡高判平 22・9・16 判タ 1348 号 246 頁……251
東京高判平 24・12・18 判時 2212 号 123 頁〔内偵者事件〕……292, 329
東京高判平 25・5・28 高刑集 66 巻 2 号 1 頁……381
東京高判平 25・12・18 高刑集 66 巻 4 号 6 頁……82
東京高判平 26・1・15 判タ 1422 号 142 頁……82
札幌高判平 26・12・2 高検速(平 26)号 200 頁……270
東京高判平 27・11・10 東高刑時報 66 巻 1 ～ 12 号 103 頁……419
東京高判平 28・9・7 判時 2349 号 83 頁……376
東京高判平 30・4・26 裁判所ウェブサイト〔1 型糖尿病事件〕……388, 389, 404
福岡高判平 30・9・20 判タ 1459 号 118 頁……62
大坂高判平 30・9・25 判時 2406 号 72 頁……177
大坂高判平 30・11・24 高刑集 71 巻 3 号 1 頁……62

〔地方裁判所〕

東京地判昭 25・2・18 裁時 54 号 8 頁〔妻権防衛事件〕……271, 272

判例索引

東京地判昭 31・6・30 新聞 19 号 13 頁〔廃車証明書偽造事件〕……424, 425
山口地判昭 34・3・2 下刑集 1 巻 3 号 611 頁……255
東京地判昭 34・5・6 下刑集 1 巻 5 号 1173 頁……219
神戸地姫路支判昭 35・12・12 下刑集 2 巻 11・12 号 1527 頁……139
盛岡地一関支判昭 36・3・15 下刑集 3 巻 3・4 号 252 頁……183
東京地判昭 36・3・30 判時 264 号 35 頁……419
東京地判昭 37・3・17 下刑集 4 巻 3・4 号 224 頁〔睡眠薬事件〕……349
大阪地判昭 37・7・24 下刑集 4 巻 7・8 号 696 頁……101
徳島地判昭 38・10・25 下刑集 5 巻 9・10 号 977 頁〔森永ドライミルク事件差戻前第 1 審判決〕……235
東京地判昭 39・5・30 下刑集 6 巻 5・6 号 694 頁……355, 357
静岡地判昭 39・9・1 下刑集 6 巻 9・10 号 1005 頁……153
大津地判昭 39・9・8 下刑集 6 巻 9・10 号 1016 頁……172
静岡地判昭 39・11・11 下刑集 6 巻 11・12 号 1267 頁……230
秋田地判昭 40・3・31 下刑集 7 巻 3 号 536 頁〔秋田市庁舎事件〕……386
東京地判昭 40・4・28 下刑集 7 巻 4 号 766 頁〔丹沢山中殺人未遂事件〕……348, 349
京都地判昭 40・5・10 下刑集 7 巻 5 号 855 頁……386
東京地判昭 40・9・30 下刑集 7 巻 9 号 1828 頁〔紀の国坂カーブ事件〕……146, 205
宇都宮地判昭 40・12・9 下刑集 7 巻 12 号 2189 頁〔毒入りジュース事件〕……154, 201, 337
東京地判昭 40・12・10 下刑集 7 巻 12 号 2200 頁……349
静岡地判昭 41・4・19 下刑集 8 巻 4 号 653 頁……257
新潟地判昭 42・12・5 下刑集 9 巻 12 号 1548 頁……419
高知地判昭 43・4・3 判時 517 号 89 頁……324
大阪地判昭 43・11・16 判タ 233 号 195 頁……415
大阪地判昭 44・3・18 判タ 240 号 308 頁……233
横浜地判昭 44・3・20 高刑集 23 巻 3 号 531 頁〔横須賀線爆弾事件第 1 審判決〕……173
盛岡地判昭 44・4・16 刑月 1 巻 4 号 434 頁……205
名古屋地判昭 44・6・25 判時 589 号 95 頁……338
千葉地松戸支判昭 44・8・15 刑月 1 巻 8 号 833 頁……271
東京地判昭 45・2・16 判時 585 号 31 頁……172
岐阜地判昭 45・10・15 判タ 255 号 229 頁……150
神戸地判昭 45・12・19 判タ 260 号 273 頁……293
大阪地判昭 46・3・12 判タ 267 号 376 頁……256
東京地判昭 46・5・19 下民集 22 巻 5・6 号 626 頁〔乳腺症事件〕……261
大阪地判昭 47・3・27 判タ 283 号 332 頁……256
東京地判昭 47・4・27 刑月 4 巻 4 号 857 頁……271

判例索引

東京地判昭 47・5・19 刑月 4 巻 5 号 1007 頁……225
千葉地判昭 47・9・18 刑月 4 巻 9 号 1539 頁〔千葉大採血ミス事件第 1 審判決〕……236
東京地判昭 47・11・7 刑月 4 巻 11 号 1817 頁……346
千葉地判昭 47・12・22 刑月 4 巻 12 号 2001 頁……236
徳島地判昭 48・11・28 刑月 5 巻 11 号 1473 頁〔森永ドライミルク事件差戻後第 1 審判決〕……225, 226, 235
札幌地判昭 48・10・5 判タ 304 号 292 頁……223
広島地判昭 49・4・3 判タ 316 号 289 頁〔プロパンガス事件〕……153, 338
山形地判昭 49・4・24 刑月 6 巻 4 号 439 頁……223
神戸地尼崎支判昭 49・6・21 判時 753 号 111 頁……236
札幌地判昭 49・6・29 刑月 6 巻 6 号 742 頁〔北大電気メス事件第 1 審判決〕……236
大阪地判昭 51・3・4 判時 822 号 109 頁〔牛刀事件〕……315, 316
高知地判昭 51・3・31 判時 813 号 106 頁〔高知生コン事件〕……273, 280
松江地判昭 51・11・2 刑月 8 巻 11・12 号 495 頁……425
横浜地川崎支判昭 51・11・25 判時 842 号 127 頁……380
釧路地判昭 52・2・28 刑月 9 巻 1・2 号 82 頁……136
東京地判昭 52・6・8 判時 874 号 103 頁……259
横浜地川崎支判昭 52・9・19 刑月 9 巻 9・10 号 739 頁……349
東京地判昭 53・3・6 判時 915 号 130 頁……271
大津地判昭 53・12・26 判時 942 号 145 頁……380
鳥取地米子支判昭 55・3・25 判時 1005 号 181 頁……126
大阪地判昭 55・8・27 刑月 12 巻 8 号 794 頁……368
東京地判昭 56・3・30 判タ 441 号 156 頁〔KDD 事件〕……81
横浜地判昭 56・7・17 判時 1011 号 142 頁……418
大阪地判昭 57・4・6 判タ 447 号 221 頁……338
那覇地判昭 57・10・12 刑月 14 巻 10 号 753 頁……80
大阪地判昭 58・3・18 判時 1086 号 158 頁……317
横浜地判昭 58・7・20 判時 1108 号 138 頁〔最後の一服事件〕……153, 338
鹿児島地判昭 59・5・31 刑月 16 巻 5・6 号 437 頁〔指詰め事件〕……99, 391
福岡地判昭 59・8・30 判時 1152 号 182 頁……380
大阪地判昭 59・10・31 判時 1143 号 159 頁……311
東京地判昭 60・3・19 判時 1172 号 155 頁……419
大阪地判昭 61・10・3 判タ 730 号 228 頁……219
仙台地石巻支判昭 62・2・18 判時 1249 号 145 頁……259
東京地判昭 62・4・15 判時 1304 号 147 頁……256
大阪地判昭 62・4・21 判時 1238 号 160 頁〔空手練習事件〕……259, 262
東京地判昭 62・9・16 判時 1294 号 143 頁……159

判例索引

千葉地判昭 62・9・17 判時 1256 号 3 頁……287
岐阜地判昭 62・10・15 判タ 654 号 261 頁……341
岡山地判昭 62・11・12 刑集 49 巻 2 号 506 頁……308
東京地判昭 63・3・17 判時 1284 号 149 頁……368
東京地判昭 63・7・27 判時 1300 号 153 頁……415
東京地判昭 63・10・4 判時 1309 号 157 頁〔覚せい剤ベスト事件第一審判決〕……187
大阪地判平 2・11・13 判タ 768 号 251 頁……219
仙台地気仙沼支判平 3・7・25 判タ 789 号 275 頁……81
東京地判平 3・12・19 判タ 795 号 269 頁〔トルエン事件〕……188, 194
長崎地判平 4・1・14 判時 1415 号 142 頁……317
東京地判平 4・1・23 判時 1419 号 133 頁……386
大阪地判平 5・7・9 判時 1473 号 156 頁〔脳死事件〕……148, 152
熊本地判平 6・3・15 判時 1514 号 169 頁……371
大阪地判平 6・9・26 判タ 881 号 291 頁……229
横浜地判平 7・3・28 判時 1530 号 28 頁〔東海大学安楽死事件〕……264, 265, 267, 268
名古屋地判平 7・6・6 判時 1541 号 144 頁……194
名古屋地判平 7・7・11 判時 1539 号 143 頁……282
東京地判平 7・10・9 判時 1598 号 155 頁……422
千葉地判平 7・12・13 判時 1565 号 144 頁……263
東京地判平 8・6・26 判時 1578 号 39 頁〔オウム真理教リンチ殺人事件〕……292, 296, 299, 329
東京地判平 9・12・12 判時 1632 号 152 頁……300
大阪地判平 11・3・19 判タ 1034 号 283 頁……79
松江地判平 10・7・22 判時 1653 号 156 頁……297
東京地判平 12・12・27 判時 1771 号 168 頁〔都立広尾病院事件〕……385
横浜地川崎支判平 14・9・30 裁判所ウェブサイト……223
京都地判平 16・11・30 判時 1879 号 153 頁……370
さいたま地判平 18・5・10 裁判所ウェブサイト……363
東京地判平 21・1・13 判タ 1307 号 309 頁……297
大阪地判平 23・11・28 判タ 1373 号 250 頁……219
青森地弘前支判平 18・11・16 判タ 1279 号 345 頁……349
大阪地判平 23・7・22 判タ 1359 号 251 頁……183
大阪地判平 25・3・22 判タ 1413 号 386 頁……127
名古屋地岡崎支判平 30・2・26 LEX/DB 25560117 ……419
東京地判平 30・7・30 LEX/DB 25561270〔多摩川入水事件 a〕……264
東京地判平 30・9・14 裁判所ウェブサイト〔多摩川入水事件 b〕……264
名古屋地岡崎支判平 31・3・26 LEX/DB 25562770 ……256

〔家庭裁判所〕

東京家決昭 55・6・18 家月 33 巻 5 号 122 頁……368

〔簡易裁判所〕

佐世保簡略令昭 36・8・3 下刑集 3 巻 7・8 号 816 頁……385
岡山簡判昭 44・3・25 刑月 1 巻 3 号 310 頁……378
神戸簡判昭 50・2・20 刑月 7 巻 2 号 104 頁……251
越谷簡判昭 51・10・25 判時 846 号 128 頁……384
大阪簡判昭 60・12・11 判時 1204 号 161 頁……300

〈著者紹介〉
町 野　　朔（まちの・さく）

　1943年9月　　東京生まれ
　1966年3月　　東京大学法学部卒業
　1969年4月　　上智大学法学部講師
　2010年4月　　上智大学生命倫理研究所教授
　2014年4月　　上智大学名誉教授

〈主要著書〉
『生と死，そして法律学』（信山社，2014年）
『移植医療のこれから』（共編，信山社，2011年）
『ブリッジブック刑法の基礎知識』（共編，信山社，2011年）
『生殖医療と法』（共編，信山社，2010年）
『プロセス演習　刑法』（共編，信山社，2009年）
『触法精神障害者の処遇（増補版）』（共編，信山社，2006年）
『臓器移植法改正の論点』（共編，信山社，2004年）
『プレップ刑法』〔第3版〕（弘文堂，2004年）
『環境刑法の総合的研究』（編者，信山社，2003年）
『脳死と臓器移植（第3版）──資料・生命倫理と法1』（共編，信山社，1999年）
『犯罪各論の現在』（有斐閣，1996年）
『現代社会のおける没収・追徴』（共編，信山社，1996年）
『犯罪論の展開Ⅰ』（有斐閣，1989年）
『刑法学のあゆみ』（共著，有斐閣，1978年）

刑法総論　　　　　　　　　　　　　　　　　　　　〈法律学の森〉

　　2019（令和元）年12月15日　　第1版第1刷発行

　　　　　　　著　者　　町　野　　　朔
　　　　　　　発行者　　今　井　　　貴
　　　　　　　　　　　　渡　辺　左　近
　　　　　　　発行所　　信山社出版株式会社
　　　　　　　〒113-0033　東京都文京区本郷 6-2-9-102
　　　　　　　　　　　　　電　話　03（3818）1019
　　　　　　　　　　　　　ＦＡＸ　03（3818）0344

Printed in Japan

Ⓒ町野朔，2019．印刷・製本／松澤印刷・渋谷文泉閣

ISBN978-4-7972-8030-2 C3332

『法律学の森』刊行にあたって

一八八〇年(明治一三年)、西欧列強との不平等条約改正の条件とされた西欧法体制の継受の第一弾として旧刑法・治罪法が制定されて以来、わが国の法律学は一世紀以上の歴史を重ねました。この間、明治期・大正期・第二次大戦後の法体制の変革期を越えたわが国の法律学は、高度経済成長期を迎えて急速にその内容を成熟させるにいたりました。この結果、わが国の法律学は、世界的にみても高度かつ独自の法文化の伝統を形成するにいたり、法律家の国際交流も学術レベル・実務レベルの全般にわたって盛んに行われ、世界各国の法文化と日本法文化の「接触」も深まりつつあります。

さらに近年は、法律学の対象の一層の高度化・複合化・国際化の進展にともない、法律学と法学者に対するニーズが大きく変化して、分極化・専門化と横断化は加速度的に進んでいます。このため、従来の法律学の読み替え、再構成の試みが新しい世代により推し進められているところです。

まもなく二一世紀です。

そこで、私どもは、世界史的な変動のなかで新たな展開を試みつつある法学者の自由な発想と方法論の開発を支援し励まして多くの独創的な法律学の誕生を促し、もって変化の著しい時代への対応を可能ならしめることを希って、本叢書の刊行を企図いたしました。自由で開放的かつ奥深い「法律学の森」が、研究者の協力と読者の支持によって健やかに成長を遂げて形成されることを念じて、刊行を進めてまいります。

一九九四年三月

『法律学の森』企画委員

信山社